社會統計與資料分析

Social Statistics and Data Analysis

謝旭洲 ◎著

本書內附CD光碟
SPSS for Windows

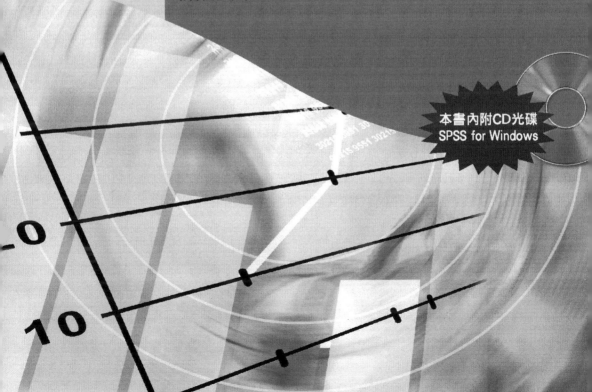

自 序

　　這是一本介紹資料分析與統計應用的專書。談到資料分析，不免
讓人直接聯想起一連串運用統計處理資料的過程。這樣將資料分析定位
成屬於「資料蒐集完成後」才開始進行的工作，某種程度窄化了資料分
析的真正內涵。正如Bourque & Clark（1992）所言，廣義的資料處理工
作（data processing），不應只將範圍侷限於資料的編碼、輸入、校正
或資料的運算分析過程，而是應涵蓋整個資料蒐集策略之制定，研究設
計，測量工具之選擇，以及資料蒐集之執行過程。換言之，一個完整的
資料分析過程，研究者不應只要求自己做好「分析資料」的工作而已，
而是要以嚴謹精確的態度來完成所有資料的蒐集（collection）、整理
（organization）與詮釋（interpretation）等過程（Kachigan, 1991）。

　　這種廣義的看法也是本書在介紹統計與資料分析技術時秉持的態
度。雖然書中使用大半篇幅介紹統計與分析技巧，但並未因此而忽略研
究設計、資料蒐集與準備、結果解讀等過程的重要性。這樣的編排，無
非是希望向統計初學者傳達一個正確觀念：統計雖是很實用的工具，但
絕不是用來補救研究缺失的萬靈丹。擁有豐富的統計知識與嫻熟的分析
技術固然重要，但光靠統計分析技術並不足以做好資料分析工作。好的
資料分析工作者除了要有足夠的統計知識及分析技術外，更要懂得如何
妥善規劃以蒐集高品質的資料，同時具備嚴謹精確的態度來解讀及呈現
分析結果。

　　雖然統計分析是現今量化研究必備的要素，它仍只是整個研究與資
料分析過程中的一環而已。擁有高超的統計分析技術，如果能兼顧其他
環節的執行成效，兩者必能相得益彰。因此，本書主張任何資料分析過

程必須重視三階段的工作：(1)資料準備階段；(2)統計分析階段；(3)成果解讀與呈現階段。研究者唯有在資料準備階段取得高信度及高效度的資料，才能在統計分析階段得出忠於現象原貌的結果。然而再精確的統計分析結果，若未能在成果解讀與呈現階段賦予正確的意義與結論，則研究的參考價值就大打折扣。

有鑑於此，本書企圖將這三階段的技能訓練均衡融入各章節當中。全書共分為十六章。前六章的內容主要與資料準備階段的訓練有關，目的在介紹讀者如何準備統計分析所需的資料，以及如何確保資料品質。相關的主題包括研究設計、資料蒐集、資料編碼與輸入、資料轉換及合併、資料檢查與校正、信度檢定、描述性統計等。後十章的內容則針對時下應用較廣的幾種統計方法進行介紹，觸及的主題包括卡方檢定與無母數統計、t檢定、變異數分析、共變數分析、皮爾森相關、淨相關、迴歸分析、步徑分析、因素分析等單元。在各個單元中，內容論述均兼顧統計分析技術與成果解讀。每一章的前半段內容主要介紹統計的原理與執行步驟，後半段則以範例進行實地操作，輔以報表意義之解讀。

最後，本書嘗試以讀者看得懂的語言來介紹統計原理與資料分析技術，盡量避免論及艱深難懂的統計公式。此種論述方式或許難以深入傳達各種統計的運算原理，卻有助於拉近讀者與本書的距離。畢竟，這是本書給自己的定位與期望。不敢奢望能提升讀者多少進階的統計知識，但至少幫他們開啓一扇友善的門。希望每位初學者接觸本書之後，能不再對統計感到畏懼害怕，甚至能開始喜歡上它。

回國十多年才寫出第一本書，著實汗顏，但仍要將它獻給我最敬愛的雙親：謝明昭先生與陳面女士。沒有他們的苦心栽培，就沒有今日的我。感謝岳母陳諒女士與已過世的岳父蕭恆先生長期對我的疼惜與愛護。更感謝內人給我的鼓勵與督促，以及小女昕芸賜與我能量，讓我踏出這遲來的一小步。如果這本書對學生有值得參考的地方，我也要把功

勞歸給當年統計的啓蒙恩師王石番教授，還有過去十多年來在世新傳研所、公廣所及廣電所陪我共度統計分析課的學生們。最後，謝謝威仕曼出版社富萍小姐對我的支持以及編輯人員的辛勞，才能讓此書順利出版。

謝旭洲

2008年初於木柵

目 錄

圖目錄

表目錄

社會統計與資料分析

Chapter 1

資料蒐集

社會統計與資料分析

　　資料是任何統計分析的首要元素。沒有資料，再高明的統計知識也毫無用武之地。縱使有了資料，如果資料品質不佳，再先進的統計分析技術也難以得出正確結論。因此，在正式介紹各種統計分析方法之前，本章首先針對資料蒐集的主題進行討論。由於這個題材在許多研究方法的專書中已有詳細介紹，本章僅針對部分與資料分析有密切相關的概念進行簡述，目的在讓讀者了解資料蒐集對統計分析的影響。一旦體會出資料蒐集過程的重要性，讀者在未來進行資料分析時才會對資料蒐集的每個細節更加用心。

　　資料蒐集過程對於統計分析的影響主要會發生在兩個層面上：(1)統計分析策略的選擇；(2)統計分析的結果（如圖1-1所示）。就統計分析策略的影響而言，研究者所能選擇的統計方法會直接受制於資料的格式、數量與分布狀態。當研究者所取得的資料測量格式不同，變項及樣本數量不同，或資料分布狀態不同，分析時所適用的統計方法也就不同。其次，就統計分析的結果而言，資料分析的正確性與參考價值完全取決於資料的品質。當資料的信度及效度偏低，自然就會危及分析結果的準確度與參考價值。為了確保所蒐集資料的質與量皆能利於統計分析的執行及解讀，讀者至少必須加強以下三個部分的前置規劃與執行：(1)研究設計；(2)變項測量；(3)資料蒐集。

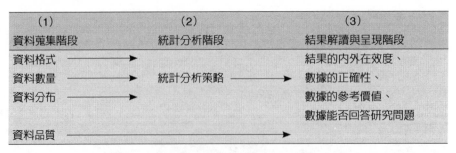

圖1-1　資料蒐集過程與統計分析之關聯

第一節　研究設計

　　研究設計是用來指導研究進行的藍圖。它不僅幫研究者勾勒出研究的流程及方向，也指引研究者從何及如何蒐集資料。當研究設計有所調整，整個資料蒐集過程所需的時間及資源都會隨之改變，甚至衝擊到取得資料的數量與品質。想要確保資料蒐集過程順利，讀者宜事先擬定一個具體可行的研究計畫，其中列舉的事項應包括：確認研究取向、擬定研究設計、選擇蒐集資料的方法、決定樣本大小、選擇或設計測量工具等。

一、確認研究取向

(一)選擇研究主題

　　任何研究都從尋找研究主題開始。假如研究主題不明，研究者根本無法著手進行研究。只要研究題目尚未確定，任何文獻探討、抽樣、問卷設計或資料蒐集的工作都無法展開，更遑論統計分析策略的擬定。要選出好的題目，可以參考幾項標準。通常好題目宜小而美、具體而可行、有趣且富創意，同時具備理論或實務的參考價值（朱浤源，1999）。當然很重要的是，研究者宜量力而為，優先選擇與自己生活貼近的題材來探討。

(二)確認研究取向

　　研究主題確定之後，研究者可進一步確認研究取向：究竟這個題目要透過量化或質化的途徑來探討？這項決定會直接影響到後續的研究設計與執行方式，也攸關所蒐集的資料屬性及資料分析決策。例如，就研究設計與執行而言，量化研究通常透過實驗法或調查法來取得資料，其

取樣對象層面較廣且數量多，但執行時程較短暫；而質化研究則較常用觀察法及訪談法，其取樣對象數量較少，執行時間卻較長。就資料屬性而言，量化研究的資料多屬制式型態的答案，較方便轉換成數據格式，而質化研究的資料則多屬開放式答案，整理起來較費時間。就資料分析方式而言，通常量化研究會運用統計分析，而質化研究則極少如此。

　　在決定研究取向時，研究者很容易受題目性質或研究目的所影響。如果研究者想驗證某些理論，或想找出現象間的因果關係，或想對某現象進行大規模的描述，通常會採量化的途徑為之。如果研究者想探索現象背後的成因，或想針對某些現象進行批判或意義詮釋，通常會採質化取向來進行。之所以如此，主要是質化與量化兩種研究典範在知識論、本體論、方法論及人的本質上均採取極為迥異的立場。量化典範堅信從複雜現象中找出共同規律的可能性，而質化典範卻強調各個現象的獨特性（Bryman, 1988）。

　　當然有些題目的探究，既適合採質化取向，也適合量化取向。遇到質化量化皆宜的主題，讀者在選擇研究取向時很容易受過去學習經驗及訓練背景所影響。從未學習過統計課程的讀者，因為欠缺理解統計報表的能力，或因為內心對表格數據的畏懼，平常閱讀文獻時就可能刻意避開量化的研究論文。長期下來，他可能只能仰賴質化的論文報告作為參考文獻的來源，甚至進而合理化這樣的現象（例如告訴自己，因為自己喜歡質化研究，所以只讀質化的研究報告）。久而久之，讀者的視野及興趣也就會因此而逐漸偏向質化取向，甚至排斥量化取向。正確的觀念是，無論採質化或量化取向來執行研究，各自有其優缺點。在學習過程中，讀者應努力從不同典範的研究下接受均衡的訓練。

二、選擇研究方法

確定研究取向後，研究者宜進一步考量研究設計與蒐集資料方式。不同研究取向之下，適用的研究方法並不相同。如果採質化取向，可考慮以觀察法（observation）或訪談法（interview）來執行研究。觀察法通常透過參與觀察（participant observation）或非參與觀察（non-participant observation）的形式來進行；而訪問法則可以透過個人深度訪談（interview in depth）或焦點團體訪談（focus group interview）的形式為之。如果採量化取向，可考慮以實驗法或調查法來執行研究。**實驗法**（experiment）適用於了解變項間的因果關係，執行時依情境不同還分成實驗室實驗法（laboratory experiment）及實地實驗法（field experiment）兩類。**調查法**（survey）則是在自然的情境下從受訪者口中或筆下獲取答案，依執行方式不同還可分成集體問卷調查、網路問卷調查、郵寄問卷調查、電話調查與親身面訪等方式。

無論選擇的研究方法為何，接下來的研究設計一定要與研究目的相符。如果研究蒐集的資料無法回答研究問題，那這樣的設計就欠缺內在效度。如果研究的樣本無法代表其他未受訪的對象，那這樣的設計就欠缺外在效度。明明想了解因果關係，或想追蹤現象變遷的趨勢，卻只選擇在單一時間點內取得資料（即採橫斷設計）；或明明想描述真實環境下的現象概況，卻選擇用實驗法來進行；又明明想對資料進行量化分析，卻安排個案研究及小樣本的深度訪談。這些錯誤的規劃都會讓研究結果與研究者預期不同。因此，在選擇研究方法之前，記得一再檢視研究動機與目的，評估自己需要什麼樣的資料來回答研究問題。

(一)實驗設計

■選擇實驗場所

假設研究者決定採用實驗法，首先要選擇實驗施測的場所。當研究

者希望採實驗室實驗法，他會在自己所規劃操控的環境下（通常是實驗室或經過人工設計的教室）來讓受訪者參與實驗。如果研究者希望採實地實驗法，他會讓受訪者在他們熟悉的自然環境中（通常是住家）來參與實驗。這兩種方法在實驗設計的精神上都相同，所不同的是實驗執行的場所與研究者對情境的操控能力。在實驗室實驗法中，研究者對研究情境與受訪者反應的控制程度要明顯高於實地實驗法。

■決定自變項數量

一旦選定好實驗場所，研究者接下來就要著手研擬實驗設計。以研究涉及的自變項數量來分，實驗法可分為單因子、雙因子及多因子的設計。在單因子設計中，對依變項造成影響的因素只有一個。在雙因子設計中，影響依變項的因素則有兩個，以此類推。但是切勿以為兩個單因子設計的效力會等同於一個雙因子設計。在雙因子設計中，它除了能檢測出兩個自變項各自對依變項的影響外（即所謂的主效果），還能檢測出這兩個自變項會不會相互干擾對方的影響力（即所謂的交錯效果）。單因子設計只能檢測自變項的影響，卻無法處理交錯效果的問題。

■決定實驗組別數量

確定自變項的數量後，實驗設計還要考慮每個自變項所包含的情境組別數。所謂**情境組別數**，指的是樣本被分配去接觸的實驗刺激類別數。例如，在電視暴力的自變項上，受訪者被隨機分配去觀看「暴力影片」或「無暴力影片」，則這個研究的實驗情境有二。如果在音樂節奏的變項上，受訪者被隨機分配去聆聽「快板」、「中板」或「慢板」的音樂，則這個研究的實驗情境有三。當每個自變項包含兩種實驗情境，則雙因子設計的研究就會衍生出四種情境。自變項數量及情境組別數量的不同，除了會影響實驗所需的樣本總數，也會影響實驗刺激物在設計上的難度。原則上，自變項及組別數量增加，實驗所需的樣本總數會跟著增加，實驗刺激物的設計也更複雜。

■決定樣本身分與數量

擬定實驗設計時，還要考量樣本身分與數量。基於樣本身分的異同，實驗設計可分成組間設計與組內設計兩種。在**組間設計**（between-groups design）的實驗中，被分配到不同實驗情境中的樣本屬相互獨立，為身分不同的個體。在**組內設計**（within-groups design，又稱為**重複測量設計**）的實驗中，被分配到不同情境中的樣本則屬條件相似或身分相同的個體（亦即同一批人逐次經歷每個情境）。這兩種設計在執行時較明顯的差異是所需招募的樣本總數。以一個2乘2的雙因子組間設計為例，如果每組需要20位受訪者，則4組情境總共需要招募80位受訪者。反觀，如果是一個2乘2的組內設計，則4組情境仍只需要20位樣本。對於參與組間實驗設計的受訪者而言，每一位樣本只需要接觸一種實驗情境即可，但組內設計的受訪者必須接觸全部的情境。

無論採單因子或雙因子設計還是採組間或組內設計，不同的實驗設計會直接影響研究者所取得的資料結構（包括變項與樣本數量），而資料結構的差異又會進一步影響統計分析的方式。一般而言，由實驗法所取得的資料規模通常較小，除了樣本人數較少之外（總數較少超過200人），變項數量也較少（自變項較少超過三個以上）。在資料的屬性上，實驗法的自變項幾乎都採類目尺度測量，而依變項則採等距或比例尺度。這樣的資料結構讓研究者在選擇統計分析方法時偏好t檢定、變異數分析、共變數分析或多變量變異數分析等方法。

(二)調查法

■決定資料蒐集方式

調查法的共同特性是，它必須仰賴設計好的問卷來蒐集資料，而且受訪者是在自然的情境下完成作答。假設研究者決定採用調查法，首先該確定調查執行的方式。以受訪者接觸問卷題目的途徑來分，調查法的執行方式包括集體填答問卷、網路問卷、郵寄問卷、電話訪問與親身

面訪等方式。其中,就執行的效率(指完成調查所需的時間長度及回收率)而言,以集體填答問卷的方式最快最佳,而以郵寄問卷最不理想。如果以能接觸到的樣本規模而言,網路問卷調查較能在短期間內接觸到大規模的樣本,而親身面訪則較適合調查小規模的樣本。若以樣本屬性來看,電話調查較容易訪問到已退休者、待業者或家管,而網路問卷較容易接觸到年輕世代。不同的調查途徑各自有其優缺點,研究者必須衡量自己的研究預算、研究目的及所需目標樣本來選擇最適合的方式。

■ 決定資料蒐集時程

當問卷蒐集的方式確定後,宜再確定調查執行的時程。以調查的時程長短來分,調查法包括橫斷設計及縱貫設計等兩類。**橫斷設計**(cross-sectional design)的調查法只需在某個時間點上完成所有資料蒐集工作。這種調查方式,資料蒐集所需的時程較短,較適合用來研究某個特定時空下的現象概況。但因為它只在一個時間點上觀察現象,難以看出現象間的因果關係或變遷趨勢。**縱貫設計**(longitudinal design)則屬於一種中長期的設計,需要經歷兩個或更多時間點來蒐集資料。這類調查方式執行起來曠日費時,但卻能有助於看出現象間的因果關係或變遷趨勢。根據樣本來源的不同,縱貫設計還分成趨勢研究、世代研究與小樣本追蹤調查等方式。其中,**趨勢研究**(trend study)適合調查社會整體樣本的變化趨勢;**世代研究**(cohort study)適合調查某個特定年齡層的變化情形;而**小樣本追蹤調查**(panel)則適合研究小群體中的個別樣本。

■ 問卷設計之原則

在調查法當中,問卷設計的品質優劣是整個資料蒐集工作成敗的關鍵。以問卷結構而言,最常造成學生困擾的問題是:究竟要問多少題目才夠?從經濟效益來看,研究者當然希望能在一次問卷調查當中蒐集到最多的資料,但實際執行時,必須考量到現實的問題。例如,問卷長度會影響到執行調查所需的時間,而時間長短又會影響到受訪者的受訪意

願與填答品質。因此，在規劃題目數量時，比較理想的標準是將受訪者填答的時間控制在10至15分鐘以內。如果超過這個範圍，至少也應避免讓調查的時間超過30分鐘。換算成書面問卷的長度，則最好將題目數量控制在2至3頁A4的紙張範圍之內。超過這個時間或長度，受訪者就容易失去填答的耐性。問卷題目的數量越多，受訪者出現拒答、漏答及亂答的情形就會越嚴重。在篇幅有限的前提下，究竟該保留哪些題目，又該割捨哪些題目，仍須根據研究問題來做出最後判斷。一個很重要的判斷原則是優先保留任何與研究主題及目的直接有關的題目，其次才考慮納入研究者感到興趣的題目。

■決定變項及樣本數量

由於調查法是在自然的情境下來執行，欠缺像實驗法設計對環境中干擾因素的控制，因此必須仰賴較複雜的統計分析技術來控制這些因素的干擾。為了能發揮統計控制的功能，減少發生虛假關係的機會，調查法比實驗法需要更大規模的資料。調查研究所取得的資料結構中，不僅變項數量較多（少則十多個，多則數十個變項），樣本規模也較大（通常多達數百個或數千個樣本）。在資料的屬性上，調查法採用的測量尺度有較大彈性。無論是自變項或依變項，都允許採用類目、順序或等距尺度來測量。也因此，調查法的研究採用的統計方法較為多元，從卡方檢定、變異數分析、相關分析、迴歸分析到步徑分析或因素分析等統計方法都有。

至於多大的樣本數才符合最基本的統計分析需求呢？一種簡易的判斷方式是視研究中的變項數量而定。有學者主張樣本數量不能低於變項數量的5倍之數，而更理想的比例則是將樣本數維持在變項數量的15至20倍之間。若是採更複雜的統計模式，兩者的比例甚至應調高至50比1（Hair et al., 1998）。當然，理想的樣本數並非只取決於變項數量而已，也應考慮到統計檢定力（power）、效果規模（effect size）與顯著水準

（alpha level）等因素。原則上，在相同的顯著水準與效果規模之下，如果研究者希望統計檢定能有較強能力來正確推翻虛無假設，最好的方法就是增加樣本人數（Cohen & Cohen, 1983）。總之，一個研究的理想樣本數應隨研究目的與設計複雜度（如變項數量）而調整。保守的建議是，採實驗法時總樣本數最好不要低於100，而採調查法時樣本數至少維持在300至500之間。

第二節　測量工具與方式

　　社會科學主要的研究對象是人，而跟人有關的研究題材當中，許多是無法直接觀察得知的現象（如內心的想法、態度或生理狀態）。面對這些現象時，不得不仰賴精確的測量工具來掌握其特質。所謂**測量**，指的是利用某些儀器或工具來將現象特質精確呈現出來的過程。例如，護士用血壓計檢測病人的血壓，是一種測量；市場小販用磅秤估算顧客購買的蔬果重量，也是一種測量；教練用馬錶衡量選手賽跑的速度，仍是測量；甚至老師以作業或考試來評量學生的學習成果，也還是測量。經過測量，許多現象的特質可以被更精確的描述，也可相互比較。

　　為測量各種現象，人類過去發明幾類的測量工具：(1)電子儀器；(2)物理器材；(3)紙與筆。其中，以電子儀器的測量結果最精確穩定，適合用來檢測人類自身無法精確感知的現象，如體溫、速度、重量、心跳、血壓、皮膚表皮反應、生理亢奮狀態等。在電子儀器未普及之前，傳統的物理器材，如體重機、磅秤、水銀溫度計、圓規、直尺或馬錶等也常被用來測量某些外顯性的物理特質（如長度）。由於人們內心的態度及想法無法以電子儀器或物理器材來直接測得，因此通常以設計好的問題，透過口頭問答或紙筆作答的方式來測量。在三者之中，以問卷這類測量工具的設計及執行過程最為繁複，測量上也最容易出現誤差。

一、測量尺度

　　不管測量工具爲何，爲了讓測得資料能合乎統計分析的要求，研究者必須掌握各變項在測量時採用的尺度。常見的測量尺度有四類，分別是：(1)類目尺度；(2)順序尺度；(3)等距尺度；(4)比例尺度（Singleton et al., 1993）。測量尺度不同，直接影響到變項資料的特性與後續統計分析策略。例如，以類目尺度測量的變項，只能簡略反映出樣本種類及身分，無法比較彼此的差異程度，因此適合以次數分配或百分比例來分析。探等距尺度測量的資料，除了可以看出樣本間的種類及身分外，還能區分彼此的先後順序，甚至能計算出差異，因此適合以平均數或更複雜的統計來分析。

(一)類目尺度（nominal scale）

　　在四種測量尺度當中，類目尺度變項所包含的資訊最爲簡略。所謂**簡略**，不代表這種測量尺度的品質較差，而是它所測量的結果只能反映樣本特質的異同（例如，樣本在身分、狀態、所屬群體、種類或樣式上有無不同），無法看出樣本特質的強弱順序或是差距程度。雖然這類測量的結果較粗糙，但眞實生活中卻仍有許多現象的測量必須仰賴這類測量方式。常見的例子包括：樣本性別；職業別，包含學生、家管、軍公教、服務業等；籍貫，包含本省籍、外省籍、客家人及原住民；婚姻狀態，包含已婚、失婚、未婚等狀態；宗教信仰，包含佛教、道教、天主教、基督教、回教、一貫道等；上班方式，含開車、搭乘捷運或公車、騎車、步行等；居住地區，如台北市、台中市、高雄市等。

(二)順序尺度（ordinal scale）

　　順序尺度測量的資訊比類目尺度更精細，除了能測出樣本特質的異同外，還能比較樣本特質的高低強弱或先後順序。常見的例子包括：考

試名次，第一名、第二名……等；考績評比，甲、乙、丙、丁、戊；貨色好壞，上、中、下等；世代差距，老、中、青三代；態度強弱，強、中、弱；商品價位，高、中、低價位等。常見的Likert五格尺態度量表（非常同意、同意、無意見、不同意、非常不同意），就屬於順序尺度測量的一種。這種測量雖能比較樣本的先後順序，卻無法計算出彼此差異的距離。根據價位排序的結果，讀者只能知道高價位商品價格比中價位商品貴，中價位商品比低價位商品貴，但無法得知不同價位商品的價格差距。同理，根據態度強度來分，讀者只知道「非常同意」比「同意」的態度強，卻不知差距多少。

(三) 等距尺度（interval scale）

　　等距尺度測量除了能反映樣本特質的異同與先後順序外，還能計算出樣本特質的差距，而且每個單位差距都是等量的。海拔3,800公尺跟3,750公尺的高山，從數字上不僅可看出兩者高度不同，還可看出前者比後者高，亦可算出兩者差距為50公尺。這50公尺的差距也等同於3,750公尺跟3,700公尺高山的差距。其他常見的等距尺度例子包括：體溫、氣溫、智商、速度、英檢成績、痛苦指數。這類測量的數據並不具絕對零點，也就是海拔高度為0者不代表沒有高度，智商為0者不代表沒有智商、氣溫為0者不代表沒有溫度。由於零點並不固定，因此不同樣本間雖可計算出特質的差異，卻不能算出比值。換言之，溫度40度的熱量並不等於20度的2倍、智商180的人並不比智商90的人聰明2倍。

(四) 比例尺度（ratio scale）

　　比例尺度除具備類目、順序與等距尺度的特質外，還多了絕對零點。採比例尺度測量的結果，不僅可看出樣本的特質異同，還可分出高低強弱，並算出差異的數量及比值。常見的例子包括體重、身高、年齡、收入、消費金額、工作時數等。80公斤的人體重除了比40公斤的人

多出40公斤外，前者也是後者的2倍重。收入5萬元的人比1萬元收入的人高出4萬元外，前者還是後者的5倍。比較四種測量尺度的資料特性，以類目尺度所涵蓋的資訊量最少，其次為順序尺度，再者才是等距及比例尺度（如**表1-1**）。

表1-1　四種測量尺度之資料特性

測量尺度	類目尺度	順序尺度	等距尺度	比例尺度
可否看出異同	可	可	可	可
可否看出順序		可	可	可
可否看出差距			可	可
可否看出比值				可

(五)測量尺度與統計分析

從統計分析的角度來看，不同測量尺度的資料在處理時具有不同程度的靈活度。所謂**靈活度**，指的是資料能否因應不同分析的目的而進行有意義的結構轉換。如果一項資料可進行結構轉換的空間較大，則統計靈活度較高。具體而言，比例或等距尺度的資料最具靈活度，其次是順序尺度。類目尺度的靈活度最差。例如，採類目尺度所測得的資料，事後並無法透過轉換程序來將之轉換成順序、等距或比例尺度的形式。相反地，順序、等距或比例尺度的資料卻可以經由合併而轉換成類目尺度的形式。

由於資料轉換的靈活度較高，等距或比例尺度的測量無疑讓研究者在統計分析上有更大的彈性空間。因此，建議研究者在設計問卷時，題目的設計儘量採等距或比例尺度的形式。**表1-2**中是採不同測量尺度來測量受訪者「每月收入」的範例。其中，**範例1**的題目列出幾種收入區間供受訪者勾選，所蒐集的資料屬順序尺度。根據受訪者勾選的答案來判斷，讀者只能看出樣本收入的多與少，無法計算出彼此的收入差異。**範例2**的題目開放受訪者自由填答，所蒐集的資料屬比例尺度。從受訪者所

表1-2　不同測量方式之題目範例

1.順序尺度測量	你目前每個月的收入是：	
	☐(1)10,000元（含）以下	☐(2)10,001-30,000元
	☐(3)30,001-50,000元	☐(4)50,001-70,000元
	☐(5)70,001-90,000元	☐(6)90,001元（含）以上
2.比例尺度測量	你目前每個月的收入是：	
	＿＿＿＿＿＿＿＿元	

填答的收入當中，讀者不僅可看出受訪者的收入有無差異，孰多孰少，也可算出彼此的差距。選擇**範例2**所測得的資料，事後仍可藉由資料合併轉換成**範例1**的資料形式。因此針對這個變項而言，較佳的測量方式是探**範例2**的形式（即比例尺度），而非**範例1**（即順序尺度）的形式。

二、問卷設計

　　問卷是社會科學經常採用的測量工具，其設計形式及內容攸關資料品質的優劣。設計問卷時，學生較常發生困擾的地方集中在幾個部分：(1)題目數量；(2)題目型態；(3)答題方式。有關問卷長度及理想題目數，本章前段介紹調查法設計時已討論過，本節不再贅述。問卷的長度取決於研究者希望蒐集到多少的資料。問卷越長，蒐集到的變項資料越多，但資料品質下降的風險也相對會越高。施測的時間越長，受訪者拒答、漏答、亂答的情形會明顯增加。為了掌握受訪者所能忍受的最佳長度，研究者可以透過前測的方式，先針對一部分受訪者進行調查，然後根據其填答的結果來進行修正。

(一)題目型態

　　即便問卷長度或題目數量控制在一定的範圍之內，受訪者填答所需的時間長度仍會受題目型態所影響。常見的題目型態有三類：(1)封閉

式；(2)開放式；(3)混合式。所謂**封閉式題目**，指的是題目中已陳列各種可能的答案供受訪者勾選，受訪者不必自行填寫答案。由於這類題目已提供現成答案，因此受訪者答題所需的時間較短。如果研究者注重資料蒐集與分析的效率，可以考慮採封閉式設計。設計封閉式題目時，必須注意周延與互斥的原則。所謂「**周延**」，意指題目需儘可能羅列各種常見的答案，避免出現遺漏；所謂「**互斥**」，意指不同答案之間應避免出現有範圍相互重疊的現象。

　　所謂**開放式題目**，意指題目中不提示任何答案，所有答案需由受訪者親自填寫。這類設計的主要缺點是受訪者答題所花費的時間較長，事後資料整理的工作也較繁複。但其優點是讓研究者可能從資料中發現更接近真實的答案。如果研究者希望從受訪者的觀點來看問題，注重受訪者多元想法的探索，可以考慮採開放式設計。至於**混合式題目**則結合了封閉式與開放式題目的特性，既提供現成的答案供受訪者勾選，也提供受訪者自由填答的空間。**表1-3**是三種題目型態之範例。從統計分析的角度而言，封閉式題目的資料最利於量化資料分析的編碼與輸入，混合式題目次之，最後則是開放式題目。

表1-3　三種不同題目型態之範例

1.封閉式題目	你的年齡（實歲）是：	
	□(1)20歲（含）以下	□(2)21-30歲
	□(3)31-40歲	□(4)41-50歲
	□(5)51-60歲	□(6)61歲（含）以上
2.開放式題目	你目前的居住地是：	
	＿＿＿＿＿＿＿＿縣（市）	
3.混合式題目	你的職業是：	
	□(1)軍　□(2)公　□(3)教　□(4)工	
	□(5)農　□(6)商　□(7)其他＿＿＿＿＿＿	

(二)答題方式

　　常見的答題方式有兩大類：(1)單選模式；(2)複選模式。單選題只允許受訪者選擇一個答案，複選題卻允許受訪者選擇數個不等的答案。如果研究者想探索受訪者內心可能的想法，就可以選擇複選模式，讓受訪者選擇多個答案。如果研究者想了解這些想法的相對重要性，甚至可以要求受訪者將所有答案排序。例如，觀眾喜歡或討厭的節目有哪些？喜歡的原因是什麼？討厭的原因又是什麼？消費者信賴的電腦品牌有哪些？上網動機有哪些？欣賞的歌手有誰？這些問題都不會只有一種答案，因此適用複選題來詢問受訪者。

　　設計複選題時，研究者對受訪者答題數量的要求可以有兩種選擇：(1)不限制受訪者答案的數量；(2)限制受訪者答案的數量（例如，要求受訪者至多或至少勾選幾個答案）。當受訪者勾選出心目中的答案後，研究者可以要求受訪者將所有選出的答案依重要性來排序，也可以不要求。排序的目的在於顯現每個答案在受訪者心中的相對地位。

　　研究者在這些答題方式的設計規劃不同，直接會影響到統計分析的策略。單選題與複選題的資料輸入格式並不相同，適用的統計分析策略也不相同。單選題資料只需輸入在一個欄位空格上，複選題則依選項數量多寡而需要多個欄位空格，而且輸入時每個答案必須採二項式（勾選或未勾選）的格式。如果複選題的答案有經過排序，則分析時還需針對不同順序的答案給予不同比重加權。

三、題組與量表

　　當測量變項涉及較複雜的概念時（例如，態度、動機、生活型態、人格特質等），研究者通常不會只採單一題項來測量，而是採取題組或量表形式。以題組或量表來測量，不僅可強化變項資料的內容效度（content validity），也能更清楚反映該變項的概念結構。究竟某變項只

具備單一面向的意義，還是多面向的意義？當研究者在描述人類的暴力傾向時，它究竟指的是一種概括性的特質，還是包含肢體暴力、口語暴力或精神暴力等不同層面的意義？如果研究者只採單一題項來測量暴力傾向，測量結果只能看出樣本概括性的特質。要看出樣本的暴力傾向是否呈現不同面向的結構，較理想的做法是採題組或量表方式來測量。

除了少數屬於檢測樣本基本人口學特質（例如，性別、教育程度、年齡或收入）或陳述事實的問題（如媒體使用行為）會採單一題項測量外，其他的變項宜儘量以題組的方式來測量。換言之，藉由多個層面的題目來交叉詢問受訪者，並以受訪者在這些題目的總體反應作為代表，其答案所具備的效力會更勝於任何單一的題目。例如，想更精確測出一個人的宗教虔誠程度，詢問他在多個層面上的反應（包括是否皈依、對經典教義的熟悉程度、有無參加教團活動、有無定期禱告、有無定期捐款奉獻），其代表性會比用他在任何單一層面上的反應要高。

除了題組之外，以量表方式進行測量也經常可見。所謂量表，指的是經過較嚴格設計、檢測與修正過的題組。針對特定變項，如果過去已經有研究者發展出相關量表可供使用，則可沿用過去的量表或稍作修改後使用。假如找不到現成的量表，則研究者可以自行設計量表。量表的規模較大，通常由十幾個題目或數十個題目所組成。量表中的題目，在研擬時必須參照過去的文獻或理論，使每道題目都有相對應的概念面向。假如某變項在理論上涵蓋三個不同面向的概念，量表所設計的題目內容就必須圍繞在這三個面向的概念上。

以常見的Likert態度量表為例，這類量表在測量時通常先透過題目來陳述某種立場，然後請受訪者對該陳述的立場表達態度。為看出受訪者在每道題目上的立場及態度強度，量表中通常會提供受訪者五種程度的態度選項，包括「極為同意」、「同意」、「無意見」、「不同意」與「極不同意」等。不同研究在選項的遣詞用字上不盡相同，有些會以「非常同意」到「非常不同意」的字眼來描述態度強度，有些則以「非

常贊成」到「非常不贊成」的方式來描述。至於量表中所用來檢測態度
強度的答案數量，有的研究會從五種程度增加為七種或九種不等，視研
究者需要而定。

四、信度與效度

(一)信度的意義

無論是題組或量表，測量結果首重品質。要判斷測量品質，常用的
指標有二：(1)信度；(2)效度。**信度**（reliability）泛指測量結果的可複
製性（reproducibility）；**效度**（validity）則代表測量結果與被測量事物
之間的近似度（Litwin, 1995）。信度是效度的基礎。要確保測量結果能
真實反應現象的原貌，必須先確定測量結果具有較高的可複製性，亦即
有較高的一致性、穩定性與同質性。所謂**一致性**，指的是受訪者面對相
同概念的題組時，其在各題目上的反應須保持一致，不應自相矛盾。所
謂**穩定性**，指的是受訪者面對同一題目時，能在不同時間下作出相同或
相近的反應。所謂**同質性**，指的是不同個體在判讀同一刺激物的表面特
徵時，彼此能有相同或相近的答案。如果一個人的答案反覆無常或自相
矛盾，其答案的正確性就容易受到質疑。如果兩個人的判讀結果極為懸
殊，則其他人很難從這樣的判讀結果中發現真正的答案。目前常見的信
度檢定方式包括：初測複測信度、複本信度、內在一致性信度、評分員
間信度等。

(二)效度的意義

效度是用來判斷測量結果精確度的重要指標。如果測量的結果與
事實相去甚遠，則統計分析的結果必然不可信。目前常用來判斷測量效
度的指標包括：表面效度、內容效度、效標效度、構念效度等（Litwin,

1995）。所謂**表面效度**（face validity），指的是外觀上測量工具適用於測量某標的物的程度。如果題目看起來不像測量它所宣稱要測量的特質，則該題目便不具表面效度。所謂**內容效度**（content validity），指的是測量工具所能反映被測量物實質內涵的程度。如果題目設計能考慮到變項所有面向的意涵，則該題目的內容效度較高。所謂**效標效度**（criterion validity），指的是某測量工具與其他測量工具的測量結果合乎預期關係的程度。如果研究者自行設計的「強暴迷思」量表與過去通用的「強暴迷思」量表的測量結果存有高度相關，則代表前者具備較高的同步效標效度（concurrent validity）。如果研究者自行設計的「強暴迷思」量表被用來預測受訪者對強暴受害者的態度時，發現兩者關係與昔日研究結果一致，則代表量表具備較高的預測效標效度（predictive validity）。所謂**構念效度**（construct validity），指的則是一項測量工具適用於不同時間、空間及樣本群的能力。當測量工具有高的構念效度時，意味研究者針對同一個特質測量時，即使採用不同方法也能得出相同結果。

　　總之，在變項測量過程中，研究者必須確保變項的測量方式都能與統計分析策略相互配合。假如研究者想要以卡方檢定來處理資料，就必須確定所取得的資料是採類目或順序尺度所測量。萬一資料屬等距尺度性質，則研究者必須先將資料轉換成順序或類目尺度後才能執行卡方檢定。如果研究者想採用相關、迴歸或因素分析來處理資料，則必須確認資料是以等距或比例尺度所測量。至於想採用t檢定或變異數分析的研究者，必須確定自變項為類目或順序尺度所測量，而依變項為等距或比例尺度的測量。研究者如果不能在事前採用正確的測量尺度，進入統計分析階段時，統計分析策略的選擇就會大受限制。

第三節　資料蒐集

　　當研究設計規劃完成之後，整個研究便進入到資料蒐集的階段。有良好的研究設計，必須搭配嚴格的執行才能確保資料品質的信度與效度。在資料蒐集的階段裡，研究者會採用現成或自行設計的測量工具從研究對象取得資料。如果研究對象是人，資料來源可能是個人，也可能是團體（如機關行號）。如果研究對象是物，則資料來源可能是不同的傳播媒介及史料檔案紀錄，其形式可能是文字、符號、數據、圖片、語音或影像訊號等。資料來源不同，蒐集資料的規劃也會不同，進而影響到資料的結構與統計分析策略。

一、資料型態與結構

(一)個體與集體資料

　　如果資料是研究者自行規劃與蒐集，直接取自研究對象，則此類資料屬於**原始資料**或一手資料（original data）。因為是研究者自行規劃蒐集，原始資料的結構通常能與研究目的契合。在內容上，它會涵蓋所有研究架構中提到的變項。在形式上，它通常會以**個體資料**（individual data）的形式呈現，當中詳細記載每位樣本的背景及特質。假如資料並非研究者自行取得，而是來自其他個人或團體所建立的資料庫，或是借用其他研究使用過的資料，那麼此類資料便屬於**次級資料**或二手資料（secondary data）。次級資料因為由他人所蒐集，變項的內容及測量格式未必能符合研究者需求。就形式上而言，二手資料有可能以個體資料，或**集體資料**（aggregate data）的形式來呈現。如果是集體資料形式，資料中就只能看出整體樣本分布的狀況，而看不到個別樣本的特質。

(二)變項的意義

　　每一筆資料都由兩個元素所構成：(1)變項；(2)樣本。所謂**變項**（variable），指的是具備可變特質的某種概念。要成為一個變項，這個概念至少必須包含兩種或更多種的特質。假如概念的特質不具變化，那它就只是一個常數，而非變項。例如，性別是一個變項（因為包含男性及女性兩種特質），而男性只是一個常數。年級是一個變項（因包含一年級、二年級、三年級、四年級等多種特質），而一年級只是常數。如果研究者只訪問到男性樣本，則資料結構中就欠缺性別變項。如果研究者只針對大一新生進行調查，則資料結構中就欠缺年級變項。一項研究蒐集的變項數量愈多，意味該研究掌握到的樣本特質也越多樣化。唯有藉由比較不同特質樣本之間的異同，研究者才能回答各式各樣的研究問題。

　　一個變項的資料如果不具有任何變異（亦即只有一種特質），則該資料就沒有任何分析的價值存在。因為當某個變項的資料毫無變化時，一般人毋需借助統計分析也能判斷出它跟其他變項之間不會有任何關聯。因此，對於任何要納入統計分析的變項而言，研究者一定要確保資料存有某種程度的變異。但是一旦變項的變異程度異於平常（如出現極端值或有測量誤差），則統計分析結果的準確性就會受到衝擊。在資料蒐集的過程中，研究者除了該確保每位受訪者答題時的獨立性外，對於較敏感私密的問題，也要讓受訪者的身分不會有被暴露的疑慮。這些做法都可以降低資料出現系統性偏誤的機會。

(三)樣本的影響

　　所謂**樣本**（sample），指的是研究取得資料的對象。樣本的規模除了會影響變項的變異程度外，也會直接影響研究結果的穩定性。樣本數愈大，從變項中發現變異的機會就越高。樣本數越大，研究的結果也

越不容易受任何單一樣本的答案所左右，而小樣本的研究卻很容易因為少數幾個樣本的答案而改變結論。穩定性高的研究結論當然比較可信。其次，樣本規模會影響到研究結果的外推性（或代表性）。如果是隨機抽樣的調查，樣本人數增加，其結果推論到母群時所會出現的誤差會較低。換言之，使用較大樣本的研究，其結果要推論至母群時有較高的代表性。而為了避免有效樣本的流失，研究者在回收資料時應提醒受訪者檢查答案，確保不會發生漏答或跳答的現象。

二、資料遺漏與錯誤

(一)減少拒答與漏答

在資料蒐集的過程中，常見的缺失是所蒐集的變項資料出現遺漏與錯誤。資料出現遺漏的主要原因是受訪者拒答及漏答。前者屬於蓄意的行為，而後者則是無心的。當問卷的題目涉及敏感性或隱私性較高的題材時，受訪者很容易選擇性拒答某些題目。而漏答往往是因為題目標示不清（如未註明背面還有題目）或受訪者粗心所導致。一旦漏答的情形比較嚴重時，受訪者可能漏掉一整個題組或一整頁的題目，而形成無效問卷。要減少受訪者拒答的比例，最好的做法是確保答題的匿名性。要降低漏答的比例，較好的做法是讓答題標示更清楚，並且提醒受訪者在交卷前檢查所有答案。

(二)減少亂答與慣性作答

資料發生錯誤的主因是亂答與慣性作答。亂答的情況較常發生在受訪者填答意願不高時，或是當填答問卷時間過長的時候。當受訪者在匆忙的情況下（如填答問卷的時間太短），受訪者為敷衍了事，就容易胡亂作答。至於慣性作答，較常發生在量表或題組的測量上。因為題目數

眾多，每題答題的格式又相同，因此只要受訪者未細讀題目，就會出現一連串慣性填答的情況（例如第一題只要答同意，後續的每一題也跟著答同意）。為了減少亂答的比例，最好讓受訪者有充分的時間作答，同時避免讓他們受環境干擾。為能偵測出受訪者慣性作答的可能，設計問卷時最好也能加入部分反向題。

比較輕微的選擇性拒答、漏答或亂答的行為會形成變項上所謂的遺漏值（missing values）。嚴重的拒答、漏答或亂答則會導致某些樣本的資料成為無效資料（即廢卷）。一旦廢卷數量過多，就會嚴重衝擊到有效樣本的數量。好的研究通常會將廢卷比例控制在總樣本數的5%以下，或甚至是低於1%。廢卷比例過高，代表研究設計或資料蒐集的過程出現瑕疵。因此，研究者必須在問卷設計或資料蒐集時宜努力做好廢卷比例的控管工作。

(三)提高回收率

除了降低廢卷比例之外，提升問卷的回收率也是避免樣本數量銳減的方法之一。問卷回收率的高低受幾個因素所影響：研究的性質、問卷長度、有無提供誘因、蒐集資料的方式、蒐集資料的時程等。通常屬於公益性質、學術性質或由政府機關主導的研究，受訪者填答的意願較高。如果是屬於商業用途的研究，或是在問卷調查之前未清楚說明研究的意圖，未表明研究者身分，都難以獲得受訪者信賴而降低其填答意願。其次，對於要花較長時間才能填答完畢，甚至未提供任何誘因（如獎金、贈品或抽獎）的問卷，也比較不易獲得民眾迴響。再者，採用郵寄問卷的方式來蒐集資料者，回收率容易偏低（通常在一至兩成以下），而集體填答問卷的回收率則較高。如果蒐集資料的時程要橫跨一段時間，則時間拖越久，樣本流失的比例會越嚴重。

三、資料蒐集技巧

(一)善用人際網絡

　　為了避免資料蒐集過程出現變項及樣本資料的缺失，有些技巧可以運用來確保資料品質。首先，要懂得善用人際網絡來讓資料蒐集的過程更為順暢。受訪者對於任何陌生的研究者都存有戒心及疑慮，因此容易拒絕受訪。這時如果能透過與受訪者熟識的人來引薦，可以有效降低受訪者的疑慮，進而降低受訪者拒訪的比例。如果找不到熟識的人引薦，可以妥善運用贈品或獎金來作為誘因，以提高受訪者接受訪問的意願。當然更重要的是，研究者必須時時刻刻抱著積極與誠懇的態度來面對受訪者。提升回收率的最好策略是，讓受訪者清楚認識該研究的性質與目的，同時感受出研究者的熱情與誠意。

(二)全程積極參與

　　資料蒐集的每個環節，研究者都必須全程參與並主動監控品管。若無必要，儘量不去拖延資料蒐集所需的時程，以減少有效樣本的流失。問卷的蒐集工作最好能在受訪者接受訪問或填答問卷之後立即執行，避免在問卷發出數天之後才要求受訪者繳回。在受訪者填答問卷之際，研究者最好能在現場提供說明，清楚講解答題規則，並回答受訪者對題目的疑問。更重要的是，當受訪者繳回問卷之際，研究者能快速瀏覽問卷上的資料，檢查是否有遺漏之處。若有遺漏，也能利用受訪者還在現場時請他補足資料。這種方式可以有效減少因受訪者疏忽所造成的資料缺失，確保大部分回收的資料都屬有效問卷。

(三)誠懇與尊重

　　最後，記住以客為尊的原則。在調查的過程中，無論是發放問卷的

場地或時間的選擇，儘量配合受訪者的處境，不要造成受訪者的困擾與不便。如果情況許可，宜事先與受訪者約定並安排好要進行問卷訪問的時間及地點，讓受訪者在有心理準備下來作答，以免讓受訪者產生不受尊重的感覺。如果是在街頭進行訪問調查，無法事先告知，也不要讓受訪者感到勉強。咄咄逼人的方式只會讓更多受訪者感到反感而拒訪。

　　總之，研究者必須在蒐集資料的過程中做好品管工作，以更嚴格標準來取得高信度與高效度的資料。無論在問卷設計、發放及回收的過程中，研究者本身應儘可能全程參與並監控進度的執行，降低讓受訪者產生拒答、漏答、亂答或誤答的可能。善用人際網絡來接觸樣本、親身到現場清楚解說規則，以及完整的訪員訓練都可能提高有效的回收率。最後，讓受訪者自願且心悅誠服來接受訪問，所提供的答案品質也會較高。

Chapter 2

資料準備

　　資料蒐集完畢之後，還需歷經三個階段的資料準備工作才能正式納入統計分析：(1)編碼；(2)輸入；(3)檢查與校正。資料編碼的目的在將文字或圖像的資料轉換成數據形式，使資料能被電腦辨識及處理。編碼工作沒做好，不僅會延誤資料輸入的進度，甚至影響到資料的正確性與統計分析的工作。資料輸入的目的在讓編碼後的數據成為統計分析可用的資料。輸入的過程如果出錯，直接的衝擊是所有後續分析的結果都不正確。資料的檢查與校正則為了確保統計分析的資料正確無誤。資料要正確無誤，除了細心的輸入資料之外，還需仰賴資料的檢查與校正。唯有經過適當的編碼，並以正確格式輸入，經過檢查與校正無誤的資料，統計分析的結果才具備參考價值。

第一節　資料編碼

　　所謂**編碼**（coding），是指將蒐集到的文字或影音資料轉化為數據形式的過程。唯有轉換成數據，研究者蒐集的資料才能被電腦統計程式所辨識及處理。在編碼的過程中，研究者會以某種一致性的規則，來將問卷每道問題的答案轉換成相對應的數據或符號。編碼後的數據不只是單純的數據，而是具有特定意義。編碼時並無一套絕對標準可供參考，每位讀者都可以根據習慣或偏好來建立自己專用的規則。不管所建立的規則為何，只要它能方便研究者輸入資料，不會在分析過程中造成混淆及錯誤，甚至有助於結果的解讀，都算是好的規則。

　　編碼最重要的精神就是規則的一致性。編碼規則一經建立後，研究者就必須遵照這一套標準來為每位樣本的資料編碼。假如編碼規則中界定性別變項中1代表男性，2代表女性，那麼編碼時就要給樣本中的每一位男性受訪者1的代碼，女性受訪者2的代碼；反之則反。當變項數量很多時，編碼過程也會變得較複雜。為了避免在資料輸入過程中出現混

淆與遺忘，研究者通常會針對自己設計的問卷先行擬定一份編碼表來參考。

一、準備編碼表

簡單來說，**編碼表**（codebook）就是一份用來說明各變項編碼規則的操作手冊。編碼表並不必然有一定的格式，它可以採表格形式，也可以採文字敘述形式。研究者可以將編碼規則單獨記錄在一張紙上，也可以將規則註記在問卷空白處。無論其形式為何，編碼表上主要記載的訊息包括：(1)如何替問卷上的每一個變項命名及界定；(2)如何將樣本的每一種答案轉換成特定的數字代碼。一旦建立好規則後，研究者可以將這些編碼規則整理成簡要的表格形式（如**表2-1**的範例），並儲存成電腦檔案，以供後續資料輸入及結果解讀時參考。

試想，如果在輸入資料前尚未建立一套固定的編碼規則（例如，各變項名稱為何？各種答案輸入的代碼為何？），究竟該如何輸入資料

表2-1　編碼表之範例

問卷題號	變項名稱	編碼規則
0	問卷編號	如數字所示（1-999）
1	性別	1 = 男生
		2 = 女生
2	年級別	1 = 小一
		2 = 小二
		3 = 小三
		4 = 小四
		5 = 小五
		6 = 小六
3	成績	如數字所示（0-100）
4	喜歡卡通程度	1 = 非常不喜歡
		2 = 不喜歡
		3 = 普通
		4 = 喜歡
		5 = 非常喜歡

呢？倘若所要輸入的資料規模極為龐大（即變項及樣本數量都很多），而手邊又沒有編碼表可供參考時，研究者會不會在漫長的資料輸入過程中出現混淆的現象呢？尤其當變項的答案類別眾多時，一旦缺乏編碼規則提醒，在不同時間內所輸入的資料會不會出現前後規則不一的現象？

即便資料已輸入完畢，倘若沒有編碼規則的輔助，一段時間之後研究者是否還能記得資料中各個變項代碼的意義？究竟在宗教信仰這個變項上，資料代碼1所代表的是佛教，還是道教？代碼3所代表的是基督教，還是天主教？又回教的代碼為何？這時只要找出當時建立的編碼規則，便可回復每筆資料的原始意義。編碼表這種還原資料原始意義的功能，讓研究者在重新整理昔日蒐集的資料時，不至於發生意義解讀上的錯誤；它也讓採用次級資料分析的人，能夠洞悉原始問卷設計的用意與每筆資料的意義。這對於資料的再運用有莫大幫助。

熟悉變項的編碼規則，也能幫助讀者更了解量化分析結果的意義。當研究報告顯示，某群樣本的平均宗教虔誠程度是4.6，或男性與女性樣本對某項瘦身產品的廣告態度分別是2.8與4.2，這些數據代表著什麼意義？如果讀者從編碼規則中得知，宗教虔誠程度的分數介於1至5分之間，則4.6分的平均代表這群樣本是極為虔誠的。反之，如果原始分數是介於1至10分之間，則這群樣本的虔誠程度只屬中等。當讀者能掌握這些變項的編碼規則，便能更精準的了解這些數據背後所顯示的意義。

二、變項命名

編碼時，研究者必須先為問卷上的每道問題取個變項名稱。這個名稱不得與其他變項名稱重疊，也不宜與其他變項名稱混淆。如果變項屬於單一題目形式，命名時最好能在字面上直接看出題意（如性別、年齡、年級別、就讀科系等）。如果是透過題組或量表型式來測量的變項，則可以利用變項的簡稱加上題號來代表不同題目（如動機1、動機

2、動機3……等）。為了方便資料輸入及校正，建議在輸入變項名稱之前增列一個「問卷編號」的變項。加入這個變項之後，每位樣本的身分都可以獲得辨識。遇到資料出現疑問時，也能夠快速的找出該筆資料的來源，並且進行比對及校正。

　　某些版本的統計軟體仍會對資料輸入的格式有限制。因此，在變項命名時也要注意這些規定。例如，新變項的名稱不能與現有變項名稱相同；變項名稱的長度不能過長（通常控制在四個字母的長度以內）；變項名稱必須以字母開頭，不能以數字為開頭（例如，動機1或動機2的名稱可被接受，但1動機或2動機則否）；變項名稱當中不能出現空格或標點符號（如星號、冒號、問號或引號）；還有變項名稱不能與統計軟體慣用的指令名稱相同（如eq、all、ne、and、with、le等）。總之，變項名稱在命名時宜採簡潔、易懂又可牢記的原則。

三、封閉式答案編碼

　　封閉式題目較常用在類目尺度或順序尺度變項的測量。以類目尺度測量的變項，其答案只能反應樣本在類別或身分上的不同，並無數量差異的意義。因此，對於這類答案的編碼，讀者可以任意自訂數字或符號來代表不同的答案。例如，在性別的編碼上，可以選擇以1代表男生，2代表女生；也可以用1代表女生，2代表男生；也可以用1代表男生，0代表女生。只要用來代表男生與女生的數字不同即可，不必限定何種數字。不同的編碼規則並不必然有好壞之分。讀者最好能依照過去習慣的規則來編碼，讓自己在資料輸入及解讀時更具效率。

　　如果是順序尺度的資料，編碼時在數據代碼的選擇上就不如類目尺度有彈性。由於順序尺度的答案具有高低強弱與先後順序的意義，因此使用的代碼最好也能反映樣本特質的強弱與先後順序。例如，選擇用1代表極不同意；2代表不同意；3代表沒意見；4代表同意；5代表極同意。

這種編碼規則顯示，越大的數字代表越正面的態度。當然，讀者也可以選擇用5代表極不同意；4代表不同意；3代表沒意見；2代表同意；1代表極同意。這時，數字越大，代表樣本的態度是越負面。為了不讓讀者產生解讀上的困擾，建議在順序尺度變項的編碼時，能考慮以由小至大或由大至小的連續數字來代表不同程度的答案。

四、開放式答案編碼

開放式題目較常用在等距或比例尺度變項的測量。針對等距或比例尺度的資料，其編碼方式較為單純，只要依照資料的原始形式來編碼即可。例如，有關樣本的年齡或每月收入，在編碼時就直接採用實際年齡或月薪的數字，無須另行以其他數字來代表。樣本年齡是24歲者，其在年齡變項就直接以24來代表，體重是60公斤者，其在體重變項就以60來代表。倘若讀者事後有其他分析上的需要，等距及比例尺度的資料仍可以藉由合併或重新編碼的方式，予以轉換成類目或順序尺度的形式。

開放式的類目變項，在資料編碼時過程較繁複。由於開放式題目所取得的答案類別較多元，研究者在編碼之前必須先瀏覽全部答案，並判斷在該變項底下，受訪者總共回答出多少類別的答案。其次，針對這麼多元的答案當中，研究者要找出發生頻次較高的幾種答案，並予以獨立分類出來；至於少數零星出現的答案，為避免造成編碼後類別數過多，可以歸併在「其他」一類。最後，當每位樣本的答案都完成歸類之後，就可以替這些分屬不同類別的答案來進行編碼。

開放式的題目如果遇到難以歸類的答案時，處理起來就更為費時。有時受訪者的字跡潦草，答案不易辨識，或是因時間不足而未完成作答，或是遺漏作答時，這些答案都可以列為無效答案或遺漏值。這時編碼的方式就跟其他有效資料的編碼方式要區隔開來。有關遺漏值的編碼主要功用在提醒電腦不要將這些資料列入正式分析。如果資料輸入時未

作好遺漏值的設定，則無效值仍會被視爲有效值來分析，嚴重影響到整個資料分析的正確性。

五、遺漏值編碼

樣本在填寫問卷時，有時會因選擇性拒答、跳答或漏答等原因，造成問卷局部的答案出現空白情形。這些空白的答案在編碼或輸入時就會形成**遺漏值**（missing values）。面對問卷中出現遺漏值時，該怎麼辦呢？正確處理方式仍需依個別研究狀況而定。如果一份問卷所遺漏的資料屬研究中最重要的變項，或者遺漏的答案數量超過題目總數一定比例（如1/10），則可以將該份問卷直接判定爲無效問卷而剔除。如果樣本數量夠多，研究者可以採較嚴格的標準，把所有出現遺漏值的問卷全數剔除，只保留完整的問卷資料來分析。

如果不採上述較嚴格的標準，而選擇留下一些出現少許遺漏值的問卷時，這些遺漏值該如何來處理呢？其中一種做法是以隨機填補的方式從有效答案中擇一來填補遺漏值，而非讓空白處留空。例如，樣本當中假如有人漏答了性別這個題目，則編碼時可以從有效答案中（1代表男生，2代表女生）隨機抽出一個數字來遞補之。假如有人漏答了年級這個題目，則可以從小一（編碼1）至小六（編碼6）這六個有效數字中隨機抽出一個數字來遞補。這種隨機遞補遺漏值的方式可以避免分析結果出現系統性的人爲誤差。

隨機填補的方式適合處理以類目尺度或順序尺度測量的題目。一旦出現遺漏值的題目是採等距或比例尺度測量時，因爲答案的有效範圍太廣，隨機填補的方式就出現執行上的困難。這時，較適合的方式是改採整體樣本的平均數作爲填補遺漏值的依據。例如，假如樣本中有人漏答了年齡這個題目，就可以用全部樣本的平均年齡來遞補這個遺漏值。如果有人漏答了收入這個變項，就可以用全體的收入平均數來遞補遺漏

值。

　　不論是採隨機遞補，或是採平均數遞補的方式，其優點是讓資料結構維持完整性，減少樣本人數過度流失。但畢竟所遞補的數據並非眞實答案，與樣本的實際狀況仍有差距。對此，研究者也可以選擇捨棄這些遺漏資料的樣本以保留資料原貌。換言之，研究者可以把資料中遺漏的部分予以遞補，但遞補後的數字不列入資料分析。這種方式是選擇有效答案以外的數字作爲遞補數據，然後在電腦上將該數據設定成遺漏值，不納入後續統計分析。例如，變項有效答案如果只有1跟2，則可以用9來當遺漏值。有效答案如果從0到9，可以用10以上的數字（如99）來當遺漏值。如果有效答案介於0與100之間，則可以用100以上的數字（如999）來當遺漏值。只要作爲遺漏值的數字不是介於有效值之內，將之設定爲遺漏值時並不會影響到其他有效值的分析結果。

　　總之，編碼的用意是將文字概念轉換成數據，以利輸入電腦後能進行統計分析。爲了建立一個有效的編碼規則，Newton & Rudestam（1999）提供以下幾個基本原則給讀者參考：(1)全部資料都必須數據化，即使是遺漏空白的答案也要設法以數據來塡補；(2)在同一個的變項上，同樣的答案必須編碼成相同數字，而不同答案之間所使用的代碼必須互斥；(3)編碼時，所採用的方式以能反映出更多資訊者爲佳。在同一個變項上，假如能以等距或比例方式來編碼，就應避免使用順序或類目尺度方式。如果研究者知道每位樣本的實際年齡，就應直接以年齡數字來編碼，而不要先將之歸類成16-20歲、21-25歲、26-30歲等組別之後再來編碼；(4)針對具有程度差異或數量特質的變項時，編碼的數字方向也以能直接反映特質強弱的方向爲佳。總之，編碼規則一旦制定後，應一體適用，所有受訪者的答案都應遵照同一套規則。更重要的是，研究者要記得將建立好的編碼表儲存起來，以供後續資料校正時參考。

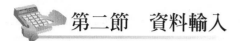 第二節　資料輸入

　　當所有問卷資料已經依照某種規則完成編碼後，接下來的工作就是將這些已數據化的資料逐一輸入電腦，使之成爲統計分析可用的資料檔。在資料輸入電腦之前，有幾件事是研究者必須先準備好的。首先，研究者必須先選擇某種統計分析軟體，完成軟體的安裝之後，熟悉該統計軟體的操作環境。其次，研究者必須熟悉不同性質資料的輸入程序，學習如何將輸入的資料建檔及儲存起來。

一、選擇統計軟體

　　現今的資料分析工作大半都是透過電腦統計軟體來處理。從資料輸入開始，一直到輸出統計報表爲止，電腦都是必備工具。爲了方便資料輸入及分析，建議讀者至少必須熟悉一種統計應用軟體。目前市面上可見的統計軟體琳瑯滿目，有些屬於綜合性用途的軟體，有些則屬特定統計用途。讀者可以針對自己需求，從中選擇一種運算功能強、操作方便、易得性高的軟體來使用。

　　所謂綜合性用途的軟體，指的是它集合多重的統計功能於一身，能提供使用者多樣的選擇。只要一套這類軟體，它可以幫研究者執行各式各樣的統計分析，小至單一變項的描述統計，大至數十個變項的因素分析都行。這類的軟體主要包括：(1)社會科學常用的SPSS（Statistical Package for the Social Science）及SYSTAT；(2)商學或管理科學常用的SAS（Statistical Analysis System）及MINITAB；(3)醫學常用的BMDP（Biomedical Programs）等等。不同統計軟體之間，在操作介面與資料輸入方式上或許不同，但各自擁有的統計處理功能卻是大同小異。

　　特定統計用途的軟體，通常只適用於處理特定的研究問題，其功能

與應用性比綜合性軟體更專一。例如，LISREL、EQS及AMOS等軟體是專門被研發來處理涉及結構方程模式的問題，而HLM則是專門用來處理不同階層變項間的線性關係。這類專業軟體並未如綜合性軟體一樣，提供各式各樣的統計方法給使用者選擇，而是只提供特定用途的統計方法。如果研究者的目的只是想要進行簡單的描述統計、t檢定、變異數分析或卡方檢定，選擇這類專業的軟體並無法滿足其需求。基本上，綜合性的軟體在功能上已經可以滿足大多數讀者的需求。唯有當讀者想回答更深入的統計問題時，才需求助於這類特定用途的軟體。

二、認識SPSS操作環境

本書選擇以SPSS for Windows這套綜合性軟體來示範各種統計分析方法的操作，主要基於這套軟體為社會科學領域（含傳播學門）所慣用。這套軟體所提供的功能已能滿足多數傳播科系學生在統計分析上的需求。自從SPSS轉換成為視窗化的操作環境後，至今已經發展到15.0版。新版的軟體除了繼續維持其操作的便利性之外，也局部強化資料輸入、編輯及分析的功能。但在整體的統計分析功能上，不同版本的軟體之間並沒有出現太大的差異。只要讀者所採用的是進階或專業模組的版本，不管選擇11.0版、12.0版，還是14.0版，都可以配合本書的範例講解來進行操作練習。

(一)開啟檔案

初次啟動SPSS軟體時，畫面會出現啟動資料檔案的視窗（如圖2-1所示）。在這個視窗中，讀者可以有幾種啟動資料的方式。如果讀者剛完成資料編碼，尚未將資料輸入電腦，就可以選擇**輸入資料**（Type in Data）來開啟空白的資料編輯程式（SPSS Data Editor）。這個空白表單是由許多的欄與列交織而成，每個欄位可用來輸入一個變項資料，而每

圖2-1　SPSS啟動資料檔案視窗

一列則用來輸入一位樣本的所有答案。如果讀者想要在SPSS的環境下開
啟另一個空白資料編輯程式，可以點選畫面左上角的**檔案**（File），並從
下拉式表單中選擇**開新檔案**（New），再選擇**資料**（Data）即可。在這個
空白資料表單上，讀者可依序將每位樣本的變項資料輸入至空格中。

　　如果讀者想開啟現有的檔案資料，則可以選擇**開啟既有的資料來**
源（Open an Existing Data Source）或**開啟其他資料類型**（Open Another
Type of File）的選項。前者適用於開啟以SPSS的格式儲存的檔案（即
檔名為.sav者），而後者適用於開啟以其他格式儲存的檔案（如Excel、
Text、SAS或Systat等格式）。一旦選擇了**開啟既有的資料來源**後，畫

面會接著出現一個開啓檔案（Open File）的對話視窗，讓讀者選擇想要開啓的檔案。這時讀者只要從搜尋位置處將想開啓的檔案選入檔案名稱（Name）的空格中，再點選開啓（Open）鈕就可開啓檔案。如果讀者想開啓的是其他格式的檔案，在點選開啓其他資料類型之後，只要將想開啓的檔案選入檔案名稱的空格中，再點選開啓即可。

(二)資料結構

　　當研究者選擇要輸入資料（Type in Data）時，SPSS資料編輯程式（SPSS Data Editor）就會出現一個未命名的空白表單。這個空白表單是用來輸入所有資料的地方。從SPSS視窗版10.0以後的版本，這個資料編輯表單上就包含兩個頁面：(1)資料檢視（Data View）頁面；(2)變數檢視（Variable View）頁面。前者專門用來輸入及儲存資料之用，後者則專門用來定義變項名稱及設定欄位格式。只要點選視窗左下角的相關字樣，就可以讓這兩個畫面進行切換。在統計分析的過程中，這兩個畫面所扮演的功能截然不同。在資料檢視的畫面下，研究者可以執行開啓檔案、輸入資料、修改資料、儲存檔案、執行統計分析，或是關閉檔案等工作。如果研究者想要輸入變項名稱、修改變項名稱、界定選項答案、設定欄位寬度，或設定遺漏值等，則必須切換到變數檢視的畫面來進行。

　　在SPSS資料編輯程式的視窗底下，每筆輸入的資料都具備二個要素：(1)變項資料；(2)樣本身分。其中，變項資料會顯示在各個直欄上，而樣本身分則顯示在各個橫列上。假如說一項問卷調查訪問了12個人，每個人各提供6個變項資料，當所有資料輸入完畢之後，資料表單畫面上會出現72個空格的數據（如圖2-3所示，亦即直欄數6乘上橫列數12）。一旦輸入的變項與樣本數量有所增加，表單上所呈現的資料結構也會跟著改變。總之，表單上的資料結構一定是變項數量（直欄數）與樣本數量（橫列數）相乘的結果。

(三)變項界定

變項界定的目的是確認各個變項在統計分析中的身分,並紀錄各自的編碼規則。在進行變項定義之前,必須將資料編輯程式的視窗切換到**變數檢視**畫面。這個畫面總共有10個欄位,分別提供不同功用(如圖2-2所示):

1. 第一個欄位**名稱**(Name):專門用來輸入變項名稱。輸入變項名稱時,宜以簡短易懂為原則。

2. 第二個欄位**類型**(Type):專門用來註記變項的資料屬性。如果資料是數據形式,則應將之標示為**數字的**(Numeric),但如果是字串或符號形式,則應將之標示為**字串**(String)。

3. 第三個欄位**寬度**(Width):用來設定每筆資料的長度限制。如果不做任何更動,SPSS原始的設定值將輸入資料的長度限定在8個字母範圍以內(即最長可輸入12345678這樣的8位數)。

4. 第四個欄位**小數**(Decimals):用來設定小數點位數。如果變項答案不會出現小數點(如性別),則可以將欄位內數字調降為0。如果要求資料出現小數點後三位的數據(如80.457),則應把欄位內數字設定在3。

```
個別資料檔 - SPSS Data Editor
File  Edit  View  Data  Transform  Analyze  Graphs  Utilities  Window  Help
```

	Name	Type	Width	Decimals	Label	Values	Missing	Column	Align	Measure
1	編號	Numeric	8	0		None	None	8	Right	Scale
2	性別	Numeric	8	0		None	None	8	Right	Scale
3	年級	Numeric	8	0		None	None	8	Right	Scale
4	身高	Numeric	8	0		None	None	8	Right	Scale
5	體重	Numeric	8	1		None	None	8	Right	Scale
6	月考成績	Numeric	8	0		None	None	8	Right	Scale
7										

圖2-2　變數檢視之資料編輯程式

5. 第五個欄位**標記**（Label）：可以讓讀者用更詳細的字句來描述變項的定義。在前面**名稱**欄位上，讀者只習慣用較短的名稱來為變項命名。當變項名稱無法完全表達出變項含義時，可以利用**標記**這個欄位來補充說明。

6. 第六個欄位**數值**（Values）：主要用來界定變項答案的編碼規則。當完成編碼規則的界定之後，每個數字的意義就會伴隨數字出現在統計報表上。

7. 第七個欄位**遺漏**（Missing）：主要用來設定變項的遺漏值。如果變項資料完整無缺，就無須在這個欄位上設定遺漏值。如果變項的資料有短缺，而且在資料輸入時以999的數字來遞補這些空缺，則必須在此將999設定為該變項的遺漏值，否則統計軟體會誤將該數字視為有效資料。

8. 第八個欄位**欄**（Column）：用來設定及調整欄位寬度。標準的欄位寬度設定在8個字母的長度內，讀者可以視需要來縮小或加大欄位的寬度。

9. 第九個欄位**對齊**（Align）：用來調整資料在空格內的位置。讀者可以選擇讓資料置中（center）、靠右（right）或靠左（left）。

10. 最後的欄位是**測量**（Measure）：用來設定變項測量方式。如果變項屬類目尺度，則在這個欄位上選擇**名義的**（Nominal）；如果是採順序尺度測量，則應選擇**次序的**（Ordinal）；至於採等距及比例尺度的測量，則選擇**尺度**（Scale）。

三、個體資料輸入

當讀者在變數檢視的欄位上完成變項名稱與各項資料的設定後，就可以開始進行資料輸入工作。資料輸入的格式與資料屬性有關。有些資料屬原始資料，是由研究者從受訪者直接蒐集而來，其內容通常包含每

一位樣本在每個變項上的答案（如**表2-2**所示）。這類資料會以個體資料的形式來呈現，其內容所包含的資訊較詳細，所能回答的問題範圍也較具彈性。以**表2-2**中的資料爲例，從資料結構上可以看出這裡一共有12位樣本（編號1至12），而變項數量有6個，分別是編號、性別、年級、身高、體重與月考成績。

因爲個體資料包含每位樣本的詳細特質，輸入時可以依照樣本編號順序來逐筆輸入。先輸入第一位樣本的全部資料後，再輸入第二位樣本的資料，一直到全部資料都輸入完畢。爲了讓資料輸入過程井然有序，須避免發生重複輸入的情形，讀者事先宜將每位樣本的問卷進行編號，並依照編號順序來逐一輸入。樣本編號對於後續資料的檢查與校對工作有莫大幫助。萬一事後發現資料出現錯誤，便可以循線找出原始問卷的答案來核對。輸入資料時切忌貪快貪多。爲了貪快，輸入資料時會很容易發生人爲錯誤（如誤植、跳行、重複）；爲了貪多，讀者很容易因疲憊而影響到輸入的品質。較理想的輸入方式是不急不徐，逐筆輸入之後就當場將資料與問卷答案進行核對，減少資料發生錯誤的機會。

表2-2　個體資料之範例

編號	性別	年級	身高	體重	月考成績
1	男	1	120	26.5	92
2	女	1	125	27	98
3	男	2	133	33	89
4	女	2	130	30	93
5	男	3	136	34.5	88
6	女	3	135	32	91
7	男	4	150	48	84
8	女	4	143	37	89
9	男	5	154	56.5	82
10	女	5	145	45	86
11	男	6	160	58	78
12	女	6	155	47	84

　　輸入資料時，先將資料編輯程式切換至 資料檢視 （Data View）畫面，將滑鼠點選在空白表單最左上角的第一個空格內（即第一欄與第一列的交錯處），即可開始輸入第一位樣本的第一個變項答案。假設第一個變項是問卷編號，而第一位樣本的編號是1號，就可以在第一個空格內輸入1。完成之後，利用鍵盤的右移鍵將浮標移至第二個空格內，接著輸入第二個變項資料。相同動作持續到第一個樣本的變項資料都輸入完畢。要輸入第二位樣本的資料時，先按鍵盤上的Home鍵將浮標移回表單最左端位置，再以下移鍵將浮標移至第二列，然後逐一輸入變項資料。其他資料也是以相同方式輸入。完成後的個體資料結構會如圖2-3。

四、集體資料輸入

　　如果資料並非直接從受訪者取得，而是由其他第三者所提供，那就

	編號	性別	年級	身高	體重	月考成績
1	1	1	1	120	26.5	92
2	2	2	1	125	27.0	98
3	3	1	2	133	33.0	89
4	4	2	2	130	30.0	93
5	5	1	3	136	34.5	88
6	6	2	3	135	32.0	91
7	7	1	4	150	48.0	84
8	8	2	4	143	37.0	89
9	9	1	5	154	56.5	82
10	10	2	5	145	45.0	86
11	11	1	6	160	58.0	78
12	12	2	6	155	47.0	84
13						

圖2-3　個體資料輸入格式

屬於次級或二手資料。有些次級資料的形式（如資料庫的資料）會與個
體資料相同，能顯示出每位樣本的特質。但有些次級資料曾經被彙整處
理過，其內容只能看出樣本集體的風貌，無法顯現個別樣本資料，屬於
集體資料形式（aggregate data）。處理這類集體資料時，輸入格式與個
別資料完全不同。它必須先將資料中的變項命名，並完成選項的編碼。
輸入資料時除了要有每個變項選項的代碼外，還要加入各選項的樣本人
數。分析時，這些選項代碼還須透過加權（weight）的步驟才能顯示出原
本樣本的總數。

　　以**表2-3**中的資料為例，表中包含兩個變項資料，分別是年齡層及使
不使用網路。以年齡層來分，這裡有六種不同年齡層的人。以網路使用
情形來分，這裡分為使用網路與不使用網路的人。將這兩個變項相互交
叉的結果，全部樣本就可分成十二種不同特質的人（例如，20歲以下使
用網路、20歲以下不使用網路……等）。每一種特質的樣本人數如表格
所示，其中20歲以下使用網路者有283位，20歲以下不使用網路者有23
位。總計十二種特質的樣本數達1,805位，其中使用網路者有1,120位，不
使用網路者有685位。這種特性的資料屬集體資料，因為從資料上只能看
出樣本整體的樣貌，無法洞悉每位樣本的特徵。讀者只能看出每種特質
的樣本數各有多少，卻不知每位樣本的身分。由於這種特性，集體資料
在統計分析的應用時機並不如個體資料來得廣。只要統計分析方法需涉

表2-3　集體資料之範例

年齡層	使用網路	不使用網路	合計
20歲（含）以下	283	23	306
21至30歲	251	44	295
31至40歲	212	86	298
41至50歲	177	116	293
51至60歲	132	170	302
61歲（含）以上	65	246	311
合計	1,120	685	1,805

及個別樣本資料的運算及比較，集體形式的資料便不適用。

面對集體資料時，由於無法取得每位樣本的變項資料，因此無法像原始資料般逐一輸入。這時，讀者應先判斷整份資料涉及哪些變項，以及該如何為這些變項的選項編碼。以**表2-3**的資料為例，這裡有兩個變項，其中年齡層包含六種不同特質，而網路使用情況有二種不同特質。如果加上樣本人數，則在SPSS資料表單上必須開闢三個變項欄位，分別是年齡、網路使用與人數。在年齡的變項欄位上，輸入的不是樣本實際的年齡，而是各年齡層的編碼代號。例如，20歲及以下的樣本以1來代表；21-30歲的樣本以2來代表；31-40歲的樣本以3來代表；41-50歲的樣本以4來代表；51-60歲的樣本以5來代表；60歲及以上的樣本以6來代表。

在網路使用的變項欄位上則要輸入該變項的選項編碼代號。例如，使用網路的樣本以1來代表，不使用網路的樣本以2來代表。最後，在樣本人數的變項欄位上要輸入各種特質樣本的人數。要輸入人數時，必須搭配其所對應的樣本特質才不會發生錯誤。例如，根據**表2-3**的資料顯示，20歲（含）以下且使用網路者有283位，因此資料表單上要輸入的數據將會如括弧中所示：年齡層（1）、網路使用（1）、人數（283）；其次，20歲（含）以下未使用網路者有23位。因此，資料表單上要輸入的數據會是：年齡層（1）、網路使用（2）、人數（23）；再者，21-30歲且使用網路者有251位，因此資料表單上要輸入的數據會是：年齡層（2）、網路使用（1）、人數（251）。同理，61歲（含）以上未使用網路者有246位，因此資料表單上要輸入的數據會是：年齡層（6）、網路使用（2）、人數（246）。全部資料輸入完成後，整個SPSS資料編輯表單中的資料結構會如**圖2-4**所顯示。

以這筆資料為例，如果要讓資料在分析時呈現出正確樣本人數，讀者必須先針對各個變項進行人數加權的動作。如果不加權，資料編輯表單上每個變項就只有12筆數據，因此電腦分析結果也會顯示樣本總數只有12個，並非1,805個。加權之後，每種特質的樣本就會被賦予加權人數

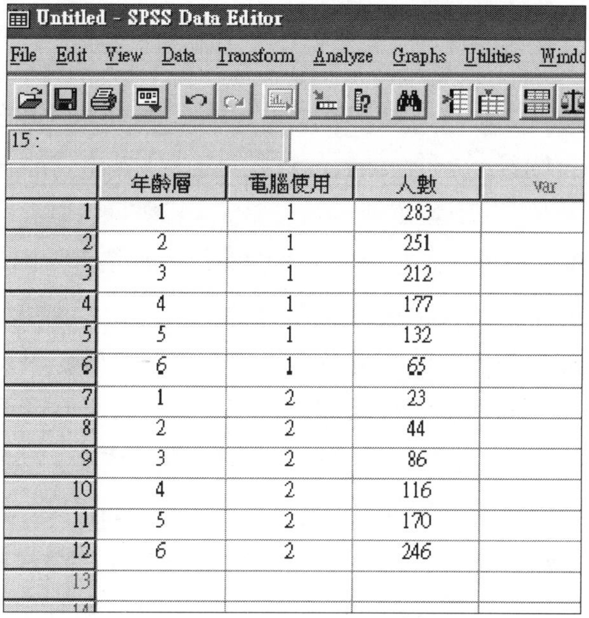
Untitled - SPSS Data Editor
File Edit View Data Transform Analyze Graphs Utilities Windo
15 :

	年齡層	電腦使用	人數	var
1	1	1	283	
2	2	1	251	
3	3	1	212	
4	4	1	177	
5	5	1	132	
6	6	1	65	
7	1	2	23	
8	2	2	44	
9	3	2	86	
10	4	2	116	
11	5	2	170	
12	6	2	246	
13				

圖2-4　集體資料輸入格式

的數量，正確無誤地呈現在分析結果上。要執行變項資料的加權，讀者可點選資料編輯視窗上端的**資料**（Data），並從選單中找到**觀察值加權**（Weight Cases）的項目，點選之後進入**觀察值加權**的對話視窗。接著選擇**依據…加權觀察值**（Weight Cases By）的項目，並將人數變項從變項列選入**次數變數**（Frequency Variable）的空格內，再點選**確定**（OK）即可。有關觀察值加權的操作步驟，請參考**表2-4**。

表2-4　觀察值加權之操作步驟

步驟一：開啓SPSS資料編輯程式
步驟二：點選**資料**→**觀察值加權**。
步驟三：選擇**依據…加權觀察值**。
步驟四：將要加權的變項（即人數）選入**次數變數**的空格。
步驟五：按**確定**。

五、單選題與複選題輸入

單選題只允許受訪者從選項中選出一個答案。由於受訪者在每個變項上只能有一個答案,而這個答案在輸入資料表單時都有它對應的位置,因此輸入程序相對較單純。只要從樣本編號欄找到該受訪者的位置,再沿著變項名稱欄找到該資料所在的欄位,然後填入答案即可。整個資料的輸入就如同前面介紹過的個體資料輸入方式。

複選題允許受訪者同時勾選多個答案。如果一個題目只能有一個答案,那要將這個答案輸入變項欄位並不困難。可是當一個題目同時有多個答案時,該如何把多個答案輸入到變項欄位內呢?基於一個變項欄位只能輸入一個答案的原則,如果要處理複選題的答案,勢必要開闢多個變項欄位才敷所需。至於要開闢多少變項欄位,則視複選題的答題規則而定。假如複選題要求受訪者勾選三個答案,則該變項至少需要開闢三個欄位。如果題目要求受訪者勾選五個答案,則至少需要開闢五個欄位。若是題目讓受訪者自由勾選答案,則欄位數可依照答案選項的數量來決定。例如,題目的答案選項共有八個,開闢的變項欄位就需要八個;如果答案選項共有十個,變項欄位就需開闢十個。

以一個具體的例子來說明。如果研究者想了解觀眾不看電視的原因,因此讓受訪者從八個選項中自由選出合乎內心想法的答案。這八種原因包括:(1)沒時間看;(2)沒電視機可看;(3)節目太難看;(4)不想浪費生命;(5)看了容易心煩;(6)看了就生氣;(7)節目太低俗、沒水準;(8)節目重複與雷同性太高。由於這個題目提供八種答案選項,因此在資料編輯表單上必須開闢八個變項欄位來代表這八個答案。假設這八個欄位的變項名稱分別是:原因1(代表沒時間看)、原因2(代表沒電視機可看)、原因3(代表節目太難看)……原因8(代表節目重複與雷同性太高),則輸入後的資料結構如圖2-5所示。

既然有8個欄位來代表8種答案選項,因此這個複選題的答案編碼方

式與傳統單選題大不相同。傳統的單選題答案會介於1到8之間，而答案只輸入在一個欄位上。這裡複選題的每個答案，都必須輸入在不同的欄位上。無論是哪一種原因，只要是有受訪者勾選的，在該原因所屬的欄位上就以數字1來代表。受訪者沒有勾選的原因，則以數字0來代表。根據這樣的編碼規則，讀者可以輕易從**圖2-5**的資料中看出，第一位受訪者總共勾選三個答案，分別是原因1、4及5。第二位受訪者總共勾選兩個答案，分別是原因4及5。至於第五位受訪者則勾選五個答案，分別是原因1、2、3、4及8。這樣的編碼及輸入方式，不僅能讓研究者看出每位受訪者勾選的原因有哪些，也能得知每種原因被勾選的頻次。

六、獨立或相依樣本資料

當統計分析需要針對樣本進行比較，釐清樣本身分有助於資料的正確輸入與分析。如果要比較的資料來自相互獨立的個體，則該筆資料屬獨立樣本資料。例如，**圖2-6**的資料是來自甲班及乙班學生的第一次月考成績。雖然都是第一次月考成績，但是每一筆成績的來源都是不同個體，因此該資料屬獨立樣本資料。假如要比較的資料來自相同或條件相

複選題 - SPSS Data Editor

File Edit View Data Transform Analyze Graphs Utilities Window Help

6 : 原因5

	原因1	原因2	原因3	原因4	原因5	原因6	原因7	原因8
1	1	0	0	1	1	0	0	0
2	0	0	0	1	1	0	0	0
3	0	1	1	1	0	0	0	1
4	0	0	0	0	0	0	1	1
5	1	1	1	1	0	0	0	1

圖2-5　複選題資料輸入格式

仿的個體，則屬相依樣本（又稱成對樣本）資料。例如，**圖2-7**的資料是
甲班學生的第一次及第二次月考成績。雖然有兩次成績，但卻是來自相
同個體，因此屬相依樣本資料。採獨立與相依樣本設計的資料在樣本數
量上並不相同，資料輸入格式也不相同。更重要的是，兩者適用的統計
分析方法也不同。如果將兩者混淆，就會造成統計分析出現不正確的結
果。

　　要確認資料中的樣本是否屬於獨立樣本，簡易的判斷方式是看輸入
的資料結構。只要輸入的資料中出現類目尺度性質的組別變項，代表該
筆資料來自獨立樣本。獨立樣本的資料因為來自不同個體，因此在輸入
資料時除了要輸入想要比較的目標變項外，還必須輸入一個用來區分個
體的組別變項。以**圖2-6**中甲班及乙班學生第一次月考的成績為例，如果
要比較這兩班的成績，則必須在資料編輯表單上輸入兩個變項，一個是
班級（其中1代表甲班、2代表乙班），另一個是月考成績（直接輸入分
數）。其中，班級就是組別變項。假設甲班有50位學生，乙班也有50位
學生，則這次資料的總樣本數會有100位學生。輸入完成後的獨立樣本
資料格式如**圖2-6**所示。同理，研究者想要比較小一至小六生的零用金多
少，則資料中必須開闢年級與零用金這兩個變項。其中，年級就是組別

	班級	月考成績	var
1	1	90.5	
2	1	83.0	
3	1	78.5	
4	2	89.0	
5	2	91.5	
6	2	98.0	

圖2-6　獨立樣本資料輸入格式

變項。年級變項的欄位上必須輸入1至6的數字,分別代表一年級至六年級的學生。至於零用金變項的欄位上則輸入實際的零用金數量。

相依樣本資料輸入的結構明顯與獨立樣本不同。相依樣本的資料因為來自相同一群人,因此在資料的結構上毋須輸入用以識別群體的變項,而是將所要比較的資料直接視為不同變項。因此,只要資料結構中看不到組別變項,同時將所要比較的目標變項並排在相鄰欄位上,代表資料來自相依樣本。以圖2-7中甲班學生第一次及第二次月考成績為例,如果想比較這兩次成績的高低,則需要在資料編輯的表單上輸入兩個變項:一個是第一次月考;另一個是第二次月考。然後依序將每一個學生的這兩次月考成績輸入到這兩個欄位當中。資料中看不到組別變項,只有兩個並排的目標變項。有關相依樣本的資料輸入格式,請參考圖2-7。如果這兩筆資料是分別在不同的時間點所蒐集與輸入,則一定要確定第一次資料與第二次資料的樣本身分必須相同,才不致於產生張冠李戴的情形。兩次資料的樣本身分與順序一定要保持一致,資料比較的結果才不會出錯。

有的研究會採用混合式設計,部分的資料取自獨立樣本,而另一部分取自相依樣本。這時,資料輸入的格式就須結合上述兩種資料結構的

	一次月考	二次月考	var
1	98.5	96.0	
2	87.0	84.5	
3	76.0	81.5	
4	90.0	92.0	
5	60.0	60.0	
6	84.0	83.5	

圖2-7 相依樣本資料輸入格式

	班級	一次月考	二次月考	
1	1	90.5	94.0	
2	1	83.0	87.0	
3	1	78.5	80.0	
4	2	89.0	88.0	
5	2	91.5	93.0	
6	2	98.0	95.5	

圖2-8　混合式設計資料輸入格式

特性，既要輸入組別變項，也要讓目標變項相互並排。有關混合式設計的資料輸入格式，請參考圖2-8。以圖2-8的資料爲例，班級屬於組別變項，而兩次月考成績屬於所要比較的目標變項。如果研究者想要比較甲乙兩班的第一次月考成績，或是比較兩班的第二次月考成績，這時所運用的資料屬於獨立樣本資料。但是如果比較的是學生兩次月考成績之間的差異，運用的則是相依樣本資料。

第三節　資料檢查與校正

在資料完成輸入後，只要尚未確認輸入的資料內容正確無誤，讀者不宜貿然著手進行資料分析。在資料輸入的過程中，有可能因爲人爲疏忽而導致資料出現誤植、跳行或重複。因此，在正式進入統計分析階段之前，有必要對資料進行嚴謹的查核動作，以確保資料的正確性。雖然檢查及校對資料的過程既費時又枯燥乏味，但爲能及時矯正資料輸入的疏失，避免最後分析結果出現錯誤，讀者仍應認眞細心執行這個過程。

整個資料的檢查及校正包含四個階段的工作：(1)研究者應仔細檢視

每筆輸入的資料，找出其中任何看似有錯誤、異常或可疑的數據；(2)當發現資料中有錯誤、異常或可疑數據時，將這些看起來有問題的資料樣本位置標記起來；(3)針對檔案中可能有問題的資料，找出相對應的原始問卷，並比對兩者的答案是否眞有出入；(4)如果確認資料出現錯誤，把錯誤的答案校正過來。

一、檢查資料有無異常

所謂的**資料異常**，指的是就現有研究設計及樣本結構下，不應該也不太可能會出現在資料中的數據。明明只針對小學一到六年級的學生進行訪問，資料中卻出現1-6以外的數字；或明明性別只有男性與女性兩種樣本，資料中卻出現第三種的答案，這些都屬於異常資料。資料出現異常的數據，並不表示這些數據一定是錯誤的。在少數情況下，有些樣本的資料的確可能偏離常態很多。例如在一個小學班級裡，當大多數學生的零用金都只有數十元時，也可能會出現數百元或數千元的特例。這些少數的特例，在全部學生當中看來就會顯得異常或可疑。儘管異常或可疑不一定代表資料有誤，但爲了防止資料出現錯誤，從異常或可疑的資料先著手檢查是必要的。

要檢查資料是否有異常或可疑的情形，最常用的方法是以**敘述統計**（Descriptive Statistics）中的**次數分配表**（Frequencies）來呈現每個變項的答案分布狀況。檢視次數分布的概況，可以判斷出其中有無明顯可疑或異常的數據。當任何變項出現了有效答案之外的數據時，這些數據就是明顯異常。例如，原本資料中性別變項的有效編碼是1（代表男性）跟2（代表女性）。如果在敘述統計的次數分配表中卻出現了0或3或12等數字時，這些數字肯定是錯誤的資料。假如在態度量表上的有效編碼是從1（代表非常不同意）到5（表示非常同意）。一旦這個變項資料中出現了1-5以外的數據，或是出現空白情形，就表示答案有問題。

　　要檢查資料有無異常時，因爲資料變項的測量尺度不同，適用的方法也不相同。如果要檢查的是類目尺度變項，例如性別、婚姻狀況、宗教信仰、居住地區等，較適合使用敘述統計中的次數分配表來進行。執行時，讀者可以從SPSS資料編輯表單上端點選**分析**（Analyze）、**敘述統計**（Descriptive Statistics）及**次數分配表**（Frequencies）。等到畫面上出現次數分配表的對話視窗後，將所要分析的變項名稱選入**變數**（Variable）方框中，再按**確定**即完成操作程序。有關敘述統計中次數分配表之操作步驟，請參考**表2-5**。

　　從次數分配表當中，讀者可以檢視幾個數據來判斷有無異常資料。首先，檢視每個變項的極大值（maximum）與極小值（minimum），觀察是否有資料超過有效編碼的範圍。若有，則表示該變項有輸入錯誤的可能。其次，檢查次數分配表中的有效個數（valid N）與遺漏值數量（missing N），確認是否有某些資料是人爲疏失而未輸入。若有大筆遺漏值的現象發生，則必須仔細查明原因，逐一將出現問題的變項名稱標示起來，並將各變項中有疑問的答案一併記錄下來，以供後續找出錯誤資料的位置及校正時參考。

　　如果檢查的是等距尺度資料，則可以透過**敘述統計**（Descriptive Statistics）下的**描述性統計量**（Descriptives）來檢查資料是否異常。有關敘述統計的描述性統計量之操作程序，請參考**表2-6**。首先，從分析結果檢查變項數據的極大值與極小值有無超過有效編碼範圍。其次，記錄樣本的平均數（mean），觀察樣本中是否出現與平均數相距甚大的極端值。這些極端值，無論是特別偏低或偏高的分數，都有可能是輸入錯誤

表2-5　次數分配表之操作步驟

步驟一：開啓SPSS資料編輯程式。
步驟二：點選**分析**→**敘述統計**→**次數分配表**。
步驟三：將所要分析的變項選入**變數**的空格。
步驟四：按**確定**。

表2-6　描述性統計量之操作步驟

步驟一：開啟SPSS資料編輯程式。
步驟二：點選 分析 → 敘述統計 → 描述性統計量 。
步驟三：將所要分析的變項選入 變數 的空格。
步驟四：按 確定 。

所造成的。特別是某些探量表或題組來測量的變項，少數出現極度低分或極度高分的例子，有可能是因爲樣本答題時慣性作答所造成（例如，第一題回答非常同意，則後面每一題都回答非常同意）。對於這些偏高或偏低分數的資料，有必要仔細檢查其答案的正確性。

　　透過上述電腦輔助的稽核，有時仍無法檢查出所有錯誤。例如，當所有變項的答案都座落在有效範圍之中，那麼從極大值或極小值的數據仍看不出有任何異常的地方。沒有異常並不表示資料都是正確無誤的。有時研究者在輸入資料時會把少數樣本的性別誤植（如男生輸成女生，女生輸成男生），或把樣本的年級錯置。雖然這些資料表面上仍然在有效範圍之內，可是資料卻是錯誤的。爲了降低此類錯誤的機率，最好的方式是在輸入資料之後，能夠有人工重複核對的程序，來逐一將輸入的資料跟問卷資料進行比對。或者，針對輸入的資料，隨機抽取一部分資料來跟問卷資料進行比對。

二、找出異常資料位置

　　一旦發現資料中存有異常或可疑數字，接下來的任務就是將這些異常的數字找出來。遇到樣本人數眾多時，想要以逐筆檢視的方式從檔案中找出這些異常資料，彷如大海撈針。這時，研究者可以從資料編輯程式中選擇 編輯 （Edit）及 尋找 （Find）的功能，透過電腦搜尋的功能來提升工作效率（如圖2-9）。只要確定異常的數字爲何，出現在哪個變項底下，就可以啟動電腦來進行搜尋。首先，在SPSS資料編輯程式的畫面

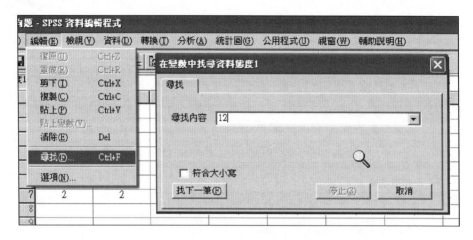

圖2-9　利用尋找功能找出異常資料

下，先將滑鼠浮標置放在出現異常資料的變項欄位上，然後點選畫面上端的編輯（Edit）。在編輯的選單中選擇尋找（Find）。待畫面出現在變數中找尋資料（Find Data in Variable）的對話視窗後，將想要蒐尋的異常數字輸入在尋找內容（Find what）的空格內，然後點選找下一筆（Find Next），電腦就會將浮標快速移至任一符合異常數字的位置。如果還想繼續找出下一筆的異常資料，只要繼續點選找下一筆（Find Next）的按鍵即可，直到所有異常資料都找到為止。

　　除了尋找的功能鍵之外，研究者也可以利用敘述統計中的預檢資料（Explore）功能來找出資料中的偏離值（outlier）。偏離值因為跟大多數樣本的答案差距太大，在小樣本的情況下，少數偏離值的答案就有可能左右了整個分析的結論。因此，若能在正式分析之前找出樣本中少數極端的偏離值，並予以剔除在有效資料之外，可避免整個資料的結果受其影響。

　　要執行預檢資料的功能，首先要在資料編輯視窗上點選分析、敘述性統計（Descriptive Statistics）及預檢資料（Explore）。在預檢資料的對話視窗中，將想要檢視的變項選入依變數清單（Dependent List），並將

樣本編號選到 觀察值標示依據 （Label Cases）的空格。其次，在對話視窗的 顯示 （Display）處選擇 兩者 （Both）。接著點選 統計量 （Statistics）的功能鍵，並在跳出的對話框內選擇 偏離值 （Outliers）。最後，按 繼續 （Continue）及 確定 即可。有關以預檢資料功能來找出偏離值之操作步驟，請參考表2-7。

三、找出原始問卷

一旦確認資料中出現異常數據，接下來就是根據這些數據發生的來源（即出現異常資料的樣本編號與變項）找出原始問卷。要快速找出這些有異常資料的問卷，必須仰賴每份問卷上的編號。倘若在輸入資料時未將每份問卷編號，此時整個資料校正的作業就會變得更加困難，因為研究者必須逐一檢視每份問卷來找出問題卷。等找出原始問卷之後，研究者必須比對問卷上的答案與檔案中是否相符，藉以判斷是否在資料輸入過程中出現錯誤。

四、校正錯誤資料

問卷與檔案比對的結果會出現兩種狀況：(1)兩者的答案相同；(2)兩者的答案不同。如果問卷上的答案與檔案中一樣，代表當初資料輸入時並未發生人為錯誤。真正的問題出在受訪者填答問卷時，所回答的答案

表2-7　利用預檢資料功能找出偏離值之操作步驟

步驟一：開啓SPSS資料編輯程式。
步驟二：點選 分析 → 敘述統計 → 預檢資料 。
步驟三：在預檢資料的對話視窗中，將所要檢視的變項選至 依變數清單 ，並將樣本編號選至 觀察值標示依據 。在 顯示 處選擇 兩者 。
步驟四：點選 統計量 功能鍵 → 選擇 偏離值 。
步驟五：按 繼續 及 確定 。

就屬於異常資料（例如嚴重偏離值、漏答或誤答）。這時，研究者該判斷是否仍將該筆資料視爲有效？若屬無效，則可以考慮將該資料改列爲遺漏值或直接從有效問卷中剔除。如果問卷上的答案與檔案中不一致，那代表當初輸入資料時出現人爲錯誤。這時，應該依照問卷上的答案把檔案中的錯誤資料校正過來。等檔案中所有異常資料都逐一校正完畢之後，研究者可以再度執行敘述統計中的次數分配表及描述性統計量，以確定所有資料的結構並無明顯異常狀態。

Chapter 3

資料合併與轉換

在完成資料蒐集、編碼、輸入、檢查及校正等過程後，統計分析
所需的資料雛型已經形成。這時的資料雖然已經可用來分析，其結構卻
仍只適用於探索性及描述性的分析，並不適合進階及正式統計分析。剛
完成檢查及校正的資料，所呈現的數據仍維持原始型態（即忠於測量原
貌），未必能滿足各種複雜統計目的之需求。其變項數量之龐大與資料
結構之零散，容易讓分析後的結果不易解讀。因此，為了讓資料結構合
乎統計方法的前提，讓統計分析更能契合研究問題，也讓分析結果更簡
潔易懂，這些原始型態的資料在分析前還必須經過某些形式的加工處
理。最常見的資料加工處理方式有二：(1)資料合併；(2)資料轉換。

所謂**資料合併**（data combination），指的是將原本各自獨立分散的
數筆資料合而為一，使其形成新的資料。經過合併後的資料，無論就外
在形式或內在意涵，都與原有的資料有極大不同。依合併主體的不同，
常見的資料合併有兩大類：(1)檔案間合併；(2)變項間合併。檔案間的合
併經常發生在縱貫設計的研究上，用以結合兩個不同時間點所蒐集的資
料。變項間的合併則經常發生在以量表或題組形式測量的題目上，用以
求得整個量表或題組總分。

所謂**資料轉換**（data transformation），指的是改變資料上原本數據
型態，使其結構合乎統計分析的需要。依轉換方式的不同，常見的資料
轉換有兩大類：(1)透過變項重新編碼的方式來進行資料轉換；(2)透過某
種數學運算公式來進行資料轉換。採重新編碼的資料轉換常應用在反向
題反轉與改變原有測量尺度；採公式運算的資料轉換則常用來改變樣本
分布結構，使其合乎統計分析前提。

第一節　檔案合併

檔案合併（merge files）的功能可以整合兩個不同時間所蒐集的檔

案，或是將原本分別存在不同檔案中的資料進行合併。這種功能讓研究者在統計分析過程中能有效地整合檔案，省去重新輸入資料的時間，更讓資料能充分發揮功用。依所要合併的資料性質來分，檔案合併可以分為：(1)變項合併；(2)樣本合併。前者可以達到幫資料擴充變項數量的目的；後者則是能爲資料增加更多樣本。

一、變項合併

變項合併（add variables）的目的是讓不同時間所蒐集的變項資料獲得整合，讓資料得以顯現出更豐富的意義。這項功能適用於處理採前測後測設計所取得的資料，或是連續追蹤調查所取得的資料。假如有研究者針對一群學生連續調查五年之久，那這五年的資料就可以透過變項合併的方式予以整合。要進行變項合併，必須先確認所要合併的這幾筆資料，是不是取自同一群樣本？是不是每一位樣本的身分都能清楚辨識？如果不是，那這幾筆資料並不適合進行變項合併。即使合併之後，分析的結果也不具太大意義。換言之，想要進行變項合併的檔案之間，其樣本身分必須確保其前後的一致性。另外，來自同一群樣本的兩筆資料才適合進行變項合併。

假設老師在去年測量了班上每位學童的身高及體重，並將資料儲存在去年資料.sav的檔案上。今年老師再度對班上每位學童測量身高及體重，也將資料儲存在今年資料.sav的檔案上。事後，如果這位老師想了解班上學童在這一年當中身高及體重的變化情形，就可以透過變項合併的功能來整合這兩筆資料。爲了能順利合併，這兩筆檔案在輸入資料時必須輸入樣本編號，而且每位樣本在兩個檔案中的編號必須維持一致。

合併時，必須先開啓其中一個檔案資料，再將另一個檔案的資料併入。這時，讀者可以選擇先開啓去年的資料檔，也可以選擇先開啓今年的資料檔。其中的差別只在，先開啓的檔案會去合併尚未開啓的檔案。

當某個檔案開啟之後，讀者可以從資料編輯程式上端的 **資料** 找到 **合併檔案**（Merge Files）的功能。在 **合併檔案** 的功能底下，選擇 **新增變數**（Add Variables）。在 **新增變數：讀取檔案** 的對話視窗中，將想要併入的檔案選到 **檔案名稱** 的空格當中，並點選 **開啟** 鍵。具體的操作步驟請參考 **圖**3-1及 **表**3-1。

點選 **開啟** 鍵之後，畫面會出現 **從…新增變數**（Add Variables from）的對話視窗。這個視窗的功用是說明這兩個即將合併的檔案中變項名稱有無重複。如果有變項名稱出現重複，則重複的變項會保留在左方 **被排除的變數**（Excluded Variables）清單中，而其他不同名稱的變項都會被移至右方 **目前啟用的新資料檔**（New Working Data File）的清單中（如圖3-2所示）。所有被排除的變項，在變項合併的過程中並不會被併入到新檔案中。換言之，新檔案中不會出現二個名稱相同的變項。例如，兩個檔案裡都有樣本編號，但合併後的新檔案仍然只有一個樣本編號的變項。當所有想合併的變項都被移到右邊的變項清單後，按 **確定** 鍵，就會發現

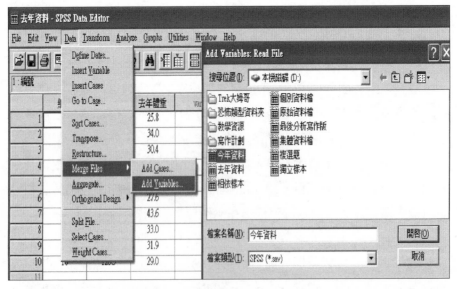

圖3-1　變項合併之執行過程

表3-1　變項合併之操作步驟

步驟一：開啓第一個資料檔。

步驟二：點選<u>資料</u>→<u>合併檔案</u>→<u>新增變數</u>。

步驟三：將第二個資料檔選入<u>檔案名稱</u>→<u>開啓</u>。

步驟四：出現從…<u>新增變數</u>的對話視窗→<u>確定</u>。

圖3-2　從…<u>新增變數</u>之對話視窗

原先開啓的檔案上，已經出現新併入的變項資料。完成變項合併後，記得另存新檔並爲新檔案命名。

二、樣本合併

樣本合併（add cases）的目的在整合不同時間或地點所蒐集的資料，讓研究者可以進行跨時間及跨地點的樣本比較。這項功能適用於整合跨國或跨區域所執行的大規模研究資料（例如，研究者同步在北、中、南及東部進行同一項調查），也適合於世代研究（例如，對十年前大一與現在大一新生進行同樣的調查）。要進行樣本合併，必須先確認二件事：首先，想要合併的兩群樣本是否爲獨立樣本？如果是相依樣本，則資料的整合應改採「變項合併」的方式進行。其次，想要合併的兩筆檔

案，其樣本的變項結構是否完全相同？亦即這兩筆資料中所輸入的變項數量與名稱是否一致？如果不是，那這兩筆資料並不適合進行合併。即使勉強合併，整合後的資料仍欠缺完整結構，無法進行有意義的分析。總之，只要兩個檔案中的樣本屬獨立樣本，且變項結構完全相同，就可以進行樣本合併。合併之後的新檔案，其樣本的數量會是合併前各檔案的樣本總和。

假設甲校老師測量了該校每位學童的身高及體重，並將資料儲存在 甲校資料.sav 的檔案中。同時間裡，乙校老師也曾針對其校內每位學童的身高及體重進行測量，並將資料儲存在 乙校資料.sav 的檔案中。事後，如果兩校想要比較學童的身高及體重狀態，便可以使用樣本合併功能來整合這兩筆資料。為了讓合併後的新檔案仍能保留各校學童原本的身分，最好能在檔案合併前先輸入各校或各班級代號。合併時，兩筆檔案中的變項數量及名稱必須保持一致。

樣本合併的程序與變項合併近似。首先，從兩個想要合併的檔案中，選擇先開啓一個檔案。從上面例子中，研究者可以選擇先開啓甲校資料檔，也可以選擇先開啓乙校資料檔。其中的差異只在，先開啓的檔案會去合併後開啓的檔案。當第一個檔案開啓後，讀者可以從資料編輯視窗上端的 資料 找到 合併檔案 （ Merge Files）功能，並選擇 新增觀察值 （Add Cases）。在 新增觀察值：讀取檔案 的對話視窗中，將想要併入的檔案選到 檔案名稱 的空格中，並點選 開啓 。有關樣本合併的操作步驟，可參考 圖3-3 及 表3-2 。

點選 開啓 鍵之後，畫面會出現 從…新增觀察值 （Add Cases from）的對話視窗。這個視窗的功用在說明這兩個即將合併的檔案中變項名稱是否一致。如果有變項名稱不一致，則這些名稱不同的變項會被保留在左方 非配對的變數 （Unpaired Variables）清單中，而其他名稱一致的變項都會被移至右方 目前啓用的新資料檔中的變數 （Variables in New Working Data File）的清單中（如 圖3-4 所示）。只要有變項還留在 非配對的變數

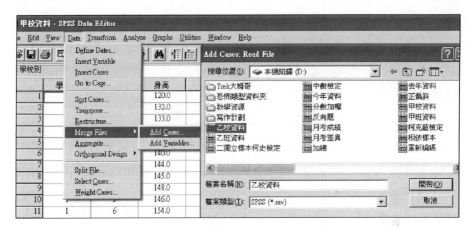

圖3-3　樣本合併之操作程序

表3-2　樣本合併之操作步驟

步驟一：開啟第一個資料檔。
步驟二：點選資料→合併檔案→新增觀察值。
步驟三：將第二個資料檔選入檔案名稱→開啟。
步驟四：出現從…新增觀察值的對話視窗→確定。

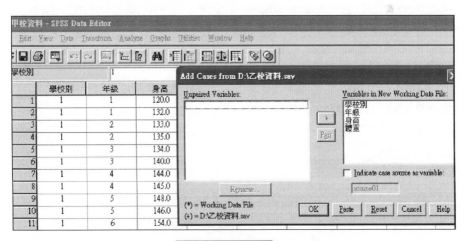

圖3-4　從…新增觀察值之對話視窗

清單中，代表這些變項名稱的命名方式並不一致，其資料不會被併入到新檔案中。當所有想要合併的變項都出現在 目前啓用的新資料檔中的變數 清單中，按 確定 鍵，就會發現原先開啓的檔案上，已經出現新併入的樣本資料。

　　總之，無論是變項合併或樣本合併的功能，都是針對檔案與檔案之間的整合。現在的研究計畫當中，採用跨時間或跨區域來蒐集資料的大型研究極爲常見。爲了提升工作效率，多組研究團隊同步進行調查的現象在所難免。這時，如何整合這些不同來源的檔案資料就成爲一個重要課題。學會檔案間的整合，研究者更能夠充分發揮每筆資料的效益。

第二節　變項合計

　　變項合計（compute）的功能主要適用於單一檔案內的變項整合。因應不同統計分析的需要，原本各自獨立的多個變項，經過變項合計後，可以整合成一個新的變項。這個新變項雖然是由多個原始變項整合而來，但兩者所具備的意義及功能並不相同。這項功能主要的應用時機如下：(1)計算多個變項的總分，例如將量表或題組中各題的分數予以合計成總分；(2)計算多個變項的平均數，例如算出學生月考成績的總平均；(3)計算變項間的差異，例如算出學生兩次月考成績間的變化情形；(4)其他各種對變項進行的加權或公式運算。

一、分數加總

　　變項合計的功能最常被用來進行分數的加總。許多研究在測量某些變項時，經常採用複合式測量工具（如量表或題組）來蒐集資料。這些由量表或題組取得的資料，由於題目數較多，如果全部納入分析容易造

成過程繁瑣，或因資料龐大而不易解讀。因此，這類資料通常不會以原始測量形式來進行分析，而是先將量表或題組中各題分數予以合計成總分。合計之後的變項數量會比合計前減少許多，這有助於讓分析及結果解讀的過程更單純化。

在進行分數加總之前，先確定所有變項的編碼規則都一致。如果有部分題目在測量時是採反向題形式，這些題目的分數都得先予以逆轉（有關分數逆轉的方式，本書會在下一節介紹），讓各題分數高低所代表的意義都相同。要進行變項分數的加總，首先在資料編輯視窗上端找到轉換（Transform）與計算（Compute）的功能。點選計算之後，在計算變數（Compute Variable）的對話視窗中，將加總後的變項名稱輸入到目標變數（Target Variable）的空格中，並從右方函數（Functions）清單中找到SUM的項目。點選SUM之後，利用上移鍵將該功能項選入數值運算式（Numeric Expression）的空格內，然後將想要加總的變項逐一選入SUM（?,?）的括弧。變項與變項之間記得以逗點區隔。完成之後，點選確定即完成分數加總的過程。具體操作步驟，請參考表3-3。

以檔案分數加總.sav的資料為例，如果研究者採用八個暴力項目（包括罵人、說髒話、恐嚇別人、與人吵架、破壞物品、動手打人、武器傷人、綁架勒索等）來測量受訪者的暴力傾向。事後，研究者想比較每位受訪者的暴力傾向總分，就需要透過分數加總的功能來完成。執行時，研究者只要遵照表3-3的程序，再依序將這八個變項名稱選入在SUM（?,?）的括弧內，並加入逗號。最後，點選確定鍵之後，就可以看到資

表3-3　分數加總之操作步驟

步驟一：在SPSS資料編輯程式中開啟資料檔案。
步驟二：點選轉換→計算。
步驟三：在計算變數對話視窗中，將新變項名稱輸入目標變數空格。
步驟四：從函數清單中將SUM選入數值運算式空格內。
步驟五：將所要加總的變項逐一選入SUM（?,?）的括弧中，並以逗號區隔。
步驟六：按確定。

料表單的最右端已出現一個新的變項（即暴力傾向）。這個變項上的分數就是加總前面八個項目的分數而來。

在SPSS的操作環境中，讀者也可以採用另一種較原始的方式來執行變項分數加總的功能。這種方式不必動用到函數（Functions）的功能，而是將要加總的公式直接輸入到數值運算式（Numeric Expression）的空格內。操作時，前半段的程序與前一種操作方式相同。先在資料編輯程式中選擇轉換（Transform）及計算（Compute）。在計算變數（Compute Variable）的對話視窗中，將新變項的名稱輸入到目標變數（Target Variable）的空格內，再將所要加總的變項從左側變項清單中逐一選入右邊數值運算式（Numeric Expression）的空格，並將變項與變項之間以加號（+）串聯。完成之後，點選確定。有關此種操作方式的執行，可參考圖3-5。

使用直接將變項以加號（+）串聯的方式來執行變項分數加總，所得的結果與上述採函數運算的方式完全相同。對於不熟悉函數清單中各類功能者，採用直接以加號（+）串聯的方式會顯得較容易操作。只要將所有變項選入數值運算式的空格後，再從下方的小計算機面板點選加號

圖3-5　分數加總之操作

（+）串聯之即可。

　　上述的分數加總方式，適用於當每一個變項分數所佔的比重都相同時。但是如果每個變項在加總過程所佔比重並不同，則必須先對各變項進行適當加權後再進行加總。以 分數加權.sav 這個檔案來說明，假設大學推甄的考生分數是依照以下三部分的成績合計而來：書面審查（30%）、筆試（30%）、口試（40%）。當這三個部分的原始分數都以100為滿分，要算出每位考生的總成績，必須先對這三部分的原始分數進行比重加權。執行加總時，所有操作程序都跟之前介紹的相同，所不同者只在數值運算式的表達（如圖3-6）。要呈現加權效果，研究者必須將三個科目逐一選入 數值運算式 的空格內，把書面審查的得分乘以0.3，筆試得分乘以0.3，而口試成績乘以0.4之後，再以加號（+）把三個加權後的分數串聯起來。此處的加權，需透過乘法功能（以星號*表示）來進行。當乘法與加法並用時，記得先乘後加的順序，把三個所要加總的科目各自以括弧括起來。

二、計算平均數

　　要算出多個變項的平均分數，其執行過程與分數加總大致相同。唯

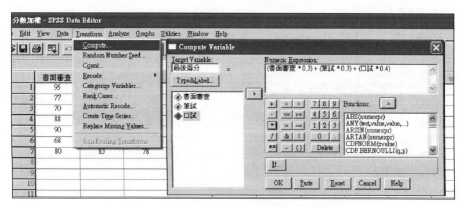

圖3-6　採比重加權時之分數加總方式

一不同的是要計算平均數，除了要將各個變項加起來之外，還要除以變項個數。假設班上同學第二次月考的成績出爐了，成績單上會有每位學生在國文、數學、英文、社會及自然等五個科目的成績。如果老師想計算出每位學生在這五個科目上的平均成績，就可以透過計算的功能來完成。計算前，先開啟月考成績.sav的檔案。點選資料編輯程式上端的轉換與計算。在計算變數的對話視窗中，將新變項的名稱（即月考平均）輸入到目標變數的空格內，然後從右方函數（Function）的清單中找出MEAN的項目。將該功能項以上移鍵選入數值運算式的空格中，然後將所要計算平均數的五個科目名稱選入MEAN（?,?）的括弧中，彼此並以逗點區隔。完成之後，點選確定鍵，就可以看到資料表單中出現月考平均的新變項。有關計算平均數之操作步驟，請參考表3-4。

　　除了以函數的功能之外，研究者也可以採用自行輸入的方式來計算平均數。整個執行方式與前者大致相同。先點選轉換與計算。將新變項的名稱（即月考平均）輸入到目標變數的空格內，然後在右方數值運算式的空格中，逐一選入這五個科目的名稱，科目之間並以加號（+）串聯。其次，在這五個科目名稱的最前端及最後端加上括弧，括弧外輸入代表除法的斜線（/），並在斜線右方輸入科目數5。最後，按確定鍵。整個操作方式可參考圖3-7。採此種方式計算的結果與上述採函數方式計算的方式完全相同。

表3-4　計算平均數之操作步驟

步驟一：在SPSS資料編輯程式中開啟資料檔案。
步驟二：點選轉換→計算。
步驟三：在計算變數對話視窗中，將新變項名稱輸入目標變數空格。
步驟四：從函數清單中將MEAN選入數值運算式空格內。
步驟五：將所要加總的變項逐一選入MEAN（?,?）的括弧中，並以逗號區隔。
步驟六：按確定。

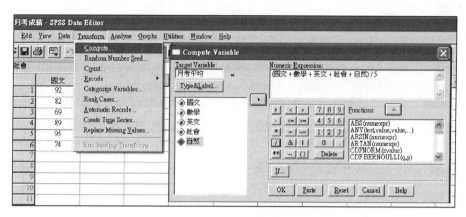

圖3-7　計算平均數之操作

三、計算差異

　　變項合計的功能也能用來計算變項間的差異。例如研究者想了解一群學生在兩次月考間成績進步或退步的幅度，或是想知道一群讀者對於兩種刊物的看法差異，都可以透過此功能來完成。藉由計算出兩變項間的差異，研究者從所得數據的數量大小與正反方向，就可以判斷出樣本在兩個時間點上所出現的變化趨勢，也可以知道樣本對兩種事物的看法孰優孰劣。

　　要計算兩變項間之差異，其操作程序與計算總分或平均數大致相同。首先，開啟存有這兩個變項的檔案**月考差異**.sav。接著從資料編輯程式上端點選**轉換**與**計算**。在**計算變數**對話視窗中，將新變項名稱（例如月考差異）輸入到**目標變數**的空格內。先將第二次月考這個變項選至**數值運算式**的空格中，輸入減法（-）的符號，再選入第一次月考的變項。最後，點選**確定**，資料表單上就會出現月考差異的新變項，欄位內的數字代表學生兩次月考間的分數差異。正分者表示成績進步，負分者表示成績退步。有關計算變項差異之操作步驟，請參考**表3-5**。

表3-5　計算變項差異之操作步驟

步驟一：在SPSS資料編輯程式中開啟資料檔案。
步驟二：點選**轉換**→**計算**。
步驟三：在**計算變數**對話視窗中，將新變項名稱輸入**目標變數**空格。
步驟四：將要計算差異的兩個變項選入**數值運算式**空格，並以減號相連。
步驟五：按**確定**。

第三節　轉換資料結構

　　從上一節的範例中，可以看出在多個變項之間，只要透過不同的計算方式，就能衍生出具有嶄新意義的變項。這個新變項可能來自數個變項分數加、減、乘、除後的結果。但無論是採何種計算方式，這個新變項的產生必須涉及兩個或多個原始變項的整合。計算的功能除了可用來進行數個變項間的整合外，還能用來處理單一變項資料的結構轉換。許多母數統計方法（如迴歸或變異數分析）都對所要分析的資料結構有嚴格要求。其中，最常見到的前提是要求資料結構能合乎常態分布（normal distribution）。如果資料非呈現常態分布，這些母數統計方法便不適用，只好選擇其他無母數統計來執行資料分析。如果研究者仍希望透過母數統計來分析資料，比較可行的方式是利用**計算**功能來轉換資料原有結構。

　　資料結構需要轉換的時機主要有二：(1)當資料結構呈現正偏斜分布；(2)當資料呈現負偏斜分布。所謂**正偏斜**（positively skewed）**分布**，指的是大多數樣本在某變項上的分數都偏低，而中等分數或高分的樣本人數則極少。因此在資料分布圖上形成一個峰頂偏左，尾巴在右的現象（如**圖**3-8）。相反地，**負偏斜**（negatively skewed）**分布**則是指大多數樣本在某變項上的分數偏高，而中等或低分的人數則較少。因此資料分布圖形成一個峰頂偏右，尾巴在左的現象（如**圖**3-10）。這兩種資料結構

都不屬於常態分布。只要是常態分布的資料，其樣本在變項分數的人數
分配上一定是呈現對稱式的鐘型。亦即有最多的人會處在中間值或平均
數上，然後隨著分數的增高或變低，兩端人數會逐步等量遞減。

一、正偏斜資料轉換

　　有些變項比較容易出現正偏斜的結構分布。例如，在社會期望的壓
力之下，一些具有負面評價的行為或特質（如偷竊、說謊、傷害他人、
暴力傾向），大多數人出現症狀的程度都是較輕微的，而出現極度嚴重
症狀的只有極少數。當樣本中得低分的人佔極大多數，而得高分的人只
佔極少數，整個資料結構的分布就會出現正偏斜的輪廓。要判斷一筆資
料的結構究竟是不是有正偏斜的情形，除了從資料分布的圖形來觀察之
外，也可以透過描述統計的偏斜值（skewness）來決定。有關偏斜值的計
算，本書會在第六章描述統計中來介紹。資料結構如果是呈完全常態分
布，其偏斜值會等於0；如果偏斜值大於0，表示資料有正偏斜的傾向。
偏斜值愈大，其正偏斜的趨勢也愈強。圖3-8是檔案正偏斜.sav中暴力傾
向的分布圖，其偏斜值1.635，明顯有正偏斜的情形。

　　對於這樣的正偏斜，該如何透過資料結構的轉換來修正呢？依照
Tabachnik與Fidell（1996）的建議，針對資料偏斜的程度不同，所適合的
轉換方式也不同。如果正偏斜的情形較輕微，可選擇將原始變項的值開
根號（square root）來轉換資料。如果是中等程度的正偏，則可選擇以10
為底的對數（logarithm）來轉換原始分數。最後，如果正偏的程度極嚴
重，則可將原始分數以倒轉（inverse）的方式來轉換（例如原來分數是4
的話，轉換後變成1/4）。當然，何種程度的正偏叫輕微，何種程度叫嚴
重，並不易找到絕對的劃分標準。讀者可以嘗試採用每一種方法來轉換
原始資料之後，再從其中選擇出最能讓資料結構接近常態的方式。

　　要執行資料轉換，仍須採用轉換及計算功能。在進入計算變數的視

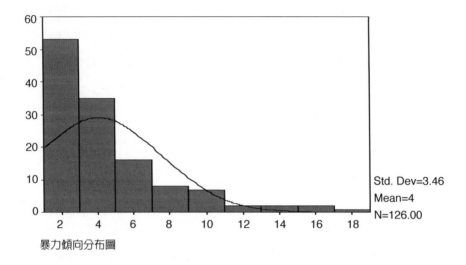

暴力傾向分布圖

圖3-8　正偏斜資料之分布圖

窗後，先在 目標變數 的空格內輸入轉換後的變項名稱，再從 函數 清單中
選出適當的轉換方式到 數值運算式 的空格內。以開根號的方式為例，讀
者必須從 函數 清單中選出 SQRT(?) 的項目，然後將所要轉換的變項選入
到括弧內；如果要進行對數轉換，則從 函數 清單中選出 LG10(?) 的項目，
並將變項選入到括弧內；如果是要將分數倒轉，則直接在 數值運算式 的
空格內輸入1/變項名稱（代表1除以原始變項）；最後，按 確定。有關正
偏斜資料結構的轉換過程，請參考**表3-6**。

表3-6　轉換正偏斜資料結構之操作步驟

步驟一：在SPSS資料編輯程式中開啓資料檔案。
步驟二：點選 轉換→計算。
步驟三：在 計算變數 對話視窗中，將新變項名稱輸入 目標變數 空格。
步驟四：從 函數 清單中將 SQRT(?) 選入 數值運算式 空格內。
步驟五：將原變項選入SQRT(?)的括弧中。
步驟六：按 確定。

　　圖3-9是將檔案 正偏斜.sav 中的暴力傾向採開根號轉換後的資料分布。相較於轉換前圖3-8的分布，明顯可以看出轉換後的結構較接近常態分布。從人數的消長來看，新圖的左方暴力傾向分數偏低的人數比原先減少，而右方暴力分數偏高的人數則有增加。從描述統計的偏斜值來判斷，也可以看出相同結果。開根號之後，暴力傾向這個變項的偏斜值由原先的1.635變為0.848，顯示比轉換前更接近常態分布。偏斜值越接近於0，表示資料分布越接近常態。

二、負偏斜資料的轉換

　　至於負偏斜的分布，代表資料中得高分的人佔較多數，而得低分的人佔較少數。在社會期望的壓力下，當受訪者被問到一些正面評價的行為或特質時（如誠實、助人、開明、民主），人們通常比較願意承認自

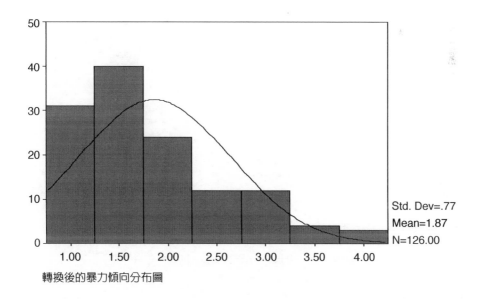

轉換後的暴力傾向分布圖

Std. Dev=.77
Mean=1.87
N=126.00

圖3-9　以開根號轉換後之資料分布圖

已具備這些特質。因此在這類變項上，大多數人的得分傾向於偏高，而極度低分者的人數較少。這樣的資料結構就屬於負偏斜分布。要判斷一筆資料的結構究竟是不是有負偏斜的情形，除了從資料分布的圖形來觀察外，也可以透過描述統計的偏斜值來決定。如果偏斜值小於0，表示資料有負偏斜傾向。偏斜值愈小，代表負偏斜的程度愈嚴重。圖3-10是檔案負偏斜.sav中樣本成績的分布圖，其中得高分的人很多，不及格的人很少，其偏斜值-2.382，顯示有明顯負偏斜的情形。

對於負偏斜資料的轉換，可採用的方式與正偏斜資料相似。根據Tabachnik與Fidell（1996）的建議，針對負偏斜的程度輕重，可採用開根號、對數或倒轉等方式來轉換資料。此處與正偏斜的轉換方式不同的是，用來開根號、對數或倒轉所用的資料並非是原變項的分數，而是K減去原變項的分數。這裡的K所代表的是該變項可能的最大值+1。以成績為例，變項的可能最大值為100，因此K為101。當然，跟轉換正偏斜的資料

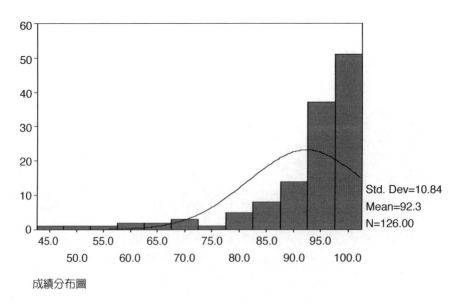

成績分布圖

圖3-10　負偏斜資料之分布圖

時一樣，研究者可以嘗試用每一種方法來轉換原始資料，看看哪一種的轉換結果最能讓負偏斜的資料結構趨向常態。

要執行負偏斜資料的轉換，仍採用**轉換**與**計算**功能。在**計算變數**的視窗下，將轉換後的變項名稱輸入**目標變數**的空格，再從函數清單中選出適當的轉換方式到**數值運算式**的空格內。以開根號的方式為例，研究者需從函數清單中選出SQRT(?)的項目來，然後將**K-變項名稱**的運算式填入括弧內；如果要進行對數轉換，則從函數清單中選出LG10(?)的項目來，並將同樣的運算式填入括弧；如果是要將分數倒轉，則在數值運算式的空格內填入1/（K-變項名稱）；完成之後，按**確定**。有關負偏斜資料的轉換過程，請參考**表3-7**。

圖3-11是以對數（LG10）方式針對檔案**負偏斜.sav**中的成績進行轉換的結果。相較於轉換前的分布圖（**圖3-10**），明顯可以看出轉換後的結構較接近常態分布。轉換後的樣本已非只集中在高分區間內，而是較

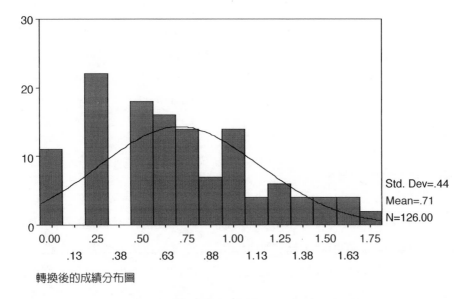

轉換後的成績分布圖

圖3-11　以對數進行轉換後之資料分布圖

表3-7　轉換負偏斜資料結構之操作步驟

步驟一：在SPSS資料編輯程式中開啓資料檔案。
步驟二：點選**轉換**→**計算**。
步驟三：在**計算變數**對話視窗中，將新變項名稱輸入**目標變數**空格。
步驟四：從**函數**清單中將**LG10(?)**選入**數值運算式**空格內。
步驟五：將**變項可能最大值+1減去變項**輸入LG10(?)的括弧中。
步驟六：按**確定**。

平均地分散在不同分數的區間。從描述統計的偏斜值來判斷，也可看出同樣結果。探對數轉換之後，成績這個變項的偏斜值由原先的-2.382變爲0.439，表示負偏斜的程度已較先前和緩許多。

 ## 第四節　變項重新編碼

　　重新編碼（recode）是一種以電腦程式來有系統更改原編碼規則的過程。經過重新編碼之後，資料上原有的編碼規則會被新的編碼規則所取代，因此對資料結構也會造成某種程度的改變。正因爲它會對資料結構造成影響，研究者必須有正當理由才能將資料重新編碼。過去研究者在執行重新編碼時，常見的理由有二：(1)爲逆轉變項得分；(2)爲變換變項測量尺度。

一、逆轉變項得分

　　以重新編碼來逆轉變項得分的部分，經常發生在反向題的配分上。問卷量表在設計題目時，爲了能辨識出受訪者是否用心作答，而經常在題目中穿插部分的反向題。這些反向題的語意與其他題目相反，答案也會跟其他題目的答案方向相反。因此在編碼與資料輸入階段，這些反向

題所獲得的數字代碼也會跟其他題目相反。在正式分析前，研究者若忘記將這些反向題目的給分逆轉，最後計算出的變項總分會發生錯誤。其次，如果能透過變項分數的逆轉來改變分析結果的向度（例如，從正相關變為負相關），使得統計數據的形式與意義保持一致（例如，正相關的數據代表兩個變項的資料成正比），這樣的資料轉換對於分析結果的解讀具有正面價值。

以Likert五個等級的態度量表為例，假設原先輸入資料時的編碼規則為：(1)代表非常不同意；(2)代表不同意；(3)無意見；(4)同意；(5)非常同意。編碼的數字越大，表示其態度也越正面。但是對於反向題的答案，如果以相同的編碼規則來輸入，就會出現編碼的數字越大，其態度越負面的情形。因此，這些反向題的答案必須予以重新編碼，讓其數字所代表的意義能跟其他題目保持一致。

要逆轉變項得分，可以使用轉換（Transform）底下的重新編碼（Recode）。在重新編碼功能底下，有兩種變項轉換方式可選擇：一種是成同一變數（Into Same Variables）；另一種是成不同變數（Into Different Variables）。採成同一變數的方式，重新編碼後的數字會出現在原變項所在的欄位上，並取代原來的資料；採成不同變數的方式，重新編碼後的數字會另闢一個新的變項欄位，原變項的資料並不會被取代。基於新舊資料的實用性考量，重新編碼時建議將變項轉換成不同變項。這樣的做法，除了能取得新資料來執行目前所規劃的統計分析外，還能保留舊資料的原始型態，方便日後資料的再利用。有關重新編碼成不同變數的操作步驟，可參考表3-8。

當研究者選擇重新編碼成不同變數後，在重新編碼成不同變數（Recode into Different Variables）的對話視窗中，將要重新編碼的變項從變項清單中選入輸入變數（Input Variable）→輸出變數（Output Variable）的空格內，並在輸出之新變數（Output Variable）空格中填入新變項名稱，按變更（Change）。接著按舊值與新值（Old and New

表3-8　以重新編碼逆轉變項得分之操作步驟

步驟一：在SPSS資料編輯程式中開啓資料檔案。
步驟二：點選轉換→重新編碼→成不同變數。
步驟三：在重新編碼成不同變數對話視窗中，將欲逆轉得分的變項選入輸入變數→輸出
　　　　變數的空格，並在輸出之新變數的空格內輸入新變項名稱，按變更。
步驟四：按舊值與新值鍵，逐一輸入編碼舊值與新值，按新增。
步驟五：按繼續→確定。

Values）鍵來重新設定編碼規則。等進入重新編碼成不同變數：舊值與新值（Recode into Different Variables: Old and New Values）的對話視窗後，把原變項的編碼值輸入在舊值（Old Value）下的數值（Value）空格內，也把重新編碼後的數值輸入在新值（New Value）下的數值（Value）空格內，按新增（Add）。同樣的步驟一直持續到所有舊值與新值的編碼規則都完成設定後，按繼續及確定。

　　以檔案反向題.sav的資料爲例，在全部六個測量態度的變項中，有一個題目被設計成反向題（即態度4）。爲了讓這個反向題的分數與其他題目方向一致，必須透過重新編碼來予以逆轉。要執行重新編碼功能，先點選轉換→重新編碼→成不同變數。在重新編碼成不同變數的對話視窗中，將態度4選入輸入變數→輸出變數的空格，並在輸出之新變數的空格內輸入新變項的名稱逆轉4，按變更鍵，再按舊值與新值鍵。等重新編碼成不同變數：舊值與新值的對話視窗出現後，在舊值的數值處輸入1，在新值的數值處輸入5，按新增。其次，在舊值的數值處輸入2，新值的數值處輸入4，按新增。整個程序持續到舊值輸入5，新值輸入1，再按新增爲止。最後，按繼續及確定。

二、變換測量尺度

　　會以重新編碼功能來改變原變項的測量尺度，主要還是基於統計

分析上的需求。不同的統計方法對於要納入分析的資料結構都有特定的要求。例如，卡方檢定要求資料必須是以類目或順序尺度所測量；變異數分析要求自變項為類目或順序尺度，依變項為等距或比例尺度；相關及迴歸分析則要求資料必須是等距或比例尺度測量。假如研究者在分析時發現原資料的編碼形式並不符合統計方法的要求，就可以採重新編碼方式來修正原資料的格式。例如，為了讓資料可以進行卡分檢定，原先以等距尺度測量的變項（如收視時數、年齡或成績），必須透過重新編碼來改成類目或順序尺度（例如，將收視時數改為輕度及重度收視兩個等級，年齡改為老中青三代，成績改為及格與不及格）。這類的重新編碼，所採用的轉換規則與逆轉變項得分的規則不同。它不是將分數高低的方向予以逆轉，而是將不同區間內的分數重新合併成組別。依照區間設定的範圍不同，一個連續變項可以被合併成兩組不同特質的樣本，也可以被合併成三組、四組或更多組。

　　以檔案重新編碼.sav的資料為例，其中有一群學生的原始成績分數。如果研究者想知道當中及格與不及格學生各佔的比例，可以透過重新編碼的功能來將成績轉換成及格與不及格兩組。要執行這項功能，先點選轉換→重新編碼→成不同變數。在重新編碼成不同變數的對話視窗中，將成績選入輸入變數→輸出變數的空格，並在輸出之新變數處輸入新變項的名稱及格與否，按變更。其次，按舊值與新值鍵，等出現重新編碼成不同變數：舊值與新值的對話視窗後，在舊值的範圍（Range）空格處填入60及100（或選60至最大值），然後在新值處輸入1，按新增。接著在舊值處選擇全部其他值（All Other Values），在新值處輸入0，按新增。最後，按繼續及確定。完成之後，這群樣本的成績就會被合併成為1與0兩組，其中1代表及格，0代表不及格。具體操作步驟可參考圖3-12。

　　重新編碼的功能也可以將連續變項轉換成數個順序尺度的區間。例如，在檔案重新編碼2.sav中，樣本收入原屬連續變項，若研究者想要

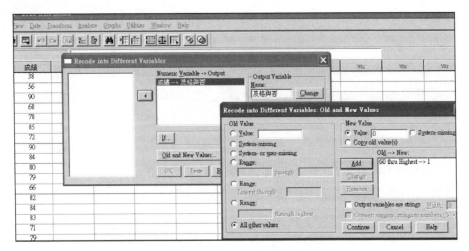

圖3-12　轉換變項測量尺度之重新編碼（一）

將收入合併成以下幾個區間來表示，則可以藉助此種功能：(1)第一個區間是20,000元（含）以下；(2)第二個區間20,001至40,000元；(3)第三個區間40,001至60,000元；(4)第四個區間60,001至80,000元；(5)第五個區間80,001元（含）以上。

要執行這項功能，其程序大致與前面介紹的相同。首先，點選轉換→重新編碼→成不同變數。進入重新編碼成不同變數的對話視窗後，將收入選入到輸入變數→輸出變數的空格，並在輸出之新變數處輸入新變項的名稱收入區間，按變更。其次，按舊值與新值鍵。在重新編碼成不同變數：舊值與新值的對話視窗下，在舊值處選擇範圍：從最低值…（Range: Lowest through...），在空格處填入20,000，並在新值的數值處輸入1，按新增。接著，在舊值處選擇範圍：…到…（Range: ...through...），在空格處填入20,001及40,000，並在新值處輸入2，按新增。其他區間的重新編碼方式亦然。最後，在舊值處選擇範圍：…最高值（Range: ... through highest），在空格處填入80,001，並在新值的數值處輸入5，按新增。再按繼續及確定。完成設定之後，資料表單上會新增

一個**收入區間**的變項，其答案只有五種收入等級。

重新編碼不僅適用於轉換連續變項的答案，也適用於將類目或順序
尺度的答案重新分組。例如，在檔案**重新編碼3.sav**中，原本受訪者的宗
教信仰類別有很多種，包括：(1)天主教；(2)基督教；(3)摩門教；(4)回
教；(5)佛教；(6)道教；(7)一貫道；(8)儒教等。如果研究者想將原本看
似複雜的宗教信仰類別，簡單區分成本土宗教及外來宗教等兩大類，就
可以透過**重新編碼**的功能來將宗教信仰原有的編碼形式進行轉換（如**圖
3-13**）。轉換後的變項名稱為**信仰來源**，其編碼形式為：(1)外來宗教；
(2)本土宗教。這種轉換只是將性質較相似的類目合併在一起，原先變項
的類目測量尺度並沒有因此而改變。

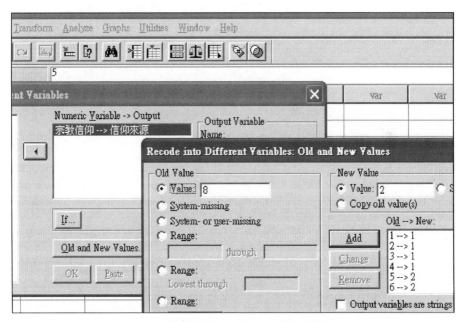

圖3-13　轉換變項測量尺度之重新編碼（二）

Chapter 4

選擇統計方法

　　對初次學習統計者而言，最大的困擾莫過於要熟記複雜的統計原理及公式推演。但對已經學習過統計者，更大的挑戰卻是如何運用統計來解決問題。雖然課堂上已學過各種統計方法，但遇上真實的研究問題，許多人仍苦於不知如何因應。只要面對的研究主題不同、研究架構不同、樣本及變項不同，或是測量方式不同，想運用統計分析的人又會陷入思考，不確定自己選擇的統計方法是否恰當。這種現象反映了過去學生學習統計時一個普遍存在的問題。那就是，課堂所學歸課堂所學，而實際應用歸實際應用，兩者未能整合。對於曾有這類困擾的學生，除應努力學習更多統計知識外，更需加強如何活用課堂所學的統計知識。

　　要靈活運用統計來解決問題，讀者至少必須具備幾項基礎能力：(1)掌握統計知識；(2)掌握研究問題；(3)掌握資料結構（如圖4-1所示）。這三個部分的知識對讀者活用統計知識有莫大助益。熟悉統計方法的原理與功能，讀者在資料分析時才知道從哪裡找工具；認清研究問題的方向與本質，讀者才知道自己需要哪些工具；而掌握資料結構，讀者才能確定自己找來的工具是否合身適用。要學會如何正確選擇與執行各類統計方法，讀者應努力整合這三部分的知識。

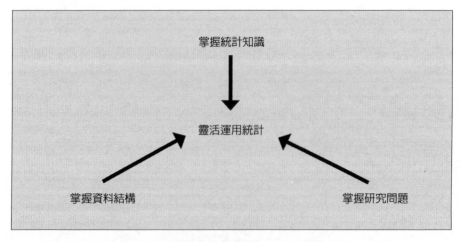

圖4-1　三種靈活運用統計之基礎能力

第一節　掌握統計知識

　　首先，讀者應充分了解各類統計方法之應用時機、原理及前提、功能及限制。統計方法共有哪些？每種方法的功用爲何？不同統計方法之間，其相同及差異之處爲何？各種方法的優缺點爲何？每種方法之使用有無條件上限制？每種方法的極限爲何？讀者若能熟悉各種統計方法的原理與功能，需要運用資料方法時便知道該從何處去尋找工具。掌握統計知識的人，就像擁有一個裝滿各式各樣統計工具的百寶箱一樣。

一、認識統計功能

　　統計是一門用來處理數據資料的專業知識。它透過各式各樣的合併、分割、轉換或運算等方式，將複雜的資料予以整合，使之呈現更豐富的意義。整體而言，統計在研究過程中扮演幾項功能：

　　1.簡化資料結構。
　　2.描述及辨識資料狀態。
　　3.對資料進行精確比較。
　　4.對資料進行預測及推論。

　　不同的統計方法扮演了不同的功能。了解各類方法的功用，讀者在選擇統計方法時才能與目的契合。

(一)簡化資料結構

　　現在研究蒐集的資料規模相當龐大，不僅樣本與變項數量眾多，變項與變項的關係更是複雜。面對這些結構龐大、關係複雜的資料，如果不將它濃縮簡化，讀者不容易從資料看出真實意義。透過資料簡化（data reduction），統計能提供更精簡的數據來代表原本複雜的現象，使讀者一

目了然。所有統計方法都具備某種簡化資料的功能。只是應用時機不盡相同。有些適用於簡化單一變項結構（如描述統計），有些適用於簡化多個變項之關係（如相關分析或因素分析），有些則適用於簡化樣本結構（如集群分析）。

(二)顯現資料規則

除簡化資料結構之外，統計也能讓資料顯現規則（pattern clarification）與趨勢。對任何單一或少數樣本進行觀察，不容易看出規則或趨勢。當樣本數量增多，或是觀察次數及時間增多，資料中就會形成某些規則及趨勢。例如，學童成績與收視時數呈現顯著負向關聯、或民眾學歷與收入之間呈現顯著正向關聯、或冰品消費量與季節變化呈顯著關係、或國片票房逐年萎縮的現象。現在的資料規模龐大，很難單憑人力辨識變項的規則及趨勢，必須藉助電腦統計程式。透過大規模資料的累計、彙整及運算，統計分析能協助讀者掌握現象某時的狀態，或看出該現象長期變遷的趨勢，或了解現象與現象間的關聯。

(三)精確描述與比較

統計強調精確，對任何一筆數據的處理運算及解讀都馬虎不得。經由統計的數字運算及報表呈現，讀者可對不同樣本的特質掌握更為精準。從資料的描述與比較當中，讀者不僅能判斷出兩組樣本之間特質有無不同外，還可以知道彼此間的特質強弱，也可以算出彼此的詳細差距。由於統計重視精確的特質，讀者在進行數據解讀時更應遵守「有一分證據，說一分話」的原則。

(四)現象預測及控制

透過統計運算得出的規則，讀者可以拿已經發生的現象資料來對未發生的現象進行預測（prediction），也可以拿調查樣本的資料來對未

調查的樣本進行推論。統計所具備的預測及推論功能，讓更多研究的執行更能合乎經濟效益，也讓研究結果更具實務參考價值。對於研究者而言，研究的目的不僅止於描述某群樣本在某時的概況而已，而是更想知道發生在這群樣本身上的現象是否也會發生在其他群體，又這些現象會對未來造成什麼影響呢？

二、認識統計類別

依據不同分類標準，統計方法可以有不同的歸類方式。就應用目的來分，統計分為描述統計與推論統計兩類；就資料的前提要求來分，統計分為母數統計（parametric statistics）與無母數統計（nonparametric statistics）兩種；就單次分析所涉及的變項數量來分，統計可分為單變量、雙變量與多變量分析方法；就統計運算所採用的原理不同，統計可分為：(1)比較樣本差異的方法；(2)處理變項關聯的方法。有關統計方法的歸類方式，請參考**表4-1**。

(一)描述與推論統計

■描述統計

在描述統計中，統計分析後的數據只用來描述特定樣本群的分布概況，並非用來推論母群。這類統計方法通常只採用較簡單的數學運算來呈現樣本的集中態勢（如平均數、眾數或中數）、變異情形（如全距、標準差或變異數）或分布狀況（如次數分配、百分比例、等級分布等）。一般而言，**描述統計**（descriptive statistics）適用於非隨機抽樣的研究，特別是用在單一變項的分析。因為分析的目的不在於將結論推論至母群，因此分析時不需要針對分析結果進行顯著性檢定。

■推論統計

在推論統計中，資料分析的結果要用來推論母群。為了能有效推

表4-1　常見之統計歸類方式

分類標準	統計類別	統計方法
應用目的	1.描述統計	1.平均數、中數、眾數、全距、標準差、變異數、百分比例等。
	2.推論統計	2.卡方檢定、t檢定、變異數分析、相關分析、迴歸分析等。
前提要求	1.母數統計	1.t檢定、變異數分析、相關分析、迴歸分析、步徑分析、因素分析。
	2.無母數統計	2.卡方檢定、柯史檢定、連檢定、曼惠特尼U檢定、中數檢定。
變項數量	1.單變量分析	1.平均數、中數、眾數、全距、標準差、變異數、百分比例等。
	2.雙變量分析	2.卡方檢定、t檢定、相關分析、單因子變異數分析、簡單迴歸。
	3.多變量分析	3.雙因子變異數分析、共變數分析、多變量變異數分析、淨相關、複迴歸、步徑分析、因素分析。
運算原理	1.比較樣本差異法	1.t檢定、變異數分析、共變數分析、多變量變異數分析。
	2.處理變項關聯法	2.相關分析、淨相關、迴歸分析、步徑分析、因素分析。

　　論，這類統計方法適合採隨機抽樣的研究，同時會針對分析結果進行顯著性檢定。只要研究目的是想進行推論，而且樣本來自隨機抽樣的過程，無論讀者採用的統計方法是卡方檢定或其他無母數檢定，是t檢定或變異數分析，還是相關或迴歸分析，都稱之為推論統計。大體而言，大多數的推論統計都屬於雙變量或多變量分析的性質。

　　推論統計（inferential statistics）的共同特性是它們都透過樣本資料來對母群特性進行推估。常見的推估（estimation）方式有二種：(1)點推估；(2)區間推估。**點推估**是以特定的某個值來推測母群特性；而**區間推估**則是將母群特性設定在一個範圍之內。為了判斷這樣的推估是否可信，推論統計會將所提出的推估值來跟實際觀察資料進行顯著性檢定。檢定結果會告訴研究者該不該接受這樣的假設性推估，又如果拒絕接受這項推估時，所可能出錯的機率有多高。

　　在顯著性檢定中，研究者所提的假設性推估又稱為虛無假設（null hypothesis）。每次檢定，研究者都必須決定是否要接受這個虛無假設。如果拒絕虛無假設，表示研究者選擇接受對立假設（alternative hypothesis）。選擇拒絕虛無假設並不表示虛無假設一定是錯的，而接受對立假設也不表示對立假設是對的。任何決定都有犯錯的風險。為了降低犯錯的風險，一般研究通常會將容許出錯的機率設定在5%、1%或0.1%的顯著水準以下。顯著水準設得越低，意味著拒絕虛無假設時，研究者可能出錯的機率也越低。

■顯著水準的意義

　　顯著水準的高低，代表研究者在統計推論時所能容忍的犯錯機率（即拒絕接受正確虛無假設的機率）。當虛無假設為正確，而研究者卻拒絕接受這個假設（或選擇推翻這個假設），就觸犯統計推論上的第一型錯誤（type I error）。當研究者將顯著水準設在低於5%的標準時，表示他把觸犯第一型錯誤的機率控制在5%以下。當研究者將顯著水準設在低於0.1%的標準時，表示他把觸犯第一型錯誤的機率控制在千分之一以下。顯著水準設的越低，表示根據統計結果來進行推論時，犯錯的機率會越小。

　　雖然顯著水準訂得越低，研究者越有把握其推論較不會出錯，但顯著水準要設定在哪一個標準才好，並無標準答案。顯著水準該設定在哪一個標準，宜視研究性質而定。假如一項研究的結果攸關大眾生命安全（如藥物效果的檢驗），就必須採取較嚴格標準。如果研究結果無關緊要，則可以選擇較寬鬆的標準。標準訂得過度嚴格（如顯著水準很低）會增加推翻虛無假設的困難度，因而提高觸犯第二型錯誤（type II error）的機率。亦即，該拒絕卻未能拒絕。明明虛無假設是錯的，可是研究者卻因推翻需無假設的門檻過高而無法推翻假設。

(二)母數與無母數統計

母數與無母數統計最大的差異在於有無對於母群結構及特質提出某些前提要求。兩者不同之處包括：(1)資料是否要求常態分布。母數統計通常會假設母群結構合乎常態分布，而無母數統計則沒有這樣的要求；(2)數據是否具數量意義。母數統計在資料運算的過程中充分運用了資料的數量特質，而無母數統計大多運用資料的等級或類別特質。因此，前者適用於較大樣本，且以等距或比例尺度所測量的資料，而後者適用於小樣本，且以順序或類目尺度所測量的資料；(3)是否能處理多個變項關係。母數統計較適用於處理多個變項的關係（即多變量問題），而無母數統計則只適合處理單一變項或兩個變項的問題（即單變量或雙變量問題）。常見的母數統計包括t檢定、變異數分析、皮爾遜相關、迴歸分析、步徑分析及因素分析等。常見的無母數統計則包括卡方檢定、雙項檢定、連檢定、中數檢定、單一樣本柯史檢定、曼惠特尼U檢定、史皮爾曼等級相關等。

(三)單變量、雙變量與多變量分析

■單變量分析

單變量分析（univariate analysis）每次只針對單一變項資料進行分析，不涉及變項與其他變項的關係。計算原理雖然簡單易懂，也容易操作，但所能回答的研究問題相當有限。這類分析通常適合用於資料初步處理階段，讓研究者掌握每個變項資料的分布概況，其最大缺點是無法看出變項與其他變項的關係。描述統計（如平均數、標準差、中數、次數分配或百分比例、全距、變異數等）幾乎都屬單變量分析。

■雙變量分析

雙變量分析（bivariate analysis）適用於處理兩個變項的關係。由於問題牽涉到兩個變項，因此分析時必須釐清楚變項的屬性。究竟兩者有

無自變項與依變項之分？若有，何者是自變項？何者是依變項？雙變量
分析的應用範圍比單變量分析要廣；它不僅可用來比較樣本群的差異，
也可用來找出變項間的關聯。只是這類方法未考慮第三因及其他變項的
影響，因此無法排除變項間出現虛假關係（spurious relationship）的可
能。正因爲這類方法並未採用較嚴格的統計控制來排除干擾源，在資料
結果的解讀更需謹慎保守。當兩變項之間有顯著關係，不表示它們之間
有因果影響存在。

　　常見的雙變量分析有兩大類：(1)用來比較群體差異的方法，如t檢定
與單因子變異數分析。其中t檢定適用於兩個群體間的差異比較，而單因
子變異數分析適用於三個或更多群體的比較。使用這兩種方法時，自變
項必須符合類目或順序尺度的測量方式，而依變項必須是等距或比例尺
度；(2)用來了解變項間關聯的方法，如卡方獨立性檢定、皮爾遜相關，
及簡單線性迴歸。其中，卡方檢定適合處理兩個類目或順序尺度變項間
的關聯，而皮爾遜相關則適合處理兩個連續變項間的關聯。這兩類方法
在分析時，變項之間無自變項與依變項之分。分析之後，結果也不能用
來作爲因果推論。至於簡單線性迴歸則適用於以一個自變項來預測一個
依變項的變化情形。這類方法常被用來做變項間的因果推斷。

■多變量分析
　　多變量分析（multivariate analysis）方法，每次分析時會動用三個或
更多變項，其處理的變項除了自變項與依變項外，還有中介變項與調節
變項。中介變項（mediating variable）位居自變項與依變項之間，一方面
受自變項影響，一方面又影響依變項。透過中介變項的連結，自變項對
依變項會形成間接影響。要判斷某個變項是否爲中介變項，只要確認該
變項是否夾在其他兩變項之間，而且這兩變項的關係是否必須靠這個中
介變項來連結。假設變項X必須透過變項Y才能影響變項Z，則變項Y就
是變項X與Z的中介變項。調節變項（moderating variable）不同於中介變

項，它既不是自變項的果，也不是依變項的因。它獨立於自變項及依變項之外，卻對兩者關係產生某種條件式的影響。換言之，自變項與依變項之間的關係強弱會因調節變項的條件不同而有異。在調節變項的某些條件下，自變項與依變項有明顯關係，但在其他條件下，這兩者並無明顯關係。如果分析時未考慮調節變項的影響，自變項與依變項之間很可能出現虛假關係。

　　就方法的實用性而言，多變量分析的功用要比單變量或雙變量方法廣。它不僅能處理的變項數量較多，所處理的變項關係也較複雜。使用多個單變量或雙變量分析的效力並不等同於一個多變量分析。多變量分析除了會檢視個別變項的主效果外，也考慮到變項之間的交錯效果。依多變量分析方法的應用領域來分，可簡單分成幾類的方法：(1)比較群體差異的方法；(2)探索變項間相關的方法；(3)簡化資料結構的方法。

1.比較群體差異的方法：

(1)雙因子變異數分析（two-way ANOVA）：在多變量分析當中，屬於比較群體差異的方法包括：雙因子變異數分析、共變數分析、多變量變異數分析。這幾種方法通常被用在以實驗法設計所蒐集的資料上。其中，雙因子變異數分析適用於探討兩個類目或順序尺度的自變項對一個等距依變項的影響。它所探討的影響包含兩個自變項個別的主效果外，還有兩自變項間的交錯效果。當研究中自變項的數量達到三個或更多時，需動用多因子變異數分析來處理資料，這時自變項之間的交錯效果會顯得更複雜而不易解讀。

(2)共變數分析（ANCOVA）：在實驗法設計中，如果有一些變項（如智商或預存立場）並未被納入或無法納入實驗控制，但卻可能影響到依變項的反應，這時就可以利用共變數分析來將這些變項的影響予以排除。這些變項（又稱為共變數）與自變

項不同。自變項是受到實驗操控而得，通常呈類目或順序尺度性質，而共變數則是不經實驗操控，通常呈等距或比例尺度性質。透過共變數分析，研究者除了能得知共變數本身會不會影響到依變項之外，還能知道在共變數的影響被排除之後，自變項還會不會對依變項造成影響。

(3)多變量變異數分析（MANOVA）：雙因子變異數分析或共變數分析每次只能處理多個自變項對一個依變項的影響。當問題涉及自變項對多個依變項的影響時，就必須分成數次分析才能回答問題。這種做法無形中增加統計分析過程觸犯第二型錯誤的機會（即該拒絕而未拒絕）。這時如果使用多變量變異數分析來處理，就可避免這類困擾。多變量變異數分析可以在一次分析當中，同時回答一個或多個自變項對多個依變項的影響，特別是當這些依變項之間有密切關聯時。

2.探索變項關聯的方法：

(1)淨相關（partial correlation）：在多變量分析當中，屬於探索變項關聯的方法有淨相關、複迴歸與步徑分析。淨相關是皮爾遜相關分析的延伸，適用於探討兩個等距或比例尺度變項的關聯。但不同的是，皮爾遜相關所提供的關聯是未經控制干擾因素前的零階相關（zero-order correlation）。因為尚未排除其他第三因的影響，此零階相關係數背後可能隱藏虛假關係。亦即，變項間的關係可能是受其他第三因的影響而起。為確認變項間的真實關係，研究者可採淨相關將任何可能影響變項關係的因素納入控制，並排除其影響。控制一個第三因所得的淨相關係數又稱為一階相關係數（first-order correlation coefficient），而控制兩個第三因所取得的相關係數為二階相關係數（second-order coefficient），以此類推。不管控制的第三因有幾個，淨相關係數的強度通常比皮爾遜相關的零階係數低。

(2)複迴歸（multiple regression）：複迴歸又稱多元迴歸，能一次處理多個自變項對一個連續依變項的影響。這種方法可以幫讀者了解：在眾多自變項當中，哪些會顯著影響依變項，又哪些不會？當其他自變項的影響被控制後，每個自變項對依變項還有多大的解釋能力？如果讀者有類似的疑問，複迴歸將是一個理想的選擇。藉由這類分析，讀者可以建立變項間一個適用於預測的線性模式。

(3)步徑分析（path analysis）：步徑分析適用於處理變項間直接及間接影響的問題。當自變項對於依變項的影響未透過其他中介變項，那這種影響屬直接影響。如果自變項需透過中介變項來影響依變項，那這種影響屬間接影響。透過步徑分析，讀者可以清楚了解變項與變項間相互影響的型態、程度及路徑流程。

3.簡化資料結構的方法：因素分析（factor analysis）適用於簡化變項資料結構，特別是採量表或題組方式測量的變項。當變項題目數量較多時，因素分析能有效從這麼多的題目當中找出少數共同的潛在結構。具有共同結構的題目會被歸在同一類，形成因素，而不同結構的題目則分屬不同因素。在正式分析時，這些數量較少的因素就可以取代眾多原始題目來參與分析。如此一來，分析過程所涉及的變項數量就會降到最少，而變項關係的解讀也會趨於單純化。

第二節　掌握研究問題

研究者在進行統計分析前，應充分掌握自己所面對的問題本質。一個擁有豐富統計知識的人，如果不清楚真正問題核心為何，空有豐富知識亦無用武之地。假如把問題方向弄錯了，還可能會出現殺雞錯用牛刀的情形。因此，認清研究問題顯得格外重要。究竟自己想要研究什麼

問題？是相關性的問題？還是因果關係的問題？這些問題涉及到哪些變項？這些因果關係是直接，還是間接性質？只要認清研究問題本質，研究者就知道自己需要哪些工具來回答問題。

根據研究關切的重點，常見的研究問題可分爲幾大類：(1)描述性的問題；(2)關聯性的問題；(3)解釋性的問題（見**表4-2**）。描述性的問題試圖回答任何與「是什麼」（what）有關的疑問。例如，某個現象所呈現的輪廓、特徵、狀態或特性是什麼？關聯性的問題試圖回答任何與「怎麼／如何」（how）有關的疑問。例如，究竟某個現象是如何與其他現象產生扣連？解釋性的問題試圖回答任何與「爲什麼／爲何」（why）有關的疑問。例如，究竟某個現象爲什麼會與其他現象產生扣連？這三類問題在研究功能上彼此具有互補性。如果說，描述性研究的任務在確認某種現象發生的事實，那關聯性研究就是對該現象發生的脈絡做進一步釐清。至於解釋性研究的任務則在爲這種過程提供合理的解釋（即理論基礎）。

表4-2　研究問題與統計方法之關係

問題的本質	統計策略	統計方法
1.描述性問題	1.什麼比例 2.什麼數值	1.次數分配、百分比例、四分位數、百分位數。 2.平均數、中數、衆數、標準差、變異數、全距、最大值、最小值。
2.關聯性問題	1.從次數分配的變化來看出關聯 2.從等級的變化來看出關聯 3.從數值的變化來看出關聯	1.交叉分析與卡方檢定。 2.史皮爾曼相關。 3.皮爾遜相關、淨相關。
3.解釋性問題	1.直接效果 2.間接效果 3.條件式效果	1.t檢定、變異數分析、共變數分析、複迴歸分析。 2.步徑分析、結構方程模式。 3.變異數分析、複迴歸分析、雙因子變異數分析。

一、描述性問題

(一)問題特徵

描述性問題關注特定時空背景底下，某個現象所呈現出的輪廓、特徵、狀態或特性。研究者在對該現象進行描述時，論述的重點只聚焦在現象的輪廓、特徵、狀態或特性上，不會論及現象的前因後果或是牽扯上其他現象。要回答這類問題，研究者較常採用的策略是以「什麼比例」（what proportion）或「什麼數值」（what value）的形式來呈現某現象的輪廓、特徵、狀態或特性。因此，如果研究問題中出現「是什麼」、「有什麼」、「有哪些」、「有多少」、「有多高」、「有多久」、「有多長」等字眼時，幾乎都屬於描述性問題。例如：

1.有多少民眾看過《色戒》這部影片？
2.民眾對入聯公投所抱持的態度是什麼？
3.支持馬蕭配或長昌配的選民比例各有多少？
4.民眾多久逛一次街？
5.高中生玩線上遊戲的頻率有多高？
6.大學生每次上網所花的時間有多長？
7.大學生平均每個月的電話費是多少？
8.學齡前兒童對廣告的理解程度有多高？
9.手機的正負面功能各有哪些？

(二)統計策略

要回答描述性的問題，可選擇的統計方法較單純。如果研究者關切現象分布比例，可選擇描述統計中的次數分配、百分比例、四分位數或百分位數等方式來處理資料。如果研究者關切現象數值，可選擇描述統計中的平均數、中數、眾數、標準差、變異數或全距等方式來處理資

料。無論採比例或採數值，描述性的問題幾乎都屬單變量性質，每次分析只針對一個變項的分布狀況來進行描述。至於變項與變項的關係，則是關聯性與解釋性問題所關切的焦點。

二、關聯性問題

(一)問題特徵

　　關聯性的問題試圖釐清兩個或多個變項間的關係，而非只針對單一變項的輪廓、特徵、狀態或特性進行描述。當研究者提出關聯性問題時，他心中關切的重點有三：(1)兩變項間有無顯著相關？(2)兩變項間的相關程度有多高？(3)兩變項間的關係向度為何（是正相關，還是負相關）？要判斷一個問題是否為關聯性問題，可以從問題使用的字眼看出端倪。如果問題中出現「是否有顯著相關」、「有無明顯關聯」、「有何關聯」、「關係為何」、「相關程度為何」等字眼時，幾乎都屬於關聯性問題。例如：

　　1.性別與看不看《色戒》有何關聯？
　　2.民眾政黨傾向與對入聯公投的態度有無明顯關係？
　　3.學童收視時數與成績高低是否有關？
　　4.民眾消費能力與逛街頻率的相關程度為何？
　　5.大學生上網時間與睡眠時數的關係為何？
　　6.廣告態度與品牌態度是否有正向關聯？

(二)統計策略

　　要回答關聯性問題，研究者較常採用的統計策略有三種：(1)從兩變項在次數分配（或比例）的變化來看出關聯；(2)從兩變項在等級的變化來看出關聯；(3)從兩變項在數值的變化來看出關聯。採第一種策略

者（即想從次數分配的變化來看出變項關聯），通常會選擇交叉分析與卡方檢定來處理資料；採第二種策略者（即想從等級的變化看出變項關聯），通常會選擇史皮爾曼相關來處理資料；採第三種策略者（即想從數量的變化看出變項關聯），通常會選擇皮爾遜相關來處理資料。

這三種統計策略雖能看出兩變項間是否有顯著關係，但此種關係所代表的意義卻是多重的。當變項X與Y有顯著相關（如**圖4-2**中的**例A**），它代表這兩個變項可能相互影響對方（即X影響Y，或是Y影響X），也可能代表兩者的關係是由第三因（如變項Z）所造成的。如果是第三因所引起的相關（如**圖4-2**中的**例B**），兩變項間所存在的顯著關係就是一種虛假關係。當第三因的影響被排除後，原本顯著的關係就會消失。

三、解釋性問題

(一)問題特徵

解釋性的問題不僅關切變項間有無關係，也關切變項間的因果方向。這類問題會試圖為某些現象的變化找尋原因，或為這些現象的變化預測後果。因此，如果提出解釋性問題，研究者必須在研究架構中釐清

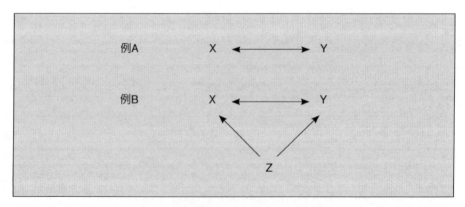

圖4-2　關聯性問題之變項架構

自變項與依變項的身分。要判斷一個問題是否爲解釋性問題，可以從問題使用的字眼看出端倪。當研究問題中出現「有無效果」、「效果爲何」、「效果大小」、「有何影響」、「正負面影響爲何」、「影響程度爲何」、「成效爲何」、「是否造成改變」等字眼時，幾乎都屬於解釋性的問題。例如：

1. 唱軍歌對提升軍隊士氣的成效爲何？
2. 民衆政黨傾向對支持反貪腐活動的態度有無影響？
3. 收看電視是否對學童的課業成績造成負面影響？
4. 政治廣告能否改變選民的投票意向？
5. 廣告對刺激消費行爲上有無效果？
6. 媒體識讀教育對民衆媒體使用行爲之影響爲何？

雖然解釋性問題都關切「效果」及「影響」，但如果以題目所關注的效果層次來分，解釋性問題還可細分成三大類：(1)探討「效果是否眞的發生？」的問題；(2)探討「效果是如何發生？」的問題；(3)探討「在什麼條件下，效果才會發生？」的問題。在第一類問題中，研究者所關切的重點在自變項X是否直接影響了依變項Y？（如圖4-3的**例A**與**例B**）。因此，又可稱之爲探討直接效果的問題。在第二類問題中，研究者所關切的重點在自變項X究竟是透過何種過程來影響依變項Y？（如**圖4-3**的**例C**）；因此，又可稱之爲探討間接效果的問題。在第三類問題中，研究者所關切的重點在自變項X究竟要在何種條件下才會影響依變項Y？（如**圖4-3**的**例D**）；因此，又可稱之爲探討條件式效果的問題。

(二)統計策略

要回答直接效果的問題，研究者較常採用的統計策略有二：(1)藉由比較自變項X在依變項Y上所造成的差異來看出效果；(2)從自變項X與依變項Y的共變程度來看出效果。探第一種策略的研究者通常選擇以實驗法

社會統計與資料分析

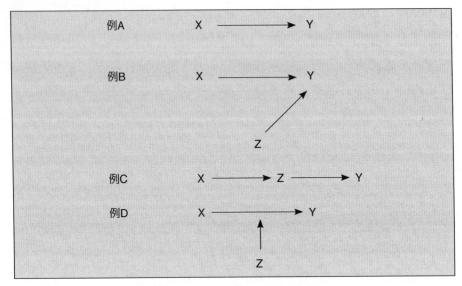

圖4-3　解釋性問題之變項架構

來蒐集資料，也會選擇t檢定、變異數分析、共變數分析來處理資料。採第二種策略的研究者通常選擇以問卷調查法來蒐集資料，也會選擇以複迴歸分析來處理資料。在這兩種策略當中，為了避免自變項的效果不受其他干擾變項（confounding variables）的影響，研究者必須在分析過程中將各種可能的第三因（如**圖4-3例B**的變項Z）納入控制。

　　另外，要回答間接效果的問題，研究者較常採用的統計策略有二：(1)藉由數個複迴歸模式所組成的步徑分析來看出變項間的直接與間接效果；(2)藉由一個結構方程模式來看出變項間的直接與間接效果。採第一種策略的研究者可以在SPSS的環境下執行數次複迴歸來分析資料；而採第二種策略的研究者則需要在結構方程模式專用的軟體環境（如LISREL）下分析資料。不管採何種策略，分析之前研究者都必須根據理論基礎先將變項間的因果關係安排清楚。

　　要回答條件式效果的問題，研究者可採用的統計策略有：(1)選擇以變異數分析或迴歸分析來檢視自變項X是否影響依變項Y，但分析時將第

三因（如變項Z）中不同特質的樣本分開處理，並比較分析結果有無不同？如果結果不同，代表有條件式效果發生；(2)選擇以雙因子變異數分析來處理資料，並觀察自變項X與Z對依變項Y的影響是否出現交錯效果（或交互作用）？如果有顯著的交錯效果，代表有條件式效果發生。

　　總之，選擇統計方法之前，研究者宜先確認研究問題的本質。只有當問題本質獲得釐清，研究者才能進一步確定所需的統計方法。如果研究者只想描述某些現象的概況，可以選擇描述統計（如次數分布、百分比例或平均數）來回答問題。假如想要探討現象間的關聯，可以選擇卡方檢定、等級相關、皮爾遜相關或淨相關分析來回答問題。如果想探討現象間的因果，則可以選擇變異數分析、複迴歸、步徑分析或結構方程模式。只是在面對同一性質的研究問題時，適用的統計方法不只一種。這時，為了能選出最適合的方法，研究者還需檢視資料結構。檢視資料結構的意義在確認資料合乎所選用統計方法的前提。

第三節　掌握資料結構

　　不同統計方法對資料結構的前提要求不同。因此，選擇統計方法之前，研究者仍需檢視所蒐集資料的結構。熟悉資料結構不僅有助於選出適用的統計分析方法，更讓研究者在回答問題時能避免言過其實。資料中所蒐集的變項有哪些？各使用何種尺度所測量？變項之間的相互關係為何？研究中的樣本數量是多少？是相依樣本？還是獨立樣本？資料分布的結構有無合乎常態的前提？了解這些資料的特性，研究者才知道自己所蒐集的資料能回答哪些問題，適用哪些統計方法？掌握資料結構，研究者才能確認統計分析過程選用的方法是否適用。

　　每筆資料的基本構成要素有二：(1)變項特質；(2)樣本身分。因此，研究者在掌握資料結構時，必須考量這兩個要素的條件變化。當這兩個

要素的條件改變，整個資料的結構也會隨之改變，而資料結構的變化進而會影響統計策略的決定（請參考**表4-3**）。一般而言，有幾類變項特質會對統計決策造成影響：(1)變項資料分布形態；(2)變項測量方式；(3)變項數量；(4)變項角色。有幾類樣本特質也會對統計決策造成影響：(1)樣本身分；(2)樣本數量；(3)樣本取得方式。

表4-3　資料結構與統計方法之關係

資料構成要素	特質層面	條件	統計方法
1.變項	1.分布形態	1.合乎前提 2.未合乎前提	1.母數統計 2.無母數統計
	2.測量方式	1.全屬類目尺度 2.全屬順序尺度 3.類目加順序尺度 4.全屬等距尺度 5.類目加等距尺度	1.卡方檢定 2.史皮爾曼相關 3.卡方檢定 4.皮爾遜相關、複迴歸 5.t檢定、變異數分析、共變數分析、邏輯迴歸
	3.數量	1.一個 2.二個 3.三個以上	1.單變量分析 2.雙變量分析 3.多變量分析
	4.角色	1.無自依變項之分 2.一自變一依變 3.多自變一依變 4.多自變多依變 5.自變依變及中介 6.自變依變及干擾	1.卡方檢定、皮爾遜相關 2.變異數分析、簡單迴歸 3.雙因子或多因子變異數分析、複迴歸 4.多變量變異數分析 5.步徑分析 6.共變數分析、淨相關
2.樣本	1.身分	1.獨立樣本 2.相依樣本	1.曼惠特尼U、克瓦二氏、獨立t檢定、變異數分析 2.魏氏檢定、佛利曼檢定、成對t檢定、重複量數
	2.數量	1.大樣本 2.小樣本	1.母數統計 2.無母數統計
	3.取得方式	1.隨機抽樣 2.非隨機抽樣	1.母數統計 2.無母數統計

一、變項資料分布形態

在所有統計方法當中,有些方法(如母數統計)會對樣本所要推論的母群分布狀態有較嚴格要求(例如,要求資料符合常態分布與變異量相等),有些方法(如無母數統計)則沒有這樣的要求。要判斷資料是否合乎常態分布,讀者可採用單一樣本的柯史檢定來確認。要判斷資料中不同樣本的變異量是否相等,讀者可以透過Levene的變異數同質性檢定來確認。當讀者發現所蒐集的資料結構未能符合這些前提要求,則必須選擇以無母數統計來分析資料,否則結果的推論會出現偏差。如果資料合乎前提要求,則可選擇使用母數統計。

在無母數統計方法當中,屬於比較群體差異的方法包括曼惠特尼U檢定(Mann-Whitney U Test)、中數檢定(Median Test)、克瓦二氏檢定(Kruskal-Wallis Test)、魏氏檢定(Wilcoxon Test)、符號檢定(Sign Test)、佛利曼檢定(Friedman Test)等;而屬於探索變項間關聯的方法包括卡方獨立性檢定(Chi-Square Test)、史皮爾曼等級相關(Spearman Correlation)。在母數統計當中,屬於比較群體差異的方法包括t檢定、單因子或雙因子變異數分析、多變量變異數分析等;而屬於探索變項間關聯的方法有皮爾遜相關、淨相關、簡單線性迴歸及複迴歸、步徑分析等。

二、變項測量方式

變項測量方式也會直接影響到統計選擇的策略。在單變量的分析中,如果變項是以類目或順序尺度測量,則適用於探次數分配或百分比例的方法來處理資料。如果變項是以等距或比例尺度測量,則適用於探平均數、標準差及變異數等方法來處理資料。在多變量分析中,變項的測量方式會因為變項數量的增多而出現較複雜的組合。當變項數量多於

一個以上時，變項測量方式就會出現下列幾種組合：(1)全部的變項屬於類目尺度；(2)全部變項屬於順序尺度；(3)一部分變項屬於類目尺度，一部分屬於順序尺度；(4)全部變項屬於等距或比例尺度；(5)一部分變項屬於類目尺度或順序尺度，一部分屬於等距或比例尺度。

遇到前三種情況時，無母數統計會是不錯的選擇。假如全部變項都屬類目尺度或是參雜著順序尺度的變項，可以選擇使用卡方檢定。如果全部變項屬於順序尺度，則可選擇史皮爾曼等級相關。遇到第四或第五種情況時，母數統計會是較適合的選擇。當全部變項屬於等距或比例尺度時，可選擇使用皮爾遜相關或複迴歸分析。如果一部分屬類目或順序尺度，而一部分屬等距或比例尺度時，就必須依變項的性質來做決定。例如，如果自變項屬類目或順序尺度，而依變項屬等距或比例尺度，則適合選用t檢定、變異數分析、共變數分析或多變量變異數分析。如果是相反的情況，則可以考慮使用邏輯迴歸（logistic regression）。

三、變項數量及角色

在單變量分析當中，因為分析的變項數量只有一個，不會跟其他變項有任何牽連，因此研究者不必考慮到變項的主客角色。但是在雙變量或多變量分析中，每個變項都會跟其他變項有某種相互關係存在，而這種變項間的主客角色安排方式會影響統計選擇的策略。如果以各變項在研究中所扮演的角色異同來分，研究可分為兩大類：(1)變項間主客角色並無不同；(2)變項間主客角色不同。

在第一類的研究當中，變項間不會有自變項與依變項之分。當變項中無自變項與依變項之分，研究者可以選擇來分析資料的統計策略包括卡方檢定、史皮爾曼等級相關、皮爾遜相關、淨相關等。其中，卡方檢定適用於以類目或順序尺度測量的變項；史皮爾曼等級相關適用於以順序尺度測量的變項；而皮爾遜相關與淨相關則適用於以等距尺度測量的

變項。

在第二類的研究當中，變項間會有自變項與依變項之分。根據變項的數量與角色不同，這類研究還可以分成幾種常見的架構：(1)變項中有一個自變項及一個依變項；(2)變項中有多個自變項與一個依變項；(3)變項中有一個自變項與多個依變項；(4)除了自變項與依變項之外，還有中介變項（mediating variable）；(5)除了自變項與依變項之外，還有調節變項（moderating variable）或干擾變項。

如果研究問題只涉及一個自變項與一個依變項時，可採用曼惠特尼U檢定、克瓦二氏檢定、**t**檢定、單因子變異數分析、簡單線性迴歸等方法。其中，曼惠特尼U與克瓦二氏檢定適用於類目尺度自變項與順序尺度依變項，而**t**檢定與單因子變異數分析則適用於類目尺度自變項與等距尺度依變項。簡單線性迴歸則適用於等距尺度的自變項及依變項。

如果問題涉及到多個自變項與一個依變項時，可採用雙因子或多因子變異數分析、複迴歸、邏輯迴歸等方法。其中，雙因子或多因子變異數分析適用於類目尺度自變項與等距尺度依變項。複迴歸適用於等距尺度的自變項及依變項。邏輯迴歸則適用於等距尺度自變項及類目尺度依變項。

如果問題涉及到一個（含多個）自變項與多個依變項時，可採用多變量變異數分析。這種方法適用於類目尺度的自變項與等距尺度的依變項。如果問題中除了自變項與依變項之外，還多了中介變項，則適合用步徑分析或結構方程模式。這兩種方法的變項都需以等距尺度來測量。如果問題中除了自變項與依變項外，還多了調節或干擾變項，可採用淨相關或共變數分析。其中淨相關適用於等距測量的自變項及依變項，而共變數分析適用在類目尺度的自變項與等距尺度的依變項。

四、樣本屬性

　　最後，樣本屬性也會影響統計方法的選擇。有關樣本的特性，需要考量的層面有三：(1)樣本身分；(2)樣本數量；(3)樣本取得方式。以樣本身分而言，究竟樣本是屬於相依樣本或獨立樣本，會影響到資料輸入的格式與統計分析策略。這種影響對於比較差異式的統計方法更爲明顯。如果是相依樣本，表示資料是來自相同的一群樣本。這時可採用魏氏檢定及佛利曼檢定等無母數統計，或採用成對樣本t檢定及重複量數變異數分析等母數統計來處理。如果是獨立樣本，表示資料是來自不同的群體。這時可採曼惠特尼U檢定、克瓦二氏檢定或中數檢定等無母數統計，或採獨立樣本t檢定與變異數分析等母數統計來處理資料。

　　就樣本數量而言，較大規模的樣本資料因比較容易滿足常態分布的前提，適合採用母數統計，特別是多變量分析方法（如複迴歸、步徑分析、結構方程模式、多因子變異數分析、或多變量變異數分析、因素分析）來處理資料。較小規模的樣本資料因不容易滿足統計前提，較適合採無母數統計來分析。同理，對於以隨機抽樣方式取得的資料，適合採用母數統計。對於以非隨機抽樣方式取得，尤其是規模人數較小的資料，較適合採無母數統計。

Chapter

5

信度檢定

　　進入統計分析階段之前，研究者必須先確認資料具備良好品質。如果資料品質太差，分析結果不僅容易出錯，也不具太高參考價值。要判斷資料品質的好壞，一個常用的標準就是效度（validity）。效度高低取決於測量工具能否測出現象眞正的特質。如果測量結果與現象眞正特質越相近，則效度越高，反之則反。當資料的效度出現問題，代表研究者並未測出他想要測量的特質。造成此類測量誤差的原因極多，有些源自系統性的測量誤差，有些則源自隨機的測量誤差（Singleton et al., 1993）。所謂**系統性測量誤差**（systematic measurement error），指的是全面性發生，且會重複出現的錯誤。所謂**隨機測量誤差**（random measurement error），指的是由暫時性或突發性因素所引起，且發生在部分樣本答案上的錯誤。研究者只要能控制好這兩大類的測量誤差，資料的品質便能獲得保障。

　　雖然效度的重要性眾所週知，但在研究實際執行的過程中，想要確實檢測出資料的效度卻有其困難。檢定效度的最大難處在於，對於許多想要測量的現象（如受訪者內心的態度或想法），研究者根本無法洞悉其眞正的特質。既然無法得知這些現象的眞正特質，當然也就無法直接且準確地判斷出所測得答案的眞實性。面對這樣的困境，研究者可以採用間接的指標來協助判斷資料的效度高低。其中，執行信度檢定便是常用的方式之一。雖然高信度並不等同於高效度，但高信度卻是高效度的基礎。不具高信度的資料，絕不可能有高效度。

第一節　信度之意義與分類

一、信度之意義

　　信度（reliability）一詞，在過去的研究中至少曾被用來代表三種意

義：(1)測量結果的穩定性；(2)測量結果的一致性；(3)測量結果的同質性
（Dooley, 1984）。測量結果的穩定性強調的是一項測量工具在跨時間重
複施測時，兩次答案間的可重複性（repeatability）。如果第二次答案幾
乎與第一次答案一樣，代表該測量具高信度。測量結果的一致性強調的
是一項測量工具採多題項模式來施測時，各題答案之間結構的單一性。
如果各題答案的方向及程度一致，代表該測量的信度較高。測量結果的
同質性強調的是不同個體（特別是評分員）針對相同媒介內容進行評估
時，彼此答案的雷同性。如果不同評分員的見解重疊比例越高，則信度
越高。這三種層面的信度各自適用於不同的研究情境，檢定方式也有不
同（見**表5-1**）。

(一)測量之穩定性

　　強調測量**穩定性**（stability）的信度，適用於檢視跨時性測量的品
質，特別是採單一題項所進行的測量。如果研究者分別只用一個題目來
測量某些變項的特質（如身高、體重、籍貫、年齡、政黨傾向、對候選
人的支持意向），光憑一次的調查尚不足以檢測出資料的品質好壞。若
研究者想知道受訪者所回答的答案是否真實，最直接的方式就是找另一
個時間以相同問題再問受訪者一次，然後觀察兩次答案的穩定性。如果
受訪者的答案在兩次訪問裡變動不大（即重複性高），則代表答案具有
較高信度；相反，如果兩次答案變動極大（即重複性低），代表答案的

表5-1　幾種常見之信度意涵

信度意義	應用時機	檢測方法
測量之穩定性	跨時性測量	複測信度
測量之一致性	跨題項測量	項目間一致性信度 折半信度 複本信度
測量之同質性	跨個體測量	評分員信度

信度不高。想要判斷一項測量的穩定性高低，實地執行時可採用複測信度法（test-retest reliability）。

(二)測量之一致性

強調測量一致性（consistency）的信度，適用於檢視跨項目測量的品質，特別是只在單一時間點所進行的測量。當研究者採多題項的測量工具（如題組或量表）來針對變項進行測量時，如果想知道受訪者的答案是否可信，最直接的方式就是比較他們在跨題項答案間的一致性。如果受訪者在跨題項間的答案呈現自相矛盾（即內部一致性低），代表答案信度不高。如果受訪者在跨題項間的答案呈現相同方向及強度的態度（即內部一致性高），代表答案信度較高。當題目內在一致性較高時，代表測量工具中各題目都能等量反映它所測量的概念。想判斷測量的一致性高低，實地執行時可採用的檢測法包括：項目間一致性信度（即alpha信度）、折半信度與複本信度等。

(三)測量之同質性

強調測量同質性（equivalence）的信度，適用於檢測內容分析的編碼品質。在執行內容分析時，研究者會找數位評分員針對相同媒體內容進行分類及編碼。要知道這些評分員的答案是否可信，最直接的方式就是比對不同評分員的答案是否雷同。如果不同評分員的答案重疊比例很高（即同質性高），代表編碼品質具較高信度。如果評分員間答案重疊比例很低（即同質性低），代表編碼品質信度較低。想要判斷測量的同質性高低，實地執行時可採用評分員信度檢測法（inter-rater reliability）。

總之，這三個層次的信度應用時機都不相同。當研究者採用跨時性的重複測量時，宜以答案穩定性作為評估測量信度的標準。如果研究者採用多題項的測量方式，則宜以答案內部結構的一致性作為評估測量信

度的依據。假如研究者請不同編碼員來爲媒體內容進行分析時，宜以編碼員間答案的同質性來作爲評估測量信度的標準。換言之，無論研究者注重的是測量的穩定性、一致性還是同質性，追求高信度的資料都是研究者努力的目標。

二、信度檢測方式

常見的信度檢測方式包括：複測信度、項目間一致性信度、折半信度、複本信度與評分員信度。這些信度檢測方式所反映的信度內涵與應用時機不盡相同，但在執行上有幾點共通之處：(1)這些檢測法都提供具體的數據（即信度係數）作爲判斷信度高低的依據。一般而言，信度係數會介於0跟1之間。係數越接近於1，信度越佳；(2)每次檢定信度時，只針對同一變項下的測量結果來進行。不同變項的信度檢定，必須分開來執行。

(一)複測信度

所謂**複測信度**（test-retest reliability），指的是重複測量結果的穩定性高低。要檢測資料的複測信度有多高，研究者必須以相同的測量工具，針對同一群受訪者至少測量兩次。這兩次的測量在時間上不能距離太近（例如，接續施測），以免信度因受訪者的記憶效果而偏高。兩者施測的時間也不能距離過久（例如，相隔數月），以免受更多因素干擾而使得信度偏低。較佳的做法是在數日之內完成兩次測量，然後根據兩次測量結果的穩定性來判斷其複測信度的高低。如果兩次測量的結果是穩定的，則複測信度較高，反之則反。

要判斷兩次答案是否穩定，統計上可以採用的方法有幾類：(1)如果變項是探類目尺度測量，最簡易的方式是計算樣本在兩次測量中出現相同答案的比例（即雷同率）。如果樣本中百分之百的人兩次答案都相

同，則表示測量的穩定性最佳。如果兩次答案都不同，則表示毫無穩定性可言；(2)類目尺度測量也可以採用交叉分析表之下的Phi and Cramer's V係數或是Kappa係數來判斷其信度高低。這些係數會介於0與1之間，係數越接近1，代表複測信度越高；(3)如果測量是採順序尺度，則可以採Kendall's tau-b或史皮爾曼等級相關來計算信度係數；(4)如果變項是採等距尺度所測量，則可以使用皮爾遜相關係數來判斷信度高低。當係數值越接近1，代表兩次測量的結果越穩定，反之則反。

(二)項目間一致性信度

項目間一致性信度（inter-item consistency），指的是在多題項測量中這些題項答案內部結構的單一性。當研究者採用量表或題組式的測量工具，針對同一群受訪者測量一次時，根據樣本在各個題項答案的方向及強度就可判斷其內在一致性高低。如果各題的答案方向及強度越一致（例如，同表贊成或同表反對），則該次測量的內在一致性信度就越高，反之則反。統計上通常以 Cronbach Alpha 係數來代表項目間內在一致性信度。這個係數越接近於1，代表項目間一致性信度也越高；越接近於0，代表一致性信度越低。究竟Alpha係數要達到何種程度才代表測量的信度是理想的，George & Mallery（2003）曾提供一套簡單的判斷標準（見表5-2）。一般而言，當Alpha係數高達0.9以上時，代表測量題項間

表5-2 簡易判斷項目內在一致性之標準

Alpha信度係數	測量項目的內在一致性
> .9	最佳（excellent）
> .8	優良（good）
> .7	可接受（acceptable）
> .6	可疑的（questionable）
> .5	不良（poor）
< .5	無法接受（unacceptable）

資料來源：George & Mallery, 2003: 231.

的內在一致性已達最佳程度;當係數高於0.8以上時,表示測量題項間的內在一致性已達優良程度;當係數高於0.7以上時,表示測量題項間的一致性已達可接受程度;如果係數低於0.5以下時,表示題項間的內在一致性是無法被接受的。

　　雖然上述的標準極為簡單易懂,但是Alpha信度係數的高低並不具絕對意義。如果從計算出Alpha係數所採用的公式來看(見**表5-3**),Alpha係數的高低受到兩個因素的影響:(1)題項的數量;(2)題項間的平均相關程度。根據公式,在題項數量固定的情況下,如果項目間的平均相關程度越高,則所得的Alpha信度係數也會越高。同理,在項目間平均相關程度不變的情況下,如果只增加題目的數量,所得的Alpha係數也會隨之升高。

　　就以**表5-3**中的範例來說明。假設項目之間的相關程度是0.2,當題項數量只有2題時,Alpha係數會等於0.333;當題目數量增加到10題時,Alpha係數就會達到一般研究者可接受的0.714。如果項目之間的相關程度

表5-3　題項數量對於Alpha信度係數之影響

題項數目	題項間的平均相關係數		
	r = 0.2	r = 0.3	r = 0.5
	Alpha係數值		
2	0.333	0.462	0.667
3	0.429	0.563	0.75
4	0.5	0.632	0.8
5	0.556	0.682	0.833
6	0.6	0.72	0.857
7	0.636	0.75	0.875
8	0.667	0.774	0.889
9	0.692	0.794	0.9
10	0.714	0.811	0.91

註:Alpha係數 =(題項數 × 平均相關係數)÷ 1+(題項數-1)× 平均相關係數
公式參考來源:Norusis(1992b), p.142.

是0.3，當題項數量只有2題時，Alpha係數是0.462；當題目數量增加到6題時，Alpha係數就會達到可接受的0.72。從Alpha係數這樣的特性，研究者應可獲得一些實用性啟示。那就是，如果研究者想要維持良好的信度水準，所用來測量的題項數目應避免太少（例如，最少維持在6至8題或更多的題目）。

(三)折半信度

折半信度（split-half reliability）屬於項目間一致性信度的一種。其施測方式與Alpha信度相同，都適用於以量表或題組式的測量工具所做的調查。但是在檢測信度時，兩者計算信度的方式並不相同。Alpha信度檢定是一次納入所有的題項來計算信度係數，而折半信度檢定則是先將全部的題目平均分成兩半，再依這兩半題目得分的相關程度來計算其信度。折半信度係數會介於0與1之間。信度係數越高，代表兩組題目的分數越相近，也代表兩組答案內在一致性越高。

使用折半信度係數來代表測量的信度會遭遇到幾個困境。首先，折半信度的計算必須先將全部題目平均分成兩半，而這種信度計算方式會造成信度係數極不穩定的現象。一旦被分配到這兩半的題目組合不相同（例如，前半題項Vs.後半題項，或單號題項Vs.雙號題項），所計算出的信度係數也不相同。在這種情況下，究竟要採用哪一種折半組合下的信度係數為判斷標準？其次，在SPSS的操作環境中，折半信度不像Alpha信度檢定只提供單一的數據給讀者參考，而是提供數個不同的指標來代表信度（包括題組間相關係數、Spearman-Brown係數、Guttman折半係數、Alpha係數等）。這對於初學者而言，在信度的解讀上反而容易無所適從。再者，如果全部的題目數量是奇數時，該如何折半呢？基於這些問題，Alpha係數會比折半信度係數更適合用來代表項目間一致性的信度。

(四)複本信度

複本信度（parallel test or alternate-forms reliability）是以兩種近似的題目版本，連續對同一群樣本施測，然後根據這兩種版本答案的相關程度來作為判斷信度的標準。複本信度相同於複測信度的地方是，兩者都使用了兩次測量。但是複本信度在兩次測量中使用不同版本的題目，而複測信度則採用同樣的題目。其次，在複本信度中兩次測量的時間可以是緊鄰的，而複測信度中兩次測量則必須有適度的間隔。此外，複本信度與折半信度也有相似之處。它們在檢測信度時都須運用兩組數量相等的題組，只是複本信度是從設計題目時就刻意將題目分成兩種版本，而折半信度則是在分析時才將全部的題目均分成兩組。

使用複本信度的條件要求較嚴格，因此使用的機會較少。複本信度要求所設計的兩種題目版本必須在題數、格式、內容及難度上都能維持一致。它甚至要求這兩種版本的題目得分也必須有相同的平均數與變異程度。在SPSS的操作環境中提供了parallel及strictly parallel這兩種模式來檢測複本信度，其中前者不嚴格要求各題項的平均數需等量，後者則要求如此。至於信度係數的意義解讀，複本信度與其他信度的標準相同。信度係數越接近於1，表示信度越高。

(五)評分員信度

上述的幾種信度檢定都是針對測量工具的測量品質而設計，唯獨評分員信度（inter-rater or inter-coder reliability）是針對研究者或編碼員的觀察及編碼品質來進行檢定。想要確定研究者所觀察或編碼的結果是否準確，最直接有效的方式是找幾個人分別觀察相同的現象，然後將他們所觀察及編碼的結果進行比對。如果這些人所編碼的結果極為相近，則答案的信度較高。如果編碼的結果有極大出入，則除了信度較低外，亦難判斷何者的答案為真。

統計上要計算評分員信度的方法有幾種：

1. 當變項採類目尺度測量時，可以利用評分員之間意見的同意度（rater agreement）來判斷其信度高低。所謂同意度，指的是任兩位評分員間答案取得一致的比例。假設兩個評分員分別分析了同樣100部的廣告短片，而兩者在80部的短片上看法是一致的，則兩評分員之間的同意度為80%。換言之，這兩位評分員之間的信度為0.8。這種計算方式雖然較簡易直接，但因為它無法排除由運氣所造成的意見相同情形，因此以同意度來代表評分員信度會容易造成信度被過度高估的現象（Dooley, 1984）。在SPSS統計軟體中，並無直接計算同意度的功能。要取得評分員間的同意度，必須仰賴人工計算或採間接的方式讓統計軟體來計算。

2. 如果是採類目尺度的測量，SPSS提供了另外的檢定方式來計算評分員信度。例如，研究者可以選擇卡方檢定下的Kappa係數來代表評分員信度。這個係數越接近於1，代表評分員之間的答案越接近。

3. 當變項是採順序或等距尺度測量時，可以採用史皮爾曼等級相關或皮爾遜相關係數來代表評分員信度。

4. 如果編碼員的人數有三個或更多個，可以先求出任兩個評分員間的相關係數，再以這些相關係數的平均值來代表信度。

5. 如果編碼員的人數有三個或更多個，研究者也可以透過信度分析功能下的類目間相關係數（Intraclass Correlation Coefficient）來代表評分員的信度。

 第二節　信度檢定之操作

一、釐清基本觀念

(一)檢定信度屬必要過程

　　在介紹信度檢定之操作前，必須釐清幾個觀念。首先，對於任何嚴謹的研究而言，信度檢定絕對是必要的流程。檢定信度不僅能協助研究者了解自己資料的品質，還能提供線索讓研究者看出研究設計可能的缺陷。如果信度係數偏低，就反映出在問卷設計或執行過程出了某些問題。只要能找出這些問題的原因，就能讓研究者在未來研究中避免出現同樣的錯誤。

(二)檢定以個別變項為單位

　　信度檢定並非以整個研究或整份問卷為單位，而是以問卷中的個別變項為單位。換言之，檢定信度時，必須逐一針對各個變項來執行。如果一份問卷包含有十個變項，就必須進行十次的信度檢定。每一次檢定只針對同一個概念的變項來進行，不可將不相干的變項混雜一起。如果誤將不相干的變項混合檢定，檢定的結果並不具任何意義。以**圖5-1**的檔案為例，其中有年級、性別、翹課節數、打工時數、成績等五個變項。這五個變項分別代表不同的概念，也使用不同的測量尺度，並不適合併入同一個信度檢定當中。要在單次信度檢定中進行檢定的題項，必須同屬相同的概念或變項。

(三)以信度係數為判斷標準

　　要判斷信度的高低，最直接的參考依據就是信度係數。通常信度係數會介於0與1之間。根據**表5-2**中所提到的判斷標準，當檢定結果發現信

度係數高於0.9時，代表該次測量的信度極佳。如果信度係數居於0.8至0.9之間，代表信度品質良好。如果信度係數位居0.7至0.8之間，代表信度品質尚可接受。如果信度係數介於0.6至0.7之間，代表信度品質會受質疑。如果信度係數低於0.6，則表示測量品質未盡理想。從這樣的標準看來，理想的研究應努力讓測量的信度係數維持在0.7以上的水準。

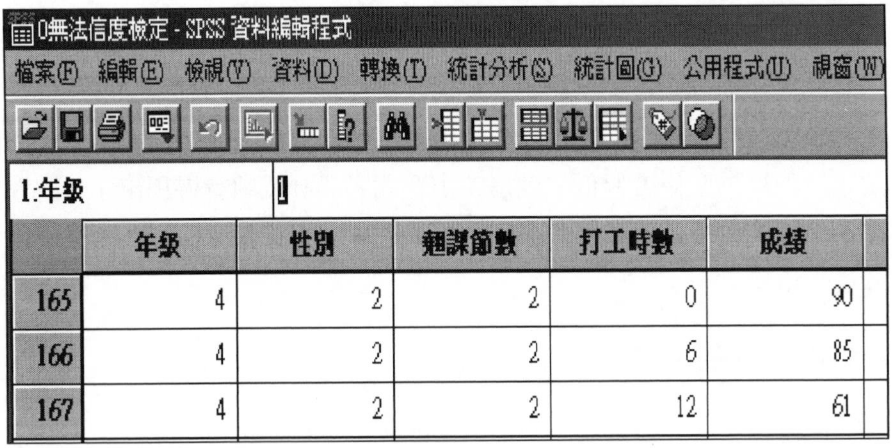

1:年級	1				
	年級	性別	翹課節數	打工時數	成績
165	4	2	2	0	90
166	4	2	2	6	85
167	4	2	2	12	61

圖5-1　不適合信度檢定之資料結構

二、複測信度檢定

當變項（如性別、年級、學歷、籍貫、身高或體重）只採用單一題項來測量，這些變項適合以複測信度的方式來檢定信度。為合乎檢定複測信度的要求，研究中至少必須以相同測量工具來重複測量同一變項兩次。例如，以同一個磅秤來秤同一個包裹兩次，或以同一支尺來量同一張桌子兩次，或用同一個題目訪問受訪者兩次。如果這兩次測量屬類目尺度，則可採兩者答案的雷同比例（即同意度）來代表信度高低，也可以採用Phi & Cramer's V係數或Kappa係數來代表。如果兩次測量屬於順

序或等距尺度，可採Kendall's tau-b或皮爾遜相關係數來代表信度高低。雷同比例與相關係數越高，代表兩次測量的複測信度越高。

(一)同意度檢定

假設受訪者被問到，「有沒有參加100元倒扁活動？」或「有沒有看過哈利波特第4集電影？」，這時受訪者的答案只有兩種：有或沒有。這樣的測量屬於類目尺度性質，而且只有單一題項。因此想檢定測量信度，必須至少以同樣問題重複詢問受訪者兩次。當研究者取得兩次測量的答案後，該如何計算出兩者同意度來代表信度呢？

以檔案複測信度1.sav的資料為例。首先，開啓資料檔案後，在資料編輯程式視窗上選擇轉換及計算功能。在計算變數的對話視窗中，將同意度這個新變項名稱（代表兩次答案相同的比例）輸入到目標變數的空格中，再將代表兩次測量的變項（分別為初測意見與再測意見）選入數值運算式的空格，兩者間並以減號相連，然後按確定。之後，資料表單上就會出現一個名為同意度的新變項。等資料表單中出現同意度的新變項後，再以分析的描述統計（Descriptive Statistics）選擇次數分配表（Frequencies）來描述該變項。在次數分配表的對話視窗中，將同意度這個變項選入到右方變數（Variable）的空格中，然後按確定。

經過計算功能將兩次答案相減之後，只要兩次答案完全一樣，受訪者在同意度的變項上就會出現0的答案。因此，從次數分配表中顯示的結果當中，找出0這個答案所佔的比例有多高，就知道兩次答案的同意度為何。以複測信度1.sav的資料分析結果顯示，同意度這個變項中出現0的百分比例為92%，出現-1的比例為3%，出現1的比例為5%。這代表在全部樣本中有92%的人兩次答案維持一致。因此，若以兩次答案的同意度作為衡量信度的標準，研究者可以斷定這兩次測量的複測信度為92%或0.92。

表5-4 以同意度代表複測信度之操作步驟

步驟一：在SPSS資料編輯程式中開啓資料檔案。
步驟二：點選轉換→計算。
步驟三：在計算變數對話視窗中，將新變項名稱輸入目標變數空格。
步驟四：將兩次測量的變項選入數值運算式空格內，並以減號相連，再按確定。
步驟五：點選分析→敘述統計→次數分配表。
步驟六：在次數分配表對話視窗中，將新變項選入變數空格，按確定。

(二)Phi & Cramer's V值

除了以同意度來代表複測信度外，類目尺度的測量還可以採用卡方檢定下的Phi & Cramer's V 值來代表信度係數。同樣以檔案複測信度1.sav的資料爲例來示範如何算出Phi & Cramer's V 值。首先，開啓檔案資料。從資料編輯視窗上選擇分析及敘述統計（Descriptive Statistics），再選擇交叉表（Crosstabs）。在交叉表的對話視窗中，先將代表兩次答案的變項（如初測意見與再測意見）分別選入到列（Row）與欄（Column）的空格，再點選統計量（Statistics）。在統計量的對話視窗中，從類目尺度（Nominal）下勾選Phi and Cramer's V係數，然後按繼續及確定。具體操作步驟，請參考表5-5。

從資料分析的結果顯示，Phi與Cramer's V係數同爲0.841。如果將這個係數來跟同意度檢定的結果相比，可以發現採同意度的信度係數（0.92）比採Phi與Cramer's V係數的信度係數（0.841）要高。同意度或Cramer's V係數在計算時只考慮到兩次測量答案之間是否相同，並未

表5-5 以Cramer's V係數代表複測信度之操作步驟

步驟一：在SPSS資料編輯程式中開啓資料檔案。
步驟二：點選分析→敘述統計→交叉表。
步驟三：在交叉表對話視窗中，將兩次測量的變項分別選入列與欄空格內，點選統計量。
步驟四：在交叉表：統計量對話視窗中，勾選Phi與Cramer's V係數，按繼續→確定。

顧及差異的大小，因此適合類目尺度的測量。如果測量的尺度採順序或等距形式時，選項答案除了具備連續數量的特質外，其變異的程度也較大。這時如果只考慮兩次測量是否相同，而未考慮答案的接近性，則可能會錯估了測量的信度。例如，如果只考慮到兩次測量間的同意度，則兩次測量的答案如果是1（初測）與2（再測），或是1（初測）與8（再測），其代表的意義都相同（即兩組的答案都不同）。但是如果考慮兩次答案的接近性，則很明顯1與2的答案會比起1與8的答案更接近。由此可知，將兩次答案的接近性列入考慮的信度檢定，其準確度會高於只考慮答案同意度的信度檢定。

(三)Kendall's tau-b值

在檢測複測信度時，如果要將兩次測量的接近性納入考慮，可以採用Kendall's tau-b與皮爾遜相關係數。其中，前者適用於順序尺度的測量，而後者適用於等距尺度的測量。有關Kendall's tau-b檢定的操作步驟（見圖5-2），與上述計算Cramer's V係數的程序相似。

以檔案複測信度2.sav的資料為例。首先，開啓資料檔案，從資料編輯程式視窗上選擇分析與敘述統計（Descriptive Statistics），再選擇交叉表（Crosstabs）。等進入交叉表的對話視窗後，先將代表兩次答案的變項（如初測意見與再測意見）分別選到列（Row）與欄（Column）的空格，然後點選統計量（Statistics）。在統計量的對話視窗中，從次序的（Ordinal）下方勾選Kendall's tau-b統計量數，然後按繼續及確定。分析結果顯示，兩次答案間的Kendall's tau-b係數為0.908，顯示複測信度已達理想狀態。Kendall's tau-b係數介於0與1之間，越接近1代表信度越高。

(四)皮爾遜相關係數

至於等距尺度測量的資料，可以使用皮爾遜相關係數來檢測其信度。同樣以檔案複測信度2.sav為例來示範操作程序（見圖5-3）。首先，

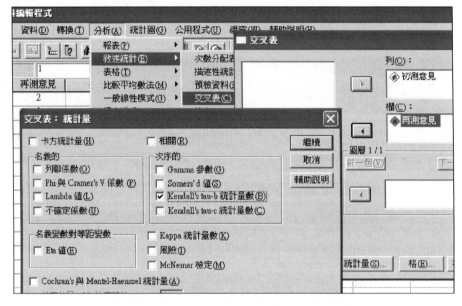

圖5-2　以Kendall's tau-b 檢定複測信度

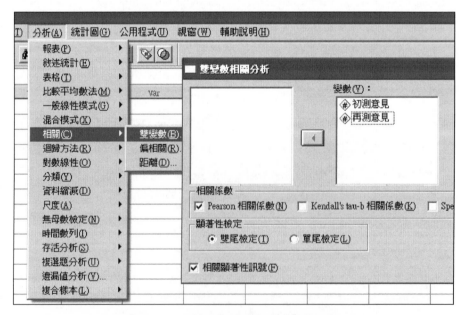

圖5-3　以皮爾遜相關檢定複測信度

開啓資料檔案後，從資料編輯視窗上選擇**分析**與**相關**（Correlate），再選**雙變數**（Bivariate）。進入到**雙變數相關分析**的對話視窗後，將兩次答案的變項選到**變數**（Variables）的空格中，在相關係數（Correlation Coefficients）處勾選**皮爾遜相關係數**（Pearson），然後按**確定**。皮爾遜相關係數介於-1與1之間，越接近於1代表信度越高。**複測信度2.sav**的資料分析結果顯示，兩次測量間的皮爾遜相關係數為0.947，顯示兩者複測信度極高。

三、折半信度檢定

折半信度屬於檢測測量內在一致性高低的一種方法。這種方法適用於以量表或題組形式所進行的測量。檢測時，這種方法會將全部量表或題組中的題目均分成兩半，然後求取這兩部分題目分數的相關程度。不管量表中的題目數量有多少，折半信度法會依照研究者選入這些題目的順序來將之分成兩組。假如有12道題目要進行信度檢定，而這些題目是依照a1至a12的順序被選入，這時前六題（即a1至a6）會被分在同一組，而後六題（即a7至a12）會被分在另一組。假如這些題目分析時是以先單後雙的順序輸入（即a1、a3、a5、a7、a9、a11、a2、a4……a12），則分組的結果會是單號題歸為一組，雙號題歸為另一組。分組後題目組合不同，折半信度所計算出的信度係數也會不同。

要執行折半信度檢定，首先開啓資料檔案。在資料編輯程式的視窗上選擇**分析**與**尺度**（Scale），再選**信度分析**（Reliability Analysis）。等畫面進入到**信度分析**的對話視窗後，將所有題項依自己想要分組的方式逐一選入**項目**（Items）空格中。然後在**模式**（Model）處選擇**折半信度**（Split-half），再按**確定**（見**圖5-4**）。分析時，折半信度法會將選入的前半數題目歸為一組，後半數題目歸為另一組，然後根據兩組分數的相關來計算出信度係數。

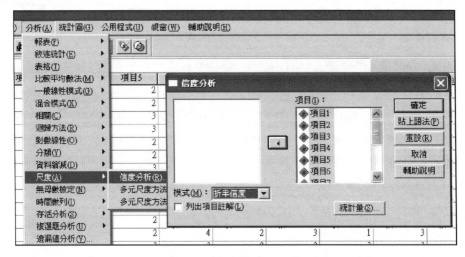

圖5-4　折半信度之操作

　　在檢定結果的輸出報表中，折半信度會提供六種數據作爲判斷信度的參考。其中，形式間相關（correlation between forms）係數代表前半部與後半部題目分數的相關程度。第一部分的Alpha值（Alpha for part 1）代表前半部題目的內在一致性信度，而第二部分的Alpha值（Alpha for part 2）則代表後半題目的內在一致性信度。其他包括Guttman Split-half 係數與Spearman-Brown係數都說明前半與後半題目間的相關程度。其中，Spearman-Brown係數還分等長（equal-length）及不等長（unequal-length）兩種。前者適用於前半與後半題目數均等時參考，而後者則適用於兩半題目數不均等時參考。

　　以檔案折半信度.sav的資料爲例，其中有十個項目（分別爲項目1至項目10）。如果研究者希望針對前五題（即項目1至5）與後五題（即項目6至10）來進行折半信度檢定，可以將這些題目依態度1至10的順序來選入。以這種方式來進行折半信度檢定的結果顯示（如表5-6），資料中有60位樣本，10個題項。這些題項的形式間相關係數爲0.356。第一部分的Alpha值是0.595，而第二部分的Alpha值是0.429。Guttman Split-half 係

表5-6　折半信度檢定之結果

信度統計量

Cronbach's Alpha 值	第1部分	數值	.595
		項目的個數	5[a]
	第2部分	數值	.429
		項目的個數	5[b]
	項目的總個數		10
形式間相關			.356
Spearman-Brown 係數	等長		.525
	不等長		.525
Guttman Split-Half 係數			.512

a. 項目為\：項目1, 項目2, 項目3, 項目4, 項目5.
b. 項目為\：項目6, 項目7, 項目8, 項目9, 項目10.

數是0.512。Spearman-Brown等長及不等長係數均為0.525。如果就這些信度係數的強度（介於0.356至0.5954之間）來判斷，這十個題項的折半信度並不理想。

　　假如研究者想換個方式，針對單號題（即1、3、5、7、9題）與雙號題（即2、4、6、8、10題）進行折半信度檢定，則必須將這些題目以先單後雙的順序來選入。採這種方式來進行折半信度檢定的結果發現，這些題項的形式間相關係數為0.0391。第一部分的Alpha值是0.7255，而第二部分的Alpha值是0.6512。Guttman Split-Half 係數是0.0735。Spearman-Brown等長及不等長係數均為0.0753。這些信度係數的分布極為懸殊（介於0.0391至0.7255之間），突顯折半信度係數的不穩定性。

　　從上面的例子，讀者可以看出折半信度的幾個缺點。折半信度雖然提供了多種指標來檢視測量品質，但不同指標之間有可能出現明顯差異。當不同指標出現不一致結論時，究竟該以何者來代表信度係數？其次，折半信度的高低會受題目組合方式所影響。在某種題目組合條件下，折半信度係數較高；可是在其他組合條件下，信度係數較低。這種現象反映出折半信度不穩定的特質。由於折半信度相對的不穩定性較

高，因此多數的研究都選擇採用項目間一致性信度（Alpha係數）來檢定
測量品質。

四、項目間一致性信度檢定

　　相較於折半信度，項目間一致性信度檢定（俗稱Cronbach's Alpha
檢定）更為方便實用。這種方法不僅一次針對全部項目來進行檢定，
而且只提供一個簡潔的數據（即Alpha係數）來代表測量的品質。在判
斷檢定結果時，讀者並不會出現混淆不清的問題。要檢定項目間一致性
信度，先在資料編輯視窗的分析下選擇尺度（Scale），再選信度分析
（Reliability Analysis）。在信度分析的對話視窗中，將要檢定的全部題
項選入到項目（Items）的空格中，然後在模式（Model）處選擇Alpha值
（Alpha），並點選統計量（Statistics）。在統計量的對話視窗中，從敘
述統計量對象（Descriptives for）下方的選項中勾選項目（Item）、尺度
（Scale）與刪除項目後之量尺摘要（Scale if item deleted），再按繼續與
確定。具體操作步驟請參考圖5-5與表5-7。

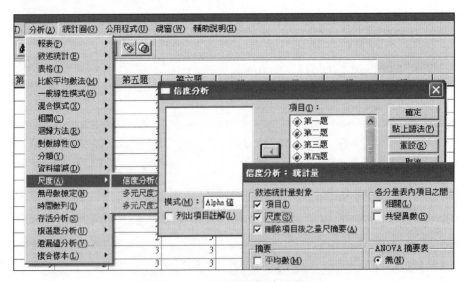

圖5-5　Alpha信度檢定之操作

表5-7　Alpha信度檢定之操作步驟

步驟一：在SPSS資料編輯程式中開啓資料檔案。
步驟二：點選**分析**→**尺度**→**信度分析**。
步驟三：在**信度分析**對話視窗中，將所有參加檢定的題項選入**項目**空格內，並從**模式**中選擇Alpha值。
步驟四：點選**統計量**，在統計量之對話視窗中勾選**項目**、**尺度**與**刪除項目後之量尺摘要**，再按**繼續**→**確定**。

　　在項目一致性信度檢定中，題項排列的先後順序並不會影響信度檢定結果。只要納入分析的題項總數不變，不管其置入順序如何，所得的信度係數都相同。如果初步分析的結果發現題項間一致性信度不盡理想，這類信度分析還提供改善的方法。研究者可以參考**刪除項目後之量尺摘要**（Alpha if Item Deleted）上的數據，看整個量表的信度係數是否會因刪除掉某一題項後而明顯改善。如果刪除某個題目之後的量表信度係數比未刪除題目時明顯要高，則可以選擇將該題項刪除後再重新執行一次檢定。

　　以檔案**Alpha信度檢定.sav**的資料爲例，其中有六個題目。依照上面的操作步驟，執行Alpha信度檢定的結果如**表5-8**。這六個題目的Alpha信度係數爲0.489，代表這些題目的內在一致性並不理想。爲改善目前信度偏低的情況，讀者可觀察統計報表**刪除項目時的Cronbach's Alpha值**數據。這些數據代表將某一題移除後的信度係數。如果有題目移除後的信度係數會明顯高於目前的0.489，讀者可以考慮將之移除後再行檢定信度。

　　從**表5-8**得知，如果將第六題移除後，剩下五個題目Alpha信度係數會從0.489變爲0.595。如果將第四題移除，剩下五個題目Alpha信度係數會從0.489變爲0.532。這兩種方案都讓題項的內在一致性信度有改善，而讀者可以優先選擇較佳的方案來執行（即移除第六題）。此種變項移除程序可以持續到整個量表的信度達最佳狀態爲止。當然，讀者必須留

表5-8　刪除項目後之量尺摘要

信度統計量

Cronbach's Alpha 值	項目的個數
.489	6

項目總和統計量

	項目刪除時的尺度平均數	項目刪除時的尺度變異數	修正的項目總相關	項目刪除時的 Cronbach's Alpha值
第一題	14.35	4.503	.403	.339
第二題	14.60	6.447	.492	.335
第三題	14.55	6.455	.392	.370
第四題	14.45	7.675	.075	.532
第五題	14.45	6.964	.407	.385
第六題	14.35	9.181	-.165	.595

意移除題目對變項內容效度的衝擊。除非移除項目後能明顯提升信度水準，否則不應隨意刪除題項。

五、評分員信度檢定

在執行內容分析法的過程中，評分員信度經常被用來檢測不同評分員之間編碼結果的同質性高低。如果評分員之間的看法具很高同質性，表示任何一位評分員的答案都值得採信。如果評分員之間意見分歧，則讀者很難從這樣的結果判斷何者答案較接近真實。當兩個評分員意見出現分歧時，為了獲得更真實的答案，研究者必須參考第三位評分員的意見，或是請原評分員重新檢視媒介內容，直到評分員之間意見取得最大共識為止。

(一)人工計算

要計算評分員信度係數，可以透過下列簡易的公式來獲得（王石番，1991）。其中，n代表評分員的人數，M代表兩評分員間同意之數目，N1及N2代表第一位評分員與第二位評分員編碼的數目。以檔案**評分員信度1.sav**的資料為例，其中有兩位評分員針對100則新聞報導來進行內容分析，並在80則新聞上有一致的看法（如**表5-9**）。這時n等於2，M等於80，N1及N2各為100。兩評分員間的相互同意度將會是2×（80）÷（100+100）= 0.8。將相互同意度的值代入信度公式後，評分員信度係數將會是2×（0.8）÷[1+（0.8）] = 0.89。

相互同意度 = 2M÷（N1 + N2）
信度 = n×平均相互同意度÷[1+（n−1）×平均相互同意度]

表5-9　兩評分員之編碼結果

		評分員甲	
		客觀	不客觀
評分員乙	客觀	40	10
	不客觀	10	40

(二)Phi & Cramer's V係數

除了人工計算的方式外，研究者也可以透過交叉表下的Phi & Cramer's V係數或Kappa係數來代表評分員信度。有關Phi & Cramer's V係數的取得方式，本章已在複測信度處介紹過，本節不再贅述。評分員信度的資料格式與複測信度相同，都屬於相依或成對樣本的資料結構。再以檔案**評分員信度1.sav**的資料為例，兩評分員間的信度若採Phi & Cramer's V係數來代表，其係數是0.6。這個數值比上述人工計算方式所

得的0.89要保守許多。

(三)Kappa係數

　　再以檔案評分員信度1.sav的資料爲例，要執行Kappa同質性的信度檢定，首先從資料編輯視窗上選擇分析、敘述統計（Descriptive Statistics）及交叉表（Crosstabs）。在交叉表的對話視窗中，將評分員1與評分員2的變項分別選到列（Row）與欄（Column），然後點選統計量（Statistics）。在統計量的對話視窗中，勾選Kappa，再按繼續及確定。Kappa的值會介於0與1之間，越接近1代表同質性越高。分析結果顯示，Kappa係數是0.6，代表兩評分員的同質性只達中等程度。具體操作步驟請參考圖5-6。

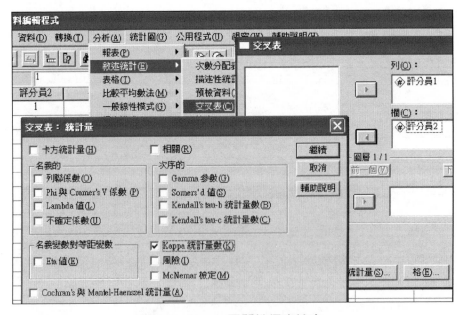

圖5-6　Kappa同質性信度檢定

(四)類目間相關係數

　　如果評分員人數有三個或更多，要檢定評分員之間的同質性，則可透過信度分析中的類目間相關係數（intraclass correlation coefficient）來判斷（見圖5-7）。要取得類目間相關係數，其程序與檢定項目間一致性信度相仿。首先，在資料編輯視窗的**分析**下選擇**尺度**（Scale），再選**信度分析**（Reliability Analysis）。等畫面進入到信度分析的對話視窗後，把想要檢定的評分員名稱（如評分員甲、評分員乙、評分員丙、評分員丁）選入到**項目**（Items）的空格中。接著在**模式**（Model）處選擇**Alpha值**（Alpha），並點選**統計量**（Statistics）。在統計量的對話視窗中，勾選**類目間相關係數**（Intraclass Correlation Coefficient），並在**模式**（Model）空格中選擇**二因子混合**（Two-way mixed），在**變數類型**（Type）空格中選擇**一致性**（Consistency），再按**繼續**與**確定**。

　　採這種方式來取得評分員信度時，SPSS提供了兩種信度係數：(1)單一測量的類目間相關係數（single measure intraclass correlation）；(2)平均測量的類目間相關係數（average measure intraclass correlation）。後者與Alpha信度係數相同，是以評分員之間的平均相關作為計算基準。這裡的相關係數越高，代表評分員之間同質性也越高。當全部評分員的答案都一致時，其類目間相關係數為1。以**評分員信度2.sav**的資料為例，四位評分員之間單一測量的類目間相關係數為0.875，平均測量的類目相關係數為0.966，顯示評分員之間有極高的同質性（見**表5-10**）。

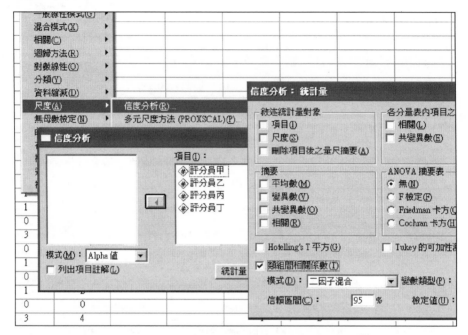

圖5-7　以類目間相關係數檢定評分員信度

表5-10　類目間相關係數之檢定結果

組內相關係數

	組內相關[a]	95%信賴區間		有真實值0			
		下界	上界	數值	df1	df2	Sig
單一測量	.875[b]	.822	.917	29.059	59.0	177	.000
平均測量	.966[c]	.949	.978	29.059	59.0	177	.000

雙因子混合效應模式，模式中人群效應是隨機的，而測量效應是固定的。

a. 將使用測量變異數間一致性定義的型 C 組內相關係數，從分母變異數中排除。

b. 不論是否有交互效應項，估計式都是相同的。

c. 計算此估計值時假設有交互效應項，否則便無法估計。

Chapter

6

描述統計

　　只要確定輸入的資料正確無誤，研究者便可以開始對資料進行初步分析。要進行初步分析，描述統計會是許多人首要的選擇。描述統計雖然屬於比較簡易的統計方法，卻是任何量化研究不可或缺的一環。描述統計最常被用在幾個時機點上：(1)在論文的研究方法章節中，用來描述樣本基本特質與資料概述；(2)在正式分析之前，用來檢查資料結構是否違反某些統計前提；(3)在正式分析中，用來回答特定的研究問題。

　　不管是何種應用時機，描述統計最大功用是針對資料進行摘要式的概述（summarizing data）。亦即，以較精簡的形式來呈現樣本特質的全貌。在描述樣本整體輪廓時，描述統計通常會將重心擺在樣本特質的四個面向上：(1)樣本特質的次數分配；(2)樣本特質的集中態勢（central tendency）；(3)樣本特質的分散態勢（dispersion）；(4)樣本特質的分布形態（the shape of a distribution）。無論從哪一個面向來描述樣本特質，描述統計在呈現結果時通常以兩種形式表達：(1)表格數據（table or chart）；(2)統計圖（figure or graph）。

第一節　表格數據

　　要對一筆數量龐大的資料進行描述，最簡易的方式是採摘要式概述，亦即以單一或數個數據來表達樣本特質。究竟該選擇何種性質的數據來描述樣本輪廓，研究者必須考量變項資料的測量尺度。如果所分析的資料是以類目或順序尺度測量，較適合以次數分配表來描述樣本特質。如果所分析的資料是以等距或比例尺度測量，則適合以集中量數或變異量數來描述樣本。

一、次數分配表

以**次數分配表**（frequency distribution tables）來描述樣本特質，重點在呈現樣本的類別特質，以及每種類別的樣本數量。只要分析結果能將樣本類別及數量清楚列出，讀者就能輕易掌握樣本整體輪廓。究竟在全部樣本當中，包含哪幾種教育程度的人？每種教育程度的人各佔多少？何種教育程度的人佔最多數？樣本的宗教信仰有哪幾類？各佔多少人？何者佔最少數？樣本中男女各佔幾位？何者佔多數？這些疑問都可以在次數分配表的數據中獲得解答。

(一)次數與百分比例

從次數分配表上的數據，讀者可看出每種特質的樣本數量。藉由比較不同特質的樣本數量，讀者還可計算出彼此在人數上的差異。例如，**表6-1**有110位學生，其中50位來自甲班，60位來自乙班；男女生人數分別是45與65。甲班學生當中，男生有20位，女生有30位，後者比前者多出10位。乙班學生當中，男生佔25位，女生佔35位，後者也比前者多出10位。從表面數字的差異來看，兩班的男女人數都相差10位。只是這類數字的差異只在同一樣本群內比較時才具絕對意義。當數字要跨越不同樣本群來進行比較時，這些差異所代表的意義可能不同。例如，兩班女生都比男生多10位，但這個數量差距在兩班所代表的意義未必相同。要讓跨樣本之間的比較更具意義，必須再將發生的次數轉換成百分比例。所謂**百分比例**，指的是每一種特質出現的次數除以總樣本數的比值。透

表6-1　次數分配與百分比例之差別

班級別	性別		男女合計	男女差異
	男生	女生		
甲班	20（40%）	30（60%）	50（100%）	10（20%）
乙班	25（41.67%）	35（58.33%）	60（100%）	10（16.66%）

過百分比例來呈現各種特質的樣本多寡，所用數據是建立在相同基準點之上。例如，乙班女生表面上人數比甲班多（35比30），但是就百分比例而言，乙班女生的比例卻低於甲班（58.33%比60%）。

(二)操作步驟

要使用描述統計的次數分配表來描述各種樣本的次數及百分比例，首先從SPSS資料編輯程式的視窗選擇**分析**、**敘述統計**（Descriptive Statistics）及**次數分配表**（Frequencies）。在次數分配表的對話視窗中，將想要描述的變項選入到右方**變數**（Variables）的空格，然後勾選左下方**顯示次數分配表**（Display Frequency Tables），再按**確定**。有關次數分配表之具體操作步驟，請參考**圖6-1**。想採次數分配表來分析資料，變項宜以類目或順序尺度測量，以免次數分配表中出現的類目數量過多。

(三)百分比與有效百分比

檔案**描述統計.sav**有六個變項資料。其中，性別、居住地區、婚姻狀態、宗教信仰與教育程度屬類目或順序尺度性質，適合以次數分配表來分析。採次數分配表分析的結果顯示，樣本總數有193位，其中108位（56%）是男生、85位（44%）是女生。居住地區在北部的佔79位（40.9%）、中部佔67位（34.7%）、南部佔31位（16.1%）、東部佔16位（8.3%）。假如變項資料中無遺漏值，次數分配表中的百分比會等同有效百分比。但如果有遺漏值，百分比與有效百分比的數字就會不同。有效百分比指的是某群樣本在有效樣本中所佔的比例。以婚姻狀態為例（如**表6-2**），在未排除遺漏值之前（即百分比），未婚的79位佔總人數（193位）的40.9%、已婚的61位佔總人數的31.6%。在排除遺漏值之後（即有效百分比），未婚者佔總數（189位）的41.8%、已婚者佔32.3%。當百分比與有效百分比的數字不一致時，應以有效百分比的數字為準。

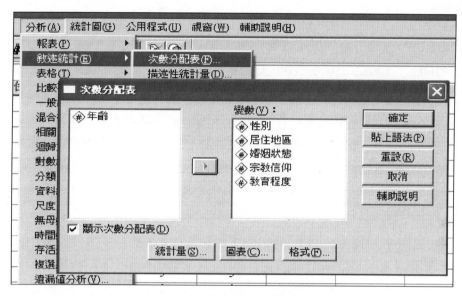

圖6-1　次數分配表之操作方式

表6-2　婚姻狀態之次數分配表

婚姻狀態

		次數	百分比	有效百分比	累積百分比
有效的	未婚	79	40.9	41.8	41.8
	已婚	61	31.6	32.3	74.1
	離婚	31	16.1	16.4	90.5
	喪偶	18	9.3	9.5	100.0
	總和	189	97.9	100.0	
遺漏值	遺漏值	4	2.1		
總和		193	100.0		

二、集中量數

　　集中量數（measures of central tendency）適用於描述樣本特質的集中態勢，適合等距或比例尺度資料之分析。常見的集中量數有平均數

（Mean）、中數（Median）及眾數（Mode）等。其中，平均數是全部樣本特質的總和除以樣本人數而來。例如，有五位學生的零用金分別是100元、100元、50元、80元及90元，則他們零用金的平均為84元（即420/5）。中數則是在全部樣本特質的排序上處在最中間位置的數量，特質比它強或比它弱的樣本數量各佔一半。例如，在上述例子當中90元就是這群樣本的中數。零用金比它高的樣本有兩位，比它低的也有兩位。至於眾數則代表樣本特質中出現最多次數者。例如，上述例子的眾數是100元。

(一)三種數值的意義

雖然這三個數值都可以描述樣本特質的集中情形，但彼此應用的時機仍有不同。例如，平均數只能用在等距或比例尺度的變項，中數能用在順序、等距或比例尺度的變項，而眾數則適用於所有不同的測量尺度。三者之中，以平均數的應用條件最嚴格，但它卻是最常用，也最容易理解的指標。使用平均數來代表樣本的集中情形時，最怕遇到小樣本與極端值。當樣本人數不多，卻出現與其他樣本特質極度懸殊的個體時，這些少數的極端值會嚴重扭曲了平均數的值，使得平均數的代表性大大降低。眾數的應用條件較富彈性，卻較不常用。一方面是因為它只運用樣本的某種特質來代表所有特質，其代表性不高（尤其當樣本特質類別眾多時）。另一方面是當結果出現多個眾數時，資料的解讀容易出現困難。中數的特性剛好介於其他兩者之間，一來它不像平均數那般容易受極端值所影響，二來它比眾數要容易解讀。但是畢竟中數只運用樣本中的一種特質來代表全部，比平均數更容易出現以偏蓋全的情形。

(二)第一種操作方式

要使用描述統計的集中量數來描述樣本特質，可以有兩種操作方式。第一種方式是在SPSS資料編輯程式中選擇分析、敘述統計與次數分配表。在次數分配表的對話視窗中，將要納入分析的變項選到變數的

空格中，再點選**統計量**。等**次數分配表：統計量**的對話視窗出現後，在**集中趨勢**（Central Tendency）的區塊中勾選**平均數**（Mean）、**中位數**（Median）與**眾數**（Mode）的選項，再按**繼續**與**確定**。具體操作步驟請參考圖6-2。使用這種方式可以取得平均數、中位數與眾數等集中量數。

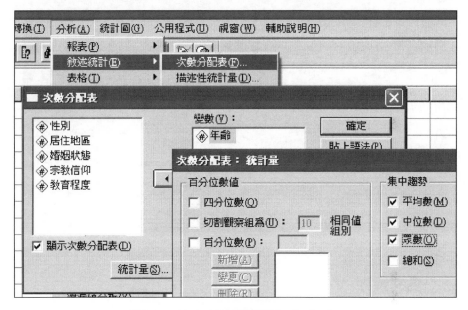

圖6-2　集中量數之操作方式（一）

(三)第二種操作方式

　　第二種操作方式是從SPSS資料編輯程式中選擇**分析**、**敘述統計**與**描述性統計量**（Descriptives）。在**描述性統計量**的對話視窗中，將想要分析的變項選入到右方**變數**的空格中，然後點選下端的**選項**（Options）。在**描述性統計量：選項**的對話視窗中，勾選**平均數**（Mean），再按**繼續**與**確定**。具體的操作步驟請參考圖6-3。採這種方式可以取得平均數來描述樣本特質。

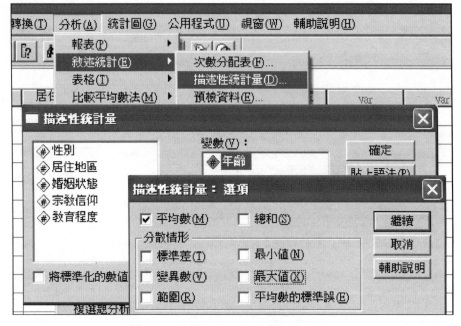

圖6-3　集中量數之操作方式（二）

三、變異量數

(一)全距

變異量數（measures of dispersion）代表樣本資料分散的情形。在描述統計中，常被用來描述樣本分散情形的有全距、標準差與變異數。其中，全距（range）的概念最簡單易懂，它是樣本特質的最大值與最小值之距離。以一個班級學生的月考成績為例，如果最高分者為100，最低分者為40，則該項成績的全距為60。從全距的大小固然可以看出樣本特質分散的情形，但如果樣本中出現少數極端值（極大或極小），這時全距的值就有可能過度高估樣本的分散程度。為了避免結果受少數極端值的影響，有學者建議將樣本中最高分與最低分的10%排除在外，以第10%級

分與第90%級分的樣本數值作爲計算全距的標準。當然這樣的全距必須
犧牲掉兩成的樣本數（Bryman & Cramer, 1997）。

(二)標準差

標準差（standard deviation）代表每位樣本與整體平均數之間的平均
差距。標準差較大，代表每個樣本與平均數之間的距離較遠，因此分散
情形較嚴重；反之則反。以標準差來代表樣本分散的情形通常會比採全
距更具代表性。只要樣本數量夠大，少數的極端值並不會對標準差造成
太大衝擊。在樣本數及測量方式一致的前提下，標準差也可以作爲跨樣
本之間分散情形比較的基準。只是在解讀標準差時，必須搭配平均數才
能精確掌握其意義。

(三)變異數

變異數（variance）是標準差的平方，或是說標準差是將變異數開根
號而得。兩者所代表的意義相同，都反映了每個樣本與整體平均數的平
均差距。只是這兩者用來表達樣本分散程度的單位不同。標準差可以與
平均數相互搭配來了解樣本的分散情形，但變異數卻不行。變異數將每
個樣本與整體平均數的差距予以平方之後，再算出其平均差距，因此樣
本中出現極端值的群體會有較大的變異量，而不具極端值的群體則變異
程度較小；亦即，變異數比標準差更能敏銳反映出資料的變異程度。

(四)第一種操作方式

要使用描述統計的變異量數來描述樣本特質，也有兩種操作方式。
首先，可以從SPSS資料編輯程式上選擇分析、敘述統計與次數分配表。
在次數分配表的對話視窗中，將想要分析的變項選到右方變數的空格
中，再點選下端的統計量。等畫面出現次數分配表：統計量的對話視窗
後，在分散情形（Dispersion）的區塊中勾選標準差（Std. Deviation）、

變異數（Variance）、範圍（Range）、最大值（Maximum）與最小值（Minimum）等項目，再按繼續與確定。具體的操作步驟請參考圖6-4。

(五)第二種操作方式

第二種方式是從SPSS資料編輯程式中選擇分析、敘述統計與描述性統計量。在描述性統計量的對話視窗中，將要分析的變項選入變數空格中，再點選選項（Options）。在描述性統計量：選項的對話視窗中，勾選分散情形（Dispersion）區塊中的標準差（Std. Deviation）、變異數（Variance）、範圍（Range）、最大值（Maximum）與最小值（Minimum）。最後，按繼續與確定。具體操作方式請參考圖6-5。

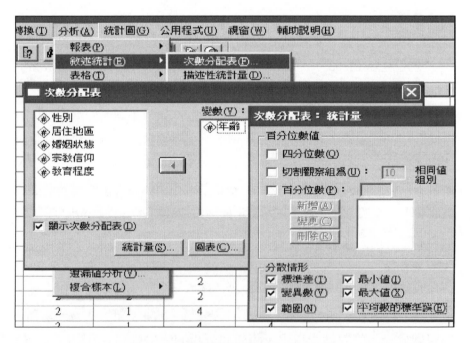

圖6-4　變異量數之操作方式（一）

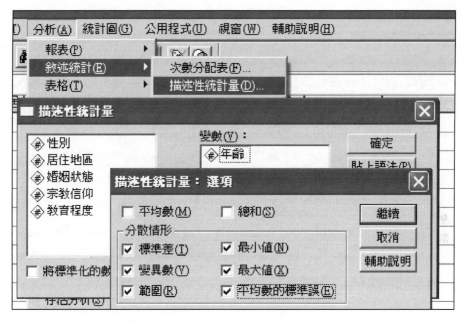

圖6-5　變異量數之操作方式（二）

四、分布型態

　　樣本資料的分布型態（the shape of a distribution）有很多種，其中應用最廣的要屬常態分布。**常態分布**（normal distribution）屬於一種狀似鐘型的曲線。在這類曲線之下，平均數的左右兩側各有半數樣本，其中較多的樣本會圍繞在平均數周圍，距離平均數越遠，樣本數量會越少。以一個標準常態分布為例，有68.26%的樣本會落在距離平均數正負一個標準差的範圍之內，95.44%的樣本會落在兩個標準差的範圍之內，99.7%的樣本會落在三個標準差的範圍之內。當然現實生活中不太容易遇到完全合乎常態分布的例子。為判斷樣本分布的型態是否接近常態分布，可參考資料分布的兩種特質：(1)峰度；(2)偏斜度。

(一)峰度

峰度（kurtosis）代表一群樣本的特質分布圖所呈現出的坡度高低。峰度數值的大小反映樣本在不同特質上相對的集中態勢。如果大部分樣本集中在某些特質上，而其他特質的樣本數量都偏低，則分布圖上會出現一個窄細陡峭的峰頂（如圖6-6）。這種分布屬於窄峰式（leptokurtic）的分布，其峰度值會大於0。峰度值越大，代表樣本集中在某個特質上的趨勢越明顯。如果樣本並未集中在特定的特質，而是平均分布在多種特質上，這時分布圖上便會呈現出一種較平坦緩升的峰面（如圖6-7）。這種分布屬於平峰式（platykurtic）的分布，其峰度值會小於0。峰度值越小，代表樣本平均分散在各種特質的趨勢越明顯。當峰度值為0時，表示該樣本的分布呈現常態分布。

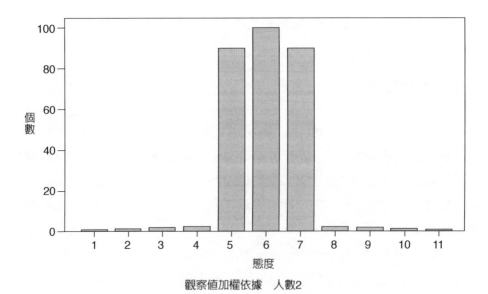

觀察值加權依據　人數2

圖6-6　窄峰式分布圖

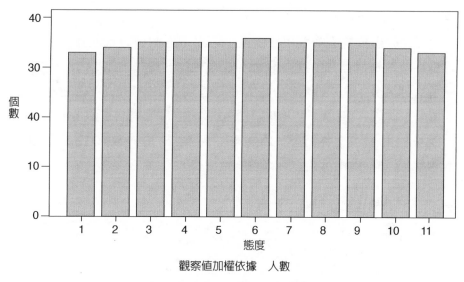

觀察值加權依據　人數

圖6-7　平峰式分布圖

(二)偏斜度

偏斜度（skewness）所反映的是一群樣本的分布圖是否呈現居中對稱性。換言之，圖中在平均數兩端等距離的數值上，樣本的數量是否以相同幅度遞增或遞減。如果平均數兩邊的樣本數量呈現等幅增減，表示樣本分布屬於對稱式分布。當樣本呈對稱式分布時，其偏斜度數值是0。如果平均數兩端的樣本數量增減的幅度並不相等，則這樣的分布並非完全對稱，而是呈現某種程度的偏斜。

依據樣本分布的偏斜方向，可分為正偏斜（positively skewed）與負偏斜（negatively skewed）兩種。在正偏斜的分布中，大多數的樣本數值都低於平均數，當越低分的樣本個數佔越多，其正偏斜的幅度就越嚴重（見圖3-8）。屬於正偏斜的分布，其偏斜度的值會大於0，數值越大，正偏的程度就越嚴重。相反地，在負偏斜的分布中，大多數的樣本數值都高於平均數；當越高分的樣本個數佔越多，其負偏斜的幅度就越嚴重（見圖3-10）。屬於負偏斜的分布，其偏斜度的值會小於0，數值越小，

負偏的程度就越嚴重。

要計算出資料的峰度與偏斜度，可以透過兩種方式。其中，第一種是從資料編輯程式中選擇**分析**、**敘述統計**與**次數分配表**。在**次數分配表**的對話視窗中，將想要分析的變項選到**變數**的空格中，點選**統計量**（Statistics）。等畫面出現**次數分配表：統計量**的對話視窗後，在分配（Distribution）處勾選**峰度**（Kurtosis）與**偏態**（Skewness），再按**繼續**與**確定**。具體的操作步驟請參考**表6-3**。

表6-3 峰度與偏斜度之操作步驟

步驟一：在SPSS資料編輯程式中開啟資料檔案。
步驟二：點選**分析**→**敘述統計**→**次數分配表**。
步驟三：在次數分配表對話視窗中，將要分析的變項選入**變數**空格，點選**統計量**。
步驟四：在**次數分配表：統計量**對話視窗中，勾選**峰度**與**偏態**，再按**繼續**→**確定**。

第二種方式是從資料編輯程式中選擇**分析**、**敘述統計**與**描述性統計量**。在**描述性統計量**的對話視窗中，將想要分析的變項選入**變數**的空格中，再點選**選項**。等畫面出現**描述性統計量：選項**的對話視窗後，在分配（Distribution）處勾選**峰度**（Kurtosis）與**偏態**（Skewness），再按**繼續**與**確定**。具體的操作步驟請參考**圖6-8**。

第二節　統計圖形式

除了以表格數據來描述樣本特質外，另一種常用方式是以統計圖來描述樣本概況。**統計圖**（graph）採視覺化圖形來呈現數據內涵，讓樣本特質一目了然。典型的統計圖都具備一個共同特徵：每個圖形在呈現分析結果時，會加入橫軸（abscissa）與縱軸（ordinate）座標作為背景。在這個圖上，屬於正向或較大的數值會顯示在橫軸（俗稱X軸）右端與縱軸

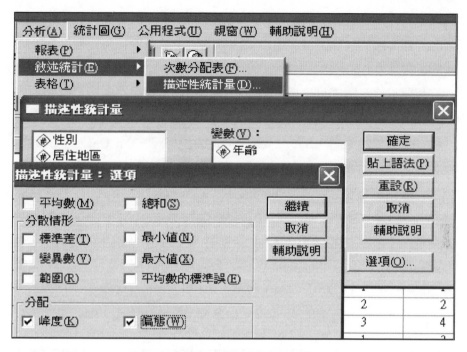

圖6-8　峰度與偏斜度之操作方式

（俗稱Y軸）上端；屬於負向或較小的數值則會顯示在橫軸左端與縱軸下端。根據圖形呈現型態與應用時機不同，常見的統計圖包含幾種：條形圖、線形圖、區域圖、圓餅圖、散佈圖、盒形圖與直方圖。

一、條形圖

條形圖（bar charts）適用於描述一個或多個變項特質的分布情形。當變項屬類目尺度性質，條形圖可用來描述樣本出現頻次或比例；當變項屬等距或比例尺度性質，它可以用來描述樣本特質的平均數。條形圖與直方圖長相極類似。兩者都用長條形區塊來表現樣本的特質分布。圖中較長的區塊，代表樣本出現頻次或程度較高，反之則反。兩者不同之

處在，條形圖的長條區塊是彼此分開的，而直方圖的長條區塊是相互緊鄰的。條形圖的長條區塊之所以彼此分開，主要是因為每一個區塊所代表的特質是分立的（discrete），而非連續的。

想要以條形圖來呈現單一變項資料（特別是類目或順序尺度變項）的分布情形，其操作方式如圖6-9。首先，在資料編輯程式中選擇**統計圖**（Graphs）與**條形圖**（Bar）。等畫面進入**長條圖**（Bar Charts）的對話視窗後，選擇**簡單**（Simple），並在**圖表中資料為**（Data in Chart Are）處選擇**觀察值組別之摘要**（Summaries for Groups of Cases），再按**定義**（Define）鍵。當畫面進入**定義簡單條形圖**（Define Simple Bar）的對話視窗後，將所要描述的變項選入到**類別軸**（Category Axis）的空格內，並在**條形圖表示**（Bars Represent）下方選擇**觀察值個數**（N of Cases）或**觀察值的%**（% of Cases），最後按**確定**。如果選擇**觀察值個數**，則條形圖的高低代表的是樣本個數的多少。如果選擇**觀察值的%**，則條形圖所反

圖6-9　簡單條形圖之操作方式

映的就是樣本個數所佔的百分比例。

　　如果要同時處理兩個類目尺度的變項，可以選擇使用 **集群化**（Clustered）或 **堆疊**（Stacked）形式的條形圖。在操作程序上，這兩種方式與 **簡單** 條形圖的執行步驟大致相同。首先，在資料編輯程式中選擇 **統計圖** 與 **條形圖**。等畫面進入 **長條圖** 的對話視窗後，選擇 **集群化**（Clustered）或 **堆疊**（Stacked），並在 **圖表中資料為** 的地方選擇 **觀察值組別之摘要**（Summaries for Groups of Cases），再按 **定義** 鍵。在 **定義** 的階段中，集群化或堆疊條形圖必須將所要分析的兩個類目變項分別選入到 **類別軸** 與 **定義集群依據**（Define Stacks by）的空格內，並在 **條形圖表示** 的地方選擇 **觀察值個數** 或 **觀察值的%**，最後按 **確定**。結果呈現時，被選入 **類別軸** 的變項會出現在條形圖上的X軸，成為樣本分組的主要依據。不同類別的樣本，會被歸為不同的條形集群。在每個集群底下，又會依 **定義集群依據** 中的變項細分出次類別。具體的操作方式請參考 **圖6-10**。

圖6-10　集群化條形圖之操作方式

　　如果想從兩個類目尺度變項來看另一個等距變項的分布，則除了仿照前面集群化條形圖的操作步驟外，還需要在 條形圖表示 的地方改選擇 其他摘要函數 （Other Summary Function），並在 變數 （Variable）下方的空格選入所要分析的等距變項。具體操作步驟請參考 表6-4。

　　如果想某個類目變項來看多個等距變項的分布情形，則執行的步驟與先前的範例有些不同。具體操作步驟請參考 表6-5。首先，從資料編輯程式選擇 統計圖 與 條形圖。在 長條圖 的對話視窗中，選擇 集群化，並在 圖表中資料為 下方選擇 各個變數之摘要 （Summaries of Separate Variables），再按 定義。等畫面進入 定義集群長條圖：採各個變數之摘要 （Define Clustered Bar）的對話視窗後，將所要描述的等距變項選入 條形圖表示 下方的空格，並將類目變項選入 類別軸 空格，最後按 確定。

表6-4　集群化條形圖之操作步驟

步驟一：在SPSS資料編輯程式中開啟資料檔案。
步驟二：點選 統計圖 → 條形圖。
步驟三：在 長條圖 對話視窗中，選擇 集群化，並在 圖表中資料為 處選擇 觀察值組別之摘要，並按 定義。
步驟四：在 定義集群長條圖：採觀察值組別之摘要 對話視窗中，將第一個類目變項選入 類別軸，第二個類目變項選入 定義集群依據。
步驟五：在 條形圖表示 處選擇 其他摘要函數，並將等距尺度變項選入 變數 空格，再按 確定。

表6-5　採各變數摘要之集群化條形圖操作步驟

步驟一：在SPSS資料編輯程式中開啟資料檔案。
步驟二：點選 統計圖 → 條形圖。
步驟三：在 長條圖 對話視窗中，選擇 集群化，並在 圖表中資料為 處選擇 各個變數之摘要，並按 定義。
步驟四：在 定義集群長條圖：採各個變數之摘要 對話視窗中，將所要描述的等距變項選入 條形圖表示 下方之空格，並將類目尺度變項選入 類別軸 空格，再按 確定。

二、線形圖

　　線形圖（line charts）與條形圖相同，適用於一個或多個變項特質的描述。簡單線形圖適用於描述單一變項的特質，而複線圖則適用於描述兩個或更多變項的特質。依據變項測量方式的不同，線形圖可以用來呈現樣本的頻次或比例，也可以呈現變項特質的平均數。線形圖是用少數具有代表性的點來表現樣本特質。當這些點被連結成線之後，從線形的高低起伏，就可以看出樣本特質的分布。

　　想用簡單線形圖來描述某個類目變項的分布情形，可從資料編輯程式選擇統計圖與線形圖（Line）。在線形圖（Line Charts）的對話視窗中，選擇簡單（Simple），並在圖表中資料為的地方選擇觀察值組別之摘要（Summaries for Groups of Cases），再按定義。當畫面進入定義簡單線形圖（Define Simple Line）的對話視窗後，將所要描述的變項選入到類別軸的空格內，並在線形圖表示（Line Represent）的地方選擇觀察值個數或觀察值的%，最後按確定。

　　如果所要處理的是兩個類目變項，則必須採用複線圖的方式來描述。有關複線圖的執行，可參考圖6-11。首先，在資料編輯程式中選擇統計圖與線形圖。在線形圖的對話視窗中，選擇複線圖（Multiple），並在圖表中資料為的地方選擇觀察值組別之摘要，然後按定義。在定義複線圖：採觀察值組別之摘要的對話視窗中，將所要分析的兩個類目變項分別選入到類別軸與定義線形依據（Define Lines by）的空格內。最後，在線形圖表示的地方選擇觀察值個數或觀察值的%，再按確定。如果想要從這兩個類目尺度變項來看另一個等距變項的分布情形，則除了執行剛才的步驟外，只要在線形圖表示的地方改選其他摘要函數（Other Summary Function），並在變數下方空格選入所要分析的等距變項，然後按確定。

圖6-11　複線圖之操作方式

　　如果想從某個類目變項來看多個等距變項的分布，其執行方式與條形圖相似（見**表6-6**）。首先，從資料編輯程式上端選擇**統計圖**與**線形圖**。在**線形圖**的對話視窗中，選擇**複線圖**，並將圖表中資料設定為**各個變數之摘要**（Summaries of Separate Variables），然後按**定義**鍵。等畫面進入到**定義複線圖**（Define Multiple Line）的對話視窗後，將所要描述的等距變項選入到**線形圖表示**的空格，並將類目變項選入**類別軸**的空格，然後按**確定**。

表6-6　採各變數摘要之複線圖操作步驟

步驟一：在SPSS資料編輯程式中開啓資料檔案。
步驟二：點選**統計圖**→**線形圖**。
步驟三：在**線形圖**對話視窗中，選擇**複線圖**，並在**圖表中資料為**的地方選擇**各個變數之摘要**，並按**定義**。
步驟四：在**定義複線圖：採各個變數之摘要**對話視窗中，將所要描述的等距變項選入**線形圖表示**下方之空格，並將類目尺度變項選入**類別軸**空格，再按**確定**。

三、區域圖

相對於線形圖是以線條來表現樣本的特質分布，**區域圖**（area charts）則是以線條下方的區域作爲描述樣本特質分布的依據。區域圖有兩大類：(1)簡單區域圖；(2)堆疊區域圖。簡單區域圖用在單一變項的描述，堆疊區域圖則用在兩個或多個變項的描述。在簡單或堆疊區域圖當中，用來表示區域圖的單位可以是觀察值個數、觀察值百分比、累積次數或累積百分比，也可以是其他函數（如平均數）。

如果想用簡單區域圖來描述一個類目變項的特質分布，具體操作方式如**表6-7**。首先，在資料編輯程式上選擇**統計圖**與**區域圖**（Area）。在**區域圖**（Area Charts）的對話視窗中，選擇**簡單**（Simple），並在**圖表中資料為**（Data in Chart Are）的地方選擇**觀察值組別之摘要**（Summaries for Groups of Cases），並按**定義**鍵。當畫面進入到**定義簡單區域圖**（Define Simple Area）的對話視窗後，將所要描述的類目變項選入到**類別軸**的空格內，並在**區域圖表示**（Area Represents）的地方選擇**觀察值個數**或**觀察值的%**，然後按**確定**。

如果想從某個類目變項來看多個等距變項的分布情形，可以採堆疊區域圖（見**圖6-12**）。首先，從資料編輯視窗上端選擇**統計圖**與**區域圖**。在**區域圖**的對話視窗中，選擇**堆疊**（Stacked），並將圖表中資料設定爲**各個變數之摘要**（Summaries of Separate Variables），然後按**定義**鍵。當畫面進入**定義堆疊區域圖**（Define Stacked Area）的對話視窗後，

表6-7　簡單區域圖之操作步驟

步驟一：在SPSS資料編輯程式中開啓資料檔案。
步驟二：點選**統計圖** → **區域圖**。
步驟三：在**區域圖**對話視窗中，選擇**簡單**，並在**圖表中資料為**的地方選擇**觀察值組別之摘要**，並按**定義**。
步驟四：在**定義簡單區域圖：採觀察值組別之摘要**對話視窗中，將所要描述的類目變項選入**類別軸**，並在**區域圖表示**處選擇**觀察值個數**或**觀察值的%**，最後按**確定**。

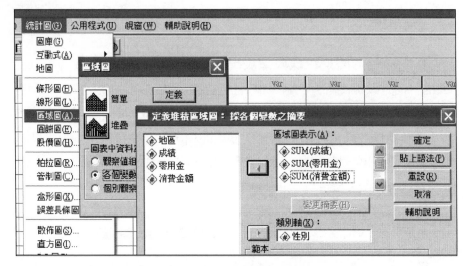

圖6-12　堆疊區域圖之操作方式

將要描述的多個等距變項選入 區域圖表示 的空格，並將類目變項選入 類別軸 的空格，然後按 確定 。

四、圓餅圖

　　在各種統計圖形當中，**圓餅圖**（pie charts）可說是最常見且最簡單易懂的。它就像是切蛋糕或披薩一樣，把一整塊圓餅切成多個區塊來代表不同類型的特質。如果說完整的圓餅代表全部的樣本，那麼其中較大的區塊，就代表某種特質樣本在整體所佔比重較高；而較小的區塊，代表樣本所佔比重較低。從不同類型的樣本所佔區塊大小，可反映出各類樣本相對的數量多寡。

　　如果想用圓餅圖來描述一個類目變項的特質分布，可以參考**表6-8**的操作程序。首先，在資料編輯程式視窗選擇 統計圖 與 圓餅圖 （Pie）。等畫面出現 圓餅圖 （Pie Charts）的對話視窗，在 圖表中資料為 的地方選擇 觀察值組別之摘要 ，並按 定義 鍵。當畫面進入到 定義圓餅圖：採觀察

值組別之摘要（Define Pie）的對話視窗後，將所要描述的類目變項選入到定義圖塊依據（Define Slices by）的空格內，並在圖塊表示（Slices Represent）的地方選擇觀察值個數或觀察值的%，然後按確定。

　　如果未經特別設定，SPSS所提供的原始圓餅圖只會呈現各區塊的面積大小，並不會顯示各區塊的名稱及所佔個數或比例。為了讓圖上顯示出各區塊的名稱及數量或比例，必須在SPSS圖表編輯器中來進行設定（如圖6-13）。先透過表6-8的步驟得出圓餅圖後，利用滑鼠在圓餅圖上點兩下，圖表編輯器的視窗就會出現。點一下圓餅圖後，在這個編輯視窗上端點選圖表（Chart）及顯示資料標籤（Label Displayed Data）。在內容（Content）的視窗中，選擇資料值標籤，並將變項名稱及百分比或個數選入到內容的空格內，然後按套用（Apply）與關閉（Close）。

　　如果想描述的是多個等距尺度變項，則可以在資料編輯程式上端選擇統計圖與圓餅圖。等畫面出現圓餅圖的對話視窗後，在圖表中資料為處選擇各個變數之摘要（Summaries of Separate Variables），並按定義

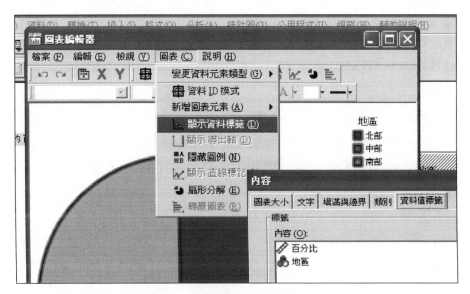

圖6-13　圓餅圖之圖表編輯器設定

表6-8 圓餅圖之操作步驟

步驟一：在SPSS資料編輯程式中開啟資料檔案。
步驟二：點選統計圖→圓餅圖。
步驟三：進入圓餅圖的對話視窗後，在圖表中資料為的地方選擇觀察值組別之摘要，並按定義。
步驟四：在定義簡單區域圖：採觀察值組別之摘要對話視窗中，將所要描述的類目變項選入定義圖塊依據，並在圖塊表示處選擇觀察值個數或觀察值的%，最後按確定。

鍵。在定義圓餅圖：採各個變數之摘要（Define Pie）的對話視窗後，將所要描述的等距變項全部選入到圖塊表示（Slices Represent）的空格內，然後按確定。

五、散佈圖

散佈圖（scatterplot）適合描述兩個等距或比例尺度變項的相關情形。想了解變項間的相關情形，除透過相關係數之外，散佈圖也是極佳的方式。就忠實反映相關程度的能力而言，散佈圖甚至更優於相關係數。如果只看變項間的相關係數，很容易受表面數字誤導。相關係數很低（例如接近於0），並不表示兩變項間完全無關。相關係數相同，也不代表變項間的關係與分布輪廓一模一樣。尤其當樣本中出現某些極端值時，相關係數有可能會受極端值影響而出現偏高或偏低的現象。因此，唯有參考散佈圖上樣本的分布輪廓，才能理解相關係數的真正含義。

每個散佈圖都是由許許多多的點所構成，其中每一個點都代表一位樣本在兩個變項上的特質。從這些點的分布圖所呈現的輪廓，可以反映出相關的向度與強度。如果分布圖上看不出明顯的線性趨勢，相關係數會接近於0；如果散佈圖上的點顯示出左下右上的直線或橢圓形趨勢，相關係數會接近於1；如果散佈圖顯示出左上右下的直線或橢圓形趨勢，相關係數會接近於負1。

　　想用散佈圖來描述兩個等距變項間的相關情形，操作方式可參考圖
6-14。首先，在資料編輯視窗上端選擇統計圖與散佈圖（Scatter）。等畫
面出現散佈圖（Scatterplot）的對話視窗後，選擇簡單（Simple），然後
按定義。當進入簡單散佈圖（Simple Scatterplot）的對話視窗後，將要描
述的兩個變項分別選入Y軸（Y Axis）及X軸（X Axis）的空格內，並按
確定。如果想從另一個類目變項來看兩等距變項的相關情形，則除了將
這兩個等距變項選入X軸及Y軸外，還需要將類目變項選入設定標記依據
（Set Markers by）的空格。經過設定之後，散佈圖上就會以不同顏色的
點來代表不同樣本群。

　　散佈圖也可以一次處理多對變項的關係（如表6-9）。首先，在
資料編輯視窗上選擇統計圖與散佈圖。在散佈圖的對話視窗中，選
擇重疊（Overlay），然後按定義。當畫面進入重疊散佈圖（Overlay
Scatterplot）的對話視窗後，將所要描述的各個變項配對逐一選入到Y-X
配對組（Y-X Pairs）的空格內，並按確定。如果想從另一個類目變項來
看各對等距變項的相關情形，則除了將各對等距變項選入Y-X配對組的空
格，還需要將類目變項選入設定標記依據（Set Markers by）的空格。

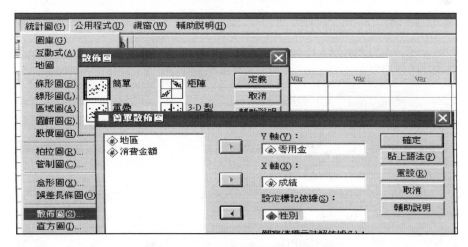

圖6-14　簡單散佈圖之操作方式

表6-9　重疊散佈圖之操作步驟

步驟一：在SPSS資料編輯程式中開啓資料檔案。
步驟二：點選統計圖→散佈圖。
步驟三：進入散佈圖的對話視窗後，選擇重疊，並按定義。
步驟四：在重疊散佈圖對話視窗中，將所有要配對的等距變項選入Y-X配對組的空格，最後按確定。

六、盒形圖

　　盒形圖（boxplot）可以用來比較兩個群體或兩個變項間的資料分布情形。盒形圖是由一個長方形的盒子與上下兩條虛線所構成。在上下虛線的盡頭是樣本在排除掉極端值後的極大值與極小值。盒子的上緣線所代表的是樣本中第三個四分位的數值（即75%），而下緣線代表第一個四分位的數值（即25%）。換言之，在盒子中的樣本數佔樣本總數的一半。盒子中間的線代表樣本中數的位置。至於極端值則會被標示在上下虛線以外的位置。通常在SPSS中樣本數值只要超出盒子上下緣各1.5個盒身的距離就會被標示成極端值。

　　想從一個類目變項來看樣本在某個等距變項的分布情形，可以使用簡單盒形圖。簡單盒形圖的操作方式如圖6-15。首先，選擇資料編輯視窗的統計圖與盒形圖（Boxplot）。等畫面進入盒形圖（Boxplot）對話視窗後，選擇簡單（Simple），並將圖表中資料為（Data in Chart Are）設定在觀察值組別之摘要（Summaries for Groups of Cases），再按定義。當畫面進入定義簡單盒形圖（Define Simple Boxplot）的對話視窗後，將要描述的等距變項選入變數空格，並將用來區分樣本群的類目變項選入類別軸的空格，最後按確定。

　　如果想知道全體樣本在多個等距變項上的分布情形，同樣可以使用簡單盒形圖，但操作方式有些不同。首先，從資料編輯視窗上端選擇統計圖與盒形圖。在盒形圖的對話視窗中，選擇簡單，但必須將圖表中資

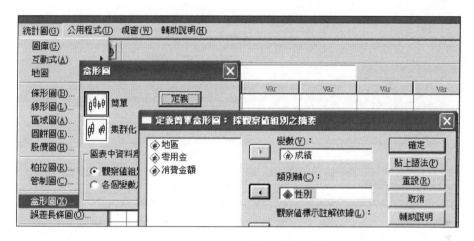

圖6-15　簡單盒形圖之操作方式

料為設定在 **各個變數之摘要** ，再按 **定義** 鍵。進入 **定義簡單盒形圖** （Define Simple Boxplot）的對話視窗後，將所要描述的多個等距變項選入 **盒形圖表示** （Boxes Represent）的空格，最後按 **確定** 。

　　如果想從兩個類目變項來看樣本在某個等距變項的分布情形，則必須使用集群化盒形圖（如 **圖6-16** ）。要取得集群化盒形圖，首先在資料編輯程式中選擇 **統計圖** 與 **盒形圖** 。在 **盒形圖** 的對話視窗中，選擇 **集群化** ，並在 **圖表中資料為** 選擇 **觀察值組別之摘要** ，再按 **定義** 。等進入 **定義集群盒形圖** 的對話視窗中，將等距變項選入 **變數** 空格，而另外兩個類目變項分別選入 **類別軸** 與 **定義集群依據** （Define Clusters by）的空格，最後按 **確定** 。

七、直方圖

　　直方圖（histogram）適用於單一等距或比例尺度變項的描述。它以多條併排的長條方塊來描述不同特質樣本的人數多寡。從直方圖上，除了可以得知多數樣本集中在哪些特質外，還能看出整體分布的輪廓。

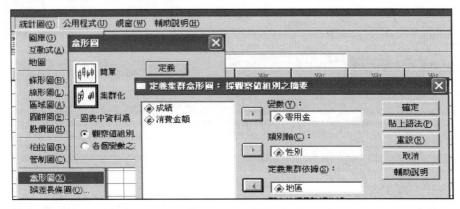

圖6-16　集群化盒形圖之操作方式

從直方圖的形狀，可以粗略判斷樣本特質是否呈常態分布。有關直方圖的執行，步驟較為簡單（如**表6-10**）。首先，在資料編輯視窗選擇**統計圖**與**直方圖**（Histogram）。在**直方圖**的對話視窗中，將所要分析的等距變項選入**變數**空格，並勾選下端的**顯示常態曲線**（Display Normal Curve），再按**確定**。

　　如果未經設定，SPSS所提供的原始直方圖只呈現了各長條區塊的形狀，並未顯示各區塊所佔的個數。如果想在直方圖上顯示各區塊的數量，必須在SPSS圖表編輯器中進行設定（如**圖6-17**）。先透過**表6-10**的步驟得出直方圖後，利用滑鼠在直方圖上點兩下，**圖表編輯器**的視窗就會出現。點一下直方圖後，在這個編輯視窗上端點選**圖表**（Chart）及**顯示資料標籤**（Label Displayed Data）。在**內容**（Content）的視窗中，選

表6-10　直方圖之操作步驟

步驟一：在SPSS資料編輯程式中開啟資料檔案。
步驟二：點選**統計圖**→**直方圖**。
步驟三：在**直方圖**的對話視窗中，將所要分析的等距變項選入**變數**空格內，勾選**顯示常態曲線**，再按**確定**。

擇**資料值標籤**，並將個數選入到**內容**的空格內，然後按**套用**（Apply）與
關閉（Close）。

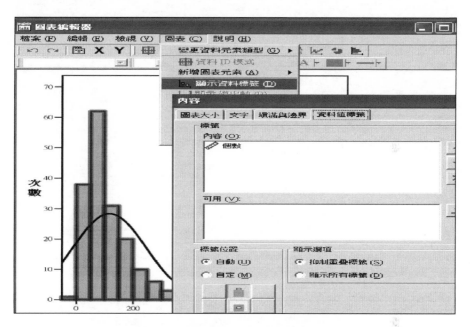

圖6-17　直方圖之圖表編輯器設定

Chapter

7

卡方檢定

卡方檢定適用於處理一個或兩個類目尺度的變項資料。依據應用時機的不同，卡方檢定可分為三大類：(1)契合度檢定（Test of Goodness of Fit）；(2)同質性檢定（Test of Homogeneity）；(3)獨立性檢定（Test of Independence）。**契合度檢定**屬於單變量的統計方法，通常用來檢定某個類目變項實際觀察個數（observed frequencies）與期望個數（expected frequencies）的吻合程度。**同質性檢定**屬於雙變量的方法，適用於從某個類目變項來檢視另一個類目變項的次數分配是否一致。**獨立性檢定**也屬於雙變量的方法，適合用來檢定兩個類目變項是否有顯著關聯。

雖然適用時機不同，但這三種卡方檢定在分析時都以次數為計算單位（frequency count）。要以次數為計算單位，分析的資料必須採類目尺度測量，亦即樣本特質只有類別差異。在計算次數的過程中，不管樣本的政治立場是藍或綠、居住地區在台北或高雄、性別是男或女、已婚或未婚，每位樣本在同一變項中只能被歸在某一個類別內，不可重複計算。樣本人數有多少，分析結果所呈現的次數總和就有多少。在總樣本次數不變的情況下，卡方檢定就是根據不同樣本群的次數分配情形來判斷樣本群之間有無異同，以及變項間有無關聯。

第一節　卡方契合度檢定

一、統計原理

卡方契合度檢定適用於檢定一個類目變項的觀察個數與期望個數是否吻合。所謂**觀察個數**，指的是實際蒐集到的樣本次數分配，而期望個數則是理論上應該出現的樣本次數分配。在執行檢定之前，研究者通常會針對研究問題提出虛無假設，亦即：假設樣本實際觀察個數與期望個數的分配比例相同。要判斷兩者的次數分配是否明顯不同，卡方檢定會

參考卡方值χ^2的大小，而卡方值是由下列公式計算而來。其中，χ^2（唸成Chi-Square）是樣本觀察個數減去期望個數後之平方，除以期望個數之數的總和。從這個公式的內涵研判，當觀察個數與期望個數完全一樣時，卡方值會等於0。如果觀察個數與期望個數越接近，所得的卡方值會越小；反之則反。當卡方值大過統計設定的某個臨界值時，就可以據此推翻虛無假設，承認觀察個數與期望個數的分配比例有明顯差異。假如卡方值並未超過這個臨界值，研究者就必須接受虛無假設，承認兩者無異。

$$\chi^2 = \sum \frac{(f_o - f_e)^2}{f_e} \text{（卡方值的計算公式）}$$

其中，χ^2代表卡方值，f_o代表觀察個數，f_e代表期望個數

要計算卡方值，必須先取得兩部分的變項資料：(1)樣本實際觀察個數；(2)理論上的期望個數。觀察個數的資料通常來自對受訪者的實地觀察或問卷調查結果。假如有問卷調查發現，在500位男學生當中，有350位曾經翹過課（佔男生70%）；在500位女學生當中，有300位曾經翹過課（佔女生60%）。這些資料是從受訪者實地取得，因此屬於觀察個數。至於期望個數的資料，通常來自過去官方檔案、歷史紀錄或學術研究結果，包括學校歷年新生報到率、各系人數比例、警政署的刑案統計資料、歷年國人平均所得、國人生活型態與媒體使用行為調查等。如果某些期望個數缺乏現成資料參考，也可依邏輯推理的方式取得。例如，當市場上只有兩種品牌在競爭，理論上每種品牌市場佔有率應為50%。一旦取得這兩部分的數據，便可以代入上述的公式計算出卡方值。

二、範例應用

(一)檢定樣本結構

　　卡方契合度檢定經常用來檢定樣本結構的代表性。當研究樣本是透過隨機抽樣方式取得，為確保樣本具足夠的推論能力，研究者必須先確定樣本結構與母群相吻合。但要如何得知樣本結構與母群契合呢？以一個具體的例子來說，假設研究者從傳播學院隨機抽取243位學生，這些學生在各科系的人數分布如**表7-1**的樣本人數所示。其中，廣電系學生有60位、新聞系有43位、公廣系有40位。為得知母群結構，研究者也從傳播學院取得各科系人口比例的資料。根據這樣的資料，研究者能不能宣稱此次抽樣的結構足以代表整個傳播學院的學生？要回答這個問題，研究者可透過卡方契合度檢定來比較各科系的抽樣人數（即觀察個數）與各系佔全院人口比例（即期望個數）是否吻合。

　　要分析**表7-1**的資料，可開啟 **卡方契合度檢定1.sav** 的檔案，或自行輸入資料。輸入時，必須採集體資料格式輸入。其正確的資料格式如**圖7-1**所示。在這個檔案的資料編輯視窗上可以看到兩個變項，一個是科系，另一個是樣本人數。為了讓科系具備樣本人數欄位所輸入的數量，

表7-1　傳播學院各科系之抽樣人數分布

科系	樣本人數（N）	科系佔全院人口比例（%）
1.廣電系	60	20.3
2.新聞系	43	16.2
3.公廣系	40	14.9
4.傳管系	32	14.8
5.數媒系	10	5.9
6.資傳系	23	11.1
7.口傳系	8	5.6
8.平傳系	27	11.2
合計	243	100

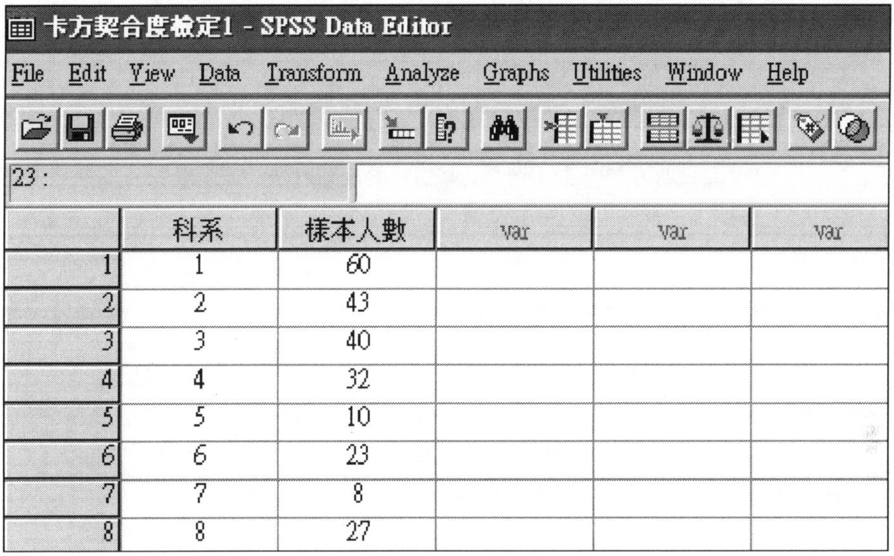

	科系	樣本人數	var	var	var
1	1	60			
2	2	43			
3	3	40			
4	4	32			
5	5	10			
6	6	23			
7	7	8			
8	8	27			

圖7-1　傳播學院各科系抽樣人數分布

在正式分析之前，還須對科系進行樣本人數的加權。有關觀察值加權的操作步驟，本書已在第二章專文介紹，讀者可參考**表2-4**的操作步驟。

完成觀察值加權之後，在資料編輯視窗中選擇**分析**、**無母數檢定**（Nonparametric Tests）與**卡方分配**（Chi-Square）。在**卡方檢定**的對話視窗中，將科系選入**檢定變數清單**（Test Variable List）的空格，並在**期望值**（Expected Values）處選擇**數值**（Values），然後在空格中逐一輸入各科系的期望個數（即各系佔全院的人口比例）。例如，輸入廣電系的比例20.3，按**新增**（Add），再輸入新聞系的比例 16.2，按**新增**，以此類推，直到全部科系的期望個數輸入完畢。最後按**確定**。有關卡方契合度檢定的操作步驟，可參考**表7-2**。

分析的結果陳列於**表7-3**。根據結果顯示，廣電系的觀察個數是60，比期望個數49.3（即243位樣本的20.3%）多出10.7。新聞系的觀察個數是43，比期望個數39.4（即243位樣本的16.2%）多出3.6；相反地，口傳系

表7-2　卡方契合度檢定之操作步驟

步驟一：在SPSS資料編輯程式中開啟資料檔案。
步驟二：點選分析→無母數檢定→卡方分配。
步驟三：在卡方檢定對話視窗中，將欲檢定的變項（如科系）選入檢定變數清單，並在下方期望值處選擇數值，逐一輸入檢定變項的期望個數，再按新增。
步驟四：按確定。

表7-3　樣本結構之卡方契合度檢定結果

科系

	觀察個數	期望個數	殘差
廣電	60	49.3	10.7
新聞	43	39.4	3.6
公廣	40	36.2	3.8
傳管	32	36.0	-4.0
數媒	10	14.3	-4.3
資傳	23	27.0	-4.0
口傳	8	13.6	-5.6
平傳	27	27.2	-.2
總和	243		

檢定統計量

	科系
卡方[a]	7.688
自由度	7
漸近顯著性	.361

a.0 個格（.0%）的期望次數少於5。最小的期望格次數為 13.6。

的觀察個數是8，比期望個數13.6（即243位樣本的5.6%）少5.6；數媒系的觀察個數是10，比期望個數14.3少4.3。比較這八個科系的實際觀察個數與期望個數後發現，部分科系的抽樣數量超出預期，而部分科系則低於預期。兩者的殘差介於10.7至-5.6之間。殘差值大於0代表觀察個數高於期望個數，而殘差值小於0代表觀察個數低於期望個數。

　　究竟這樣的殘差值分布代表觀察與期望個數的結構是一致，還是不一致呢？根據卡方檢定結果顯示，卡方值為7.688，自由度為7，顯著水準為0.361。由於顯著水準未能低於0.05的水準，顯示卡方值7.688未超過推翻虛無假設所需的臨界值。因此，研究者必須接受虛無假設，承認觀察個數與期望個數之間並無明顯差異。各科系所抽樣的人數與傳播學院的

人口結構是吻合的。換言之，此次樣本的人口結構具有代表性。

(二)檢定員工比例

再以另一個案例來示範卡方契合度的應用。假如某民間企業聘僱 2,428位員工，其中1,285位是男性、1,143位是女性。試問，這樣的員工比例是否合乎兩性平權所要求的目標（即男女員工人數相等）？要回答這個問題，必須檢視公司實際聘僱的男女員工人數（即實際觀察個數）是否各自等於50%的比例（即期望個數）。

要分析這筆資料，讀者可開啟卡方契合度檢定2.sav檔案，或自行輸入資料。正確的資料格式如圖7-2所示。開啟資料後，先透過觀察值加權的功能來將性別依員工人數加權。其次，在資料編輯視窗上選擇分析、無母數檢定與卡方分配。在卡方檢定的對話視窗中，將性別變項選入檢定變數清單，並在期望值處選擇數值，然後依序輸入兩次0.5，再按確定。因為在這個範例中，男女的期望個數相等，讀者在期望值的地方也可選擇所有類別相等（All Categories Equal），然後按確定。兩種操作方式的結果會相同。

	性別	員工人數	var	var
1	1	1285		
2	2	1143		
3				

圖7-2　企業員工男女比例

分析結果陳列於**表7-4**。如表所示，男性員工的觀察個數是1,285，比期望個數1,214（即員工總數2,428的50%）多出71位。女性員工的觀察個數是1,143，比期望個數1,214短少71位。兩性員工在觀察與期望個數的殘差數值，經卡方檢定結果發現，卡方值為8.305，自由度為1，顯著水準為0.004。由於顯著性已低於0.05的水準，代表卡方值已超過推翻虛無假設所需的臨界值，因此可推翻虛無假設，承認男女員工的觀察個數與期望個數並不吻合。換言之，該公司所聘用的男女比例尚未達男女平等的比例。

這裡的卡方值8.305是根據下列公式計算而來。計算時，先算出男性員工觀察個數（f_o）與期望個數（f_e）的殘差（即1,285－1,214＝71），再將殘差數的平方（即71×71＝5,041）除以期望個數f_e，便得4.1524。其次，計算女性員工觀察個數（f_o）與期望個數（f_e）的殘差（即1,143－1,214＝-71），再將殘差數的平方（即-71×-71＝5,041）除以期望個數f_e，亦得4.1524。最後，將男性與女性員工計算所得的數值加總，得出卡方值8.305。在計算卡方值的公式中，卡方值大小取決於觀察個數與期望個數的殘差值。如果兩者差距較大，卡方值（Chi-Square）就會較大，反之則反。當樣本觀察個數與期望個數差距較大時，也代表不同樣本之間的分布越不一致。

$$\chi^2 = \sum \frac{(f_o - f_e)^2}{f_e} \quad \text{（卡方值的計算公式）}$$

表7-4　員工結構之卡方契合度檢定結果

性別

	觀察個數	期望個數	殘差
男性	1,285	1,214.0	71.0
女性	1,143	1,214.0	-71.0
總和	2,428		

檢定統計量

	性別
卡方[a]	8.305
自由度	1
漸近顯著性	.004

a.0個格（.0%）的期望次數少於5。最小的期望格次數為1,214.0。

(三)檢定政黨表現

再以另一個案例來示範卡方契合度檢定的應用。假設立法院某會期上台質詢的立委人次共有228次（見**表7-5**）。其中，國民黨立委佔72次、民進黨立委佔56次、親民黨立委佔58次、台聯黨佔32次、無黨聯盟佔10次。以當時各黨立委在立法院所佔席次比例而言，國民黨佔30.2%、民進黨佔38.7%、親民黨佔20%、台聯黨佔5.8%、無黨聯盟佔5.3%。根據這樣的分布，試問各黨立委的質詢次數是否與各黨所佔席次比例一致？

要分析**表7-5**的資料，必須先將資料以集體資料的格式輸入。輸入完成的資料如檔案 **卡方契合度檢定3.sav** 所示。開啓這個檔案後，先以質詢次數來對政黨別進行觀察值加權。接著在資料編輯視窗上選擇 **分析**、**無母數檢定** 與 **卡方分配**。在卡方檢定的對話視窗中，將政黨別選入 **檢定變數清單**，並在 **期望值** 處選擇 **數值**，然後依序輸入各政黨的席次比例，最後按 **確定**。

分析結果陳列在**表7-6**上。如表所示，國民黨實際質詢次數是72次，比期望個數68.9多出3.1次；民進黨實際質詢次數是56次，比期望個數88.2少32.2次；親民黨實際質詢次數是58次，比期望個數45.6多出12.4次；台聯黨實際質詢次數是32次，比期望個數13.2多出18.8次；無黨聯盟實際質詢次數是10次，比期望個數12.1少了2.1次。根據五個政黨實際質詢次數與預期次數的殘差，卡方契合度檢定計算得出卡方值為42.311，自由度為

表7-5　各黨立委質詢次數分布

政黨名稱	立委質詢次數	立委所佔席次
1.國民黨	72	30.2%
2.民進黨	56	38.7%
3.親民黨	58	20%
4.台聯黨	32	5.8%
5.無黨聯盟	10	5.3%
合計	228	100%

表7-6　立委表現之卡方契合度檢定

政黨別			
	觀察個數	期望個數	殘差
國民黨	72	68.9	3.1
民進黨	56	88.2	-32.2
親民黨	58	45.6	12.4
台聯黨	32	13.2	18.8
無黨聯盟	10	12.1	-2.1
總和	228		

檢定統計量	
	政黨別
卡方[a]	42.311
自由度	4
漸近顯著性	.000

a.0個格（.0%）的期望次數少於
5。最小的期望格次數為12.1。

4，漸進顯著性為0.000。由於漸進顯著性已低於0.05的水準，顯示該卡方值已超過推翻虛無假設所需的臨界值。因此，研究者必須選擇推翻虛無假設，承認不同政黨立委的質詢表現與其席次比例並不相符。有些政黨質詢次數超乎預期，有些則明顯少於預期。

　　總之，卡方契合度檢定適合用來檢定一個類目變項的實際發生次數與期望個數之間的一致性。它不僅可用來檢視樣本結構能否反映母群結構，亦可檢視不同樣本群之間的同質性。檢定時，虛無假設會主張觀察個數等同期望個數。當卡方檢定的卡方值超過推翻虛無假設所需的臨界值時，研究者便可推翻虛無假設，承認觀察個數不等同於期望個數。

第二節　卡方同質性檢定

一、統計原理

　　卡方契合度檢定只適用於單一類目變項的檢定，因此當問題涉及兩個類目變項的分布情形，卡方契合度檢定便派不上用場。這類涉及兩個類目變項的例子相當多。例如，男女學生打工的比例是否一致？不同年級的學生，翹課的比例是否一致？不同地區的讀者，閱讀報紙的習慣是

否相同？不同政治立場的觀眾，觀看政論節目的型態是否相同？不同年齡層的人，使用媒體的型態是否一致？不同社會經濟地位的人，對於餐飲的喜好型態是否一致？當研究者想了解不同類別的樣本群是否在其他變項上有一致的次數分配，可以採卡方同質性檢定來回答。

要呈現兩個類目變項的次數分配，最常使用的方式是採取交叉表（cross-tabulation table）。所謂交叉表，也稱為次數分配表或列聯表（contingency table）。在交叉表上，兩個類目變項會各自被放在橫列（row）與直行（column）的位置，因而形成資料的交錯。如果橫列變項有三種特質的樣本，而直行變項有兩種特質的樣本，整個交叉表就會出現六種特質樣本分散在六個空格中。每一個空格（Cell）中的數字，代表同時具備某種橫列與直行變項特質的樣本數量。

要判斷不同樣本群在另一變項上的次數分配是否呈現一致趨勢，卡方同質性檢定也是以卡方值的大小作為依據。如果卡方值接近於0，那就表示不同樣本群的次數分配情形是一致的。如果卡方值大到超過某個統計設定的臨界值，就可推翻虛無假設，承認不同樣本群的分布並不一致。計算卡方值時，同質性檢定跟契合度檢定都採用相同的公式，但兩者取得期望個數的方式並不相同。在同質性檢定中，期望個數是由交叉表中各欄位樣本之總數與各列位樣本之總數的乘積除以總樣本數而來。當表格中的觀察個數與期望個數越接近，計算出的卡方值就越接近於0；如果觀察個數與期望個數差距越大，卡方值則會越大。

二、範例應用

(一)檢定兩性飲料偏好

假設研究中訪問了1,117位學生，分別針對他們的飲料偏好進行了解。其中，喜歡喝礦泉水的學生有231位（含98位男生與133位女生）；

喜歡喝可樂或汽水的有167位（含78位男生與89位女生）。喜歡喝果汁的有155位（含65位男生與90位女生）；喜歡喝咖啡的有120位（男女各有56與64位）。男女樣本在飲料類別的偏好分布情形詳如**表7-7**。根據這樣的次數分布情形，究竟男生與女生在這七類飲料上的偏好比例是否相同呢？要回答這個問題，讀者可仿照前面輸入集體資料的方式，將表中數據輸入並建檔（見**卡方同質性檢定1.sav**）。完成後的檔案資料格式如**圖7-3**所示。由於這是一個集體資料檔，因此正式分析之前，必須藉由**觀察值加權**功能針對飲料種類及性別進行人數加權。檔案中的人數是用來加權之用，真正要納入分析的變項是飲料類別與性別。

要執行卡方同質性檢定，可參考**表7-8**的操作步驟。首先，在資料編輯程式的視窗上選擇**分析**、**敘述統計**（Descriptive Statistics）與**交叉表**（Crosstabs）。在**交叉表**的對話視窗中，將飲料種類變項選入**列**（Row），將性別變項選入**欄**（Column），並點選**統計量**（Statistics）。等畫面進入**交叉表：統計量**的對話視窗後，勾選**卡方統計量**（Chi-Square），再按**繼續**。當畫面回到交叉表對話視窗後，點選下方的**格**（Cells）。在**交叉表：儲存格顯示**的視窗中，勾選**個數**（Counts）下方的**觀察值**（Observed）與**期望**（Expected），並勾選**百分比**

表7-7　性別與飲料偏好的次數分配表

飲料類別偏好	性別		
	1.男生	2.女生	合計
1.礦泉水	98	133	231
2.可樂或汽水	78	89	167
3.果汁	65	90	155
4.優酪乳	25	34	59
5.牛奶	47	64	111
6.紅茶或綠茶	121	153	274
7.咖啡	56	64	120
合計	490	627	1,117

	飲料	性別	人數	var
1	1	1	98	
2	1	2	133	
3	2	1	78	
4	2	2	89	
5	3	1	65	
6	3	2	90	
7	4	1	25	
8	4	2	34	
9	5	1	47	
10	5	2	64	
11	6	1	121	
12	6	2	153	
13	7	1	56	
14	7	2	64	

圖7-3　性別與飲料偏好之資料檔

表7-8　卡方同質性檢定之操作步驟

步驟一：在SPSS資料編輯程式中開啓資料檔案。

步驟二：點選分析→敘述統計→交叉表。

步驟三：在交叉表的對話視窗中，將欲檢定的二變項分別選入欄與列中，點選統計量，
　　　　並勾選卡方統計量。

步驟四：在交叉表的對話視窗中，點選格，並在個數下方勾選觀察值與期望，在百分比
　　　　下方勾選橫列或直行。

步驟五：按繼續→確定。

（Percentages）下方的**直行**（Column）。最後按**繼續**與**確定**。這裡之所以選擇直行的百分比，主要是想從性別角度來比較樣本在不同飲料偏好所佔的比例。

　　資料分析結果陳列在**表7-9**。如表所示，男生喜歡礦泉水的個數為98，佔男生人數的20%；女生喜歡礦泉水的個數為133，佔女生人數的21.2%。其次，男生喜歡可樂汽水的個數為78，佔男生15.9%；女生喜歡可樂汽水的個數為89，佔女生14.2%。再者，男生喜歡果汁的個數為65，佔男生13.3%；女生喜歡果汁的個數為90，佔女生14.4%。比較男女在七種飲料上的分布個數與比例，發現兩者差異幅度極微小（差異介於0.3%至1.7%之間），顯示男女在飲料偏好的比例是一致的。卡方檢定的結果也發現，Pearson卡方值是1.527，自由度6，顯著性是0.958。由於顯著性未低於0.05的水準，顯示卡方值未超過推翻虛無假設所需的臨界值，因此必須接受虛無假設，承認男女樣本在各種飲料的偏好分布是一致的。

　　這裡卡方值的計算與卡方契合度檢定所使用的公式相同。只是同質性檢定取得期望個數的方式不同於契合度檢定。契合度檢定的期望個數是取自官方紀錄或現有研究結果。在同質性檢定中，期望個數則是由交叉表中各欄位總數與各列位總數的乘積除以總樣本數而來。以愛喝礦泉水的男生為例，其期望個數101.33是由喜歡礦泉水的人數231乘上男生總數490後，再除以總人數1,117而來。愛喝礦泉水的女生，其期望個數129.67是由喜歡礦泉水的人數231乘上女生總數627後，再除以總樣本數1,117而來。同理，愛喝可樂或汽水的男生，期望個數會是（167×490）÷1,117 = 73.26。愛喝可樂或汽水的女生，期望個數會是（167×627）÷1,117 = 93.74。其他飲料偏好的樣本也可以用同樣公式計算出期望個數。只要算出各觀察個數相對應之期望個數，就可以利用下列公式算出卡方值：

$$\chi^2 = \sum \frac{(f_o - f_e)^2}{f_e}$$ （卡方值的計算公式）

表7-9 性別與飲料偏好之交叉分析表

飲料／性別交叉表

			性別		總和
			男生	女生	
飲料	礦泉水	個數	98	133	231
		期望個數	101.3	129.7	231.0
		性別內的%	20.0%	21.2%	20.7%
	可樂汽水	個數	78	89	167
		期望個數	73.3	93.7	167.0
		性別內的%	15.9%	14.2%	15.0%
	果汁	個數	65	90	155
		期望個數	68.0	87.0	155.0
		性別內的%	13.3%	14.4%	13.9%
	優酪乳	個數	25	34	59
		期望個數	25.9	33.1	59.0
		性別內的%	5.1%	5.4%	5.3%
	牛奶	個數	47	64	111
		期望個數	48.7	62.3	111.0
		性別內的%	9.6%	10.2%	9.9%
	紅茶綠茶	個數	121	153	274
		期望個數	120.2	153.8	274.0
		性別內的%	24.7%	24.4%	24.5%
	咖啡	個數	56	64	120
		期望個數	52.6	67.4	120.0
		性別內的%	11.4%	10.2%	10.7%
總和		個數	490	627	1,117
		期望個數	490.0	627.0	1,117.0
		性別內的%	100.0%	100.0%	100.0%

卡方檢定

	數值	自由度	漸近顯著性（雙尾）
Pearson上方	1.527[a]	6	.958
概似比	1.525	6	.958
線性對線性的關連	.143	1	.705
有效觀察值的個數	1,117		

a.0個格（.0%）的預期個數少於5。最小的預期個數為25.88。

此次檢定結果未能推翻虛無假設，除了因為Pearson卡方值較低之外，自由度較大也是因素之一。卡方值的大小受觀察個數與期望個數之差異量所影響，而自由度大小則受變項類目數量所影響。當變項只有一個，自由度會等於該變項的類目數量減去1。例如，性別變項有男女兩個類目，其自由度為1。年齡層變項有老中青等三個類目，其自由度為2。當變項數量有兩個時，其自由度就等於第一個變項的類目數減1乘上第二個變項的類目數減1的值。以**表7-9**為例，其中性別有2個類目，飲料有7個類目，所以整個交叉分析表的自由度就是（2-1）×（7-1）＝6。自由度較大，統計檢定時所需要用來推翻虛無假設的卡方臨界值也會相對變高。這當然也就提升了推翻虛無假設的難度。

(二)檢定政黨立場與閱報習慣

當樣本間的同質性很高，卡方檢定所獲得的卡方值會很小，但顯著性水準卻相對偏高。當樣本同質性很低時，卡方值則會變大，而顯著性水準相對偏低。以另一個例子來說明。假如，有研究調查了900位受訪者的政黨立場與平常閱報習慣，所有樣本在這兩個變項的分布情形如**表7-10**所示；其中，在閱讀《中國時報》的252位樣本當中，屬泛藍立場的佔197位、泛綠立場的佔55位；在閱讀《聯合報》的200位樣本當中，屬泛藍立場的佔161位、泛綠立場的佔39位；在閱讀《自由時報》的235位樣本當中，屬泛藍及泛綠立場的分別佔45與190位；在閱讀《蘋果日報》

表7-10　政黨立場與報紙偏好之交叉表

報紙名稱	政黨立場		
	1.泛藍	2.泛綠	合計
1.《中國時報》	197	55	252
2.《聯合報》	161	39	200
3.《自由時報》	45	190	235
4.《蘋果日報》	102	111	213
合計	505	395	900

的213位樣本當中，屬泛藍及泛綠立場的分別佔102與111位。根據這樣的分布，研究者可否宣稱不同政黨立場的讀者有不同的報紙偏好呢？

在這個問題上，虛無假設會假設不同政黨立場的樣本有一致性的報紙偏好。要判斷**表7-10**的資料分布能否推翻虛無假設，可執行卡方同質性檢定。首先，開啓檔案 **卡方同質性檢定2.sav**，並在資料編輯視窗中選擇 **分析**、**敘述統計** 與 **交叉表**。在交叉表的對話視窗中，將報紙名稱選到 **列**，政黨立場選到 **欄**，並點選 **統計量**。其餘操作步驟可參考**表7-8**。

檢定結果顯示，卡方值為234.34，自由度為3，顯著水準為0.000。由於顯著性已低於0.05的水準，代表卡方值已超過推翻虛無假設所需的臨界值，因此應推翻虛無假設，承認不同政黨立場的讀者報紙偏好比例並不一致。例如，在泛藍及泛綠的讀者當中，喜歡《中國時報》的比例分別是39%與13.9%；喜歡《聯合報》的比例分別為31.9%及9.9%；喜歡《自由時報》的比例分別為8.9%及48.1%；喜歡《蘋果日報》的比例則分別為20.2%及28.1%。換言之，泛藍立場的讀者明顯較偏好《中國時報》及《聯合報》，而泛綠立場的讀者則較偏好《自由時報》。

當分析結果發現樣本間次數分布並不一致時，還可藉助卡方檢定來進一步找出眞正造成差異的地方。以上述例子來說，卡方檢定發現不同政黨立場的讀者對報紙有不同偏好。為找出眞正造成樣本偏好差異的源頭，SPSS提供標準化殘差（standardized residual）的數據給讀者參考。在交叉表上每一種特質的樣本，都可以透過下列公式計算出標準化殘差：

標準化殘差值＝（觀察個數－期望個數）÷√期望個數

所謂**標準化殘差**，代表的是每種特質樣本的觀察個數與期望個數的差距。交叉表上只要哪個空格算出的標準化殘差絕對值大於2以上，就可以據此判定該空格的分布是造成樣本間差異的主要來源（Grimm, 1993: 449）。

根據上述公式計算出的結果（如**表7-11**），可以確定泛藍及泛綠讀

者的報紙偏好，真正的差異發生在《中國時報》、《聯合報》及《自由時報》上。泛藍讀者在《中國時報》及《聯合報》的觀察個數都明顯高於期望個數（殘差值為4.68及4.61），在《自由時報》上卻成相反的分布（殘差值為-7.57）；泛綠讀者在《中國時報》及《聯合報》的觀察個數都明顯低於期望個數（-5.29及-5.21），可是在《自由時報》上卻成相反趨勢（參差值為8.56）。至於《蘋果日報》，不同政治立場的讀者的殘差值都未超過2，顯示觀察個數與期望個數之間並無明顯差異。在SPSS的操作環境中要取得標準化殘差值，讀者只要依照前面介紹過的步驟來操作，並在 交叉表 的對話視窗中，點選 格 （Cells）。等畫面進入 交叉表：儲存格顯示 的視窗後，勾選殘差值（Residuals）下方的 標準化 （Standardized）即可。

表7-11　標準化殘差之計算

樣本特質	觀察個數	期望個數	差異	√期望個數	標準殘差
1.泛藍‧《中國時報》	197	141.4	55.6	11.89	4.68
2.泛藍‧《聯合報》	161	112.2	48.8	10.59	4.61
3.泛藍‧《自由時報》	45	131.9	-86.9	11.48	-7.57
4.泛藍‧《蘋果日報》	102	119.5	-17.5	10.93	-1.6
5.泛綠‧《中國時報》	55	110.6	-55.6	10.52	-5.29
6.泛綠‧《聯合報》	39	87.8	-48.8	9.37	-5.21
7.泛綠‧《自由時報》	190	103.1	86.9	10.15	8.56
8.泛綠‧《蘋果日報》	111	93.5	17.5	9.67	1.81

公式：標準殘差值＝（觀察個數－期望個數）÷√期望個數

![calculator icon] 第三節　卡方獨立性檢定

一、統計原理

　　隨然採用的統計原理相同，卡方獨立性檢定與同質性檢定所關切的重點並不相同。卡方同質性檢定關切不同樣本在某變項上的次數分配趨勢是否一致，而**卡方獨立性檢定**則關心兩個變項的特質分布之間有無關聯？所謂**有無關聯**，指的是某個變項在類目上的次數分配會不會因另一個變項的類目變化而有不同。如果會，代表這兩個變項的分布情形是有某種程度的關聯；如果不會，則表示這兩個變項的分布情形是各自獨立，互不相干的。在現實生活中，有許多問題都與類目變項的關聯有關。例如，性別與打工情形有沒有關係？年級高低與翹不翹課有沒有關係？宗教信仰與墮胎態度有沒有關係？看電視與近視有關嗎？只要研究問題是涉及類目變項間關聯，就可以用卡方獨立性檢定來回答。

　　當兩變項的分布相互獨立時，就表示兩者沒有關係。什麼樣的分布代表變項是相互獨立的，以下舉幾個例子來說明。假設某研究訪問200位學生（男女各半）有關打工的情形。如果訪問的結果發現，樣本打工與未打工的次數分配並未因性別的變化而不同時，代表性別與打工的分布是獨立的。**表7-12**列出兩變項間五種不同的獨立分布狀態。在第一種分布狀態下，無論是男生或女生，打工的樣本個數都是0，未打工的樣本個數都是100；在第二種狀態下，男生或女生都各有20%的樣本打工；在第三種狀態下，男女都各有50%的樣本打工；在第四種狀態下，男女打工的比例各為80%；至於第五種狀態下，男女打工的比例各為100%。雖然在這五個例子當中，打工的樣本佔樣本總數的比例並不相同（從0%到100%），但不變的是男女樣本在打工或不打工的比例上都維持一致。只要兩性打工的比例一致，不管比例是高是低，都代表樣本打工的情形並

表7-12　兩變項相互獨立之分布狀態

變項名稱		樣本分布狀態				
性別	打工情形	(1)	(2)	(3)	(4)	(5)
男生	有打工	0	20	50	80	100
	未打工	100	80	50	20	0
女生	有打工	0	20	50	80	100
	未打工	100	80	50	20	0
合計		200	200	200	200	200

未因性別變化而有差異。因此，可以判定這兩個變項的分布情形是相互獨立或無關的。

　　無論是上述五種狀況中的哪一種，只要男女樣本打工比例一致，試著從表格中的觀察個數算出期望個數，再代入計算卡方值的公式，會發現卡方值等於0，而顯著水準是1。由此可知，當兩個變項的分布是完全獨立時，卡方值會等於0。卡方值越小時，代表兩個變項間存在顯著關聯的可能性越低，而卡方值越大時，兩變項間存在顯著關聯的可能性較高。卡方值的大小，只能判斷兩變項間是否有顯著關係，卻無法說明關係的向度及強度。

　　何種分布狀況才代表變項間有明顯關聯呢？**表7-13**列出兩變項有顯著關聯時的五種分布狀態，每個例子都顯現樣本打工的次數分配會隨性別變化而有差異。在第一種分布狀態下，男生無人打工，而女生卻100%打工；在第二種狀態下，男生打工的人有20%，女生卻有80%；在第三種狀態下，男生打工的人有40%，女生則為60%；在第四種狀態下，男生打工的比例有80%，女生則有20%；至於第五種狀態下，男生100%的人打工，而女生則無人打工。只要兩性打工比例呈現較大幅度差異，就極可能在卡方檢定時獲得較大卡方值，因而推翻虛無假設的機率較高；反之則反。

表7-13　兩變項有關聯之分布狀態

變項名稱		樣本分布狀態				
性別	打工情形	(1)	(2)	(3)	(4)	(5)
男生	有打工	0	20	40	30	100
	未打工	100	80	60	20	0
女生	有打工	100	80	60	20	0
	未打工	0	20	40	80	100
合計		200	200	200	200	200

二、範例應用

(一)檢定年級與打工之關聯

　　在真實情境下，樣本變項分布的關係極少會如上述例子那般容易辨識。當變項的類目數量變多，或是樣本分布呈現不規則狀，變項間的關聯就必須仰賴卡方檢定的數據才能正確判斷。假設研究者調查1,243位大學生打工的狀態，各年級學生打工及未打工的人數分布情形陳列於**表7-14**。根據這樣的分布，研究者是否能宣稱大學生打工情形與年級有明顯關聯？

　　針對這個問題，卡方獨立性檢定所要檢定的虛無假設是年級與打工的次數分配無關。要執行卡方獨立性檢定，讀者可自行將**表7-14**的資料輸入及建檔，也可開啓檔案**卡方獨立性檢定1.sav**。開啓資料檔後，在資

表7-14　年級與打工之交叉表

年級	打工	未打工	合計
1. 大一	65	249	314
2. 大二	121	181	302
3. 大三	163	148	311
4. 大四	237	79	316
合計	563	680	1,243

料編輯視窗上選擇**分析**、**敘述統計**與**交叉表**。在**交叉表**的對話視窗中，將打工狀態選入**列**，而年級別選入**欄**，點選**統計量**。在**交叉表：統計量**的對話視窗中，勾選**卡方統計量**，再按**繼續**。等回到**交叉表**對話視窗後，點選**格**。在**交叉表：儲存格顯示**的視窗中，勾選個數下方的**觀察值**與**期望**，再勾選百分比下方的**直行**。最後按**繼續**與**確定**。

分析結果顯示在**表7-15**。如表所示，大一學生實際打工個數（65）明顯低於期望個數（148），大二學生亦然（打工個數121 vs. 期望個數142.4）；相反地，大三學生實際打工個數（163）明顯高於期望個數（146.6），大四學生亦然（打工個數237 vs. 期望個數149）。換言之，在大一及大二學生當中，實際打工的人數低於預期，而大三及大四則呈

表7-15　年級別與打工狀態之卡方檢定結果

			年級別				總和
			大一	大二	大三	大四	
打工狀態	打工	個數	65	121	163	237	586
		期望個數	148.0	142.4	146.6	149.0	586.0
		年級別內的%	20.7%	40.1%	52.4%	75.0%	47.1%
	未打工	個數	249	181	148	79	657
		期望個數	166.0	159.6	164.4	167.0	657.0
		年級別內的%	79.3%	59.9%	47.6%	25.0%	52.9%
總和		個數	314	302	311	316	1,243
		期望個數	314.0	302.0	311.0	316.0	1,243.0
		年級別內的%	100.0%	100.0%	100.0%	100.0%	100.0%

卡方檢定

	數值	自由度	漸近顯著性（雙尾）
Pearson卡方	196.050[a]	3	.000
概似比	206.379	3	.000
線性對線性的關連	193.716	1	.000
有效觀察值的個數	1,243		

a.0格（.0%）的預期個數少於5。最小的預期個數為142.37。

現相反趨勢。整個次數分配表計算出的卡方值為196.05，自由度3，漸進顯著性是0.000。由於顯著水準已低於0.05的標準，代表卡方值已超過推翻虛無假設所需的臨界值，因此應推翻虛無假設，承認學生的年級與打工有顯著關聯。年級越低，打工的比例越低；年級越高，打工的比例也越高。

從卡方值的大小，雖可判斷學生的年級與打工情形有關，卻無法得知兩變項相關的程度。在卡方獨立性檢定中，如果想了解兩類目變項間的關係強度，可以參考Phi and Cramer's V值或Lambda值（Norusis, 1992a）。前者適合描述不具因果關係的兩類目變項關係，而後者適用在變項間存有因果方向時。這兩種數據的取得可以在交叉表：統計量的對話視窗中進行設定（如圖7-4）。在這個例子上，這兩個變項間的Phi值為0.397。若以年級為自變項，打工為依變項，兩者間的Lambda值為0.295。這些係數越接近於1，代表變項間的關係越密切；係數越接近於0，表示變項間的關係越弱。

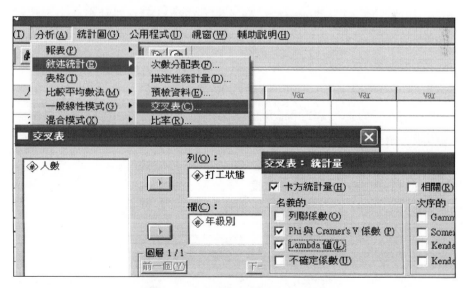

圖7-4　卡方獨立性檢定之執行

(二)葉氏連續性校正

當卡方檢定所分析的兩個變項都只有兩種特質時，卡方值會因變項的類目太少而有被高估的可能。在自由度只有1的情況下，卡方值想要跨越推翻虛無假設所需的臨界值，可能性較高。為了修正2×2的交叉表中出現卡方值被高估的情形，SPSS在卡方檢定時提供葉氏連續性校正的數值（Yates' Correction for Continuity）供讀者參考（Pallant, 2001）。當分析的變項只有兩種特質時，參考葉氏連續性校正的數值會比卡方值更為嚴謹保守。以下以具體的例子來說明兩者差異。假設研究調查100位大學生的性別與打工情形，全部樣本在這兩個變項的分布情形如表7-16。其中，男生打工的人數有20，不打工的有30；女生打工的人有30，不打工的有20。試問，根據這樣的樣本分布，能否宣稱學生性別與打工情形有關呢？

要執行卡方獨立性檢定，程序與先前的範例相同。首先，將表7-16的資料輸入及建檔，或開啟檔案 卡方獨立性檢定2.sav。其次，在資料編輯視窗上選擇 分析、敘述統計 與 交叉表。在 交叉表 的對話視窗中，將打工狀態選到 列，性別選到 欄，並點選 統計量。其餘步驟可參考表7-8。

從卡方獨立性檢定的結果（如表7-17）得知，卡方值（Pearson Chi-Square）為4，自由度1，顯著水準為0.046。由於顯著水準已低於0.05的標準，代表卡方值已超過推翻虛無假設所需的臨界值，因此應該推翻虛無假設，承認性別與打工情形有顯著的關係。但是如果參照葉氏連續性

表7-16　性別與打工情形之交叉表

打工情形	性別		合計
	1.男生	2.女生	
1.打工	20	30	50
2.未打工	30	20	50
合計	50	50	100

表7-17　葉氏連續性校正之卡方值

卡方檢定

	數值	自由度	漸近顯著性（雙尾）	精確顯著性（雙尾）	精確顯著性（單尾）
Pearson卡方	4.000[b]	1	.046		
連續性校正[a]	3.240	1	.072		
概似比	4.027	1	.045		
Fisher's精確檢定				.071	.036
線性對線性的關連	3.960	1	.047		
有效觀察值的個數	100				

a.只能計算2×2表格。

b.0格（.0%）的預期個數少於5。最小的預期個數為25.00。

校正（continuity correction）的數值，所得的結論卻剛好相反。葉氏連續性校正值為3.24，自由度1，顯著水準為0.072，並未低於0.05的標準。據此，研究者必須接受虛無假設，承認性別與打工之間無顯著關聯。從上述兩種結論的對比，正好可以看出葉氏連續性校正值比皮爾遜卡方值更為嚴格保守的特性。因此，在2×2的交叉分析表中，建議採葉氏連續性校正值作為判斷卡方檢定結果的依據。

(三)變項類目之合併

卡方檢定適用於類目或順序變項的分析，卻不適合用來分析等距尺度的資料。當分析的資料含有等距尺度的變項時，必須先將該變項重新編碼成類目或順序尺度的方式才適合執行卡方檢定。重新編碼的目的在於合併等距變項中的答案，減少變項的類目數量。如果變項的類目過多，則交叉表的表格數量趨於龐大，且每個類目分配到的樣本人數過少。這些因素都會讓卡方分析的結果變得不易解讀。以**表7-18**的資料為例，翹課次數是以等距尺度的方式測量，全部70位樣本總共出現18種程度的翹課次數，其中最小值為0次，最大值為25次。這樣的資料格式並不適合用在卡方檢定之中。

表7-18　合併前學生翹課次數分配表

翹課次數	人數	翹課次數	人數	翹課次數	人數
0	21	6	5	13	1
1	8	7	2	14	1
2	5	8	5	15	1
3	5	10	3	16	1
4	3	11	1	18	1
5	3	12	3	25	1

　　如果想要以卡方檢定來分析這筆資料，藉以探討翹課次數與其他變項間之關聯，必須先將翹課次數現有的答案予以合併成較少的類目。例如，將其中未曾翹課者歸為一類，翹課次數介於1至10次者歸為一類，翹課次數超過11次者歸為另一類。經過這樣的合併後，原本18個類目的答案已經縮減成3個類目，而樣本在翹課次數上的分布也會呈現如**表7-19**中的狀態。在SPSS的操作環境中，可以透過**轉換**（Transform）底下**重新編碼**（Recode）的功能來將等距尺度的答案轉換成類目或順序尺度的形式。

　　除了等距尺度變項之外，另外一種需要合併類目的情況是當類目變項的類目數量過多時。許多類目尺度的變項如籍貫、居住地、職業、宗教信仰、媒體選擇、收視動機等都涉及眾多類目。以媒體選擇為例，常見的媒體種類包括電視、廣播、電影、報紙、雜誌、網路及其他等。以宗教信仰為例，常見的信仰型態就包含基督教、天主教、回教、佛教、道教、一貫道、無信仰及其他。當這些多類目的變項與其他多類目

表7-19　合併後學生翹課次數分配表

翹課次數	人數
1.未曾翹課者	21
2.翹課1至10次者	39
3.翹課11次以上者	11
合計	70

的變項一起進行交叉分析時，整個交叉分析表就會顯得極為龐大（如**表7-20**）。在這個交叉表當中，宗教信仰有7種類目，對墮胎的態度有5種等級。兩變項交叉的結果形成一個7×5 = 35個空格的交叉表。交叉表的空格多，樣本分布的情形較多樣化，想觀察出樣本分布的規則並不容易。當總樣本數不夠多時，各個空格內所出現的樣本數也會偏低。例如，在**表7-20**中有許多空格的樣本數只有1或2個，部分空格更是沒有樣本。空格的樣本數偏低會造成卡方值容易有被高估的現象，導致分析結果要推翻虛無假設的機率偏高。

　　要分析**表7-20**的資料，可以開啟檔案**卡方獨立性檢定3.sav**。在SPSS資料編輯程式中，依照前面介紹過的步驟來執行，便可以獲得**表7-21**的結果。根據**表7-21**顯示，皮爾遜卡方值為44.26，自由度24，顯著水準為0.007。據此，研究者可以推翻虛無假設，認定受訪者的宗教信仰與墮胎態度之間有顯著關聯。但是有顯著關聯究竟代表什麼意義，單從這個龐大的交叉表上的次數分配並不容易看出。此外，卡方檢定的結果也顯示交叉表中有22個空格（佔62.9%）的期望值小於5。太多空格的期望值過小，直接的影響是導致所計算出的卡方值有偏高的現象，因此必須針對這個問題提出修正。

表7-20　合併前宗教信仰與墮胎態度之交叉表

宗教信仰	墮胎態度					
	極不同意	不同意	無意見	同意	極同意	合計
1.天主教	3	11	8	2	0	24
2.基督教	1	9	9	1	1	21
3.回教	2	7	8	3	1	21
4.佛教	3	7	8	2	1	21
5.道教	2	7	10	2	0	21
6.無信仰	0	2	12	15	3	32
7.不清楚	1	1	2	5	1	10
合計	12	44	57	30	7	150

社會統計與資料分析

表7-21　宗教信仰與墮胎態度之卡方檢定結果

卡方檢定

	數值	自由度	漸近顯著性（雙尾）
Pearson卡方	44.260[a]	24	.007
概似比	48.632	24	.002
線性對線性的關連	20.089	1	.000
有效觀察值的個數	150		

a.22格（62.9%）的預期個數少於5。最小的預期個數爲.47。

　　要修正表格中期望值過小的問題，可以有兩種處理方式。其一是將變項的類目重新編碼，使之合併成有意義但數量較少的類目。例如，在不改變研究問題方向的前提下，可以試著將**表7-20**中的墮胎態度由原來的五個等級合併成三個等級。原先「極不同意」與「不同意」的兩組樣本合併成「不同意」一組，而「極爲同意」與「同意」這兩組也合併爲「同意」。如此一來，原本7×5規模的交叉表就會縮減成7×3的表格。表格規模縮小，相對每個空格中的樣本人數就會增加，而表格中期望值過低的問題就可以適度獲得解決。如果合併墮胎態度後的交叉表仍存有期望值過低的問題，仍可嘗試合併宗教信仰的類目。將其中天主教、基督教與回教合併成「外來宗教」組，而佛教與道教合併成「本土宗教」組，另外無宗教信仰或不清楚者合併爲「無信仰」組。這樣一來，整個表格就會縮減成一個3×3規模的交叉表（如**表7-22**）。當研究者以**表7-22**的資料進行卡方檢定，就會發現合併後的交叉表已經沒有表格期望值過低的問題，皮爾遜卡方值爲37.684，自由度4，顯著水準爲0.000。兩相比較之下，雖然結論是一致的（宗教信仰與墮胎態度有關），但合併後的交叉表意義更容易解讀。

(四)費雪精確檢定

　　面對期望值過小的問題，另一種解決的方式是採用**費雪精確檢定**（Fisher's Exact Test）。由於表格數目過多的交叉表，費雪精確檢定所需

表7-22　合併後宗教信仰與對墮胎態度之交叉表

宗教信仰	對墮胎的看法			
	不同意	無意見	同意	合計
1.外來宗教	33	25	8	66
2.本土宗教	19	18	5	42
3.無信仰	4	14	24	42
合計	56	57	37	150

的運算時間較長，因此下面以另一個較精簡的例子來進行說明。假設研究者想要了解學童看電視時間與近視之關係，調查了32位學童的資料。測量時依收看電視的時間長短，將樣本分為輕度收視、中度收視與重度收視等三組。在近視與否的變項上，樣本則分為近視與未近視兩組。整個樣本在這兩變項上的分布如表7-23所示，其中未近視的樣本所屬的三個空格中的期望個數都低於5（如括弧內數字所示），佔全部空格數的50%。因此，必須使用精確檢定來分析資料。

　　要針對表7-23的資料進行精確檢定，讀者可以選擇自行輸入資料，或是開啟檔案卡方精確檢定.sav。在開啟檔案後，從資料編輯程式視窗上選擇分析、敘述統計與交叉表。在交叉表的對話視窗中，分別將電視時數與近視與否這兩個變項選入到列與欄的空格中，並在視窗下方點選精確檢定（Exact）。等畫面進入精確檢定的對話視窗後，選擇精確（Exact）即可。有關精確檢定的操作步驟，可參考圖7-5。SPSS這套統計軟體只在11.0及以後的版本才具備這項檢定的功能。

表7-23　電視時數與近視與否之交叉表

電視時數	近視與否		
	未近視	近視	合計
1.輕度收視	6 （3.1）	5 （7.7）	11
2.中度收視	2 （2.8）	8 （7.2）	10
3.重度收視	1 （3.1）	10 （7.9）	11
合計	9	23	32

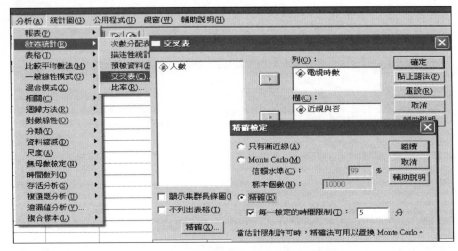

圖7-5　在交叉分析中執行精確檢定

　　卡方檢定的結果（見**表7-24**）顯示，皮爾遜卡方值（Pearson Chi-Square）為6.096，自由度2，顯著度為0.047，已達到可以推翻虛無假設的水準。但是如果依據費雪精確檢定（Fisher's Exact Test）的數值5.508為判斷標準，則精確顯著性為0.067，並未達到足以推翻虛無假設的程度。由此可見，精確檢定所採取的標準要比傳統的卡方檢定要更為嚴格，適合於小樣本的資料分析。

(五)樣本數量與卡方檢定

　　雖然透過變項類目的合併或是採用費雪精確檢定都可以適度解決交叉表中期望值過小的問題，但是最根本的關鍵仍在總樣本數上面。如果樣本數夠多，前面所提及的幾種狀況發生的機率會減少很多。就卡方檢定而言，增加樣本數不僅可以避免交叉表中期望值過小的問題，它更可以提高整個資料檢定時的檢定能力。也就是說，在變項的關係及分布的結構不變之下，大樣本的資料比小樣本資料更具有能力來推翻虛無假設。以**表7-16**的資料為例，該資料的總樣本數只有100位。如果參照葉

表7-24 皮爾遜卡方與精確檢定結果之比較

卡方檢定

	數值	自由度	漸近顯著性（雙尾）	精確顯著性（雙尾）	精確顯著性（單尾）	點機率
Pearson卡方	6.096[a]	2	.047	.056		
概似比	6.156	2	.046	.067		
Fisher's精確檢定	5.508			.067		
線性對線性的關連	5.446[b]	1	.020	.032	.016	.012
有效觀察值的個數	32					

a.3格（50.0%）的預期個數少於 5。 最小的預期個數為 2.81。

b.標準化的統計量是 2.334。

氏連續性校正的數值作為判斷結果的依據，會發現葉氏連續性校正值為3.24，自由度1，顯著水準為0.072，並未低於0.05的標準。但是只要樣本的總數擴增為200位時（如**表7-25**），縱使變項間分布的比例仍維持不變，結果會發現這兩個變項的關聯已達顯著水準。

卡方獨立性檢定雖是用來探討兩類目變項間的關聯，但它所提供的卡方值只能顯示兩變項間是否有顯著關聯，卻無法顯示關聯的方向或強度。若想要了解兩變項間的關係強度，可以在**交叉表：統計量**的對話視窗中進行設定。當所要分析的兩個變項都屬類目尺度，SPSS提供了四種顯示關聯強度的選擇，分別是列聯係數（contingency coefficient）、Phi and Cramer's V係數、Lambda值與不確定係數（uncertainty coefficient）。當所要分析的兩個變項都屬順序尺度，SPSS也提供了四種顯示關聯強度的選擇，分別是Gamma參數、Somer's d值、Kandell's tau-b統計量數與

表7-25 樣本倍增後性別與打工情形之交叉表

打工情形	性別		合計
	1.男生	2.女生	
1.打工	40	60	100
2.未打工	60	40	100
合計	100	100	200

Kandell's tau-c統計量數。當分析的變項有類目及等距尺度，則可選擇Eta值來判斷關係的強度（Norusis, 1992a）。整體而言，這些數值都介於0與1之間，越接近於1，變項間的關係越強。

Chapter
8

無母數統計

相較於母數統計而言，無母數統計長期以來並未受到學術界等量的重視。不僅在各類學術論文期刊上較少見到無母數統計的應用，甚至連正規統計課用來介紹無母數的篇幅也明顯偏低。因此，部分學生可能曾聽過無母數的名稱，可是卻不知道它所代表的意義及正確用途。之所以造成這樣的結果，主要得歸因於近年來研究方法與統計分析技術的突飛猛進，讓研究者有能力回答更複雜的問題。當研究者紛紛採用較複雜的設計蒐集更龐大的資料時（例如，變項數量較多、變項關係較複雜、樣本較大），研究者對多變量分析的需求於是變得日趨殷切，也因此逐漸降低對無母數統計的興趣。

不可否認地，無母數統計的計算原理比起多變量分析方法要簡單許多。但是它的實用價值不應因此而受到質疑。在真實的環境中，仍然有許多特定的研究問題需要借助無母數統計來回答（例如，檢定樣本的結構或分布態勢）。只要無母數統計有助於研究問題的解決，便具備實用的價值，切勿因這類方法的原理簡單而輕忽其重要性。統計應用的最佳原則不是用最複雜的方法來回答簡單的問題，而是以最簡單的方法來回答複雜的問題。

第一節　無母數之特性與種類

一、無母數統計之特性

無母數之所以被稱為無母數，主要是這類方法在使用時並不對母群特質的分布做嚴格要求。在後續章節中所介紹的幾種母數統計（例如，t檢定、變異數分析、皮爾遜相關或迴歸分析）都對母群的分布有幾點要求。例如，變項分布必須合乎常態分布，或不同群體各自的變異程度必須相同。但是在無母數統計中，即使資料的結構未能符合這些前提也不

受影響。因此，無母數統計也常被稱爲不受資料分布型態限制的統計方法（distribution-free tests）。當資料分布未能符合母數統計的前提要求，選擇統計方法時便不適合採用母數統計，而是應改採無母數統計。

　　除了適用於非常態分布的資料，或是變異程度不均等的資料外，無母數統計也適用於小樣本資料。樣本較小，其分布自然容易出現非常態的形態，且不同群體間的變異程度也容易出現不均等。而何謂小樣本，則見仁見智。在多變量分析當中，樣本數量少於100的資料都可稱之爲小樣本。只要樣本規模愈小，無母數適用的機會就會高於母數統計。其次，當樣本資料中出現若干極端偏離值的樣本時（例如，距離平均數正負2.5個標準差以上的數值），無母數的使用也能適度降低此類樣本資料所帶來的衝擊。

　　無母數統計之所以較不受極端值的影響，主要是因爲它在運算時採用的是資料中的等級或類別特性，而非其數量特性。例如，以樣本的收入爲例，母數統計在乎每位樣本實際收入是多少錢，但無母數只考慮每位樣本收入的相對位置（即誰賺比較多）。只要樣本間在收入上的相對位置不變，縱使其收入金額出現極大幅度的改變，無母數分析的結果並不會產生太大變化。相反地，母數分析的結果對於每位樣本在變項上的數字變化極爲敏感。尤其當樣本數量較少時，只要部分樣本的分數出現變化，母數分析的結果就會因此產生明顯的改變。

　　以**表8-1**的資料爲例，其中有5位男性（M1至M5）及5位女性樣本（F1至F5）。男性樣本的收入介於5萬至9萬之間，而女性樣本收入則介於1萬至25萬之間。如果以母數統計來分析男性與女性的收入，會發現兩者的平均收入都是7萬元。但是如果進一步檢視資料，就會發現男性收入的分布較爲集中（SD=15,811.388），而女性收入的分布較爲分散（SD=101,242.28）。大多數的女性樣本收入都低於男性，唯獨F5的收入一枝獨秀，因而導致兩性出現收入相等的假象。只要F5或任何一人的收入出現些微變動，分析結果就會出現不同答案。這筆資料如果改以無母

表8-1　母數與無母數統計特性之比較

樣本	收入（單位／元）	等級分	樣本	收入（單位／元）	等級分
M1	50,000	5	F1	10,000	1
M2	60,000	6	F2	20,000	2
M3	70,000	7	F3	30,000	3
M4	80,000	8	F4	40,000	4
M5	90,000	9	F5	250,000	10
平均	70,000	7		70,000	4

數統計來處理，會發現男性收入（平均等級分是7）高於女性（平均等級分是4）。此種結果並不會因任何樣本收入出現些微差異就改變。在無母數統計當中，只要樣本資料的排序（名次）維持不變，即使數量上出現變化，都不至於影響分析結果。換言之，無母數統計的分析結果會比母數統計更穩定。

　　無母數統計較大的缺點是它只能處理單一變項或雙變項的問題，無法處理多個變項間相互影響的問題。因為這樣的限制，無母數統計的分析結果並無法排除變項間出現虛假關係的可能。對於想要進行因果推論的研究者，必須透過其他多變量分析來尋求解答。總之，無母數統計之特性包括：(1)對資料結構的前提要求少，多數研究的資料皆容易符合條件；(2)資料結構不必受母群分配所限制；(3)適用於類目和順序尺度的資料；(4)計算原理較簡單；(5)特別適用於小樣本的情境；(6)分析時只運用資料中的等級差異而非數量差異，因此結果相對較穩定；(7)無法處理變項間交錯效果（interaction）的問題，檢定能力較弱（Siegel & Castellan, 1988）。

二、無母數統計之種類

　　無母數統計是一系列統計方法的總稱。這些方法的共同點是都適合處理類目及順序尺度的資料，且分析時只採用樣本間次數分配或等級差

異的資訊。雖然不同的無母數統計適用時機不同，但大多數方法與母數
統計相似，可依其目的分成兩大類的方法：(1)可供比較樣本差異的方
法；(2)可供了解變項關聯的方法。如果將這些方法與母數統計方法相互
對照，各自的相似性如**表8-2**所示。

 ## 第二節　單一樣本無母數

　　如果研究者想檢定樣本整體分布有無符合某種預期或理論的比例，
可以從單一樣本無母數統計當中找到合適的方法。這類的方法包括：(1)
單一樣本柯史檢定；(2)雙項檢定；(3)卡方契合度檢定；以及(4)連檢定
等。各種方法適用的時機並不相同。例如，單一樣本柯史檢定適合用來
檢定樣本分布是否合乎常態，連檢定適合檢定樣本分布是否屬於隨機。

表8-2　無母數統計之種類

樣本及問題性質	無母數統計	母數統計
單一樣本	卡方契合度檢定 單一樣本柯史檢定 雙項檢定 連檢定（Runs Test）	單一樣本t檢定
二獨立樣本差異比較	Mann-Whitney U檢定 二樣本柯史檢定	獨立樣本t檢定
多組獨立樣本差異比較	Kruskal-Wallis檢定 中數檢定	變異數分析
二成對樣本差異比較	Wilcoxon檢定 McNemar檢定 符號檢定（Sign Test）	成對樣本t檢定
多組成對樣本差異比較	Friedman檢定 Cochran Q檢定	重複測量
二變項間關聯	Spearman等級相關 卡方獨立性檢定	Pearson積差相關

卡方或雙項檢定則適合檢定變項的次數分配是否合乎某種比例。採用雙項檢定來分析資料時，變項答案必須只有兩種類目。採用卡方檢定或連檢定來分析資料時，變項必須呈類目或順序尺度的形式。選擇單一樣本柯史檢定來分析資料時，變項則可以是類目、順序或等距尺度的形式。除了卡方契合度檢定已在第七章介紹過，本章不再贅述外，其餘方法的應用時機與執行步驟會在下面各小節中逐一介紹。

一、單一樣本柯史檢定

單一樣本柯史檢定（one-sample K-S test）適合用來檢定樣本的分布型態是否合乎某種要求。研究者最常使用這種方法來檢測自己蒐集的資料是否呈現常態分配（normal distribution）。研究者之所以必須確定資料結構是否合乎常態，主要的原因在於它會影響到統計方法的選擇。當研究者想採用任何一種母數統計（包括t檢定、變異數或迴歸）來分析資料，這些方法都會要求資料結構必須合乎常態分布。因此在決定統計方法之前，最好先以單一樣本柯史檢定來判斷資料是否滿足常態分布的前提。如果資料結構合乎常態，分析時就可以選擇母數統計方法，否則應改採無母數統計。

以單一樣本柯史檢定來檢定常態分布時，其虛無假設主張樣本的分布形態與常態分布無異。如果檢定結果發現K-S的Z值極小（例如接近於0），顯著性未達低於0.05的水準，表示樣本結構與常態分布無異。此時，研究者必須接受虛無假設，承認樣本呈現常態分布。如果檢定時發現Z值較大，且顯著性低於0.05的水準，則表示樣本結構與常態分布有顯著差異。這時研究者必須選擇推翻虛無假設，承認樣本結構並非常態分布。

要執行單一樣本柯史檢定，可參考**表8-3**的操作步驟。首先，從資料編輯程式視窗上端選擇**分析**、**無母數檢定**（Nonparametric Tests）與**單**

表8-3　單一樣本柯史檢定操作步驟

步驟一：在SPSS資料編輯程式中開啟資料檔案。
步驟二：點選分析 →無母數檢定 →單一樣本K-S統計。
步驟三：在單一樣本K-S檢定對話視窗中，將所要檢定的變項選入檢定變數清單的空格中。
步驟四：在檢定分配下方勾選常態分配或其他項目。
步驟五：按確定。

一樣本K-S統計（1-Sample K-S）。進入單一樣本K-S檢定（One-Sample Kolmogorov-Smirnov Test）的對話視窗後，將所要檢定的變項選入檢定變數清單（Test Variable List）空格中，再勾選檢定分配（Test Distribution）下端的項目。如果想檢定資料是否合乎常態分布，應勾選常態分配（Normal）項目。如果想檢定資料是否呈現均態分布，則應勾選均勻分配（Uniform）。

　　以單一樣本柯史檢定.sav的檔案爲例，資料是一群學生在三個科目的成績（含傳播理論、統計與服務教育）。如果想檢定學生在這些科目的成績是否合乎常態分布，就可遵照上面的程序來執行。只要記得在單一樣本K-S檢定的對話視窗中，將三個科目的名稱選入檢定變數清單中，並勾選檢定分配下端的常態分配，再按確定即可。

　　根據分析結果顯示（見表8-4），傳播理論的平均數爲68.18（標準差18.462），K-S檢定的Z值爲0.914，顯著性爲0.374。由於顯著性並未低於0.05的水準，顯示該Z值並未達推翻虛無假設所需的臨界值，因此必須接受虛無假設，承認學生在傳播理論的成績符合常態分布。其次，統計的平均數爲24.88（標準差17.975），K-S檢定的Z值爲1.567，顯著性爲0.015。由於顯著性低於0.05的水準，顯示該Z值已達推翻虛無假設所需的臨界值，因此必須推翻虛無假設，承認學生在統計的成績未符合常態分布。最後，服務教育的平均數爲80.72（標準差15.559），K-S檢定的Z值爲1.401，顯著性爲0.039，已低於0.05的水準，因此必須推翻虛無假設，

表8-4　單一樣本柯史檢定之結果

單一樣本Kolmogorov-Smirnov檢定

		傳播理論	統計	服務教育
個數		65	65	65
常態參數[a,b]	平均數	68.18	24.88	80.72
	標準差	18.462	17.975	15.559
最大差異	絕對	.113	.194	.174
	正的	.083	.194	.120
	負的	-.113	-.119	-.174
Kolmogorov-Smirnov Z 檢定		.914	1.567	1.401
漸近顯著性（雙尾）		.371	.015	.039

a.檢定分配為常態。

b.根據資料計算。

承認學生在服務教育的成績未符合常態分布。三個科目之中，只有傳播理論的成績合乎常態分布。

二、雙項檢定

　　雙項檢定（binomial test），又稱為二項式檢定，適用於檢定某些雙項特質（只有兩種答案）的變項分布是否與預期的比例一致。在雙項檢定中，虛無假設是主張樣本的分布情形與期望比例是相同的。假如檢定結果發現，某種特質的樣本實際觀察比例與期望比例差距不大，且兩者差異的顯著性並未低於0.05的水準，則必須接受虛無假設，承認樣本實際分布比例與期望比例相同。如果兩者差異的顯著性低於0.05的水準，則意味樣本結構明顯不同於期望數值。

　　假如學校想知道各課程老師有沒有維持5%的淘汰率，可以透過雙項檢定針對班級學生實際不及格率與理論上5%的比例進行比較。在這個例子裡，成績及不及格屬一種雙項分布，所有學生只能分及格或不及格這兩種類別。實際不及格比例屬觀察值，而5%的淘汰率屬期望值。其他呈

雙項分布的例子還包括，手術成功或失敗、有無購買某類產品、是否看過某部電影、有無續訂某家報紙、考試結果是否上榜、是否加入某書店的會員、有無申辦現金卡、有無網路購物的經驗等。這些例子都可以使用雙項檢定來分析。

要執行雙項檢定，首先從資料編輯程式上選擇**分析**、**無母數檢定**與**二項式**（Binomial）。等畫面進入**二項式檢定**（Binomial Test）的對話視窗後，將所要檢定的變項選入**檢定變數清單**（Test Variables List）中。其次，在**定義二分法**（Define Dichotomy）處選擇適當的資料格式進行檢定。如果分析的資料屬於雙項分布的格式（即只有兩種答案），則在**定義二分法**處選擇**由資料取得**（Get from Data）。如果資料是屬於連續變項形式，則應選擇**分割點**（Cut Point），同時輸入想用來分割樣本的數值。任何小於及等於這個分割點的樣本會被歸成一組，而大於分割點的樣本會歸成另一組。最後在**檢定比例**（Test Proportion）空格內輸入所要檢定的比例，並按**確定**。

以**雙項檢定.sav**的檔案來做說明（見**圖8-1**）。假設研究者想檢定成績不及格的學生比例是否達到5%的標準，這時所應輸入的**檢定比例**為0.05。由於資料中成績是以原始分數（0-100）的格式輸入，因此在**定義二分法**時必須選擇**分割點**，並輸入59。取59分作為分割點之後，SPSS會自動將成績≦59分的樣本歸為第一群，將成績>60分以上的樣本歸為第二群。檢定時SPSS會將第一群樣本（即不及格者）的比例來與檢定比例

表8-5 雙項檢定操作步驟

步驟一：在SPSS資料編輯程式中開啓資料檔案。
步驟二：點選**分析**→**無母數檢定**→**二項式**。
步驟三：在**二項式檢定**對話視窗中，將檢定的變項選入**檢定變數清單**中，在**定義二分法**下選擇適當的資料格式。
步驟四：在**檢定比例**空格內輸入所要檢定的比例。
步驟五：按**確定**。

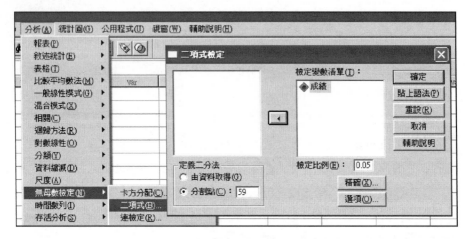

圖8-1　雙項檢定之執行

（即0.05）進行比較，看兩者有無明顯不同。假如資料是以雙項分布的形式輸入（如只有及格與不及格兩種答案），則在 定義二分法 時應選擇 由資料取得 的方式來檢定樣本。這時SPSS會自動以檔案資料表單上第一位樣本所在組別之比例來跟檢定比例進行比較。

　　檢定的結果顯示在 表8-6 上。如表上所顯示，在65位學生當中，成績不及格（即≤59分）的人數有14位，佔全部學生的22%。這個比例與所要檢定的比例5%相比，漸進顯著性已低於0.05的水準，顯示兩者比例明顯不同。換言之，班上成績不及格的人數已明顯高於5%的比例。

表8-6　雙項檢定結果

二項式檢定

		類別	個數	觀察比例	檢定比例	漸近顯著性（單尾）
成績	組別1	＜＝59	14	.22	.05	.000[a]
	組別2	＞59	51	.78		
	總和		65	1.00		

a.以 Z 近似為基礎。

三、連檢定

　　為了提高實驗設計的內在效度，研究者通常會採用隨機分組的方式來決定樣本組別。當樣本被隨機分配到不同實驗組別後，研究者若想確定分組過程是否真正屬於隨機，就可以透過連檢定來回答。連檢定（runs test）是以樣本出現的順序來判斷該樣本分配是否具備隨機的特質。如果是隨機的，緊鄰的每個樣本都應該是相互獨立的，而且樣本出現的順序應該看不出明顯的規則。萬一樣本出現的順序明顯透露出某種規則，例如前半數的樣本都是男生，而後半數的樣本都是女生，或者男女樣本持續交互替換，則樣本的分配都不能算是隨機的。

　　要判斷樣本出現的順序是否隨機，連檢定所依據的並不是樣本特質出現的頻次或比例是否相等，而是看樣本特質出現的連群數量多寡。所謂的連群（run），指的是由緊鄰且相同特質樣本所形成的群體。假設有10位樣本排成一列，前5位樣本是男性，而後5位樣本是女性，則在這群樣本當中只出現2個連群。如果這10位樣本是採男女交錯方式排列，則整個樣本群會出現10個連群。當樣本形成的連群數太多或太少時，樣本的排列順序很容易看出明顯的規則，因此樣本的分配都不會是隨機的。只有當連群數適中時（例如接近總樣本數的半數），最不易猜出樣本出現的順序規則，因而最接近隨機分配。

　　連檢定的執行涉及以下幾個階段的工作：(1)擬定虛無與對立假設。虛無假設會主張樣本出現的順序是隨機的，而對立假設則假設其順序不是隨機的；(2)設定信心水準。一般研究通常將信心水準設在5%、1%或0.1%的標準；(3)依照公式來計算出Z值；(4)根據設定的信心水準，查詢要推翻虛無假設所需要的臨界值；(5)將計算出的Z值與臨界值進行比較；(6)解讀分析結果。如果算出的Z值大於臨界值，則選擇推翻虛無假設，承認樣本順序並非隨機。如果Z值未超過該臨界值，則必須接受虛無假設，承認樣本順序是隨機的。

在SPSS中要執行連檢定，詳細步驟如**表8-7**。首先，從資料編輯程式視窗上選擇**分析**、**無母數檢定**與**連檢定**（Runs）。在**連檢定**（Runs Test）的對話視窗中，將所要檢定的變項選入**檢定變數清單**（Test Variable List）空格中。其次，從**分割點**（Cut Point）中選擇一種方式來讓連檢定計算出連群數。SPSS提供了四種設定分割點的方式，分別是採平均數（mean）、中數（median）、眾數（mode）與自定（custom）。一旦選擇某種分割方式後，按**確定**，SPSS就會將低於分割點的樣本視為同一連群，而大於或等於分割點的樣本歸為另一連群。根據樣本特質切換的頻次多寡，就可以算出整體的連群數。

以檔案**連檢定.sav**的資料為例，其中是64位受訪者被隨機分配到四組實驗情境的順序。如果研究者想檢定此種分配過程是否合乎隨機，就可用連檢定來計算連群數。具體操作步驟亦可參考**圖8-2**。首先，將**連檢定.sav**的檔案開啟，在資料編輯程式上選擇**分析**、**無母數檢定**與**連檢定**。在**連檢定**的對話視窗中，將實驗組別變項選入**檢定變數清單**，並在**分割點**處勾選**平均數**作為分割點。最後按**確定**。資料分析結果顯示，在實驗組別這個變項上，總樣本數為64位、連群數為32、Z檢定值為-0.252、顯著性為0.801。由於顯著性未能低於0.05，顯示Z值並未達到推翻虛無假設所需的臨界值，因此必須接受樣本在實驗組別的分配順序上合乎隨機的標準。

表8-7 連檢定操作步驟

步驟一：在SPSS資料編輯程式中開啟資料檔案。
步驟二：點選**分析**→**無母數檢定**→**連檢定**。
步驟三：在**連檢定**的對話視窗中，將要檢定的變項選入**檢定變數清單**，並在**分割點**勾選分割的基準點（如平均數）。
步驟四：按**確定**。

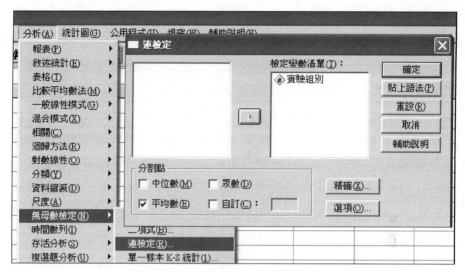

圖8-2　連檢定操作步驟

第三節　獨立樣本無母數

　　母數統計如t檢定或變異數分析（ANOVA）等方法，是藉由比較群體間平均數的差異來判斷樣本有無不同，而無母數統計則是藉由比較群體間等級平均數的差異來判斷異同。前者在乎的是原始分數的高低，後者在乎的是樣本的先後順序。在無母數統計當中，針對樣本屬性的不同，用來比較差異的方法也有二類：(1)獨立樣本無母數；(2)相依樣本無母數。**獨立樣本**指的是彼此相互獨立且身分不同的個體，而**相依（或稱成對）樣本**指的是身分相同或背景條件相仿的個體。例如，要比較甲班跟乙班學生成績有無不同，比較的資料來自獨立樣本。假如比較的是甲班學生第一次跟第二次月考的成績，則比較的資料來自相依樣本。常用的獨立樣本無母數包括曼惠特尼U檢定、柯史檢定、克瓦二氏檢定、中位數檢定等。

一、曼惠特尼U檢定

在無母數方法當中，**曼惠特尼U檢定**（Mann-Whitney U test）可說是最常被用來比較二群獨立樣本差異的方法。這種方法宛如母數統計中獨立樣本t檢定的對照版。當讀者想檢定兩群獨立樣本（而且只能有兩群）的特質差異（如態度、年齡、收入、收視程度等），都可以選擇使用此法。特別是當變項是以順序尺度測量，或樣本的規模較小，或是當資料結構未呈現常態分布，或是群體間的變異程度（分散程度）不一致時，這類方法非常適合用來比較兩個群體的異同。

曼惠特尼U檢定的原理是藉由比較兩群樣本在排序等級上的差異來判斷其特質有無明顯不同。為了計算出樣本群之間排序等級的差異，曼惠特尼U檢定會先將這兩群樣本打散成一整群，然後依照這些樣本在變項特質的強弱依序排成一列。特質較強者排在先，同時獲得較高的等級分，特質較弱者排在後，所獲得的等級分也較低。假設全部有20位樣本，分配等級分時變項特質最強者會獲得20分、次強者19，以此類推，而變項特質最弱者會得1級分。當每位樣本依其特質強弱獲得相對的級分後，曼・惠特尼U檢定會進一步計算出各樣本群的總級分與平均級分。樣本群的總級分或平均級分越高，代表該樣本群的變項特質較強。當兩樣本群的總級分或平均級分很接近，代表樣本間特質並無明顯差異。

以檔案**曼惠特尼.sav**的資料為例。假設有20位學生（男女各半）參加闖關遊戲，各自的得分如下：

男生得分：35, 42, 53, 78, 71, 69, 81, 82, 84, 86
女生得分：75, 74, 67, 64, 61, 31, 48, 88, 92, 94

要比較兩性在闖關表現上有無不同，曼惠特尼U檢定會先把這20位學生依其分數高低排序，然後分別給予等級分數（如**表8-8**）。

表8-8 曼惠特尼U值計算原理

得分排序	31	35	42	48	53	61	64	67	69	71	74	75	78	81
性別	女	男	男	女	男	女	女	女	男	男	女	女	男	男
等級分	1	2	3	4	5	6	7	8	9	10	11	12	13	14

得分排序	82	84	86	88	92	94
性別	男	男	男	女	女	女
等級分	15	16	17	18	19	20

如**表8-8**所示，闖關成績最差的樣本（即31分者）得等級分1，而闖關成績最佳的樣本（即94分者）得等級分20。接著，曼惠特尼U檢定會計算出男女兩組樣本的等級總分：

男生組獲得的等級總分為104，即2+3+5+9+10+13+14+15+16+17=104
女生組獲得的等級總分為106，即1+4+6+7+8+11+12+18+19+20=106

從兩組樣本獲得的總級分來看，兩者之間的差異並不大。但是這樣的差距是否代表兩性闖關的表現一樣好，則必須進一步檢定。

要判定男女的等級分數是否有明顯差異，曼惠特尼U檢定還會再計算出兩組所得的U值，然後以U值較低的一組作為能否推翻虛無假設的依據。U值的大小反映出某組樣本在排序上贏過另一組樣本的人次總和。例如，在男生當中，第一位樣本（得35分者）只贏過一位女生（得31分者），因此得分1；男生的第二位樣本（得42分者）同樣也只贏過一位女生，得分為1；第三位樣本（得53分）贏過兩位女生（分別是31與48分），得分為2，並以此類推。最後將所有男生的得分加總之後即得U值49（即1+1+2+5+5+7+7+7+7+7 = 49），而全體女生的U值則為51（即0+2+3+3+3+5+5+10+10+10 = 51）。因此，男生組的U值49便成為能否推翻虛無假設的依據。假如這樣的U值已達到推翻虛無假設所需的臨界值，意味著男女兩組的闖關表現是不同的，反之則反。

在SPSS中要執行曼惠特尼U檢定，其操作步驟如**表8-9**。首先，從資料編輯程式的視窗上端選擇**分析**、**無母數檢定**，與**二個獨立樣本**（2-Independent Samples）。等畫面出現**兩個獨立樣本檢定**（2-Independent-Samples Tests）的對話視窗後，將所要檢定的變項名稱選入至**檢定變數清單**（Test Variable List）空格中，再將分組變項選入**分組變數**（Grouping Variable）空格內，按**定義組別**（Define Groups）鍵來輸入各組樣本的編碼代號。最後在**檢定類型**（Test Type）處勾選**Mann-Whitney U統計量**，並按**確定**。

以**表8-8**的資料為例，想要藉由SPSS來執行曼惠特尼U檢定，可以選擇開啓**曼惠特尼.sav**的檔案資料，並遵照上面介紹的步驟來執行。分析結果顯示在**表8-10**中。如表所示，男生的等級總分為104，等級平均數為10.4；女生的等級總分為106，等級平均數為10.6。經比較兩者等級分的差異後發現，曼惠特尼U統計量為49，換算成Z分配後的值為-0.076，顯著性為0.940。由於Z值並未達到推翻虛無假設所需的臨界值，因此必須接受虛無假設，承認資料中男女樣本的闖關成績並無顯著的差異。

二、兩獨立樣本柯史檢定

兩獨立樣本柯史檢定（Kolmogorov-Smirnov Z test）適用於比較兩樣本群次數分配的異同。這類方法所關心的是兩群樣本在變項上的累積觀察次數分配是否一致。如果兩者累積的觀察次數分配很接近，則代表這

表8-9 曼惠特尼U檢定操作步驟

步驟一：在SPSS資料編輯程式中開啓資料檔案。
步驟二：點選**分析**→**無母數檢定**→**二個獨立樣本**。
步驟三：在**兩個獨立樣本檢定**的對話視窗中，將要檢定的變項選入**檢定變數清單**，將分組變項選入**分組變數**，並在定義組別處輸入各組編碼代號。
步驟四：在**檢定類型**處勾選**Mann-Whitney U統計量**，按**確定**。

表8-10　曼惠特尼U檢定結果

等級

性別		個數	等級平均數	等級總和
闖關表現	男生	10	10.40	104.00
	女生	10	10.60	106.00
	總和	20		

檢定統計量[b]

	闖關表現
Mann-Whitney U 統計量	49.000
Wilcoxon W 統計量	104.000
Z 檢定	-.076
漸近顯著性（雙尾）	.940
精確顯著性 [2*（單尾顯著性）]	.971[a]

a.未對等值結做修正。

b.分組變數：性別。

兩群樣本可能來自同一個母群。如果兩者的累積次數分配相差極大，則代表彼此可能來自不同母群。使用這種方法，除了所比較的樣本必須是獨立樣本之外，分析的資料也必須屬於順序尺度性質。

　　使用柯史檢定來回答問題前，必須先考慮到該問題的性質究竟適合使用單側檢定或是雙側檢定。在單側檢定中，研究假設是具方向性的（例如，假設某群樣本的特質比另一群樣本強），而雙側檢定的假設則是不具方向性的（例如，假設兩群樣本有明顯差異）。當問題的性質不同時，兩樣本間累積觀察次數之最大差異值D之計算方式也不同。在單側檢定當中，D值是取與研究假設方向一致的差值中最大者來代表，不管另一方向的差值是多少。在雙側檢定中，D值則是取所有差值中絕對值最大者來代表。這裡的最大差異值（most extreme difference）越大，代表兩樣本群之間的次數分配差異也越大（Siegel & Castellan, 1988）。

　　以**表8-11**所列之資料來說明。表中是40位受訪者之政治立場及對某政論節目態度的分布情形。其中，屬泛藍立場的受訪者，有8位表示非常

社會統計與資料分析

表8-11 政治立場與觀眾對政論節目的態度

政治立場	對某政論節目的態度				
	非常不喜歡	不喜歡	普通	喜歡	非常喜歡
泛藍	0	1	4	7	8
泛綠	11	5	4	0	0

喜歡該節目，有7位表示喜歡。相反地，屬泛綠立場的受訪者，有11位表明非常不喜歡該節目，而不喜歡的也有5位。從表中的次數分配來判斷，試問泛藍與泛綠政治立場的受訪者對於該政論節目的態度有無明顯不同？由於這樣的問題屬於雙側考驗的問題，因此計算累積觀察次數之最大差異量D值時只要取絕對值即可。

要計算D值，必須先將**表8-11**中的次數分配轉換成累積百分比例。例如，泛藍受訪者當中「非常不喜歡」該節目的佔泛藍總數的0%，若加上「不喜歡」的受訪者，數量便累計至1/20。若再加上持「普通」態度的受訪者，數量會累計至5/20，以此類推。在泛綠受訪者當中，表示「非常不喜歡」的佔泛綠樣本的11/20，若加上「不喜歡」的樣本，數量會累計至16/20，以此類推。詳細的累積次數分配顯示在**表8-12**。如果將泛藍受訪者各種態度上的累積次數減去泛綠受訪者的累積次數，便可以得到五組的差異值。其中，差異最大的D值發生在「不喜歡」的組別上，其差異的絕對值為15/20或0.75。根據查表得知，當N=20，信心水準為0.05時，要推翻

表8-12 不同政治立場者之態度累積次數分配

政治立場	對某政論節目的態度				
	非常不喜歡	不喜歡	普通	喜歡	非常喜歡
泛藍 $S_{n1}(X)$	$\dfrac{0}{20}$	$\dfrac{1}{20}$	$\dfrac{5}{20}$	$\dfrac{12}{20}$	$\dfrac{20}{20}$
泛綠 $S_{n2}(X)$	$\dfrac{11}{20}$	$\dfrac{16}{20}$	$\dfrac{20}{20}$	$\dfrac{20}{20}$	$\dfrac{20}{20}$
$S_{n1}(X)-S_{n2}(X)$	$-\dfrac{11}{20}$	$-\dfrac{15}{20}$	$-\dfrac{15}{20}$	$-\dfrac{8}{20}$	0

虛無假設所需的D值必須大於9/20。由於D值已超越推翻虛無假設所需的臨界值，因此可以判定泛藍與泛綠群眾對該政論節目的態度明顯不同。

在SPSS中執行柯史檢定，其操作步驟與曼惠特尼U檢定相類似。首先，從資料編輯視窗上端選擇分析、無母數檢定與兩個獨立樣本。等畫面出現兩個獨立樣本檢定的對話視窗後，將所要檢定的變項選入檢定變數清單，將分組變項選入分組變數空格，按定義組別，並輸入各組的編碼代號。最後在檢定類型處勾選Kolmogorov-Smirnov Z檢定，再按確定。

以表8-11的資料為例，若要藉由SPSS來執行柯史檢定，可以開啟兩獨立樣本柯史檢定.sav的資料檔。將政論節目變項選入檢定變數清單，將政治立場選為分組變數，其餘操作步驟如前面所介紹。分析的結果顯示在表8-13。不同政治立場的受訪者對政論節目的態度之間，最大差異值D為0.75，換算成Z分配後的值為2.372，顯著性為0.000。由於顯著性低於0.05的水準，顯示Z值已超過推翻虛無假設所需的臨界值，因此應推翻虛無假設，承認泛藍與泛綠受訪者在該政論節目的態度上有顯著差異。

三、中數檢定

中數檢定（median test）適用於比較兩群或多群獨立樣本的順序尺度資料，藉以了解這些樣本群是否來自中數相等的母群。這類方法用來判斷樣本群異同的標準，不是看彼此間的平均數是否相同，而是看樣本群

表8-13　兩獨立樣本柯史檢定結果

檢定統計量[a]

		政論節目
最大差異	絕對	.750
	正的	.000
	負的	-.750
Kolmogorov-Smirnov Z 檢定		2.372
漸近顯著性（雙尾）		.000

a.分組變數：政黨立場。

的中數。如果樣本群之間有相同的中數，那理應在每一樣本群當中得分低於中數的樣本比例都會相同，且得分高於中數的樣本比例也會相同。當樣本群的次數分配比例不一致時，代表彼此間的中數並不一樣，也代表樣本群的特質有明顯差異。

在中數檢定中，虛無假設主張各組樣本的中數相同。要判斷各組樣本中數是否相同，中數檢定採取的做法是比較各樣本群實際觀察到的次數分配與期望次數分配之差異。如果觀察次數與期望次數完全相同，則卡方值會等於0，這時應接受虛無假設，承認樣本群之間中數是相同的。如果觀察次數與期望次數差距極大，則卡方值會很大。只要卡方值超過某個臨界值，就可以推翻虛無假設，承認樣本群的中數有顯著差異。

以表8-14的資料來說明中數檢定的計算原理。資料中有40位學童（男女各半）假日收看電視的時間長度（單位為小時）。根據這樣的資料分布，試問男女生的收視時數是否相同？以中數檢定來回答這個問題，首先需將全部40位樣本依其收視時數的多寡排成一列，然後求出全體樣本的中數。以表8-14的資料為例，樣本數為40，因此中數應是第20與第21位樣本收視時數之平均。第20位樣本的收視時數為5.5，第21位樣本的收視時數為6，因此中數值為（5.5+6）÷ 2 = 5.75。

算出整體樣本的中數後，以這個中數值（Median = 5.75）為基準，將男女每位樣本逐一歸類成「大於中數」與「小於等於中數」兩組。以男生為例，收視時數大於5.75的人有13位，小於等於5.75的有7位；相反

表8-14　男女生假日收看電視時數

男生：	4.5, 3, 1.5, 4, 5, 2.5, 7, 6, 4.5, 12, 15, 21, 13.5, 10, 8, 11, 8.5, 9, 15, 16
女生：	2, 4, 3.5, 0, 1, 2.5, 4, 6, 3, 6.5, 8.5, 0.5, 12, 4, 5.5, 4, 6, 5.5, 8, 12
中數：	5.75

	大於中數	小於等於中數	合計
男生	13	7	20
女生	7	13	20
合計	20	20	40

地，在女生當中，有7位受訪者的收視時數大於5.75，13位小於或等於5.75。這樣的次數分配，根據卡方檢定的公式所求得的卡方值為3.6，在1個自由度底下，顯著性P = 0.058。

由於**表8-14**的次數分配屬於2×2的交叉表，為避免卡方值被高估，因此宜採葉氏連續性校正（Yates' Continuity Correction）後的卡方值作為判斷結果之依據。校正後的卡方值為2.5，在1個自由度底下，顯著性P = 0.114。此結果顯示，卡方值並未超過推翻虛無假設所需的臨界值，因此應該接受虛無假設，承認男女生在收視時數上並無明顯的差異存在。

要得到上述的統計分析結果，可以在SPSS中執行檔案**中數檢定.sav**。首先，從資料編輯程式選擇**分析**、**無母數檢定**與**K個獨立樣本**（K Independent Samples）。等畫面出現**多個獨立樣本的檢定**（Tests for Several Independent Samples）的對話視窗後，將要檢定的變項名稱（例如收看電視時數）選入至**檢定變數清單**，並將分組變項（例如性別）選入**分組變數**的空格內，並在**定義範圍**（Define Range）處輸入最大與最小組別數。然後在下方**檢定類型**處勾選**中位數檢定**（Median），再按**確定**。

對於三組或更多組樣本群之間的比較，其原理也相同。**表8-15**是56位大學生每週打工時數的紀錄。根據大一至大四學生的資料分布，能否

表8-15　不同年級大學生打工時數

大一：0, 0, 0, 0, 0, 0, 4, 5, 6, 7, 8, 10, 12, 14
大二：0, 0, 0, 2, 4, 5, 8, 9, 12, 16, 18, 20, 24, 28
大三：4, 6, 7, 12, 12, 15, 18, 20, 23, 30, 30, 32, 34, 40
大四：8, 12, 13, 16, 21, 24, 28, 36, 38, 40, 44, 48, 50, 56
中數：12

	大於中數	小於等於中數	合計
大一	1	13	14
大二	5	9	14
大三	9	5	14
大四	12	2	14
合計	27	29	56

宣稱不同年級學生的打工情形有差異。要以中數檢定來回答這個問題，首先需將全部56個樣本依其打工時數多寡排成一列，然後求出全體樣本的中數。以**表8-15**的資料為例，樣本數為56，因此中數值是排第28位與第29位樣本打工時數的平均。第28與29位樣本的打工時數都是12小時，因此全部樣本打工時數的中數是12。

其次，中數檢定會以這個中數值（median= 12）為基準，將四個年級的學生打工時數分成「大於中數」與「小於等於中數」兩組。以大一學生為例，打工時數大於中數的人有1位，小於等於中數的有13位；在大二學生當中，打工時數大於中數的有5位，小於或等於中數的有9位；大三學生當中，打工時數大於中數的有9位，小於或等於中數的有5位；大四學生當中，打工時數大於中數的有12位，小於等於中數的有2位。要判斷這樣的次數分配是否代表各年級打工時數有明顯不同，可以透過SPSS的中數檢定來回答。

要以中數檢定來分析**表8-15**的資料，可以開啟中數檢定2.sav的檔案，並依照前面曾介紹過的步驟來操作。詳細操作步驟請參考**表8-16**。分析結果顯示，針對**表8-15**上不同年級學生的次數分配，計算所得的卡方值為19.668，在三個自由度底下，顯著性P= 0.000。由於顯著性已達P < 0.05的水準，顯示卡方值已超過推翻虛無假設所需的臨界值。因此，研究者必須推翻虛無假設，承認四個年級的學生在打工時數上有明顯的不同。

表8-16　中數檢定操作步驟

步驟一：在SPSS資料編輯程式中開啟資料檔案。
步驟二：點選分析 → 無母數檢定 → K個獨立樣本。
步驟三：在多個獨立樣本的檢定對話視窗中，將要檢定的變項選入檢定變數清單，將分組變項選入分組變數，並在定義範圍處輸入最大及最小之組別編碼代號。
步驟四：在檢定類型處勾選中位數，按確定。

四、克瓦二氏H檢定

　　克瓦二氏H檢定（Kruskal-Wallis H test）宛如是無母數統計中的單因子變異數分析，專門用來比較三組或更多組獨立樣本間的平均數異同。不同於變異數分析的地方是，克瓦檢定並非採原始資料的平均數差異來判斷樣本間的異同，而是將原始資料轉換成等級順序後，再比較樣本間的等級平均數。換言之，這類方法是以樣本間等級平均數的差異作爲比較基準。在克瓦檢定當中，爲了計算出各組樣本的等級平均數，必須先將全部樣本依其分數高低排成一列，並針對每位樣本所佔的相對位置給予等級分（最低分者得1級分，而最高分者得到跟總樣本數相等的級分。如果各組的樣本是來自相同的母群的話，則各組所得的等級總分理應相等。假如有些組別的等級總分較小，有些組別的等級總分較大，一旦彼此的差異極爲懸殊，就代表這些樣本可能來自不同的母群。

　　假設研究者想了解不同學校學生的學習成果是否一致，於是針對六所學校各隨機抽出40位六年級學生進行測試。測試的科目包括國語、數學、社會、自然與健教。這些學生的學校別與測試成績儲存在檔案克瓦二氏檢定.sav。試問，這六個學校的學生課業表現是否相等？由於這群樣本屬於獨立樣本，而且樣本群的數量大於二群，因此這個問題適合以克瓦二氏H檢定來分析。

　　要執行克瓦二氏H檢定，首先開啓檔案克瓦二氏檢定.sav，並從SPSS資料編輯視窗上端選擇分析、無母數檢定與K個獨立樣本。等畫面進入多個獨立樣本的檢定的對話視窗後，將所要檢定的變項名稱（例如，國語、數學、社會、自然與健教）選入檢定變數清單，再將分組變項（例如，學校別）選入分組變數的空格，並在定義範圍處輸入最大及最小組別數（例如，1與6）。最後在檢定類型處勾選Kruskal-Wallis H檢定（Kruskal-Wallis H），再按確定。具體操作步驟可參考圖8-3。

　　分析結果如表8-17顯示，這六個學校的學生在國語、自然與健教等

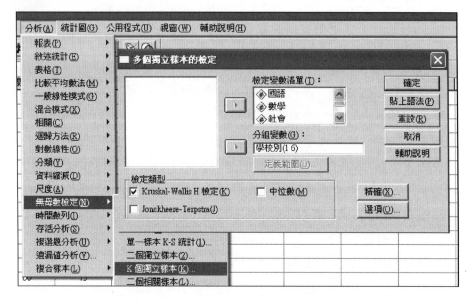

圖8-3　克瓦二氏H檢定之執行

表8-17　各校測驗成績之等級平均數

學校別	國語	數學	社會	自然	健教
A校	154.30	147.84	148.35	152.13	160.45
B校	131.04	126.48	124.68	140.41	124.83
C校	109.00	123.58	120.23	121.44	119.79
D校	112.01	108.09	112.59	105.30	108.56
E校	105.23	103.91	108.83	96.05	101.56
F校	111.43	113.11	108.34	107.68	107.81
卡方值	14.853	10.656	9.513	20.004	19.046
自由度	5	5	5	5	5
顯著性	.011	.059	.090	.001	.002

三個科目的成績呈現明顯不同，而在數學及社會兩科上並無差異。以國語科成績為例，A校學生的等級平均數為154.30，居六校之首；E校學生的等級平均數為105.23，居六校之末。卡方檢定顯示六校間的成績並不

一致，卡方值14.853，自由度5，顯著性P < .05。以自然科成績為例，A校學生的等級平均數為152.13，仍居六校之首；而E校學生的等級平均數為90.05，亦居六校之末。卡方檢定顯示六校間的成績並不一致，卡方值20.004，自由度5，顯著性P < .01。

 ## 第四節　相依樣本無母數

　　當分析的資料是取自同一個體，或來自配對情境下的相似個體，則必須仰賴相依樣本（或稱成對樣本）的無母數來分析。相依樣本之比較法當中，常見的有適合兩群樣本或兩筆資料比較的麥氏檢定（McNemar test）、符號檢定（Sign test）與魏可遜檢定（Wilcoxon test），以及適合多群樣本或多筆資料比較的佛利曼檢定（Friedman test）。其中，麥氏檢定適合用來比較類目尺度的資料，特別是二項式的答案。符號檢定、魏可遜檢定與佛利曼檢定則適合用來比較順序或等距尺度的資料。

一、麥氏檢定

　　麥氏檢定（McNemar Change test）適合在前測後測的研究設計中，用來比較同一群樣本在接觸某事件（如實驗刺激物）之前後所產生的改變。例如，在觀看總統大選的電視辯論前後，受訪者對於所支持的人選有沒有出現改變？或在爆發口蹄疫事件前後，民眾有沒有因為新聞報導而改變了食用豬肉的行為？或在東南亞爆發大海嘯災難前後，民眾前往該地旅遊觀光的意願有無不同？這些問題都同樣涉及兩個時間點底下的資料比較。在麥氏檢定當中，所用來比較的變項必須是屬於類目尺度測量的資料，而且只能呈現雙項分布（亦即只有兩種答案）。例如，支持或不支持某候選人、敢吃或不敢吃豬肉、想去或不想去旅遊，都屬於雙

項分布的問題。

　　為了檢測樣本的答案是否出現明顯的改變，麥氏檢定會將樣本的前測與後測兩次的資料以一個2×2的次數分配表來呈現。以**表8-18**中的資料為例，假設研究者在915圍城活動的前後二度訪問了329位受訪者，希望了解該次活動是否影響他們對於倒扁活動所抱持的態度。其中，有211位在活動之前或之後都表示支持倒扁活動，有66位在活動之前或之後都表示不支持倒扁活動。但是有47位受訪者在活動之前原先並不支持倒扁活動，可是在活動之後卻轉而支持；此外，也有5位受訪者是由支持而轉為不支持。整體而言，有277位受訪者的態度並未因915圍城活動而出現變化，而態度出現變化的有52位。

　　要判斷這群樣本在兩次的調查中態度有無出現明顯改變，麥氏檢定只取其中態度出現變化的樣本（即表中A與D空格）的分布情形作為衡量標準。如果空格A與D當中的次數分配是等量的，表示樣本在兩次答案上並無明顯不同。如果A與D空格中的次數分配嚴重失衡，則表示樣本態度出現明顯變化。至於表中B與C空格內的樣本數量變化並不影響整個檢定的結果。以**表8-18**的例子來說，假設這次活動並未影響受訪者的態度，在全部52位態度出現變化的樣本當中，理論上應該有一半的人態度是由支持轉為不支持，而另一半的人則是由不支持轉為支持。換言之，如果虛無假設為真，則態度出現改變的兩種可能狀況應該各佔一半的比例，等於（A+D）/2。因此，既然態度出現改變的有52位，則不管態度是由支持轉為不支持，或由不支持轉為支持，這兩種樣本應有的期望次數都是26。

表8-18　圍城活動對於倒扁態度之影響

		915圍城活動之後	
		支持倒扁	不支持倒扁
	不支持倒扁	A（47）	B（66）
915圍城活動之前			
	支持倒扁	C（211）	D（5）

當這兩種態度變化的樣本期望值是26，而實際觀察到的次數分配卻是47跟5，這究竟代表樣本態度有沒有出現顯著的變化呢？爲了回答這個問題，麥氏檢定會假設兩種態度變化的次數分配相等。進行檢定時，麥氏檢定會以卡方值的大小作爲能否推翻虛無假設的依據。如果計算出的卡方值超過推翻虛無假設所需的臨界值，則代表兩種態度變化的次數分配並不一致。

要在SPSS中執行麥氏檢定來分析表8-18的資料，讀者可以開啓麥氏檢定1.sav的檔案（參見圖8-4）。由於這個檔案屬集體資料格式，因此分析前必須先以資料中的人數來對其他變項進行觀察值加權。加權之後，從資料編輯視窗上端選擇分析、無母數檢定與兩個相關樣本（2 Related Samples）。等畫面出現兩個相關樣本檢定（Two-Related-Samples Tests）的對話視窗後，將所要檢定的兩個變項名稱（例如活動前與活動後）選入欲檢定之配對變數的清單（Test Pair List）中，然後在檢定類型的地方勾選McNemar檢定（McNemar），再按確定。分析的結果顯示，卡方值爲32.327，自由度1，精確顯著性P = 0.000。由於顯著性已達P < 0.05的水準，代表卡方值已超過推翻虛無假設所需的臨界值。因此，研究者必須承認在活動前與活動後受訪者態度的次數分配比例並不一致。

二、符號檢定

符號檢定（Sign test）適合用來比較兩組相依樣本的特質差異，特別是當該特質是以順序或等距尺度所測量。在重複測量的設計中，這類檢定可以看出一群樣本是否因某個事件（如實驗刺激物）而出現特質的改變。在組別配對的設計中，這類檢定可以看出配對的雙方特質上有無不同。在比較差異時，符號檢定是以兩次（或兩組）資料特質的強弱對比所產生的符號向度（如正負向）作爲計算標準。當前測（或第一組）資料的特質比後測（或第二組）強時，兩者差異的符號向度就以正號來表

示。當前測（或第一組）的特質比後測（或第二組）弱時，則以負號來表示。如果兩次或兩組資料的特質相等，則以0來表示。在符號檢定中，虛無假設主張兩組相依樣本的特質是相等的。換言之，如果兩組樣本的特質並無差異，則在比較差異的結果當中，扣除掉0之後，理應有一半的符號會是正向的，而另一半是負向的。如果正負號的分配明顯異於上述比例，則代表兩組樣本特質可能具明顯差異。

以具體的例子來說明。假設研究者想了解夫妻雙方收看電視的時間是否相同，於是訪問了12對夫妻。每一對夫妻檔當中，老公及老婆的收視時數如**表8-20**所示。其中，A組夫妻檔的老公每天觀看2.5小時的電視，老婆觀看4個小時的電視；B組夫妻檔的老公每天看4個小時的電視，而老婆看6個小時。根據這樣的資料分配，研究者是否能宣稱夫妻雙方的收視行為有差異呢？

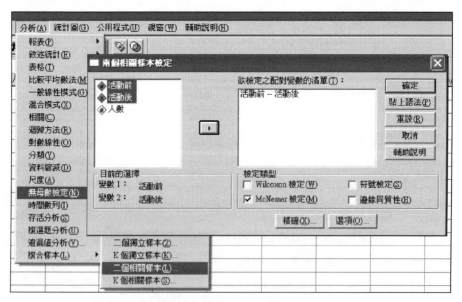

圖8-4　麥氏檢定之執行

　　由於樣本屬於配對性質的相依樣本，因此適合採符號檢定來分析。將老婆收視時數與老公進行比對的結果發現，在這12對夫妻當中總共獲得2個0（即夫妻雙方的收視時數相等者）、9個正號（即老婆收視時數多於老公者）、1個負號（即老婆收視時數少於老公者）。因為在符號檢定中並不考慮0，故有效符號為10個。在有效符號當中，符號檢定會選擇以符號數量較少的一組作為判斷結果的依據。以**表8-19**的結果為例，究竟從10組有效符號中得到1組負號的機率有多高呢？這樣的機率是否出自偶然？要回答這個問題，讀者可以透過SPSS來執行符號檢定。

　　在SPSS中要執行符號檢定，其步驟與麥氏檢定相似（見**圖8-5**）。首先，開啓檔案符號檢定.sav。這個檔案所記錄的是**表8-19**的資料。要以符號檢定分析這筆資料，先從資料編輯視窗上端選擇分析、無母數檢定與兩個相關樣本。等畫面出現兩個相關樣本檢定的對話視窗後，將所要比較的變項名稱（例如老公時數與老婆時數）選入欲檢定之配對變數的清單中，然後在檢定類型的地方勾選符號檢定（Sign），再按確定。經費雪精確檢定的結果發現，在10組符號中得到1組負號的機率是0.021，已經

表8-19　十二對夫妻間收視時數之比較

配對組別	老婆時數	老公時數	老婆比老公	符號
A	4	2.5	老婆＞老公	＋
B	6	4	老婆＞老公	＋
C	3	3	老婆＝老公	0
D	5	0	老婆＞老公	＋
E	3	1	老婆＞老公	＋
F	4	4.5	老婆＜老公	－
G	6.5	6.5	老婆＝老公	0
H	5	2	老婆＞老公	＋
I	2.5	1	老婆＞老公	＋
J	5.5	3.5	老婆＞老公	＋
K	2	0	老婆＞老公	＋
L	4	2	老婆＞老公	＋

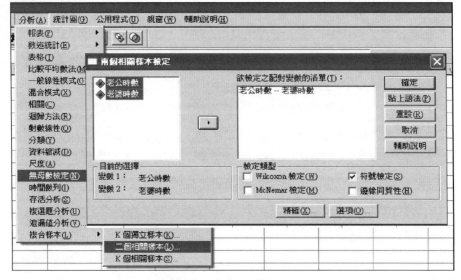

圖8-5　符號檢定之執行

達到P < 0.05的顯著水準。據此，研究者可以推翻虛無假設，宣稱夫妻雙方收視時數明顯不同。

三、魏克遜檢定

　　上述的符號檢定在比較樣本差異時，只考慮到每一對樣本的分數大小向度（即只關心數字的大小與正負方向），卻未考慮到分數的差異量。這種只考慮大小卻未考慮差異量的統計特性，有可能在檢定時出現樣本間實際的差異量不大，可是檢定結果卻顯示有顯著差異。當第一組資料（如前測分數）全面性地高於或低於第二組資料（如後測分數），縱使兩者間的差距微乎其微，符號檢定就會判定兩者明顯不同。為了避免出現此類的情形，讀者可以考慮使用檢定能力較強的魏克遜符號等級檢定。**魏克遜檢定**（Wilcoxon Signed-Ranks test）是一種既考慮到數字間大小方向，又考慮到差值多少的無母數統計方法。在這類方法中，樣本

間要被檢定出有顯著差異,除了兩者間的分數要有大小之分外,彼此分數的差異量大小也會對檢定結果造成影響。

以**表8-19**的十二對夫妻收視資料為例,魏克遜檢定的計算方式是先將各對夫妻檔的時間差算出來。其次,不計正負號,將全部的差值依大小順序排出等級。然後再恢復各個等級原先的正負符號。這時候,從差異等級處就可以看出有哪些等級是來自正差,有哪些等級是來自於負差。如果虛無假設為真,則帶正號的等級總和應與帶負號的等級總和相等。若是實際觀察到的分布並非如此,例如正號的等級總和較大或是負號的等級總和較大,則推翻虛無假設的機率會較高。

原**表8-19**的資料經魏克遜檢定的方式處理之後,結果會如**表8-20**所示。其中,夫妻檔A的兩人差異為1.5、夫妻檔B的差異為2、夫妻檔C的差異為0、夫妻檔L的差異為2。扣除掉兩人差異為0的組別後,剩餘的十對夫妻當中,只有一對是負號(即老婆的時數少於老公),有九對是正號(即老婆收視時數多於老公)。這對負號的組別(F組)因為差距最小,獲得的等級分也最少(即1級分)。A組與I組的差距次之,因此各獲得2.5的等級分(即2+3除以2)。當各組等級分計算出來後,將九組獲得正號的組別等級分加總即得54。由於魏克遜檢定是以兩種符號當中獲取等級總分較少的一組作為查表的依據,因此該資料最後求得的等級總分(Wilcoxon T)為1。

當Wilcoxon T值計算出來之後,就可以將該值來跟臨界值相較。從統計表格中可得知,當有效組別數是10,顯著水準設在0.05時,Wilcoxon T值必須要小於或等於8才能推翻虛無假設。由於資料所求得的T值1已經小於8,因此必須推翻虛無假設,承認這12對夫妻檔當中,老公與老婆收看電視的時數並不相同。

在SPSS中要執行魏克遜檢定來分析**表8-20**的資料,可以開啟**符號檢定.sav**的檔案。首先,從資料編輯視窗上端選擇**分析**、**無母數檢定**與**兩個相關樣本**。等畫面出現**兩個相關樣本檢定**的對話視窗後,將所要比較

表8-20　以魏克遜檢定比較夫妻收視時數

配對組別	老婆時數	老公時數	老婆－老公	差異等級
A	4	2.5	+1.5	2.5
B	6	4	+2	6
C	3	3	0	0
D	5	0	+5	10
E	3	1	+2	6
F	4	4.5	−0.5	−1
G	6.5	6.5	0	0
H	5	2	+3	9
I	2.5	1	+1.5	2.5
J	5.5	3.5	+2	6
K	2	0	+2	6
L	4	2	+2	6

的變項名稱（例如老公時數與老婆時數）選入 欲檢定之配對變數的清單 的空格，然後在下方 檢定類型 處勾選 Wilcoxon檢定 （Wilcoxon），再按 確定 。

　　根據分析結果顯示（如表8-21），老婆收視時數小於老公時數的有一對，老婆時數大於老公時數的有九對，兩者相等的有二對。正等級的組別所獲得的等級總和為54，負等級組別所獲得的等級總和為1。針對負等級個數進行Z檢定的結果，Z值為-2.739，漸進顯著性0.006，已低於0.05的水準。因此，選擇推翻虛無假設，承認老公與老婆的收視時數明顯不同。

四、柯克藍Q檢定

　　柯克藍Q檢定（Cochran's Q test）可謂是無母數統計中麥氏檢定（McNemar Change test）的延伸。麥氏檢定適用於兩相依樣本的二項式類目變項之比較，而柯克藍Q檢定則適用於三組或更多組相依樣本的二項

表8-21 魏克遜檢定統計量

等級

	個數	等級平均數	等級總和
老婆時數 - 老公時數　負等級	1[a]	1.00	1.00
正等級	9[b]	6.00	54.00
等值結	2[c]		
總和	12		

a.老婆時數 < 老公時數。
b.老婆時數 > 老公時數。
c.老婆時數 = 老公時數。

檢定統計量[b]

	老婆時數 - 老公時數
Z檢定	-2.739[a]
漸近顯著性（雙尾）	.006

a.以負等級為基礎。
b. Wilcoxon符號等級檢定。

式類目變項之比較（Siegel & Castellan, 1988）。假如讀者想了解觀眾在多個政論節目的觀看情形是否一致，其中觀看情形又是以「看」與「不看」這種二項式的答案所測量，則柯克藍Q檢定便非常適用。此外，如果讀者想知道消費者對於多種產品的購買意願（想買或不想買）是否相同，或是選民對於多組候選人的支持程度（支持或不支持）是否相同，或是學生對於多門課程的接受程度（如喜歡或不喜歡）是否相同，都可以採用這種方法來回答。

當虛無假設為真，柯克藍Q檢定會假設所有比較的組別當中，出現成功（success）的機率是相等的。這裡所謂的成功，究竟代表二項式答案中出現哪一個答案，統計上並無絕對標準。只是研究者為了方便結果的解讀，通常會從二項式的答案中，選擇一般人較期望發生的方向來代表成功。換言之，在「看」與「不看」之間，一般會選擇以「看」來代表成功；在「買」與「不買」之間，傾向於以「買」來代表成功；在「喜

歡」與「不喜歡」之間，傾向於以「喜歡」來代表成功。在資料輸入時，代表成功的一方通常以1為編碼代號，而失敗的一方則以0來編碼。**表8-22**所呈現的是12位觀眾觀看A、B、C等三個政論節目的情形，其中0表示不看、1表示看。試問，這樣的資料是否顯示這12位觀眾在這三種政論節目的收視比例上是一致的呢？

為了檢定觀眾在這三個節目的收視比例是否一致，柯克藍檢定會採用下面的公式計算出Q值。如果Q值大於推翻虛無假設的臨界值，則代表觀眾在這三個節目的收視比例是不同的。在公式中，k指的是節目數（3）、N指的是樣本數（12）。分子部分所顯示的是以各節目收看人次的平方和乘上k之後，減去收看各節目的人次和平方。分母部分則是觀看總人次乘上k之後減去各樣本觀看人次的平方和。將**表8-23**中的相關數據代入公式後，會得出Cochran's Q值3。究竟這樣的Q值是否已超過推翻虛無假設所需的臨界值，讀者可執行SPSS中的柯克藍檢定來找尋解答。

$$\text{Cochran's Q} = \frac{(k-1)\left[k\sum_{j=1}^{k}G_j^2 - (\sum_{j=1}^{k}G_j)^2\right]}{k\sum_{i=1}^{N}L_i - \sum_{i=1}^{N}L_i^2}$$

要在SPSS中執行柯克藍檢定來分析**表8-22**的資料，可以開啟檔案 柯克藍檢定.sav （參見**圖8-6**）。首先，從資料編輯視窗上端的 分析 處點選 無母數檢定 ，再由其下選擇 K個相關樣本 。等畫面出現 多個相關樣本的 檢定 的對話視窗後，將所要比較的變項名稱（例如節目A、節目B與節目C）選入 檢定變數 的空格，然後在 檢定類型 的地方勾選 Cochran's Q檢定 （Cochran's Q），再按 確定 。分析的結果顯示，Cochran's Q 值是3、自由度2、漸進顯著性0.223。由於顯著性未能低於0.05的水準，必須接受虛無假設，承認受訪者在這三個節目的收視情形並無明顯差異。

表8-22　政論節目之收視情形

樣本	節目A	節目B	節目C	收視人數	人數平方
1	1	1	1	3	9
2	0	0	0	0	0
3	1	1	1	3	9
4	1	0	0	1	1
5	1	0	0	1	1
6	1	1	1	3	9
7	0	0	0	0	0
8	1	0	1	2	4
9	0	0	1	1	1
10	0	0	0	0	0
11	1	0	1	2	4
12	0	1	1	2	4
合計	$G_1 = 7$	$G_2 = 4$	$G_3 = 7$	$\sum_{i=1}^{12} L_i = 18$	$\sum_{i=1}^{12} L_i^2 = 42$

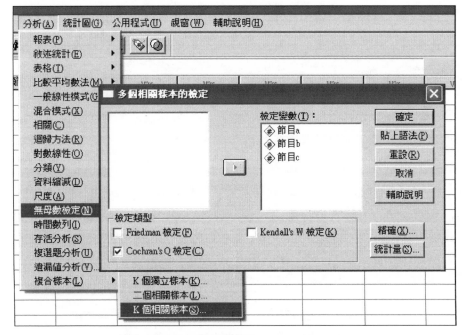

圖8-6　柯克藍Q檢定之執行

五、佛利曼檢定

佛利曼檢定（Friedman test）適用於比較多組相依樣本的順序變項資料。當同一群受訪者重複接受多個實驗情境，或是多個特質相近的人參與配對來接受某種實驗情境時，所得的資料被轉化成等級分數後，就可以利用這類方法來進行比較。佛利曼檢定的計算原理相當簡單。計算時，它是以每一個配對所包含的成員數為計分標準，同時根據各成員原始分數之大小來排定順序。原始分數最大者，所得的等級分最多，而原始分數最小者，所得的等級分最少。假設每一配對的成員數有3，則成員中原始分數最高者得級分3、次高者得級分2、最低分者得級分1。等所有配對成員的原始分數都轉換成等級分數後，佛利曼檢定會算出每一組成員所得的總級分。假如虛無假設為真，代表不同組別的樣本是來自同一母群的話，則理論上各組樣本所獲得的總級分應該會相等。如果各組獲得的總級分相差懸殊，一旦達可推翻虛無假設的程度，代表各組間有明顯差異。

以一個具體的例子來說明。假設某公司設計了三種不同的產品包裝。為了解消費者對這些包裝的反應如何，公司詢問了15位受訪者。這15位受訪者對三種包裝的喜愛程度，顯示在**表8-23**。其中，第一位受訪者對藍色包裝的喜愛程度是6分、對橘色包裝的喜愛程度是3分、對白色包裝的喜愛程度是2分。為判斷受訪者在三種包裝的喜愛程度是否不同，佛利曼檢定會先將喜愛程度的原始分數轉換成等級分。例如，第一位受訪者對藍色包裝的喜愛程度最高，因此得等級分3；對橘色包裝的喜愛程度居次，因此得等級分2；對白色包裝的喜愛程度最低，因此得等級分1。等所有樣本的原始分數都轉換成等級分數後，佛利曼檢定會將三種包裝各自獲得的等級分加總成總分，然後比較三者分數之差距。

在SPSS中要執行佛利曼檢定來分析**表8-23**的資料，可以開啟檔案**佛利曼檢定.sav**（參見**圖8-7**）。在資料編輯程式的視窗上端，選擇**分**

表8-23 佛利曼檢定計算原理

樣本	白色包裝		橘色包裝		藍色包裝	
	喜愛程度	級分	喜愛程度	級分	喜愛程度	級分
1	2	1	3	2	6	3
2	1	1	2	2	5	3
3	3	1	4	2	7	3
4	4	2	3	1	5	3
5	4	3	1	1	3	2
6	3	2	1	1	6	3
7	4	2	3	1	7	3
8	5	2	2	1	6	3
9	6	3	2	1	5	2
10	3	2	1	1	4	3
11	4	2	2	1	6	3
12	4	2	3	1	5	3
13	5	3	1	1	4	2
14	2	1	3	2	6	3
15	5	2	2	1	7	3

析、無母數檢定與K個相關樣本。等畫面出現多個相關樣本的檢定之對話視窗後，將所要比較的變項名稱（例如白色包裝、橘色包裝與藍色包裝）選入檢定變數的空格，然後在檢定類型的地方勾選Friedman檢定（Friedman），再按確定。

分析的結果顯示，白色包裝的等級平均數是1.93、橘色包裝的等級平均數是1.27、藍色包裝的等級平均數是2.8。相較之下，藍色包裝最能獲得受訪者的喜愛、白色包裝次之、橘色包裝最不受喜愛。要判斷三種包裝的得分差異是否能推翻虛無假設，經下列公式求出的卡方值是17.733、自由度2、顯著性P = 0.000。據此，可以推斷受訪者在這三組包裝的喜愛程度上是有明顯差異的。

$$\chi_r^2 = \frac{12}{Nk(k+1)} \sum_{j=1}^{k} (R_j)^2 - 3N(k+1)$$

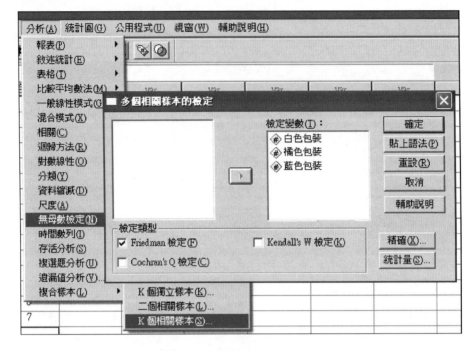

圖8-7　佛利曼檢定之執行

Chaper

9

t檢定

在眾多比較樣本差異的統計方法中，**t**檢定算是比較簡單，也容易操作的一種。面對單變量及雙變量的問題，尤其當樣本只有一群或兩群時，**t**檢定可說是研究者優先的選擇。只要研究者想針對一群或兩群樣本的特質進行比較，而這些特質又是採等距測量，就可以使用**t**檢定。根據應用時機與資料樣本來源不同，**t**檢定還分成三種檢定方法：(1)單一樣本**t**檢定（One-Sample T Test）；(2)獨立樣本**t**檢定（Independent-Samples T Test）；(3)成對樣本**t**檢定（Paired-Samples T Test）。其中，**單一樣本t檢定**適用於比較一群樣本在某個變項上實際觀察特質與期望特質之異同；**獨立樣本t檢定**適用於比較兩樣本群在某些變項特質上的異同；**成對樣本t檢定**適用於比較同一群樣本（或配對樣本）所提供的兩個變項特質。

這三類的**t**檢定都屬於母數統計的一環，對所要分析的資料有一些基本前提的要求：(1)它要求樣本資料必須從母群中隨機抽樣而來。如果樣本並非由隨機抽樣的方式取得，而是來自非隨機抽樣的方式，則分析結果的外推性必然會受質疑；(2)資料結構必須合乎常態分布。在常態分布的前提之下，從**t**檢定的數據所推論的結果才能貼近真實狀況；(3)它要求所比較的樣本母群必須有相同標準差。當樣本間分散的情形相同，比較基準才會一致；(4)它要求每位樣本只佔一個分析單位，而且樣本必須獨立作答而不受干擾。如果部分樣本重複填寫問卷，則這些人的意見所佔比重比其他樣本高，會扭曲結果的正確性。如果樣本是集體作答且相互交談，則答案容易受他人影響（Grimm, 1993）。

第一節　單一樣本t檢定

一、統計原理

顧名思義，單一樣本**t**檢定適合用來分析一群樣本的資料。如果研

究者想要了解一群樣本在某個變項的特質是否與母群特質相同，就可以採單一樣本t檢定來回答。在回答這類問題時，研究者所蒐集的資料必須具備兩個要素：(1)實際觀察的樣本特質；(2)期望的母群特質。觀察特質是研究者實地從受訪者取得的資料，通常呈個體資料（individual data）的形式。期望特質是研究者從官方記錄、歷史檔案或昔日研究取得的資料，通常只是一個特定數字。檢定時單一樣本t檢定會將實際觀察的樣本特質平均數與期望特質的特定數字進行比較，因此資料必須以等距尺度測量。當樣本特質的平均數與期望數字差異頗大，其幅度明顯大過偶發性差異時，就可以判定該樣本特質與母群明顯不同。

　　以一個例子來說明。假如氣象局想知道今年夏季平均溫度是否異於十年前夏季的平均溫度29.8度，只要觀察記錄今年6、7、8月份每日的氣溫，就可以用單一樣本t檢定來將這三個月份的平均溫度與29.8度進行比較。在這個問題中，十年前的夏季平均溫度29.8就是期望值，而今年所取得的夏季每日溫度就是觀察值。再舉另一個例子。根據報導顯示，目前一般大專畢業生的平均就業起薪為25,000元。如果讀者想知道傳播科系畢業生的起薪水準是否與一般大學生相同，就可以訪問傳播科系的畢業生，並將取得的資料來跟25,000元進行比較。在這個問題中，25,000元就是期望值，而傳播科系學生實際起薪水準就是觀察值。其他適合以單一樣本t檢定來回答的問題還包括：小學生每天的睡眠時數是否達到8個小時？大學生每天上網的時間有沒有超過5個小時？現在企業所提供的最低薪資是否與政府公告的基準相符？

　　要執行單一樣本t檢定，完整的流程包含幾個步驟：(1)根據研究問題擬定虛無與對立假設。虛無假設主張樣本與母群特質的平均數是相同的，而對立假設則假設兩者不同；(2)設定信心水準。信心水準指的是推翻虛無假設時可能犯第一型錯錯（Type I Error）的機率。一般而言，大多數的研究都會將之設定在5%、1%或0.1%的水準。信心水準設的越低，推翻虛無假設時犯錯的機率也越低；(3)依照公式來計算出t值；(4)根據信

心水準與自由度，查詢要推翻虛無假設所需要的臨界值；(5)將計算出的**t**值與臨界值進行比較；(6)解讀分析結果。如果計算出的**t**值大於推翻虛無假設所需的臨界值，則該選擇推翻虛無假設，承認樣本與母群的特質存在顯著差異。如果**t**值未超過該臨界值，則必須接受虛無假設，承認樣本與母群之間並無明顯差異（Grimm, 1993）。

要計算**t**值，可以分四個步驟來完成（Grimm, 1993）：(1)計算出樣本的平均數，這可以從樣本分數的總和除以樣本個數來取得；(2)算出樣本平均數及母群平均數之差距；(3)計算出樣本的均數標準誤。樣本標準誤是由樣本標準差除以樣本個數的平方根而來，其中標準差是先算出各樣本分數與樣本平均數之差異的平方和之後，除以樣本數減1，再將所得結果開根號；(4)將第二步的結果除以第三步的結果即得**t**值。有關**t**值的計算過程與採用之公式，請參考**表9-1**。

在單一樣本**t**檢定中，**t**值是將樣本與母群平均數的差異量除以該樣本的均數標準誤而來。當樣本與母群平均數的差異很大，而樣本的均數標準誤很小，所得到的**t**值會較大，也代表樣本與母群真正存在差異的可能性較大。如果樣本與母群平均數的差異較小，但均數標準誤卻較大，則所得的**t**值會較低，也代表樣本與母群之間存在差異的可能性較小。所謂的**均數標準誤**（standard error of the mean），指的是從同一母群重複取樣時，這些樣本平均數的標準差。均數標準誤反映了樣本特質分散的程度。標準誤越大，樣本特質分散的情形越嚴重，反之則反。

二、案例示範

(一)比較起薪水準

假設目前一般大專畢業生平均起薪為25,000元，試問傳播相關科系的畢業生起薪水準是否與一般大專畢業生相同？要回答這個問題，研究者

表9-1　單一樣本t值計算原理

$$t \text{ 值} = \frac{\overline{X} - \mu}{S_{\bar{x}}}$$

其中，$\overline{X}$ 代表樣本的平均數

μ 代表母群平均數

$S_{\bar{x}}$ 代表均數標準誤（Standard Error of the Mean）

而均數標準誤 $S_{\bar{x}} = \dfrac{S}{\sqrt{n}}$

其中，S 代表樣本的標準差

n 為樣本的個數

而標準差 $S = \sqrt{\dfrac{\sum (X - \overline{X})^2}{n-1}}$

X 代表每個樣本的分數

$\overline{X}$ 代表樣本的平均數

n 為樣本的個數

　　訪問了220位傳播科系的畢業生，取得其起薪資料，並將資料儲存在**單一樣本t.sav**的檔案中。要分析這筆資料，先將該檔案開啟。在資料編輯程式視窗上選擇**分析**、**比較平均數法**（Compare Means）與**單一樣本T檢定**（One-Sample T Test）。在**單一樣本T檢定**的對話視窗中，將起薪水準這個變項選入**檢定變數**（Test Variables）的方框，並在**檢定值**（Test Value）的空格內輸入25,000，最後按**確定**。具體操作步驟請參考**表9-2**與**圖9-1**。

表9-2　單一樣本t檢定操作步驟

步驟一：在SPSS資料編輯程式中開啟資料檔案。

步驟二：點選**分析** → **比較平均數法** → **單一樣本T檢定**。

步驟三：在**單一樣本T檢定**對話視窗中，將所要檢定的變項選入**檢定變數**的空格，並在**檢定值**處輸入期望值。

步驟四：按**確定**。

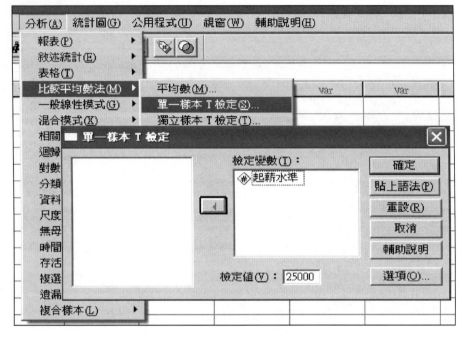

圖9-1　單一樣本t檢定之操作

資料分析結果顯示於**表9-3**。如表所示，這220位樣本的平均起薪為27,959.31元，標準差（Std. Deviation）為12,711.691。樣本平均數的標準誤（Std. Error of the Mean）857.022是由標準差12,711.691除以樣本數的平方根（$\sqrt{220}$）而來。樣本的平均起薪27,959.31元與檢定值（期望薪資25,000元）的差異（mean difference）是2,959.314。將這個平均差異值除以平均數的標準誤之後即得t值3.453。這樣的t值，在219個自由度及0.001的信心水準底下，已超過推翻虛無假設所需的臨界值。因此應推翻虛無假設，承認樣本的起薪水準與母群明顯不同。傳播科系的畢業生，起薪水準明顯高於一般大學畢業生的薪水。

表9-3　單一樣本t檢定結果（一）

單一樣本統計量

	個數	平均數	標準差	平均數的標準誤
起薪水準	220	27,959.31	12,711.691	857.022

單一樣本檢定

	檢定值＝25,000					
	t	自由度	顯著性（雙尾）	平均差異	差異的95%信賴區間	
					下界	上界
起薪水準	3.453	219	.001	2,959.314	1,270.25	4,648.38

(二)比較睡眠時數

再舉另一個例子來說明。假設研究者想了解現在小學生每天平均的睡眠時數有無達到8個小時，因此隨機抽樣了180位學生進行調查。調查結果儲存在檔案一樣本t_2.sav。檔案中學生實際的「睡眠時數」是觀察值，而比較的標準8小時是期望值。要檢定學生的睡眠時數是否不同於8小時，先開啓這個檔案後，從資料編輯程式視窗上選擇分析、比較平均數法與單一樣本T檢定。等畫面進入單一樣本T檢定的對話視窗後，將睡眠時數這個變項選入檢定變數的方框內，然後在檢定值處輸入期望值8，再按確定。具體操作步驟請參考表9-2。

分析結果顯示於表9-4。如表所示，全部180位樣本的平均睡眠時數為6.761、標準差為1.009、平均數的標準誤為0.0752。相較之下，樣本平均睡眠時數比期望值8少了1.2389小時。將平均差異-1.2389除以平均數的標準誤0.0752後，計算出的t值為-16.474，顯著水準為0.000。這樣的t值，在179個自由度及0.001的信心水準下，已經超過推翻虛無假設所需的臨界值。據此，應該推翻虛無假設，承認現在學生平均睡眠時數明顯少於8個小時。

表9-4　單一樣本t檢定結果（二）

單一樣本統計量

	個數	平均數	標準差	平均數的標準誤
睡眠時間	180	6.761	1.0090	.0752

單一樣本檢定

	檢定值＝8					
	t	自由度	顯著性（雙尾）	平均差異	差異的95%信賴區間	
					下界	上界
睡眠時間	-16.474	179	.000	-1.2389	-1.387	-1.090

第二節　獨立樣本t檢定

一、統計原理

(一)應用時機

　　獨立樣本t檢定屬於雙變量的統計方法，適合用來比較兩群獨立樣本在某變項的平均數是否相同。既然屬雙變量方法，獨立樣本t檢定所分析的資料會包含兩個變項：(1)分組變項；(2)檢定變項。**分組變項**是用來區分樣本身分的變項，必須是類目性質，而且只能有兩種類目。如果分組變項原本探等距尺度測量，在分析之前必須將之重新編碼並分割成兩組。**檢定變項**則是整個問題的焦點，是用來進行比較的目標變項。為能算出平均數，檢定變項必須是以等距或比例尺度測量。如果檢定變項並非以等距或比例尺度測量，便不適合探t檢定。

　　假如讀者想知道傳播科系與非傳播科系的畢業生起薪水準是否相同，或想知道小學男生與女生的平均身高有無不同，或是想知道泛藍群眾與泛綠群眾對政黨捐款的金額有無不同，都可以透過獨立樣本t檢定來回答。這類問題中都有兩群獨立的個體（如傳播與非傳播科系、男女、

泛藍與泛綠），也有一個等距尺度的目標變項（如起薪水準、身高、捐款金額），因此適合獨立樣本t檢定。其他適合以獨立樣本t檢定來回答的問題包括：男女的每月平均收入有無不同？城鄉學童收看電視的時數有無不同？有無課後輔導的學童成績有無不同？

(二)檢定程序

獨立樣本t的檢定程序大致與單一樣本t相同。完整檢定流程包括以下步驟：(1)根據研究問題擬定虛無與對立假設。虛無假設主張兩樣本群特質的平均數相同，而對立假設則主張兩者不同；(2)設定信心水準。信心水準指推翻虛無假設時可能犯錯的機率，一般研究都將之設定在5%、1%或0.1%的水準；(3)計算t值；(4)根據設定的信心水準與自由度，查詢要推翻虛無假設所需的臨界值；(5)將計算出的t值與臨界值進行比較；(6)解讀結果。如果算出的t值大於推翻虛無假設所需的臨界值，應選擇推翻虛無假設，承認兩樣本群有顯著差異。如果t值未超過該臨界值，則接受虛無假設，承認兩樣本群並無明顯差異。

(三)計算原理

有關t值的計算原理，獨立樣本t與單一樣本t所依據的標準並不相同。獨立樣本t檢定中的t值是取兩群樣本平均數的差異量與兩樣本間的均差標準誤之比值而來。所謂均差標準誤（standard error of the difference in means），指的是從同一母群中重複抽取出兩群樣本時，這些樣本群平均數差異的標準差。均差標準誤的大小反映了任何兩群樣本的平均數差異分散的幅度。當均差標準誤較大時，要推翻虛無假設所需的臨界值較高，反之則反。

因此，當兩樣本間平均數的差異很大，而均差標準誤很小，所得到的t值會較大。t值較大，代表有較高的機會推翻虛無假設，也意味著樣本間存在差異的可能性較高。如果樣本間的差異較小，但均差標準誤卻較

大,則所得的**t**值會較低,推翻虛無假設的機會也相對較低。要算出**t**值,可採取以下的步驟:(1)先算出兩群樣本各自的平均數;(2)再算出樣本間的平均數差異;(3)根據公式算出樣本間的均差標準誤;(4)最後將兩樣本間的平均數差異除以均差標準誤,即得**t**值(Grimm, 1993)。有關**t**值的計算,可以參照**表9-5**中的公式。

二、案例示範

在SPSS的操作環境下,要執行獨立樣本**t**檢定,可以從資料編輯視窗上的**分析**,選擇**比較平均數法**,再選擇**獨立樣本T檢定**(Independent-Samples T Test)。等畫面進入**獨立樣本T檢定**的對話視窗後,將要檢定的變項選入**檢定變數**(Test Variables)的方框內,並將分組變項選入**分組變數**(Grouping Variable)的空格,再按**定義組別**(Define Groups)。如果分組變項是類目尺度,則在進入**定義組別**的對話視窗後,將代表組別的編碼代號分別輸入到**組別1**(Group 1)及**組別2**(Group 2)的空格。如果分組變項是等距尺度,則在進入**定義組別**的對話視窗後,選擇**分割點**

表9-5 獨立樣本t值之計算公式

$$\text{t 值} = \frac{\overline{X}_1 - \overline{X}_2}{S_{\bar{x}_1 - \bar{x}_2}}$$

其中,$\overline{X}_1$ 代表第一群樣本的平均數

$\overline{X}_2$ 代表第二群樣本的平均數

$S_{\bar{x}_1 - \bar{x}_2}$ 代表兩樣本間的均差標準誤(Std. Error of the Difference in Means)

而均差標準誤 $S_{\bar{x}_1 - \bar{x}_2} = \sqrt{\frac{SD_1^2(n_1 - 1) + SD_2^2(n_2 - 1)}{n_1 + n_2 - 2} \left(\frac{1}{n_1} + \frac{1}{n_2} \right)}$

其中,SD_1^2 代表第一群樣本的標準差平方

SD_2^2 代表第二群樣本的標準差平方

n_1 代表第一群樣本的個數

n_2 代表第二群樣本的個數

（Cut Point），並輸入用來分組的數值。SPSS會將小於該數值的樣本歸爲一組，大於等於該數值的歸爲另一組。最後按繼續與確定。SPSS就會執行兩組獨立樣本的差異檢定。

(一)比較男女起薪水準

以具體的例子來說明。假設研究者想了解男性與女性大專畢業生的起薪水準是否相同，於是隨機訪問了220位甫從大學畢業的社會新鮮人，男女各半。這些資料儲存在二獨立樣本t.sav的檔案中，其中性別是分組變項，而起薪水準是檢定變項。要分析這些資料，首先將該檔案開啓。從資料編輯程式視窗上選擇分析、比較平均數法與獨立樣本T檢定。當畫面進入獨立樣本T檢定的對話視窗後，將起薪水準這個變項選入檢定變數方框內，將性別選入分組變數空格，再按定義組別。在定義組別的對話視窗中，在組別1的空格輸入男生的編碼1，在組別2的空格輸入女生的編碼2，最後按繼續及確定。具體的操作步驟可參考表9-6與圖9-2。

資料分析結果顯示於表9-7。如表所示，男性樣本的平均起薪爲30,718.52元，標準差（Std. Deviation）爲13,792.772。女性樣本的平均起薪爲25,200.11元，標準差爲10,911.002。男女之間的平均薪資差異爲5,518.409元，均差標準誤（Std. Error of the Difference in Means）爲1,676.822。將平均薪資差異除以均差標準誤即得t值3.291。這樣的t值，在218個自由度及0.01信心水準底下，已超過推翻虛無假設所需要的臨界值。因此判定該推翻虛無假設，承認男女樣本的起薪水準明顯不同。男

表9-6　獨立樣本t檢定之操作步驟

步驟一：在SPSS資料編輯程式中開啓資料檔案。
步驟二：點選分析→比較平均數法→獨立樣本T檢定。
步驟三：在獨立樣本T檢定對話視窗中，將所要檢定的變項選入檢定變數空格，將分組變項選入分組變數空格。
步驟四：按定義組別鍵，並在組別1與組別2空格內輸入兩個組別的編碼代號。
步驟五：按確定。

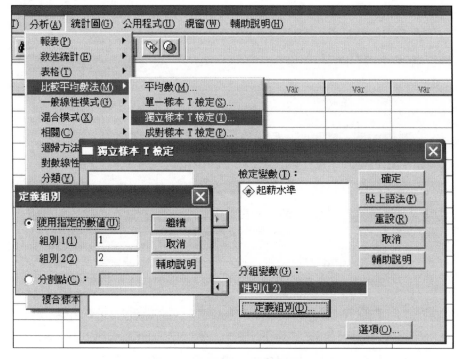

圖9-2　獨立樣本t檢定之操作

表9-7　獨立樣本t檢定結果（一）

組別統計量

	性別	個數	平均數	標準差	平均數的標準誤
起薪水準	1	110	30,718.52	13,792.772	1,315.089
	2	110	25,200.11	10,911.002	1,040.323

獨立樣本檢定

	變異數相等的Levene檢定		平均數相等的t檢定					差異的95%信賴區間	
	F檢定	顯著性	t	自由度	顯著性(雙尾)	平均差異	標準誤差異	下界	上界
起薪水準									
假設變異數相等	3.491	.063	3.291	218	.001	5,518.409	1,676.822	2,213.551	8,823.267
不假設變異數相等			3.291	207.031	.001	5,518.409	1,676.822	2,212.574	8,824.245

性大專畢業生比女性的起薪水準明顯要高。

(二)檢定課業成績

再以另一個例子來說明。假設研究者想了解學生寫筆記的習慣是否會影響他們上課的成績，因此針對70位學生進行調查。調查後的資料儲存在二樣本t_2.sav的檔案中。其中，分組變項是寫筆記，包含寫筆記與不寫筆記兩組學生，檢定變項是期末成績。要分析這筆資料，其操作步驟與前例相同。先開啓二樣本t_2.sav的檔案，再從資料編輯視窗上端選擇分析、比較平均數法與獨立樣本T檢定。在獨立樣本T檢定的對話視窗中，將期末成績選入檢定變數方框，將寫筆記選入分組變數空格，再按定義組別。在定義組別對話視窗中，在組別1的空格內輸入0來代表未寫筆記的學生，在組別2的空格內輸入1來代表寫筆記的學生。最後按繼續與確定。

分析結果顯示在表9-8。如表所示，未寫筆記的學生成績平均為66.45，標準差為10.803。有寫筆記的學生成績平均為80.07，標準差

表9-8　獨立樣本t檢定結果（二）

組別統計量

寫筆記		個數	平均數	標準差	平均數的標準誤
期末成績	0	40	66.45	10.803	1.708
	1	30	80.07	9.135	1.668

獨立樣本檢定

	變異數相等的Levene檢定		平均數相等的t檢定						
	F檢定	顯著性	t	自由度	顯著性（雙尾）	平均差異	標準誤差異	差異的95%信賴區間	
								下界	上界
期末成績									
假設變異數相等	.406	.526	-5.568	68	.000	-13.617	2.446	-18.497	-8.737
不假設變異數相等			-5.704	66.962	.000	-13.617	2.387	-18.382	-8.851

爲9.135。前者比後者的成績平均低了13.617分，兩者間的均差標準誤2.446。將兩者平均數的差異除以均差標準誤即得t值-5.568，顯著水準爲0.000。這樣的t值，在68個自由度及0.001的信心水準下，已經超過推翻虛無假設所需的臨界值。因此，必須推翻虛無假設，承認寫筆記的學生成績與未寫筆記的學生明顯不同。

在獨立樣本t檢定的分析結果當中，SPSS提供兩種t檢定的數值讓讀者參考：(1)假設變異數相等；(2)不假設變異數相等。當Levene同質性檢定發現兩群樣本的變項有相等的變異數時（即F檢定值較小，且顯著性大於0.05），讀者在判定樣本間有無差異時應該參考「假設變異數相等」的t值。如果Levene同質性檢定發現兩群樣本的變項變異數不相等時（即F檢定值較大，且顯著性小於0.05），讀者在判定樣本間有無差異時應該參考「不假設變異數相等」的t值。以**表9-8**的結果爲例，其中變異數相等的Levene檢定發現F值是0.406，p = 0.526。由於顯著性未低於0.05的水準，代表兩組學生在期末成績的變異情形並無明顯差異，因此應採假設變異數相等的t值-5.568作爲判斷檢定結果的依據。

第三節　成對樣本t檢定

一、統計原理

(一)應用時機

成對樣本t檢定適用於比較兩筆取自相依樣本（dependent samples）或**配對樣本**（paired samples）的資料。當兩筆資料來自相同一群樣本（例如，同一群人回答同一個問題兩次或是回答兩個不同的問題），或是來自背景極爲相近的兩組樣本，這些資料的差異比較都可以透過成對

樣本t檢定來完成。這類方法分析的資料結構中並無分組變項，而是包含兩個目標變項：檢定變項(1)與檢定變項(2)。這兩個檢定變項都必須是以等距尺度所測量。

　　假如讀者想知道樣本去年跟今年的年收入有無不同？學生對英文科與數學科的學習興趣有無不同？觀眾對於兩種政論節目的評價有無不同？921地震前後的房地產價格是否不同？就可以使用成對樣本t檢定來回答。其他適用的問題還包括：某一群學生在期中考及期末考的成績有無出現明顯變化？在911恐怖攻擊事件前後，民眾到美國旅遊觀光的意願有無不同？在廣告播出前後，消費者對產品的評價有無不同？民眾在夏季及冬季的用電量有無差異？

(二)檢定流程

　　成對樣本t的檢定程序大致上與獨立樣本t檢定相同，包括以下幾個步驟：(1)根據研究問題擬定虛無假設與對立假設。虛無假設主張兩個變項的平均數相同，而對立假設則主張兩者不同；(2)設定信心水準（通常設定在5%、1%或0.1%的水準）；(3)依照公式計算出t值；(4)根據信心水準與自由度，查詢要推翻虛無假設所需要的臨界值；(5)將計算出的t值與臨界值進行比較；(6)解讀結果。如果算出的t值大於推翻虛無假設所需的臨界值，則選擇推翻虛無假設，承認兩變項間存在顯著差異。如果t值未超過該臨界值，則必須接受虛無假設，承認兩變項間並無明顯差異。

(三)計算原理

　　至於t值的計算，成對樣本t檢定所依據的原理與前兩種方法並不相同。成對樣本t檢定中的t值是取兩變項平均數的差異與兩變項差異的均數標準誤之比值而來。所謂**均數標準誤**（standard error of the means），指的是從兩者差異量的母群中重複抽取出樣本時，這些抽出的差異量之標準差。均數標準誤的大小反映了兩變項間平均數的差異分散的幅度。當

均數標準誤較大時，要推翻虛無假設所需要的臨界值較高，反之則反。因此，如果兩變項平均數之間的差異很大，而均數標準誤很小，所得的t值會較大。t值較大，代表有較高的機會推翻虛無假設，也意味著兩變項間存在差異的可能性較高。如果兩變項間的差異較小，但均數標準誤卻較大，則所得t值會較低，推翻虛無假設的機會也相對較低。要計算t值，先計算兩變項各自的平均數，再計算變項平均數的差異。然後根據公式算出兩變項差異的均數標準誤。最後再將兩變項平均數的差異除以均數標準誤，即得t值（Grimm, 1993）。有關t值的計算，可以參照**表9-9**的公式。

表9-9 成對樣本t檢定之計算公式

$$t \text{ 值} = \frac{\bar{X} - \bar{Y}}{S_{\bar{D}}}$$

其中，$\bar{X}$ 代表樣本第一個變項的測量資料
$\quad\quad\bar{Y}$ 代表樣本第二個變項的測量資料
$\quad\quad S_{\bar{D}}$ 代表兩變項差異的均數標準誤

而，$S_{\bar{D}} = \dfrac{S_D}{\sqrt{n_P}}$

其中，S_D 代表兩變項差異的標準差
$\quad\quad n_P$ 代表配對的組別數

$$S_D = \sqrt{\frac{\sum D^2 - \left[\dfrac{\left(\sum D\right)^2}{n_P}\right]}{n_P - 1}}$$

其中，$\sum D^2$ 代表兩變項差異平方的總合

$\quad\quad \left(\sum D\right)^2$ 代表兩變項差異總合的平方

二、案例示範

(一)比較兩年薪資水準

假設研究者想了解民眾今年薪資水準是否與去年相同，於是隨機訪問250位受訪者。調查後每位樣本兩年的薪資儲存在 二成對樣本t.sav 的檔案中。在SPSS的操作環境下，要執行成對樣本t檢定來分析這筆資料，可先開啟檔案，從資料編輯視窗上端選擇 分析 、 比較平均數法 與 成對樣本T檢定 （Paired-Samples T Test）。在 成對樣本T檢定 的對話視窗中，點選要比較的第一個變項「去年薪水」，這時 目前的選擇 （Current Selections）下方 變數1 （Variable 1）的地方就會出現「去年薪水」的名稱。接著點選第二個變項「今年薪水」，在 目前的選擇 下方 變數2 （Variable 2）也會出現變項的名稱。等到完成配對之後，將兩變項的配對移至右邊 配對變數 （Paired Variables）的空格中，最後按 確定 。

具體操作步驟可參考 圖9-3 。

圖9-3　成對樣本t檢定之操作

資料分析的結果顯示在**表9-10**。如表所示，樣本去年薪水的平均數為27,671.4元，標準差（Std. Deviation）為12,130.289。今年薪水的平均數則為28,324.92元，標準差為12,178.697。相較之下，今年薪資比去年薪資平均調漲了653.524元，而這平均差異的均數標準誤（Std. Error of the Mean for Paired Differences）為77.109。將平均薪資差異（-653.524）除以均數標準誤（77.109）即得**t**值-8.475。這樣的**t**值，在249個自由度及0.001的信心水準底下，已超過推翻虛無假設所需要的臨界值。因此應推翻虛無假設，承認樣本在兩個年度的薪資水準明顯不同。樣本今年的薪水比去年的薪水平均高出653.524元。

(二)比較兩次考試成績

再以另一個例子來說明。假設在期中考之後，英文課老師為鼓勵學生學習的動機，宣布將針對期末成績明顯進步的學生給予獎勵。試問，老師的獎勵措施是否能激勵學生的表現，使其期末成績明顯提升呢？為回答這個問題，老師特別將班上70位同學兩次考試的成績蒐集並儲存在二成對樣本t_2.sav的檔案中。要分析這筆資料，可開啟檔案後，從資料

表9-10　成對樣本t檢定結果（一）

成對樣本統計量

		平均數	個數	標準差	平均數的標準誤
成對1	去年薪水	27,671.40	250	12,130.289	767.187
	今年薪水	28,324.92	250	12,178.697	770.248

成對樣本檢定

	成對變數差異					t	自由度	顯著性（雙尾）
	平均數	標準差	平均數的標準誤	差異的95%信賴區間 下界	上界			
成對1 去年薪水-今年薪水	-653.524	1,219.207	77.109	-805.394	-501.654	-8.475	249	.000

編輯視窗上選擇 分析、比較平均數法 與 成對樣本T檢定。在畫面進入 成對樣本T檢定 的對話視窗後,將期中成績與期末成績這兩個變項選入 目前的選擇 處進行配對,並將配對後變項移至 配對變數 的方框內,最後按 確定。具體操作步驟可參考表9-11。

　　分析的結果顯示於表9-12。如表所示,學生期中考成績的平均數為72.53分,標準差為11.886;期末考成績的平均數為72.29分,標準差為12.129。相較之下,期中考的成績比期末考平均高出0.243分,兩者間差異的均數標準誤為0.456。將兩次平均數的差異(0.243)除以其均數標準誤(0.456)即得t值0.532。這個t值,在69個自由度之下,顯著水準為0.596。由於顯著水準並未低於0.05的標準,顯示這樣的t值未達推翻虛無假設所需的臨界值。據此,必須接受虛無假設,承認學生兩次考試的成

表9-11　成對樣本t檢定之操作步驟

步驟一:在SPSS資料編輯程式中開啟資料檔案。
步驟二:點選 分析 → 比較平均數法 → 成對樣本T檢定。
步驟三:在 成對樣本T檢定 對話視窗中,將第一個及第二個變項名稱分別點選到 目前的選擇 的 變數1 與 變數2 的地方,按右移鍵將兩變項的配對選入 配對變數 的空格。
步驟四:按 確定。

表9-12　成對樣本t檢定結果(二)

成對樣本統計量

		平均數	個數	標準差	平均數的標準誤
成對1	期中成績	72.53	70	11.886	1.421
	期末成績	72.29	70	12.129	1.450

成對樣本檢定

	成對變數差異					t	自由度	顯著性(雙尾)
	平均數	標準差	平均數的標準誤	差異的95%信賴區間 下界	差異的95%信賴區間 上界			
成對1 期中成績-期末成績	.243	3.816	.456	-.667	1.153	.532	69	.596

績並無顯著差異。這種結果說明，老師所公佈的獎勵措施並未發揮提升學習成效的影響力。

　　總之，無論是單一樣本t、獨立樣本t或成對樣本t檢定，都屬於單變量與雙變量的分析方法。這類方法所能處理的問題只涉及一個或兩個變項。當研究問題涉及到三個或更多個變項的關係時，t檢定就無用武之地。換言之，t檢定可以回答一個自變項是否影響一個依變項的問題，可是卻無法回答兩個自變項是否影響一個依變項的問題。當然，這類方法也無法探討兩變項間是否存在交錯效果的問題。這種限制直接影響到t檢定回答研究問題的能力。其次，t檢定每次只能檢定一群或兩群樣本的資料。當樣本數量超過三群或更多群體時，樣本間的比較就必須藉由變異數分析來完成。

Chapter 10

變異數分析(一)：組間設計

社會統計與資料分析

　　變異數分析（Analysis of Variance，簡稱ANOVA），與第九章所介紹的t檢定相似，都是用來比較樣本特質有無差異的方法。但相較於t檢定，採變異數分析來分析資料具備幾項優點。首先，變異數分析可以比較三組或更多組樣本之間的異同，而t檢定卻一次只能比較兩組樣本。當樣本組別數超過二組以上時，採變異數分析可以有效降低觸犯統計檢定第一型錯誤（Type I Error）的機率。其次，變異數分析所能處理的變項數量更多，解決問題的能力比t檢定更強。相對於t檢定每次只能處理一個自變項的問題，變異數分析則可以處理兩個或更多自變項的問題。更重要的是，變異數分析除了可解答自變項有無主效果的問題外，還可處理自變項間的交錯效果（Iverson & Norpoth, 1976）。

　　變異數分析並非單純只有一種方法，而是包括一系列的方法。如果以處理自變項的數量來分，變異數分析可分成單因子、雙因子與多因子變異數分析。其中，**單因子變異數分析**（One-way ANOVA）能處理一個自變項與一個依變項的問題；**雙因子變異數分析**（Two-way ANOVA）則可以處理兩個自變項與一個依變項的問題；三因子**變異數分析**（Three-way ANOVA）則適合處理三個自變項與一個依變項的問題。相較於單因子變異數分析只能檢視自變項的主效果，雙因子或三因子變異數分析則同時可檢視自變項各自的主效果與交錯效果。

第一節　單因子變異數分析

一、統計原理

(一)應用時機

　　單因子變異數分析較常被用來分析實驗法取得的資料，以回答一個自變項是否影響一個依變項的問題。在實驗法的研究中，想了解實驗

情境（即自變項）是否影響受訪者的反應（即依變項），最直接的方法就是比較被分配在不同實驗情境下的受訪者。當不同實驗組別的受訪者在依變項有明顯差異，則這種差異可合理推論是由自變項所造成的。其次，變異數分析也可以用來處理由調查法所蒐集的資料。在現實生活中，許多自變項（如收入、年齡、教育程度、籍貫、婚姻狀態或宗教信仰等）並無法藉由實驗設計來操控。究竟這些人口學變項會不會影響受訪者的內心態度與行為模式，透過單因子變異數分析來比較不同特質的樣本，也可以得知這些自變項的影響。

　　無論是實驗法或調查法蒐集的資料，變異數分析對於資料結構都有某些條件要求：(1)自變項必須由類目或順序尺度測量，而依變項必須是等距或比例尺度。如果自變項是等距尺度，在分析之前必須先重新編碼成類目或順序尺度；(2)資料必須來自常態分布下的母群；(3)不同樣本群要有相同的變異程度；(4)資料的取得必須遵守獨立觀察的原則。換言之，每位樣本的答案不應受到其他樣本所影響，而且每位樣本的資料不應被重複計算。

(二)計算原理

　　變異數分析是藉由比較不同樣本群在依變項上的異同來判斷自變項的影響。在實驗的情境下，樣本是透過隨機的原則被分配到不同實驗組別中，各樣本群的先前條件理應相同。除非樣本受不同實驗情境（即自變項）之影響而生變，否則各組事後的反應仍會相近。因此，只要能證明不同樣本群在依變項的反應明顯不同，就可以據此推論出自變項之影響。反觀，各組在依變項的反應若無明顯差異，則可判定自變項不具影響。在比較樣本群的差異時，變異數分析比較的是樣本的平均數，而非變異數。但因為計算過程中運用變異量的觀念，整個方法才以此為名。

　　所謂**變異量**，指的是樣本與樣本之間的差異程度。如果全部樣本在某變項的特質都相同（如答案都一樣），則樣本在這個變項上無變異，

其變異量為0。變異量越小，代表樣本的特質越相近集中；變異量越大，代表樣本的特質越差異分歧。如果以圖形來說明樣本分散情形與變異量的關係，則**圖10-1**中的**例A**樣本分散情形較嚴重，每位樣本與整體平均數（即中心點）的距離較遠，因此整體變異量較大；相反地，**例B**圓形較小，代表樣本分布較集中，每位樣本與整體平均數的距離較近，因此整體變異量較小。

計算變異量時，單因子變異數分析將樣本的總變異量拆解成兩個部分：(1)組間變異量；(2)組內變異量。**組間變異量**（Between-Group Variation）是存在於不同樣本群之間的差異；而**組內變異量**（Within-Group Variation）是存在於樣本群內部的樣本個體差異。在實驗法當中，組間變異量受實驗效果、個體差異及實驗誤差等三因素的影響，而組內變異量則受個體差異及實驗誤差所影響。如果實驗操作的自變項不具效果，則組間變異量的大小理應與組內變異量相同。這時組間與組內變異量的比值（即F值）會等於1。當實驗效果（即自變項效果）越強時，組間變異量的值就會比組內變異量大越多，兩者的比值（F值）也會隨之越大。因此，F值的大小是變異數分析用來判斷自變項效果的主要依據。F值越大，代表自變項的效果越強，反之則反（Grimm, 1993）。有關單因子變異數分析的計算原理，可參考**表10-1**。

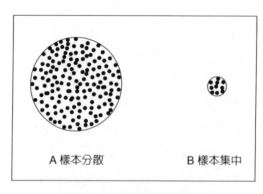

A 樣本分散　　　　　　　　　　B 樣本集中

圖10-1　變異量示意圖

表10-1　單因子變異數分析之原理

(1)總變異量（Total Variation）
　　＝組間變異量（Between-Group）＋組內變異量（Within-Group）
(2)組間變異量（Between-Group Variation）
　　＝實驗效果（Treatment Effect）＋個體差異（Individual Differences）
　　＋實驗誤差（Experimental Error）
(3)組內變異量（Within-Group Variation）
　　＝個體差異（Individual Differences）＋實驗誤差（Error）
(4)F值＝組間變異量（BG）／組內變異量（WG）

　　爲什麼F值的大小能代表兩樣本群的異同程度呢？圖10-2中有兩個圖例，圖A是兩個高度重疊的大圓圈；圖B是兩個完全分離的小圓圈。假如每個圓圈代表一群樣本的分布，則圖A所顯示的是兩群無明顯差異的樣本，而圖B顯示的則是有明顯差異的兩群。從組間及組內變異量的角度來看這兩個圖例，可以得知圖A的兩群樣本組間變異量較小（因兩群樣本之間的距離較近），而組內變異量較大（因每群樣本內部較分散）。這時，將組間變異量除以組內變異量之後所求得的F值較小。

　　反觀，圖B中兩群樣本的組間變異量較大（因兩群樣本間的距離較遠），而組內變異量較小（因兩群樣本內部都較集中）。這時，根據公式所求得的F值較大。由此可見，F值的大小可反映出不同樣本群之間的差異程度。F值越大，代表兩樣本群的組間變異較大，而組內變異較小，

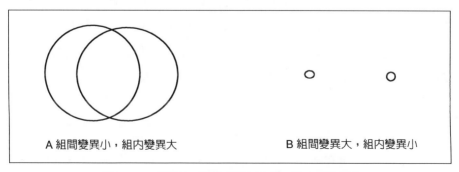

A 組間變異小，組內變異大　　　　　　B 組間變異大，組內變異小

圖10-2　組間、組內變異量與F值之關係圖

因此樣本群間真正存在差異的可能性也會較大。

(三)假設檢定

單因子變異數分析在進行檢定時，會先提出虛無假設與對立假設。虛無假設主張各組樣本的平均數相等，而對立假設則主張至少有兩組樣本的平均數不相等。要判斷分析結果支持虛無假設，還是對立假設，必須參考F值的大小。理論上，F值介於0到無限大之間。F值越大，要推翻虛無假設的機率也越高。但在實際操作時，任何F值能否推翻虛無假設仍受信心水準、組間及組內自由度等因素的影響。一般而言，信心水準設得越高，或組間及組內自由度越大，要推翻虛無假設所需的臨界值也越高。如果檢定的結果發現F值未超過臨界值，顯著性高於0.05的水準，就應接受虛無假設，承認樣本群之間無顯著差異。如果F值的顯著性小於0.05的水準，則可以推翻虛無假設，承認至少有兩組樣本的平均數呈現顯著差異。

二、案例示範

以變異數分析來檢視樣本群之間的異同，通常採兩階段的程序。第一個階段先執行樣本間的差異性檢定，確認樣本之間有無顯著差異存在。如果在這個階段中並未發現樣本間有差異，則整個分析的程序就告停止，同時承認這些樣本來自相同母群。假如發現樣本間有顯著差異存在，則整個分析進入第二階段，針對樣本進行事後比較，找出有差異的組別。經過事後比較後，研究者會清楚知道哪些樣本群是沒有差異的，又有哪些樣本群是有差異的。

(一)比較購買意願

■差異性比較

　　在SPSS的環境中執行變異數分析的差異性檢定，首先在資料編輯程式上點選 分析 、 比較平均數法 及 單因子變異數分析 （One-Way ANOVA）。進入 單因子變異數分析 （One-Way ANOVA）的對話視窗後，將自變項（即組別變項）選入 因子 （Factor）空格，將依變項（即目標變項）選入 依變數清單 （Dependent List）空格，再點選 選項 （Options）鍵。等畫面進入 單因子變異數分析：選項 的對話視窗後，勾選 統計量 （Statistics）下方的 描述性統計量 （Descriptive）與 變異數同質性檢定 （Homogeneity of Variance Test）等項目。最後按 繼續 與 確定 。具體操作步驟可參考**表10-2**與**圖10-3**。

　　以 單因子變異數分析1.sav 的檔案為例，這裡有60位樣本被隨機分配在三種實驗情境中。第一種情境的20位受訪者被喚起正面心情、第二種情境的20位受訪者維持中性心情、第三種情境的20位受訪者被喚起負面心情。如果研究者想了解受訪者的心情狀態是否影響對商品的購買意願，就可以透過上述步驟進行差異性檢定。操作時，只要記得把實驗組別這個變項選入 因子 空格，再把購買意願選入 依變數清單 ，其餘照上述的程序來執行即可。

表10-2　單因子變異數分析操作步驟

步驟一：在SPSS資料編輯程式中開啟資料檔案。
步驟二：點選 分析 → 比較平均數法 → 單因子變異數分析 。
步驟三：在 單因子變異數分析 對話視窗中，將自變項選入 因子 ，將依變項選入 依變數清單 ，並按 選項 鍵。
步驟四：在 單因子變異數分析：選項 對話視窗中，勾選統計量下方的 描述性統計量 與 變異數同質性檢定 ，並按 繼續 。
步驟五：按 確定 。

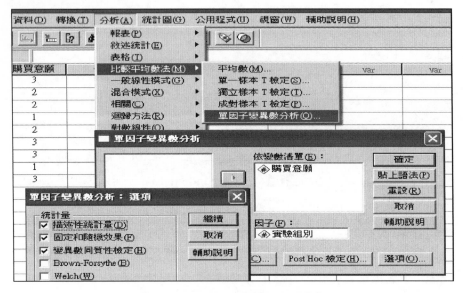

圖10-3　單因子變異數分析之操作

　　資料分析的結果陳列於**表10-3**。如描述性統計量所示，被喚起正面心情的受訪者，其購買意願的平均數為3.95分（標準差為0.826）；保持中性心情的受訪者，其購買意願為2.7分（標準差為0.865）；至於被喚起負面心情的受訪者，購買意願是1.8分（標準差為0.834）。變異數同質性檢定顯示，Levene統計量並未達統計顯著程度，$F_{(2, 57)} = 0.237$，$p = 0.79$，代表各組樣本在購買意願的變異數並無明顯不同。由於各組變異程度相等，因此資料合乎變異數分析之前提。

　　三組樣本的購買意願平均數，經差異性檢定的結果發現有明顯差異存在，$F_{(2, 57)} = 32.938$，$p < .001$。這樣的結果說明，三組之中至少有兩組樣本的購買意願明顯不同。表中的F值32.938是由組間平均平方和的23.317除以組內平均平方和的0.708而來。組間平均平方和23.317則是由組間平方和46.633除以自由度2而來，而組內平均平方和0.708也是由組內平方和40.35除以自由度57而來。

表10-3 單因子變異數分析檢定結果（一）

描述性統計量

購買意願

	個數	平均數	標準差	標準誤	平均數的95%信賴區間		最小值	最大值	成份間變異數
					下界	上界			
正面心情	20	3.95	.826	.185	3.56	4.34	2	5	
中性心情	20	2.70	.865	.193	2.30	3.10	1	4	
負面心情	20	1.80	.834	.186	1.41	2.19	1	4	
總和	60	2.82	1.214	.157	2.50	3.13	1	5	
模式　固定效果			.841	.109	2.60	3.03			
隨機效應				.623	.13	5.50			1.130

變異數同質性檢定

購買意願

Levene 統計量	分子自由度	分母自由度	顯著性
.237	2	57	.790

ANOVA

購買意願

	平方和	自由度	平均平方和	F 檢定	顯著性
組間	46.633	2	23.317	32.938	.000
組內	40.350	57	.708		
總和	86.983	59			

　　根據上述差異性檢定的結果，顯著性已小於0.001的水準，顯示F值已經超過推翻虛無假設所需的臨界值，因此足以判斷三組實驗情境的受訪者，彼此購買意願是有顯著差異的。當第一個階段的差異性檢定發現不同樣本群存有顯著差異時，變異數分析就必須往下進行第二個階段的事後比較。

■事後比較（Post Hoc檢定）

　　前面的差異性檢定只是一種整體的檢定。當分析結果顯示不同組別有顯著差異時，它只說明其中至少有兩組受訪者有差異，卻未說明是哪些組別。這時，研究者可以採事後比較來找出真正發生差異的組別。SPSS提供多種事後比較的方法，其中較常用的有Scheffe、Tukey、LSD、Bonferroni、Duncan等方法。不管採何種事後比較法結果都相當接近。

　　要執行事後比較，初步的操作程序與差異性檢定相同，唯獨在進入單因子變異數分析的對話視窗後，將自變項與依變項選入到適當的位置，然後點選Post Hoc檢定（Post Hoc）鍵。等畫面進入到單因子變異數分析：Post Hoc多重比較（One-Way ANOVA：Post Hoc Multiple Comparisons）的視窗後，在假設相同的變異數（Equal Variance Assumed）下方勾選適當的檢測方法（如Scheffe法或Tukey法）即可。有關事後多重比較的操作，可參考圖10-4。

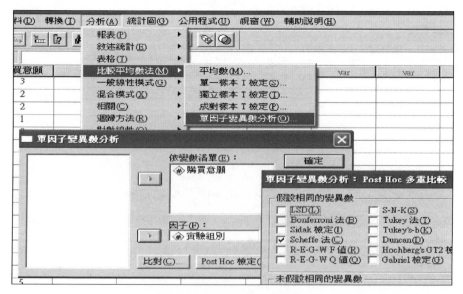

圖10-4　事後檢定之操作

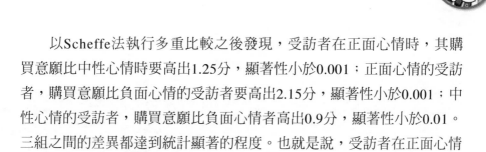

　　以Scheffe法執行多重比較之後發現，受訪者在正面心情時，其購買意願比中性心情時要高出1.25分，顯著性小於0.001；正面心情的受訪者，購買意願比負面心情的受訪者要高出2.15分，顯著性小於0.001；中性心情的受訪者，購買意願比負面心情者高出0.9分，顯著性小於0.01。三組之間的差異都達到統計顯著的程度。也就是說，受訪者在正面心情時，購買意願會明顯高於中性心情時，而在中性心情時，購買意願又會明顯高於負面心情時。

(二)比較戒煙意願

■差異性檢定

　　再以另一個例子來說明。假如研究者設計三種恐懼訴求的戒菸廣告，想了解恐懼訴求的強度能否影響抽菸者的戒菸意願。研究者將120位癮君子隨機分配成三組，每組有40個人。其中第一組受訪者觀看重度恐懼訴求的戒菸廣告，第二組觀看中度恐懼訴求的廣告，第三組觀看低度恐懼訴求的廣告。等看完廣告後，各組樣本分別回答自己的戒菸意願。整項實驗的資料儲存在 單因子變異數分析2.sav 的檔案中。要分析這筆資料，可在開啟該檔案之後，參考**表10-2**的操作步驟來執行。

　　資料分析的結果呈現於**表10-4**。如表所示，接觸重度恐懼訴求廣告的受訪者，其戒菸意願的平均數為13.25分（標準差為3.019）；接觸中度恐懼訴求廣告的受訪者，其戒菸意願為14.05分（標準差為2.961）；接觸低度恐懼訴求廣告的受訪者，其戒菸意願是12.03分（標準差為3.092）。變異數同質性檢定顯示，Levene統計量並未達統計顯著程度，$F_{(2, 117)} = 0.004$，$p = 0.996$，代表各組樣本在戒菸意願的變異數並無明顯不同，因此資料合乎變異數分析之前提。經變異數分析差異性檢定的結果顯示，三組樣本戒菸意願的平均數呈現明顯差異，$F_{(2, 117)} = 4.548$，$p < .05$。這樣的結果，顯示受訪者的戒菸意願因廣告恐懼訴求的程度不

表10-4　單因子變異數分析檢定結果（二）

描述性統計量

戒煙意願

| | 個數 | 平均數 | 標準差 | 標準誤 | 平均數的 95% 信賴區間 | | 最小值 | 最大值 | 成份間變異數 |
					下界	上界			
重度恐懼	40	13.25	3.019	.477	12.28	14.22	7	20	
中度恐懼	40	14.05	2.961	.468	13.10	15.00	8	20	
低度恐懼	40	12.03	3.092	.489	11.04	13.01	6	20	
總和	120	13.11	3.114	.284	12.55	13.67	6	20	
模式　固定效果			3.025	.276	12.56	13.66			
隨機效應				.589	10.57	15.64			.811

變異數同質性檢定

戒煙意願

Levene 統計量	分子自由度	分母自由度	顯著性
.004	2	117	.996

ANOVA

戒煙意願

	平方和	自由度	平均平方和	F 檢定	顯著性
組間	83.217	2	41.608	4.548	.013
組內	1,070.375	117	9.149		
總和	1,153.592	119			

同而有顯著差異。中度恐懼訴求廣告對戒菸意願的影響最明顯。

■事後比較

　　因差異性檢定發現三組樣本之間有顯著差異，必須採事後多重比較來找出真正差異的組別。經Scheffe法執行組別間的比較後發現（如**表10-5**），重度恐懼組受訪者比中度恐懼組的戒菸意願低0.8分，顯著性為0.499，顯示其間的差異未達顯著程度；重度恐懼組受訪者比低度恐懼組的戒菸意願高1.225分，顯著性為0.198，顯示其間的差異也未達顯著程

表10-5　採事後多重比較之結果

多重比較

依變數：戒煙意願

Scheffe 法

(I) 恐懼組別	(J) 恐懼組別	平均差異 (I-J)	標準誤	顯著性	95% 信賴區間	
					下界	上界
重度恐懼	中度恐懼	-.800	.676	.499	-2.48	.88
	低度恐懼	1.225	.676	.198	-.45	2.90
中度恐懼	重度恐懼	.800	.676	.499	-.88	2.48
	低度恐懼	2.025[a]	.676	.013	.35	3.70
低度恐懼	重度恐懼	-1.225	.676	.198	-2.90	.45
	中度恐懼	-2.025[a]	.676	.013	-3.70	-.35

a.在 .05 水準上的平均差異很顯著。

度：中度恐懼組受訪者比低度恐懼組的戒菸意願高2.025分，顯著性為0.013，顯示其間的差異已達統計上顯著的程度。整體觀之，三組之間只有中度恐懼組與低度恐懼組的戒菸意願存在顯著差異。至於高度恐懼組與中度恐懼組之間，或是高度恐懼組與低度恐懼組之間，戒菸意願並無明顯差異。

 # 第二節　雙因子變異數分析

一、統計原理

(一)應用時機

　　當研究問題涉及兩個自變項的影響時，單因子變異數分析便不適用，而是必須改採雙因子變異數分析。雖然雙因子變異數分析是用來處理兩個自變項的問題，但一個雙因子變異數分析的統計效力絕不等同於

兩個單因子變異數分析的總和。在單因子分析當中,它只考慮到個別自變項的主效果而已。但在雙因子變異數分析當中,它不僅要考慮到兩個自變項的主效果,還要檢視兩自變項之間的交錯效果。

以具體例子來說明單因子與雙因子設計的不同。假如研究者研擬出兩個單因子設計(如**表10-6**),其中第一個設計企圖回答變項A是否影響受訪者的反應,而第二個設計企圖回答變項B是否影響受訪者的反應。在這兩個設計當中,各自有兩種實驗情境(如A1/A2或B1/B2),各自也有想要測試的反應(即依變項)。如果想知道變項A是否影響了受訪者的反應,只要比較A1與A2的差異即可,與變項B無直接關係。如果想知道變項B是否影響了受訪者的反應,只要比較B1與B2的差異即可,與變項A無直接關係。

如果研究者研擬的是一個雙因子設計(如**表10-7**),其中包含的兩個自變項(變項A與變項B)各自有兩種實驗情境(如A1/A2與B1/B2)。在設計時,這兩個自變項必須融合在同個實驗情境中,因此衍生出四種實驗情境(A1B1/ A1B2/ A2B1/ A2B2)。每種實驗情境都同時具備這兩個自變項的特質。在施測時,樣本會被隨機平均分散在這四種實驗情境

表10-6　兩個單因子設計之實驗組別分配

研究設計		實驗情境1	實驗情境2
單因子設計一	變項A	A1	A2
單因子設計二	變項B	B1	B2

表10-7　一個雙因子設計之實驗組別分配

		變項B	
		實驗情境1	實驗情境2
變項A	實驗情境1	A1B1	A1B2
	實驗情境2	A2B1	A2B2

中，每位樣本只接觸一種情境，之後再針對相同問題作出反應（即依變項）。如果想知道變項A是否影響受訪者的反應，必須比較A1B1+A1B2與A2B1+A2B2的差異才行。如果想知道變項B是否影響受訪者的反應，則要比較A1B1+A2B1與A1B2+A2B2的差異才行。如果想知道變項A與變項B的影響會不會受對方干擾，則必須比較四組之間的差異。相較之下，讀者會發現一個雙因子設計的分析過程，比兩個單因子設計要更複雜。一項研究如果採雙因子設計，則資料分析時就必須使用雙因子變異數分析。其主要原因是，在雙因子設計中每一組情境的受訪者都同時受兩自變項所影響。

(二)計算原理

與單因子變異數分析相同，雙因子分析也將樣本的總變異量拆解成兩個部分：(1)組間變異量；(2)組內變異量。所不同的是，雙因子變異數分析的組間變異量來自三個來源：(1)變項A導致的變異；(2)變項B導致的變異；(3)變項A與B交錯效果導致的變異。其次，組內變異量乃受到樣本個體差異及實驗誤差所影響。想知道變項A或變項B有沒有顯著的主效果，可以將源自變項A或變項B的變異量分別除以組內變異量。如果取得的比值（即F值）大於統計設定的臨界值時，就可以判定這兩個自變項各自具有顯著的主效果。至於交錯效果的部分，則取交錯變異量與組內變異量的比值。如果該比值（即F值）大於推翻虛無假設所需的臨界值，代表兩變項有顯著交錯效果（Grimm, 1993）。

二、案例示範

在SPSS的環境中執行雙因子變異數分析，開啓檔案資料後，在資料編輯程式視窗上選擇 分析 、 一般線性模式 （General Linear Model）與 單變量 （Univariate）。在進入 單變量 的對話視窗後，將自變項（即組別

變項）選入固定因子（Fixed Factors）或亂數因子（Random Factors）的空格內，再將依變項選入依變數（Dependent Variable）空格內，並按選項（Options）。等單變量：選項（Univariate: Options）的對話視窗出現後，將因子與因子交互作用（Factors and Factor Interactions）中的變項名稱選到顯示平均數（Display Means for）方框內，並勾選比較主效應（Compare Main Effects）。最後，在顯示（Display）處勾選敘述性統計（Descriptive Statistics），並按繼續與確定。這裡的自變項有兩種選擇：固定或亂數因子。當一個自變項所比較的組別涵蓋全部組別時，則將自變項選入固定因子；當自變項只涵蓋局部組別時，則選入亂數因子。雙因子變異數分析之具體操作步驟，可參考圖10-5。

檢定馬賽克與音效之影響

以雙因子變異數分析1.sav的檔案為例，這是一個3×2的雙因子實驗設計。其中，第一個自變項馬賽克包含三種情境：(1)完全遮掩；(2)局部

圖10-5　雙因子變異數分析之操作

遮掩；(3)完全不遮掩。第二個自變項 呻吟聲 包含兩種情境：(1)加入呻吟聲；(2)未加入呻吟聲。在成人影帶中加入這兩種元素之後，研究者想知道這會不會對觀眾的心跳反應造成影響。假設有120位自願樣本被隨機平均分配在這六種實驗情境中（包括，完全遮掩有呻吟聲／完全遮掩無呻吟聲／局部遮掩有呻吟聲／局部遮掩無呻吟聲／不遮掩有呻吟聲／不遮掩無呻吟聲），在觀看的過程中每種情境的20位受訪者分別接受心跳的測量。

由於這筆資料採雙因子設計，因此適合以雙因子變異數分析來處理。分析時，只要遵照上述介紹的步驟來執行。首先，在資料編輯程式中選擇 分析 、 一般線性模式 與 單變量 ，然後把「馬賽克」與「呻吟聲」等兩個自變項選入 固定因子 ，再把「心跳速度」選入到 依變數 的空格，並按 選項 。在 單變量：選項 的對話視窗中，將 因子與因子交互作用 中的變項名稱選入 顯示平均數 的方框，並勾選 比較主效應 。最後，在 顯示 處勾選 敘述統計 ，並按 繼續 與 確定 即可。

資料分析的結果顯示於 表10-8 。如表所示，觀看不同遮掩程度的馬賽克，受訪者的心跳速度出現明顯不同，$F_{(2, 114)} = 173.963$，$p < .001$。其中，「完全未遮掩」這組心跳速度最快（$M = 100.93$，$SD = 11.8$）；其次是「局部遮掩」組（$M = 90.15$，$SD = 6.815$）；心跳最慢的是「完全遮掩」組（$M = 72.57$，$SD = 5.144$）。這三組的差異說明馬賽克的遮掩程度的確影響觀眾的心跳速度。其次，影帶中有無呻吟聲，受訪者的心跳速度也同樣出現明顯差異，$F_{(1, 114)} = 54.317$，$p < .001$。其中，觀看有呻吟聲的影帶這組，觀眾心跳速度較快（$M = 92.50$）；觀看沒有呻吟聲的影帶這組，觀眾心跳速度較慢（$M = 83.27$）。這也顯示影片的音效會造成觀眾心跳速度不同。

資料分析結果也顯示，馬賽克與呻吟聲之間有顯著交錯效果，$F_{(2, 114)} = 3.697$，$p < .05$。這顯示當馬賽克與呻吟聲各自對心跳速度產生影響時，各自的效果會受另一方所影響。換言之，呻吟聲對於觀眾

表10-8 雙因子變異數分析結果

敘述統計

依變數：心跳速度

馬賽克	呻吟聲	平均數	標準差	個數
完全遮蓋	無呻吟聲	69.20	3.622	20
	有呻吟聲	75.95	4.148	20
	總和	72.57	5.144	40
局部遮蓋	無呻吟聲	86.70	6.216	20
	有呻吟聲	93.60	5.623	20
	總和	90.15	6.815	40
完全未遮蓋	無呻吟聲	93.90	5.562	20
	有呻吟聲	107.95	12.288	20
	總和	100.93	11.800	40
總和	無呻吟聲	83.27	11.663	60
	有呻吟聲	92.50	15.444	60
	總和	87.88	14.394	120

受試者間效應項的檢定

依變數：心跳速度

來源	型 III 平方和	自由度	平均平方和	F 檢定	顯著性
校正後的模式	19,288.467[a]	5	3,857.693	81.927	.000
截距	926,817.633	1	926,817.633	19,683.155	.000
馬賽克	16,382.717	2	8,191.358	173.963	.000
呻吟聲	2,557.633	1	2,557.633	54.317	.000
馬賽克 * 呻吟聲	348.117	2	174.058	3.697	.028
誤差	5,367.900	114	47.087		
總和	951,474.000	120			
校正後的總數	24,656.367	119			

a.R 平方 = .782 （調過後的 R 平方 = .773）。

心跳的影響程度，會因馬賽克的遮掩程度不同而有差異。同理，馬賽克
對於觀眾心跳的影響程度，會因有無音效而有差異。例如，在完全無馬
賽克遮掩的情況下，影片有無呻吟聲，觀眾的心跳速度平均差距是14.05
（即93.9 vs. 107.95），但是在馬賽克完全遮掩的情況下，有無呻吟聲，

觀眾的心跳速度差距則只有6.75（即69.2 vs. 75.95）。因此，音效對觀眾心跳的影響，會因馬賽克的遮掩程度而有不同效果。整體而言，在無馬賽克遮掩的情況下，呻吟聲的效果較大；當畫面有馬賽克遮掩時，呻吟聲對於心跳的影響則較小。

 ## 第三節　主效果與交錯效果

一、統計原理

任何雙因子變異數分析，不管自變項與依變項的關係爲何，所得的結果不外乎**表10-9**當中的八種情況。其中，第一種情況顯示兩自變項都有主效果（main effects），而且也有**交錯效果**（interaction effect）；第二種情況顯示兩自變項都有主效果，卻無交錯效果；第三與第四種情況顯示只有一個自變項有主效果，而兩變項間有交錯效果；第五與第六種情況顯示只有一個自變項有主效果，而變項間無交錯效果；第七種情況顯示兩自變項都無主效果，但彼此間確有交錯效果；第八種情況則顯示兩自變項無主效果，彼此間也無交錯效果。不管結果是否與研究者的假設

表10-9　雙因子變異數分析之八種可能結果

分析結果	變項A主效果	變項B主效果	交錯效果
情況1	有	有	有
情況2	有	有	沒有
情況3	有	沒有	有
情況4	沒有	有	有
情況5	有	沒有	沒有
情況6	沒有	有	沒有
情況7	沒有	沒有	有
情況8	沒有	沒有	沒有

相符，這裡的每一種情況都有其特殊意義。

整體而言，當自變項呈現顯著主效果時，代表該自變項的操弄已經能顯著影響依變項；但如果自變項無主效果時，則代表自變項並不會影響依變項。當兩個自變項之間呈現出交錯效果時，代表其中某個自變項對依變項的影響幅度，會因另一個自變項的組別不同而出現差異；換言之，在某種情況下，自變項對依變項的影響幅度較大，但在其他情況下，自變項對依變項的影響幅度會較小或無影響。有交錯效果存在，也意味某自變項對於另一自變項扮演著「調節變項」（moderating variable）的角色。如果兩自變項間無交錯效果，則代表兩自變項各自獨立對依變項產生影響，彼此不會相互干擾。任一自變項對依變項的影響，並不會受到另一個自變項的干擾。

二、案例示範

為說明這八種結果的意義，本節以具體例子示範。假如研究者想探討影片的「語言版本」與「字幕狀態」會不會影響學童的理解程度，於是乎設計一個雙因子的實驗（如**表10-10**）。在實驗中，研究者針對同一部電影設計了兩種語言版本（中文版與英文版）；在每一種語言版本的影片中，又各分成兩種字幕狀態（有字幕與無字幕）。最後，研究者將120位學童隨機且平均分配在這四種影片本中（分別是中文有字幕／中文無字幕／英文有字幕／英文無字幕）。等各組學童觀看完影片之後，再

表10-10　語言版本與字幕狀態之雙因子設計

		語言版本	
		中文版	英文版
字幕狀態	有字幕	中文有字幕	英文有字幕
	無字幕	中文無字幕	英文無字幕

以相同問題測量學童對影片內容的理解程度。在這個2×2的雙因子設計中，兩個自變項分別是語言版本與字幕狀態，依變項則是理解程度。

(一)兩自變項有主效果，有交錯

雙因子變異數分析結果的第一種可能是，兩自變項都具有顯著主效果，且兩者間有交錯效果。如果將檔案 雙因子分析結果1.sav 的資料納入分析，其中影片的語言版本與字幕狀態爲自變項，對影片的理解程度爲依變項，結果就如同這一種情況。根據**表10-11**的結果顯示，觀看中文版的學童對影片的理解程度爲5.85（SD = 2.261），而觀看英文版的學童對影片的理解程度爲3.28（SD = 1.091）。兩組之間的差異已達統計顯著程度，F（1，116）= 172.027，p < .001，顯示語言版本會影響學童的理解程度。更具體來說，觀看中文版的學童對影片的理解程度明顯優於觀看英文版的學童。

其次，觀看有字幕影片的學童對內容的理解程度爲5.75（SD = 2.312），而觀看無字幕影片的學童理解程度則爲3.38（SD = 1.209）。兩者間的差異已達統計顯著程度，F（1，116）= 146.262，p < .001，顯示字幕狀態也會影響學童的理解程度。具體而言，學童觀看有字幕的影片，其理解程度明顯優於觀看無字幕的影片。

除了發現兩自變項對依變項有顯著主效果外，兩變項間也有顯著交錯效果，F（1，116）= 61.395，p < .001。這究竟代表什麼意義呢？當兩變項有交錯效果，代表其中某自變項對依變項的效果會受到另一自變項的影響。在這個例子中，語言版本的效果就受到字幕狀態所影響。例如，當影片有字幕時，觀看中文版的學童理解程度是7.8（SD = 1.095），觀看英文版的理解程度是3.7（SD = 0.988），兩組之間的差距爲4.1；當影片無字幕時，觀看中文版的理解程度是3.9（SD = 1.155），觀看英文版的理解程度是2.87（SD = 1.042），兩組之間的差距爲1.03。相較之下，可以發現在有字幕的情況下，語言版本差異對學童理解程

表10-11 雙因子變異數分析結果（一）

敘述統計

依變數： 理解程度

語言版本	字幕狀態	平均數	標準差	個數
中文版	有字幕	7.80	1.095	30
	無字幕	3.90	1.155	30
	總和	5.85	2.261	60
外文版	有字幕	3.70	.988	30
	無字幕	2.87	1.042	30
	總和	3.28	1.091	60
總和	有字幕	5.75	2.312	60
	無字幕	3.38	1.209	60
	總和	4.57	2.188	120

受試者間效應項的檢定

依變數：理解程度

來源	型 III 平方和	自由度	平均平方和	F 檢定	顯著性
校正後的模式	436.200[a]	3	145.400	126.561	.000
截距	2,502.533	1	2,502.533	2,178.293	.000
語言版本	197.633	1	197.633	172.027	.000
字幕狀態	168.033	1	168.033	146.262	.000
語言版本 * 字幕狀態	70.533	1	70.533	61.395	.000
誤差	133.267	116	1.149		
總和	3,072.000	120			
校正後的總數	569.467	119			

a.R 平方 = .766（調過後的 R 平方 = .760）。

度的影響較大；在無字幕的情況下，語言版本差異對理解程度的影響較小。

此外，字幕狀態的效果也受語言版本所影響。例如，在中文版的情況下，觀看有字幕影片的學童理解程度是7.8（SD = 1.095），觀看無字幕影片的理解程度是3.9（SD = 1.155），兩組之間的差距為3.9；在英文版的情況下，觀看有字幕影片的理解程度是3.7（SD = 0.988），觀看無

字幕影片的理解程度是2.87（SD = 1.042），兩組之間的差距為0.83。相較之下，可以發現在中文版的情況下，有無字幕對學童所造成的理解程度差異較大；而在英文版的情況下，有無字幕所造成的理解程度差異較小。換言之，固然有字幕比無字幕的影片較容易理解，但字幕的效果在中文版的影片中更加明顯。

　　交錯效果的意義除透過上述的表格數據來理解外，也可透過視覺化的方式來呈現。想將各組樣本的分數以座標方式來呈現，可在資料編輯程式上端點選 分析、一般線性模式（General Linear Model）與 單變量（Univariate）。在 單變量 的對話視窗中，將語言版本與字幕型態選入 固定因子（Fixed Factors）的空格，並將理解程度選入 依變數（Dependent Variable）的空格。然後點選 圖形（Plots）。在 單變量：剖面圖（Univariate: Profile Plots）的對話視窗中，將其中一個自變項選入 水平軸（Horizontal Axis），另一個自變項選入 個別線（Separate Lines），並按 新增（Add）。最後，按 繼續 及 確定。以檔案 雙因子分析結果1.sav 的資料為例，將語言版本選入 水平軸，將字幕狀態選入 個別線 後，依照上述程序操作就會出現以下的剖面圖（見 圖10-6）。

　　在 圖10-6 中，縱軸座標所顯示的是樣本理解程度的分數刻度，橫軸座標則顯示語言版本的組別。圖中的兩條直線代表字幕狀態，位於上端的線條代表有字幕這組的樣本，下端的線條代表無字幕這組的樣本。直線的兩端代表不同組別樣本的理解程度得分。例如，左上端的點代表「中文版有字幕」組的理解程度；左下端的點代表「中文版無字幕」組的理解程度；右上端的點代表「英文版有字幕」組的理解程度；右下端的點代表「英文版無字幕」組的理解程度。要從圖形來判斷兩變項間是否有交錯效果，簡易的判斷方式是看兩條直線有無交集。如果兩條直線呈現平行分布，代表兩變項間無交錯效果；如果兩條線呈現相互交叉或如上圖所呈現的喇叭開口狀，就表示兩變項間可能有交錯效果。

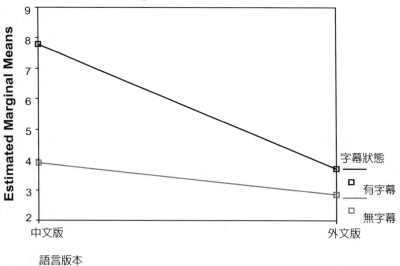

圖10-6　兩自變項有主效果，有交錯效果之剖面圖

(二)兩自變項有主效果，無交錯

　　雙因子變異數分析結果的第二種可能是，兩自變項都有顯著主效果，但兩者間無交錯效果。如果將檔案雙因子分析結果2.sav的資料納入分析，其結果就會呈現出這種情況（見表10-12）。根據分析結果顯示，觀看中文版的學童對影片的理解程度是5.85（SD = 2.261），而觀看英文版的學童理解程度則為3.55（SD = 2.004）。前者的理解程度明顯要優於後者，$F(1，116) = 145.412$，$p < .001$，顯示語言版本對理解程度造成影響。其次，學童觀看有字幕的影片時，其理解程度是6.55（SD = 1.610），而觀看無字幕的影片理解程度則為2.85（SD = 1.505）。前者的理解程度亦明顯優於後者，$F(1，116) = 376.313$，$p < .001$，顯示字幕狀態對理解程度造成顯著影響。語言版本與字幕狀態對理解程度都有顯著影響。

表10-12　雙因子變異數分析結果（二）

敘述統計

依變數：理解程度

語言版本	字幕狀態	平均數	標準差	個數
中文版	有字幕	7.80	1.095	30
	無字幕	3.90	1.155	30
	總和	5.85	2.261	60
外文版	有字幕	5.30	.915	30
	無字幕	1.80	.997	30
	總和	3.55	2.004	60
總和	有字幕	6.55	1.610	60
	無字幕	2.85	1.505	60
	總和	4.57	2.421	120

受試者間效應項的檢定

依變數：理解程度

來源	型 III 平方和	自由度	平均平方和	F 檢定	顯著性
校正後的模式	570.600[a]	3	190.200	174.275	.000
截距	2,650.800	1	2,650.800	2,428.853	.000
語言版本	158.700	1	158.700	145.412	.000
字幕狀態	410.700	1	410.700	376.313	.000
語言版本 * 字幕狀態	1.200	1	1.200	1.100	.297
誤差	126.600	116	1.091		
總和	3,348.000	120			
校正後的總數	697.200	119			

a.R 平方 = .818（調過後的 R 平方 = .814）。

　　雖然分析結果發現兩自變項有顯著主效果，但彼此的交錯效果卻不顯著，F（1，116）= 1.10，p = .297。這代表語言版本對理解程度的影響並未因字幕狀態而有差異。例如，當影片有字幕時，觀看中文版的學童理解程度得分是7.8（SD = 1.095），觀看英文版的學童理解程度是5.3（SD = 0.915），兩組之間的差距為2.5；當影片無字幕時，觀看中文版的學童理解程度是3.9（SD = 1.155），觀看英文版的學童理解程度是1.8

（SD = 0.997），兩組之間的差距為2.1。相較之下，有無字幕、語言版本對理解程度造成的影響都一樣大；換言之，語言版本對理解程度的影響並未因字幕狀態的不同而出現明顯的差異。

同樣地，字幕狀態對理解程度的影響也不受語言版本的干擾。在中文版的情況下，觀看有字幕影片的學童理解程度得分是7.8（SD = 1.095），觀看無字幕影片的學童理解程度是3.9（SD = 1.155），兩組之間的差距為3.9；在英文版的情況下，觀看有字幕影片的學童理解程度是5.3（SD = 0.915），觀看無字幕影片的學童理解程度是1.8（SD = 0.997），兩組之間的差距為3.5。相較之下，可以發現無論是中文或英文版的影片，有無字幕對理解程度造成的影響差距不大（3.9 VS. 3.5）。

如果將**表**10-12的分析結果改以圖形顯示，就會得出**圖**10-7的剖面圖。在這個圖中，位於上端的直線代表有字幕影片組的樣本，下端的直線代表無字幕影片組的樣本。直線兩端各代表不同組別的樣本。其中，左上端的點代表「中文版有字幕」組；左下端的點代表「中文版無字幕」組；右上端的點代表「英文版有字幕」組；右下端的點代表「英文

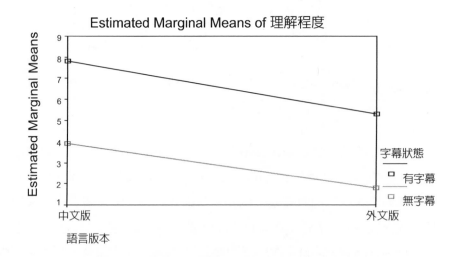

圖10-7　兩自變項有主效果，無交錯效果之剖面圖

版無字幕」組。圖中的兩條線看起來幾乎呈現等距平行的趨勢，顯示在不同條件下，自變項都對依變項造成等幅度的影響。

(三)第一自變項有主效果，有交錯

雙因子變異數分析結果的第三種可能是，第一個自變項有顯著主效果，且兩者間有交錯效果。如果將檔案雙因子分析結果3.sav的資料納入分析，其結果就會呈現出這種情況（見表10-13）。資料分析結果顯示，兩個自變項當中只有語言版本對理解程度造成顯著影響。例如，觀看中文版的學童對影片的理解程度爲4.13（SD = 0.982），而觀看英文版的學童理解程度爲3.0（SD = 1.089）。兩組間的平均差異爲1.13，已達統計上顯著的水準，$F_{(1, 116)} = 44.58$，$p < .001$。這說明中文版比英文版更容易被理解。但字幕狀態並未對理解程度造成影響。觀看有字幕影片的學童理解程度爲3.63（SD = 1.426），而觀看無字幕影片的理解程度則爲3.5（SD = 0.873）。兩者平均差異只有0.13，並未達統計上顯著的程度，$F_{(1, 116)} = 0.617$，$p = .434$。

雖然只有語言版本有顯著主效果，但是兩自變項間仍存有顯著交錯效果，$F_{(1, 116)} = 30.234$，$p < .001$。這又代表何種意義呢？就這個例子而言，在影片有字幕的情況下，觀看中文版的學童理解程度得分是4.67（SD = 0.959），觀看英文版的學童理解程度是2.6（SD = 1.003），兩組的平均差異爲2.07；在影片無字幕的情況下，觀看中文版的學童理解程度得分是3.6（SD = 0.675），觀看英文版的學童理解程度是3.4（SD = 1.037），兩組的平均差異爲0.2。相較之下，可以發現在有字幕的情況下，語言版本對理解程度所造成的影響較爲明顯；但在無字幕的情況下，語言版本對理解程度的影響較不明顯。換言之，語言版本的影響力只有在影片有字幕的情況下才會浮現。

從另一個角度來理解的話，結果亦然。在中文版的情況下，觀看有字幕影片的學童理解程度得分是4.67（SD = 0.959），觀看無字幕影片的

表10-13　雙因子變異數分析結果（三）

敘述統計

依變數：理解程度

語言版本	字幕狀態	平均數	標準差	個數
中文版	有字幕	4.67	.959	30
	無字幕	3.60	.675	30
	總和	4.13	.982	60
外文版	有字幕	2.60	1.003	30
	無字幕	3.40	1.037	30
	總和	3.00	1.089	60
總和	有字幕	3.63	1.426	60
	無字幕	3.50	.873	60
	總和	3.57	1.179	120

受試者間效應項的檢定

依變數：理解程度

來源	型 III 平方和	自由度	平均平方和	F 檢定	顯著性
校正後的模式	65.200[a]	3	31.733	25.144	.000
截距	1,526.533	1	1,526.533	1,766.069	.000
語言版本	38.533	1	38.533	44.580	.000
字幕狀態	.533	1	.533	.617	.434
語言版本 * 字幕狀態	26.133	1	26.133	30.234	.000
誤差	100.267	116	.864		
總和	1,692.000	120			
校正後的總數	165.467	119			

a.R 平方 = .394（調過後的 R 平方 = .378）。

學童理解程度是3.6（SD = 0.675），前者比後者高出1.07分；在英文版的情況下，觀看有字幕影片的學童理解程度是2.6（SD = 1.003），觀看無字幕影片的學童理解程度是3.4（SD = 1.037），前者卻比後者低了0.8分。相較之下，可以發現在中文版的條件下，字幕對學童理解程度的影響是正面的；但在英文版的條件下，字幕對學童的理解程度卻造成負面影響。

(四)第二自變項有主效果，有交錯

　　雙因子變異數分析結果的第四種可能是，第二個自變項有顯著主效果，且兩者間有交錯效果。如果將檔案 雙因子分析結果4.sav 的資料納入分析，其結果就會呈現出這種情況（見**表10-14**）。從分析結果可以得知，兩個自變項中只有字幕型態會影響學童的理解程度。例如，看中文版的學童（M=3.17，SD=1.237）與看英文版的學童（M=3.10，

表10-14　雙因子變異數分析結果（四）

敘述統計

依變數：理解程度

語言版本	字幕狀態	平均數	標準差	個數
中文版	有字幕	3.33	1.269	30
	無字幕	3.00	1.203	30
	總和	3.17	1.237	60
外文版	有字幕	4.10	.995	30
	無字幕	2.10	.960	30
	總和	3.10	1.399	60
總和	有字幕	3.72	1.195	60
	無字幕	2.55	1.171	60
	總和	3.13	1.315	120

受試者間效應項的檢定

依變數：理解程度

來源	型 III 平方和	自由度	平均平方和	F 檢定	顯著性
校正後的模式	61.800[a]	3	20.600	16.587	.000
截距	1,178.133	1	1,178.133	948.613	.000
語言版本	.133	1	.133	.107	.744
字幕狀態	40.833	1	40.833	32.878	.000
語言版本 * 字幕狀態	20.833	1	20.833	16.775	.000
誤差	144.067	116	1.242		
總和	1,384.000	120			
校正後的總數	205.867	119			

a.R 平方 = .300（調過後的 R 平方 = .282）。

SD=1.399）理解程度並無明顯不同，F（1，116）= 0.107，p = .744，顯示語言版本並無影響。但是觀看有字幕影片的學童，其理解程度（M=3.72，SD=1.195）卻明顯優於觀看無字幕影片的學童（M=2.55，SD=1.171），F（1，116）= 32.878，p < .001，顯示字幕型態會對學童的理解程度造成影響。

此外，這兩變項間有顯著的交錯效果，F（1，116）=16.775，p < .001。這代表何種意義呢？以這個例子而言，在影片有字幕的情況下，觀看中文版的學童理解程度得分是3.33（SD = 1.269），觀看英文版的學童理解程度是4.1（SD = 0.995），前後兩組之間相差 -0.77分；在影片無字幕的情況下，觀看中文版的學童理解程度是3.0（SD = 1.203），英文版的學童理解程度是2.1（SD = 0.96），前後兩組之間相差0.9分。相較之下，可以發現在有字幕的情況下，中文版的理解程度要略低於英文版；但在有字幕的情況下，則呈現相反的結果。語言版本對理解程度的影響會因有無字幕而有完全不同的結果。

從另一個角度來看，結果亦然。在中文版的情況下，觀看有字幕影片的學童理解程度得分是3.33（SD = 1.269），觀看無字幕影片的學童理解程度是3.0（SD = 1.203），兩組之間的差距為0.33；在英文版的情況下，觀看有字幕影片的學童理解程度是4.1（SD = 0.995），觀看無字幕影片的學童理解程度是2.1（SD = 0.96），兩組之間的差距為2。相較之下，可以發現在中文版的情況下，有無字幕對學童理解程度的影響差異不大；但在英文版的情況下，有字幕對於理解程度的影響明顯要大於無字幕的情況。

(五)第一自變項有主效果，無交錯

雙因子變異數分析第五種可能的結果是，第一個自變項有主效果，但兩者間無交錯效果。如果將檔案雙因子分析結果5.sav的資料納入分析，其結果就會呈現出這種情況（見表10-15）。資料分析結果顯示，

表10-15 雙因子變異數分析結果（五）

敘述統計

依變數： 理解程度

語言版本	字幕狀態	平均數	標準差	個數
中文版	有字幕	4.20	1.031	30
	無字幕	4.00	1.017	30
	總和	4.10	1.020	60
外文版	有字幕	2.90	.845	30
	無字幕	2.83	.950	30
	總和	2.87	.892	60
總和	有字幕	3.55	1.141	60
	無字幕	3.42	1.139	60
	總和	3.48	1.137	120

受試者間效應項的檢定

依變數： 理解程度

來源	型 III 平方和	自由度	平均平方和	F 檢定	顯著性
校正後的模式	46.300[a]	3	15.433	16.628	.000
截距	1,456.033	1	1,456.033	1,568.729	.000
語言版本	45.633	1	45.633	49.165	.000
字幕狀態	.533	1	.533	.575	.450
語言版本 * 字幕狀態	.133	1	.133	.144	.705
誤差	107.667	116	.928		
總和	1,610.000	120			
校正後的總數	153.967	119			

a.R 平方 = .301（調過後的 R 平方 = .283）。

觀看中文版的學童的理解程度為4.1（SD = 1.02），而觀看英文版的學童理解程度為2.87（SD = 0.892）。相較之下，前者比後者高出1.23分，顯示中文版的學童在理解程度上明顯優於英文版，$F_{(1, 116)} = 49.165$，$p < .001$。就字幕狀態而言，觀看有字幕影片的理解程度為3.55（SD = 1.141），而觀看無字幕影片的理解程度則為3.42（SD = 1.139）。兩者差異只有0.13分，並未達統計上顯著的程度，$F_{(1, 116)} = 0.575$，p =

.45。這個結果說明，影片的語言版本會對學童理解程度造成明顯影響，但影片的字幕狀態卻不會。

　　雖然語言版本有顯著主效果，但是兩自變項間卻無交錯效果，F（1，116）=0.144，p = .705。這個結果代表語言版本對理解程度的影響，並不會隨字幕狀態的不同而有明顯差別。例如，在影片有字幕的情況下，觀看中文版的學童理解程度得分是4.2（SD = 1.031），觀看英文版的學童理解程度是2.9（SD = 0.845），兩組之間相差1.3分；在影片無字幕的情況下，觀看中文版的學童理解程度得分是4（SD = 1.017），觀看英文版的學童理解程度是2.83（SD = 0.95），兩組之間相差1.17分。相較之下，不管有字幕或無字幕，中文版與英文版的學童在理解程度上都出現1分以上的差異（1.3 VS. 1.17）。

　　換另一個角度來看，結果亦然。在中文版的情況下，觀看有字幕影片的學童理解程度是4.2（SD = 1.031），觀看無字幕影片的學童理解程度是4（SD = 1.017），兩組之間相差0.2；在英文版的情況下，觀看有字幕影片的理解程度是2.9（SD = 0.845），觀看無字幕影片的理解程度是2.83（SD = 0.95），兩組之間相差 0.07。兩相比較之下，可以發現不管是在中文版，還是英文版的情況下，有無字幕對於學童理解程度都幾乎不會造成影響（0.2 VS. 0.07）。

(六)第二自變項有主效果，無交錯

　　雙因子變異數分析第六種可能的結果是，第二個自變項有主效果，但兩者間無交錯效果。如果將檔案雙因子分析結果6.sav的資料納入分析，其結果就會出現這種情況（見表10-16）。根據分析結果顯示，看中文版的學童（M=3.62，SD=1.043）與看英文版的學童（M=3.45，SD=1.126）在理解程度上並無明顯不同，F（1，116）= 0.905，p = .344。但是觀看有字幕影片的學童，其理解程度（M=4.05，SD=0.811）卻明顯優於觀看無字幕影片的學童（M=3.05，SD=1.081），F（1，

表10-16　雙因子變異數分析結果（六）

敘述統計

依變數：理解程度

語言版本	字幕狀態	平均數	標準差	個數
中文版	有字幕	4.10	.845	30
	無字幕	3.13	1.008	30
	總和	3.62	1.043	60
外文版	有字幕	4.00	.788	30
	無字幕	2.90	1.155	30
	總和	3.45	1.126	60
總和	有字幕	4.05	.811	60
	無字幕	3.02	1.081	60
	總和	3.53	1.084	120

受試者間效應項的檢定

依變數：理解程度

來源	型 III 平方和	自由度	平均平方和	F 檢定	顯著性
校正後的模式	33.000[a]	3	11.000	11.940	.000
截距	1,498.133	1	1,498.133	1,626.171	.000
語言版本	.833	1	.833	.905	.344
字幕狀態	32.033	1	32.033	34.771	.000
語言版本 * 字幕狀態	.133	1	.133	.145	.704
誤差	106.867	116	.921		
總和	1,638.000	120			
校正後的總數	139.867	119			

a.R 平方 = .236（調過後的 R 平方 = .216）。

116）= 34.771，p < .001。這說明字幕型態會對學童的理解程度造成影響，但語言版本則不會。

　　此外，這兩變項間無顯著的交錯效果，F（1，116）=0.145，p = .704。這個結果代表影片字幕與語言版本的影響是相互獨立的。在影片有字幕的情況下，觀看中文版的學童理解程度得分是4.1（SD = 0.845），觀看英文版的學童理解程度是4（SD = 0.788），兩組之間的差距為

0.1；在影片無字幕的情況下，觀看中文版的學童理解程度是3.13（SD = 1.008），觀看英文版的學童理解程度是2.9（SD = 1.155），兩組之間的差距為0.23。兩相比較之下，可以發現不管影片有無字幕，看中文版或英文版的理解程度都極為接近（0.1 vs. 0.23）。

換另一個角度來看的話，結果亦然。在中文版的情況下，觀看有字幕影片的理解程度得分是4.1（SD = 0.845），觀看無字幕影片的理解程度是3.13（SD = 1.008），兩組之間的差距為0.97；在英文版的情況下，觀看有字幕影片的理解程度是4（SD = 0.788），觀看無字幕影片的理解程度是2.9（SD = 1.155），兩組之間的差距為1.1。兩相比較之下，可以發現無論是在中文版或英文版的情況下，字幕狀態對學童理解程度的影響都極為一致（0.97 VS. 1.1）。

(七)兩自變項無主效果，有交錯

雙因子變異數分析第七種可能的結果是，兩自變項無主效果，但兩者間卻有交錯效果。如果將檔案雙因子分析結果7.sav的資料納入分析，其結果就會出現這種情況（見表10-17）。如分析結果顯示，觀看中文版的學童對影片的理解程度為3.15（SD = 1.005），而觀看英文版的學童理解程度則為2.95（SD = 1.171）。兩者間相差0.2分，並未達統計上顯著的程度，$F(1, 116) = 1.263$，$p = 0.263$。由此可知，語言版本並不會造成學童在理解程度上出現明顯差異。其次，學童觀看有字幕影片時的理解程度為3（SD = 1.105），而觀看無字幕影片時的理解程度則為3.1（SD = 1.085）。兩者間的差距同樣未達統計顯著的程度，$F(1, 116) = 0.316$，$p = .575$。亦即，字幕狀態並不會明顯影響到學童的理解程度。

雖然這兩個自變項都無顯著主效果，可是卻有顯著交錯效果，$F(1, 116) = 31.579$，$p < .001$。這究竟代表什麼意義呢？為何無主效果的兩個自變項，卻會有交錯效果存在呢？就這個例子而言，在影片有字幕的情況下，觀看中文版的學童理解程度是3.6（SD = 0.814），觀

表10-17　雙因子變異數分析結果（七）

敘述統計

依變數： 理解程度

語言版本	字幕狀態	平均數	標準差	個數
中文版	有字幕	3.60	.814	30
	無字幕	2.70	.988	30
	總和	3.15	1.005	60
外文版	有字幕	2.40	1.037	30
	無字幕	3.50	1.042	30
	總和	2.95	1.171	60
總和	有字幕	3.00	1.105	60
	無字幕	3.10	1.085	60
	總和	3.05	1.091	120

受試者間效應項的檢定

依變數：理解程度

來源	型 III 平方和	自由度	平均平方和	F 檢定	顯著性
校正後的模式	31.500[a]	3	10.500	11.053	.000
截距	1,116.300	1	1,116.300	1,175.053	.000
語言版本	1.200	1	1.200	1.263	.263
字幕狀態	.300	1	.300	.316	.575
語言版本 * 字幕狀態	30.000	1	30.000	31.579	.000
誤差	110.200	116	.950		
總和	1,258.000	120			
校正後的總數	141.700	119			

a.R 平方 = .222（調過後的 R 平方 = .202）。

看英文版的理解程度是2.4（SD = 1.037），相較之下，前者比後者高出1.2分：在影片無字幕的情況下，觀看中文版的理解程度是2.7（SD = 0.988），觀看英文版的理解程度是3.5（SD = 1.042），相較之下，前者比後者低了0.8分。在兩種字幕狀態下，研究發現卻是相反的結果。在有字幕的情況下，中文版的理解程度要優於英文版；可是在無字幕的情況下，中文版的理解程度卻比英文版差。換言之，有字幕時看中文版會有

利於內容的理解，但無字幕時看英文版才會有利於內容的理解。

換另一個角度來看，結果亦然。在中文版的情況下，觀看有字幕影片的學童理解程度是3.6（SD = 0.814），觀看無字幕影片的理解程度是2.7（SD = 0.988），前者比後者高出0.9分；在英文版的情況下，觀看有字幕影片的理解程度是2.4（SD = 1.037），觀看無字幕影片的理解程度是3.5（SD = 1.042），前者比後者低了1.1分。在兩種語言版本下，研究發現卻是呈相反的結果。在中文版的情況下，加上字幕對學童的理解程度會有正面加分作用；但在英文版的情況下，加上字幕卻不利於學童的理解程度。換言之，看中文版時要加上字幕才會有利於內容的理解，但看英文版時不要字幕才有利於內容的理解。

(八)兩自變項無主效果，無交錯

雙因子變異數分析第八種可能的結果是，兩自變項無主效果，兩者間也無交錯效果。如果將檔案雙因子分析結果8.sav的資料納入分析，其結果就會出現這種情況（見表10-18）。觀看中文版的學童（M = 3.08，SD = 0.98）與觀看英文版的學童（M = 2.95，SD = 0.98），兩者理解程度並無顯著差異，F（1，116）= 0.55，p = 0.46；同樣地，學童觀看有字幕影片（M = 3.05，SD = 0.87）與觀看無字幕影片（M = 2.98，SD = 1.08），兩者理解程度同樣無顯著差異，F（1，116）= 0.138，p = .711。由此可見，語言版本與字幕狀態都不會明顯影響到學童的理解程度。

此外，這兩個自變項之間無顯著交錯效果，F（1，116）= 0.86，p = .356。在影片有字幕的情況下，觀看中文版（M = 3.2，SD = 0.89）與觀看英文版（M = 2.9，SD = 0.84）的理解程度相差 0.3分；在影片無字幕的情況下，觀看中文版（M =2.97，SD = 1.07）與觀看英文版（M = 3，SD = 1.11）的理解程度相差-0.03。不管有無字幕，不同語言版本對學童理解程度的影響並無太大差異。同理，在中文版的情況下，觀看有字幕影片（M = 3.21，SD = 0.89）與觀看無字幕影片（M = 2.97，SD = 1.07）

的理解程度相差0.23分。在英文版的情況下，觀看有字幕影片（M =2.9，SD = 0.84）與觀看無字幕影片（M = 3，SD = 1.11）的理解程度相差-0.1。無論是中文版或英文版，不同字幕狀態對學童理解程度的影響並無太大差異。

表10-18　雙因子變異數分析結果（八）

敘述統計

依變數：理解程度

語言版本	字幕狀態	平均數	標準差	個數
中文版	有字幕	3.20	.887	30
	無字幕	2.97	1.066	30
	總和	3.08	.979	60
外文版	有字幕	2.90	.845	30
	無字幕	3.00	1.114	30
	總和	2.95	.982	60
總和	有字幕	3.05	.872	60
	無字幕	2.98	1.081	60
	總和	3.02	.979	120

受試者間效應項的檢定

依變數：理解程度

來源	型 III 平方和	自由度	平均平方和	F 檢定	顯著性
校正後的模式	1.500[a]	3	.500	.516	.672
截距	1,092.033	1	1,092.033	1,126.341	.000
語言版本	.533	1	.533	.550	.460
字幕狀態	.133	1	.133	.138	.711
語言版本 * 字幕狀態	.833	1	.833	.860	.356
誤差	112.467	116	.970		
總和	1,206.000	120			
校正後的總數	113.967	119			

a.R 平方 = .013（調過後的 R 平方 = .012）。

Chapter 11

變異數分析(二)：組內設計

　　如果說前一章所介紹的變異數分析（ANOVA）是獨立樣本t檢定的延伸，那麼本章所介紹的重複量數變異數分析（repeated measures ANOVA）就是成對樣本t檢定的延伸。變異數分析適用於由組間設計（between-subjects design）所蒐集的資料，而**重複量數變異數分析**則專用於組內設計（within-subjects design）的情境。在組間設計中，被分配到各個實驗組別的樣本都屬於不同的個體（即獨立樣本）；而在組內設計中，被分配到各組的樣本是相同或經過配對的個體（即相依或成對樣本）。**組內設計**最主要的優點是能對各組樣本特質進行較高程度的控制，避免不同組別的樣本在實驗前就有明顯的特質差異。

　　相較於組間設計，組內設計所需召募的樣本總數較少。由於組內設計採用的是相依樣本，不同實驗組別中的樣本可以相同，因此總樣本數不必然會因實驗組別的增加而變多。以一個2×2雙因子的組間設計為例，總共有四種實驗情境。假設每種情境需20位樣本，則整個研究需招募80位樣本。其中，被分配到每一種實驗組別的20位樣本只需接觸一種情境的刺激物。但如果是一個2×2雙因子的組內設計，同樣也有四種實驗情境。假設每種情境需要20位樣本，那整個研究只要招募20位樣本就足夠，因為每位樣本會依序接觸四種實驗情境的刺激物。在這個情況下，兩種設計的樣本數會相差60個。當實驗情境組別數越多，兩種設計的樣本總數也會差距越大。

　　因為這兩種設計的樣本數量、屬性及接觸實驗刺激的方式不同，因此所蒐集的資料必須使用各自適用的統計方法。如果是組間設計的資料，就應該使用上一章所介紹的單因子或雙因子變異數分析；如果是組內設計的資料，就應該使用單因子或雙因子重複量數變異數分析；如果是混合式設計的資料，就應該採用混合模式的變異數分析。不同的統計方法，不僅在資料輸入的格式上不同，連分析的結果也不一樣。方法選擇有誤，整個資料分析的結果也會出現錯誤。

第一節　單因子組內設計

一、統計原理

(一)應用時機

　　假設有廣告公司設計了兩種版本的廣告，分別採用不同的勸服元素。爲了確定何種勸服元素較能引發消費者對廣告的好感，於是找來一群受訪者逐一看過這兩種版本的廣告，並依序對兩則廣告做出評價。就這次的調查而言，採用的是組內設計，自變項是勸服元素，依變項是廣告評價。要了解勸服元素能否影響受訪者的廣告評價，最直接的做法是比較同一群人對兩則廣告的評價。如果每個人對兩則廣告的評價相同，代表勸服元素無法影響他們的廣告評價。在這個例子中，由於每位受測者都陸續看過兩種版本的廣告，也依序對兩則廣告作出評價，因此資料屬於成對樣本資料。面對只有一個自變項的成對樣本資料，適合使用單因子重複量數的變異數分析。

　　再舉另一個例子。假如研究者想了解重複接觸相同刺激物是否會導致感官麻痺的現象，於是連續三天讓同一群人觀看某一部影片，並於每次觀看後測量其亢奮程度。在這個問題中，自變項是觀看影片的累積頻次，依變項是亢奮程度。如果受訪者在三天當中的亢奮程度出現明顯弱化，就表示重複接觸影片會導致感官麻痺。因爲分析時所要比較的是同一群人連續三天所測得的亢奮程度，屬於成對樣本資料的比較，因此也適合採用單因子重複量數變異數分析。其他適用單因子重複量數的例子還包括：(1)比較同一群學生在兩種教學方法下的學習成果；(2)比較同一群民眾在某事件前後的反應；(3)比較同一群選民對幾組候選人的評價；(4)比較同一群觀眾在幾個節目上的收視習慣。

(二)計算原理

在組內設計當中，因為各實驗組別的樣本都是相同的個體，因此樣本在進入實驗情境之前的條件都相同。除非受到不同實驗刺激物的影響，否則各組後續的反應理應相同。因此，只要能證明同一群樣本在不同實驗情境下的反應有明顯差異，就可以據此推論出實驗情境具影響力的事實。反觀，假如樣本在各實驗情境中的反應都一樣，就證明實驗刺激物並不具影響。要判斷樣本在各組的反應是否有差異，重複量數變異數分析也是運用變異量的觀念。

計算變異量時，重複量數變異數分析先將樣本的總變異量分解成兩部分：(1)組間變異量；(2)組內變異量。**組間變異**指的是不同實驗情境之間樣本所存在的差異；而**組內變異**指的是各實驗情境內部樣本所存在的差異。在傳統變異數分析（ANOVA）當中，因為各組樣本是獨立個體，因此組間變異量的大小會受到實驗效果、個體差異及實驗誤差等三個因素的影響。但是在重複量數變異數分析當中，因為各組樣本是相同的個體（即不具個體差異），因此組間變異量的大小只受到實驗效果及實驗誤差等二個因素的影響。至於組內變異量的部分，傳統變異數分析認為它會受到個體差異及實驗誤差的影響。但在重複量數變異數分析當中，因為各組樣本都相同，因此真正造成組內差異的原因就只有實驗誤差（Grimm, 1993）。有關重複量數變異數分析的計算原理，可參考**表11-1**的說明。

在重複量數變異數分析中，虛無假設會主張受訪者在各實驗情境下的反應都相等，而對立假設則主張至少有兩種情境的反應明顯不同。要判斷自變項（如實驗刺激物）是否明顯影響依變項（如樣本反應），重複量數變異數分析仍然取「組間變異量」與「組內變異量」的比值大小（即F值）作為判斷標準。如果F值超過推翻虛無假設所需的臨界值，便可推翻虛無假設，承認至少有兩組實驗情境的反應明顯不同。計算F值

表11-1 重複量數變異數分析之原理

(1)總變異量（Total Variation）
　　=組間變異量（Between-Group）+組內變異量（Within-Group）
(2)組間變異量（Between-Group Variation）
　　=實驗效果（Treatment Effect）+實驗誤差（Experimental Error）
(3)組內變異量（Within-Group Variation）
　　=實驗誤差（Experimental Error）
(4)F值=組間變異量（BG）／組內變異量（WG）

時，公式的分子部分（組間變異量）包含了實驗效果與實驗誤差，而分母部分（組內變異量）則包含實驗誤差。如果實驗操作的自變項不具任何效果，則組間變異量的大小理應等同於組內變異量。換言之，這時組間與組內變異量的比值（即F值）會等於1。當自變項的效果越強時，組間變異量會變得比組內變異量要大更多，而兩者的比值也會隨之變大，反之則反。因此，在重複量數變異數分析當中，如果發現F值越大，就代表自變項的效果相對越強；如果F值接近於1時，就代表自變項幾乎不具效果。

(三)檢定方式

在檢測自變項的效果時，重複量數變異數分析提供了兩種假設檢定的方法：(1)多變量檢定；(2)單變量檢定。在多變量檢定的部分，SPSS分析報表中提供四種不同的統計檢定量，包括Pillai's Trace, Wilks' Lambda, Hotelling's Trace, Roy's Largest Root等。這四種統計檢定量各自的數值（value）雖不相同，但是F值都一樣，因此檢定的結果也會一致。多變量方法的優點是它並不要求數據必須符合球型前提（assumption of sphericity）。相反地，單變量方法的重複測量變異數分析則要求數據符合球型前提。所謂**球型前提**指的是在組內設計中，不同實驗情境下的受試者，其在依變項上的變異程度必須相同。例如，假設自變項X有三種情境，分別為X1、X2、X3，則球型前提指的是X1-X2、X1-X3、X2-X3兩

兩之間在依變項上的變異程度必須相同。

　　為了確定所分析的資料合乎球型前提的要求，通常會採用Mauchly球型檢定（Mauchly's Test of Sphericity）的結果作為判斷依據。如果檢定的結果發現Mauchly's W值未能推翻虛無假設（即顯著性大於0.05時），代表數據合乎球型前提，因此毋須對F檢定的結果進行校正。假如Mauchly's W值達到推翻虛無假設的程度（即顯著性小於0.05時），代表數據未能合乎球型前提，因此必須對F檢定的結果進行epsilon校正。在SPSS分析報表中，總共提供了三種F檢定的校正值，分別是Greenhouse-Geisser、Huynh-Feldt及Lower-Bound等。但無論採何種校正方式，最後F檢定的結果是一致的。當F檢定達統計顯著意義時，可進一步採多重比較（multiple comparison）的方法找出真正發生差異的組別。

二、案例示範

　　使用重複測量變異數分析之前，必須注意資料輸入的格式是否正確。在單因子組內設計中，樣本會重複接觸不同實驗情境，並接受多次的測量。整個樣本的總人數不會因實驗組別的增加而變多。因此，組內設計的資料排列方式並不同於組間設計。在單因子組間設計中，其輸入的資料有兩個欄位：一個是以類目尺度測量的自變項；一個則是以等距尺度測量的依變項。但是在單因子組內設計中，資料的欄位數會因自變項的組別數而定。每一欄位代表一個實驗組別；每一列則代表一位樣本的資料。因此，假設研究中的自變項有三種實驗組別（A1/A2/A3），樣本有20位（S1至S20），則資料表單上會出現三個欄位（各代表一種實驗組別），每個欄位下各有20筆資料。輸入的資料中找不到任何用來標示組別的類目變項，只見到每位樣本在各實驗組別中的依變項反應（如**表11-2**）。

　　在SPSS的環境中執行重複量數變異數分析，首先要開啟資料檔

表11-2　單因子組內設計之資料排列

樣本	自變項組別		
	A	A2	A3
S1	S1資料	S1資料	S1資料
S2	S2資料	S2資料	S2資料
S3	S3資料	S3資料	S3資料
⋮	⋮	⋮	⋮
S20	S20資料	S20資料	S20資料

案。在資料編輯程式視窗下，選擇分析、一般線性模式（General Linear Model）與重複量數（Repeated Measures）。等畫面進入重複量數定義因子（Repeated Measures Define Factors）的對話框後，在受試者內因子的名稱（Within-Subjects Factor Name）空格中輸入自變項名稱，在水準個數（Number of Levels）處輸入組別數量，按新增（Add）及定義（Define）。等畫面出現重複量數（Repeated Measures）的對話框後，將左邊方框內各組別名稱逐一點選至右方受試者內變數（Within-Subjects Variables）相對應的位置，然後按選項（Options）。在重複量數：選項的對話框下，將因子與因子交互作用方框內的自變項選至顯示平均數（Display Means for）的空格內，勾選比較主效應（Compare Main Effects）及敘述統計（Descriptive Statistics）。最後按繼續及確定。

(一)檢視重複觀看之效果

　　以檔案單因子組內設計1.sav為例，資料中有24位樣本連續三天觀看同一部影片後所測得的亢奮程度。在這次研究中，研究者想了解重複暴露在相同影片後是否會導致受測者出現麻痺效應。自變項「暴露程度」有三種情境，分別是首次觀看、二度觀看、三度觀看。依變項是三次觀看後測得的亢奮程度。由於這項研究採組內設計，因此採重複量數變異數分析。在SPSS環境下要執行重複量數變異數分析，可選擇一般線性模式下的重複量數。等進入重複量數定義因子的視窗後，在受試者內因子

的名稱處輸入「暴露程度」，並在水準個數處輸入3，再按新增及定義。等畫面出現重複量數的視窗後，將首次觀看、二度觀看、三度觀看等組別名稱依序選至右方受試者內變數中的_?_(1)、_?_(2)，及_?_(3)的位置。最後，點選選項，並將因子與因子交互作用方框內的「暴露程度」選至顯示平均數的空格內，並勾選比較主效應及敘述統計。最後，按繼續及確定即完成整個操作程序。有關重複量數的具體操作步驟，請參考圖11-1。

　　資料分析的結果陳列於表11-3。受訪者在首次觀看影片後測得的亢奮程度為7.54（SD = 1.285）、二度觀看後的亢奮程度為4.13（SD = 1.329）、三度觀看後的亢奮程度為2.12（SD = 1.227）。這三次觀影後的亢奮程度，經多變量檢定的結果發現彼此間存有顯著差異（Pillai's Trace= 0.922；Wilks' Lambda= 0.078；Hotelling's Trace= 11.847；Roy's Largest Root= 11.847），F（2，22）= 130.320，p < .001。這個結果代表受訪者的亢奮程度明顯受到暴露程度所影響。

　　由於受訪者在這三次情境下的亢奮程度，經Mauchly球型檢定後發現其變異情形並無明顯差異（Mauchly's W= 0.911，p > .05），顯示資料

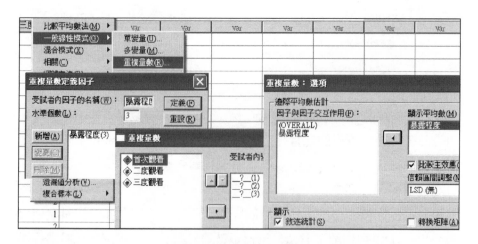

圖11-1　單因子重複量數變異數分析之操作

表11-3　單因子重複量數變異數分析結果（一）

敘述統計

	平均數	標準差	個數
首次觀看	7.54	1.285	24
二度觀看	4.13	1.329	24
三度觀看	2.12	1.227	24

多變量檢定[b]

	效應項	數值	F 檢定	假設自由度	誤差自由度	顯著性
暴露程度	Pillai's Trace	.922	130.320[a]	2.000	22.000	.000
	Wilks' Lambda 變數選擇法	.078	130.320[a]	2.000	22.000	.000
	多變量顯著性檢定	11.847	130.320[a]	2.000	22.000	.000
	Roy 的最大平方根	11.847	130.320[a]	2.000	22.000	.000

a.精確的統計量。

b.設計：Intercept；受試者內設計：暴露程度。

受試者內效應項的檢定

測量：MEASURE_1

	來源	型 III 平方和	自由度	平均平方和	F 檢定	顯著性
暴露程度	假設為球形	360.111	2	180.056	151.819	.000
	Greenhouse-Geisser	360.111	1.837	195.991	151.819	.000
	Huynh-Feldt 值	360.111	1.989	181.031	151.819	.000
	下限	360.111	1.000	360.111	151.819	.000
誤差（暴露程度）	假設為球形	54.556	46	1.186		
	Greenhouse-Geisser	54.556	42.260	1.291		
	Huynh-Feldt 值	54.556	45.752	1.192		
	下限	54.556	23.000	2.372		

合乎球型前提，因此採單變量檢定的結果並無需進行epsilon校正。從受試者內效應項的檢定結果來看，暴露程度的確顯著影響到受訪者的亢奮程度，$F_{(2, 46)} = 151.819$，$p < .001$。成對的比較顯示首次觀看影片的受試者，其亢奮程度比二度觀看時明顯要高（平均數差異為3.417，$p <$

.001）；而二度觀看時的亢奮程度也明顯高於三度觀看時（平均數差異為 2.0，p < .001）。這樣的結果顯示，重複暴露在同一影片時會讓亢奮程度出現麻痺效應。接觸次數越多時，亢奮程度則越低。

(二)檢視音樂類型之影響

再以另一個例子來說明。假設有研究者想了解究竟重金屬搖滾會不會比抒情搖滾更能激起聽眾的憤怒情緒，於是針對30位樣本進行測試。每位樣本分別聽過兩種類型的搖滾音樂後，接受有關憤怒情緒的測量。全部資料儲存在檔案 單因子組內設計2.sav 當中。在這次研究中，自變項「搖滾類型」有兩種情境，分別是重金屬搖滾及抒情搖滾。依變項是受訪者聽完這兩種類型的音樂後所顯現的憤怒程度。由於這項研究採組內設計，因此適合使用重複量數變異數分析。在SPSS環境下要執行重複量數變異數分析，可依照前面所介紹過的步驟（或參考表11-4）。讀者只要記得在進入 重複量數定義因子 的視窗後，將自變項名稱「搖滾類型」輸入到 受試者內因子的名稱，並在 水準個數 處輸入2，再按 新增 及 定義。其餘步驟都與上述例子執行方式相同。

資料分析的結果顯示在表11-5。如表所示，受訪者在聽完重金屬搖滾後測得的憤怒情緒分數是6.7（SD = 1.418），聽完抒情搖滾後測得的憤怒情緒分數為3.97（SD = 1.402）。這兩種搖滾類型所引發的憤怒

表11-4 單因子重複量數變異數分析操作步驟

步驟一：在SPSS資料編輯程式中開啟資料檔案。
步驟二：點選 分析 → 比較平均數法 → 重複量數。
步驟三：在 重複量數定義因子 對話視窗中，將自變項名稱輸入 受試者內因子的名稱 處，並在 水準個數 處輸入組別數量，按 新增 及 定義 鍵。
步驟四：在 重複量數 對話視窗中，將所有變項組別選入 受試者內變數，再按 選項 鍵。
步驟五：在 重複量數：選項 對話視窗中，將 因子與因子交互作用 中的變項名稱選入 顯示平均數，勾選 比較主效應 與 敘述統計。
步驟六：按 繼續 與 確定。

表11-5　單因子重複量數變異數分析結果(二)

敘述統計

	平均數	標準差	個數
重金屬	6.70	1.418	30
抒情搖滾	3.97	1.402	30

多變量檢定[b]

效應項		數值	F 檢定	假設自由度	誤差自由度	顯著性
搖滾類型	Pillai's Trace	.747	85.675[a]	1.000	29.000	.000
	Wilks' Lambda 變數選擇法	.253	85.675[a]	1.000	29.000	.000
	多變量顯著性檢定	2.954	85.675[a]	1.000	29.000	.000
	Roy 的最大平方根	2.954	85.675[a]	1.000	29.000	.000

a.精確的統計量。

b.設計：Intercept；受試者內設計：搖滾類型。

受試者內效應項的檢定

測量：MEASURE_1

來源		型 III 平方和	自由度	平均平方和	F 檢定	顯著性
搖滾類型	假設為球形	112.067	1	112.067	85.675	.000
	Greenhouse-Geisser	112.067	1.000	112.067	85.675	.000
	Huynh-Feldt 值	112.067	1.000	112.067	85.675	.000
	下限	112.067	1.000	112.067	85.675	.000
誤差（搖滾類型）	假設為球形	37.933	29	1.308		
	Greenhouse-Geisser	37.933	29.000	1.308		
	Huynh-Feldt 值	37.933	29.000	1.308		
	下限	37.933	29.000	1.308		

程度，經多變量檢定的結果發現彼此間存有顯著差異（Pillai's Trace= 0.747；Wilks' Lambda= 0.253；Hotelling's Trace= 2.954；Roy's Largest Root= 2.954），F（1，29）= 85.675，p < .001。受試者內效應項的檢定也得出相同的結果。這個結果顯示音樂類型會影響受試者的情緒，重金屬搖滾明顯比抒情搖滾更能喚起憤怒情緒。

 ## 第二節　雙因子組內設計

一、統計原理

(一)應用時機

　　雙因子組內設計包含有兩個自變項，而且每位受試者必須經歷這兩個自變項相互交叉而成的各種情境組合。假設研究中有兩個自變項A與B，而自變項A有2個層次，自變項B有2個層次，則該研究總共須設計出四種實驗情境，分別是A1B1、A1B2、A2B1、A2B2。每位受訪者必須陸續在這四種情境下接觸自變項的刺激，並接受依變項的相關測量。所得的資料在輸入SPSS之後，其格式如**表11-6**所示。在資料表單上欄位名稱所顯示的是自變項各組別的名稱，而空格內所輸入的資料是受訪者在不同情境下的依變項答案。

(二)計算原理

　　雙因子重複量數的統計原理與單因子重複量數相同，都是將組間差異除以組內差異來計算出F值。只是在檢定時，雙因子重複量數除了要分別檢定兩個自變項有無顯著的主效果外，還需檢定兩者間有無交

表11-6　雙因子組內設計（2×2設計）之資料排列

樣本	自變項組別			
	A1B1	A1B2	A2B1	A2B2
S1	S1資料	S1資料	S1資料	S1資料
S2	S2資料	S2資料	S2資料	S2資料
S3	S3資料	S3資料	S3資料	S3資料
⋮	⋮	⋮	⋮	⋮
S20	S20資料	S20資料	S20資料	S20資料

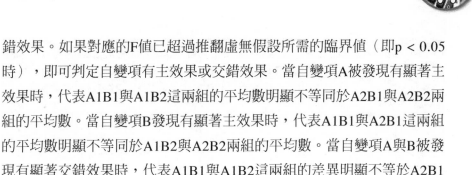
錯效果。如果對應的F值已超過推翻虛無假設所需的臨界值（即$p < 0.05$時），即可判定自變項有主效果或交錯效果。當自變項A被發現有顯著主效果時，代表A1B1與A1B2這兩組的平均數明顯不等同於A2B1與A2B2兩組的平均數。當自變項B發現有顯著主效果時，代表A1B1與A2B1這兩組的平均數明顯不等同於A1B2與A2B2兩組的平均數。當自變項A與B被發現有顯著交錯效果時，代表A1B1與A1B2這兩組的差異明顯不等於A2B1與A2B2這兩組的差異，也代表A1B1與A2B1這兩組的差異明顯不等於A1B2與A2B2這兩組的差異。

二、案例示範

(一)雙因子（2×2）設計

　　假設廠商想了解酒瓶的顏色及形狀是否會影響到消費者對酒類產品的消費意願，因此針對這兩個變項設計出四種款式的包裝，分別是：(1)透明圓瓶；(2)透明方瓶；(3)深色圓瓶；(4)深色方瓶。針對這四種款式的包裝，廠商找來26位消費者逐一看過樣品，並測得各自購買意願的分數（從0至9分）。所蒐集的資料儲存在雙因子組內設計1.sav的檔案中。這次的研究屬於雙因子2乘2組內設計，其中兩個自變項分別是酒瓶顏色（含透明及深色兩種）與酒瓶形狀（含圓瓶及方瓶兩種），而依變項則是對產品的購買意願。從資料結構來看（見圖11-2），這屬於成對樣本的資料，因此必須透過重複量數變異數分析來回答這個問題。

　　在SPSS環境下執行雙因子重複量數變異數分析，其程序與單因子重複量數大致相同。先開啟雙因子組內設計1.sav檔案後，在資料編輯程式中選擇分析、一般線性模式與重複量數。等進入重複量數定義因子的視窗後，在受試者內因子的名稱處輸入自變項名稱，並在水準個數處輸入組別數量。由於這個資料中有兩個自變項，因此必須輸入兩次的變項名

雙因子組內設計1 - SPSS 資料編輯程式

| 檔案(F) | 編輯(E) | 檢視(V) | 資料(D) | 轉換(T) | 分析(A) | 統計圖(G) | 公用程式(U) | 視窗(W) | 輔助說明(I) |

3：深色方瓶　　　　　　　　6

	透明圓瓶	透明方瓶	深色圓瓶	深色方瓶	var
1	3	4	6	7	
2	5	5	7	7	
3	2	2	3	6	
4	3	2	6	8	
5	4	4	6	6	
6	3	5	7	8	
7	5	5	8	8	
8	2	3	4	6	
9	1	1	6	9	
10	3	3	5	7	
11	1	2	6	8	
12	2	2	5	6	
13	4	4	6	5	
14	3	5	6	6	
15	2	4	5	8	
16	4	5	6	7	
17	2	3	4	7	

圖11-2　雙因子（2x2）組內設計之資料結構

稱及水準個數。在輸入自變項名稱時，讀者必須特別留意的是，這裡的自變項名稱與資料檔案上輸入的變項名稱不同，必須另行命名及輸入。例如，首先輸入第一個自變項名稱「酒瓶顏色」，並在水準個數處輸入2，按新增；再輸入第二個自變項名稱「酒瓶形狀」，並在水準個數處輸入2，按新增，並點選定義鍵。等畫面出現重複量數的視窗後，將透明圓瓶、透明方瓶、深色圓瓶、深色方瓶等組別名稱依序選至受試者內變數中的_?_(1, 1)、_?_(1, 2)、_?_(2, 1)、_?_(2, 2)等位置上。接著點選選項，並將因子與因子交互作用方框內的「酒瓶顏色」、「酒瓶形狀」、「酒瓶顏色*酒瓶形狀」選至顯示平均數的空格內，並勾選比較主效應及敘述統計。最後，按繼續及確定。有關雙因子重複量數變異數分析的操作步驟，可參考圖11-3。

　　從分析結果中的敘述統計得知，受訪者對透明圓瓶包裝的購買意願

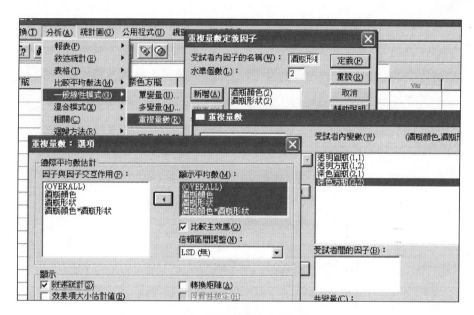

圖11-3　雙因子重複量數變異數分析之操作

為2.85（SD = 1.156）、對透明方瓶的購買意願為3.5（SD = 1.273）、對深色圓瓶的購買意願為5.58（SD = 1.332）、對深色方瓶的購買意願為7（SD = 1.131）。多變量檢定的結果發現，酒瓶顏色對酒類產品的購買意願有顯著影響（Pillai's Trace= 0.872；Wilks' Lambda= 0.128；Hotelling's Trace= 6.792；Roy's Largest Root= 6.792），$F_{(1, 25)}$ = 169.798，$p < .001$。受訪者對於深色瓶的購買意願（M = 6.288）明顯要高於透明瓶（M = 3.173）。其次，多變量檢定也發現酒瓶形狀也對產品的購買意願造成顯著影響（Pillai's Trace= 0.676；Wilks' Lambda= 0.324；Hotelling's Trace= 2.083；Roy's Largest Root= 2.083），$F_{(1, 25)}$ = 52.071，$p < .001$。受訪者對於方瓶的購買意願（M = 5.25）明顯要高於圓瓶（M = 4.212）。這樣的結果說明酒瓶顏色及酒瓶形狀分別都會影響受訪者對酒類產品的購買意願。

多變量檢定也發現，酒瓶顏色與酒瓶形狀對購買意願的影響有明

顯交錯效果（Pillai's Trace=0.220；Wilks' Lambda=0.780；Hotelling's Trace=0.282；Roy's Largest Root=0.282），$F_{(1, 25)} = 7.042$，$p < .05$。交錯效果的存在代表酒瓶顏色對購買意願的影響，會因酒瓶形狀不同而有不同程度的影響。相同地，它也代表酒瓶形狀對購買意願的影響，會因酒瓶顏色不同而有不同程度的影響。具體而言，當酒瓶是透明顏色時，受訪者對方瓶的購買意願（M = 2.846）與圓瓶購買意願（M = 3.5）之差距為0.654分，但是當酒瓶是深色時，方瓶購買意願（M = 5.577）與

表11-7 雙因子重複量數變異數分析結果（一）

敘述統計

	平均數	標準差	個數
透明圓瓶	2.85	1.156	26
透明方瓶	3.50	1.273	26
深色圓瓶	5.58	1.332	26
深色方瓶	7.00	1.131	26

多變量檢定[b]

效應項		數值	F 檢定	假設自由度	誤差自由度	顯著性
瓶子顏色	Pillai's Trace	.872	169.798[a]	1.000	25.000	.000
	Wilks' Lambda 變數選擇法	.128	169.798[a]	1.000	25.000	.000
	多變量顯著性檢定	6.792	169.798[a]	1.000	25.000	.000
	Roy 的最大平方根	6.792	169.798[a]	1.000	25.000	.000
瓶子形狀	Pillai's Trace	.676	52.071[a]	1.000	25.000	.000
	Wilks' Lambda 變數選擇法	.324	52.071[a]	1.000	25.000	.000
	多變量顯著性檢定	2.083	52.071[a]	1.000	25.000	.000
	Roy 的最大平方根	2.083	52.071[a]	1.000	25.000	.000
瓶子顏色*瓶子形狀						
	Pillai's Trace	.220	7.042[a]	1.000	25.000	.000
	Wilks' Lambda 變數選擇法	.780	7.042[a]	1.000	25.000	.000
	多變量顯著性檢定	.282	7.042[a]	1.000	25.000	.000
	Roy 的最大平方根	.282	7.042[a]	1.000	25.000	.000

a.精確的統計量。

b.設計：Intercept；受試者內設計：瓶子顏色＋瓶子形狀＋瓶子顏色*瓶子形狀。

圓瓶購買意願（M = 7）之差距則爲1.423分。這表示酒瓶爲透明顏色時，瓶身的形狀對購買意願的影響程度較小；但是當酒瓶爲深色時，瓶身的形狀對購買意願的影響較大。同理，當酒瓶是圓形時，透明瓶的購買意願（M = 2.846）與深色瓶購買意願（M = 5.577）之差距爲2.731分，但是當酒瓶是方形時，透明瓶的購買意願（M = 3.5）與深色瓶（M = 7）之差距則爲3.5分。這表示在方瓶的前提下，酒瓶顏色對購買意願會有較強的影響，而當瓶子爲圓瓶時，酒瓶顏色的影響較小。

(二)雙因子（2×3）設計

再舉另一個雙因子（2×3）組內設計的例子來說明。假如研究中自變項A有2個層次，自變項B有3個層次，則該研究總共須設計六種實驗情境，分別是A1B1、A1B2、A1B3、A2B1、A2B2、A2B3。每位受訪者必須在這六種情境下逐一接觸自變項的刺激，並接受依變項的相關測量。所得的資料在輸入SPSS之後，其格式如**表11-8**所示。其中變項欄位上所輸入的變項名稱代表各實驗情境，而資料表單上輸入的數據則是每位樣本在各情境下所測得的依變項反應。

以檔案雙因子組內設計2.sav的資料爲例。這是一個以2×3的雙因子組內設計所蒐集到的資料。資料中有兩個自變項，分別是廣告訴求方式與產品涉入程度。其中，廣告訴求方式有兩種，分別是理性訴求與感

表11-8　雙因子組內設計（2×3設計）之資料排列

| 樣本 | 自變項組別 | | | | | |
	A1B1	A1B2	A1B3	A2B1	A2B2	A2B3
S1	S1資料	S1資料	S1資料	S1資料	S1資料	S1資料
S2	S2資料	S2資料	S2資料	S2資料	S2資料	S2資料
S3	S3資料	S3資料	S3資料	S3資料	S3資料	S3資料
⋮	⋮	⋮	⋮	⋮	⋮	⋮
S20	S20資料	S20資料	S20資料	S20資料	S20資料	S20資料

性訴求；產品涉入程度有三個層次，分別是低度涉入、中度涉入與高度涉入。融合兩個自變項的特性，最後設計出六組廣告作品，分別是：(1)理性訴求低度涉入；(2)理性訴求中度涉入；(3)理性訴求高度涉入；(4)感性訴求低度涉入；(5)感性訴求中度涉入；(6)感性訴求高度涉入。針對這六組廣告，研究者招募到30位受訪者逐一看過每則廣告，並回答對各廣告的態度（1分代表非常不喜歡、7分代表非常喜歡）。假設研究者想了解，究竟廣告訴求方式與產品涉入程度會不會影響受訪者對廣告的態度，這就屬於雙因子重複量數變異數分析所能回答的問題。

要以重複量數來分析這份資料，可參考上一個案例的操作方式。首先，在資料編輯程式中選擇分析、一般線性模式與重複量數。在重複量數定義因子的視窗中，將第一個變項名稱「訴求方式」輸入受試者內因子的名稱處，並在水準個數輸入組別數量2，按新增；再輸入第二個變項名稱「涉入程度」，並在水準個數處輸入3，按新增；再按定義鍵。等畫面出現重複量數的視窗後，將理性低涉、理性中涉、理性高涉、感性低涉、感性中涉、感性高涉等組別名稱依序選至受試者內變數中_?_(1, 1)、_?_(1, 2)、_?_(1, 3)、_?_(2, 1)、_?_(2, 2)、_?_(2, 3)等位置。接著點選選項，將因子與因子交互作用方框內的「訴求方式」、「涉入程度」、「訴求方式*涉入程度」選至顯示平均數的空格內，並勾選比較主效應及敘述統計。最後，按繼續及確定即完成整個操作程序。

分析結果呈現於表11-9。從表中的敘述統計得知，理性低涉入組受訪者的廣告態度為2.735（SD = 0.554）、理性中涉入組受訪者的廣告態度為3.451（SD = 0.593）、理性高涉入組受訪者的廣告態度為4.351（SD = 0.609）。感性低涉入組受訪者的廣告態度為4.21（SD = 0.574）、感性中涉入組受訪者的廣告態度為5.03（SD = 0.562）、感性高涉入組受訪者的廣告態度為5.862（SD = 0.526）。多變量檢定的結果發現，廣告訴求方式會對產品態度造成顯著的差異（Pillai's Trace = 0.9；Wilks' Lambda= 0.1；Hotelling's Trace= 8.974；Roy's Largest Root= 8.974），$F_{(1, 29)}$

表11-9　雙因子重複量數變異數分析結果（二）

敘述統計

	平均數	標準差	個數
理性低涉	2.7350	.55358	30
理性中涉	3.4507	.59348	30
理性高涉	4.3507	.60875	30
感性低涉	4.2147	.57426	30
感性中涉	5.0297	.56176	30
感性高涉	5.8617	.52649	30

多變量檢定[b]

效應項		數值	F 檢定	假設自由度	誤差自由度	顯著性
訴求方式	Pillai's Trace	.900	260.247[a]	1.000	29.000	.000
	Wilks' Lambda 變數選擇法	.100	260.247[a]	1.000	29.000	.000
	多變量顯著性檢定	8.974	260.247[a]	1.000	29.000	.000
	Roy 的最大平方根	8.974	260.247[a]	1.000	29.000	.000
涉入程度	Pillai's Trace	.924	170.696[a]	2.000	28.000	.000
	Wilks' Lambda 變數選擇法	.076	170.696[a]	2.000	28.000	.000
	多變量顯著性檢定	12.193	170.696[a]	2.000	28.000	.000
	Roy 的最大平方根	12.193	170.696[a]	2.000	28.000	.000
訴求方式*涉入程度						
	Pillai's Trace	.039	.569[a]	2.000	28.000	.572
	Wilks' Lambda 變數選擇法	.961	.569[a]	2.000	28.000	.572
	多變量顯著性檢定	.041	.569[a]	2.000	28.000	.572
	Roy 的最大平方根	.041	.569[a]	2.000	28.000	.572

a.精確的統計量。

b.設計：Intercept；受試者內設計：訴求方式＋涉入程度＋訴求方式*涉入程度。

＝ 260.247，p < .001。感性訴求（M = 5.035）比理性訴求（M = 3.512）更能喚起正面的廣告態度。

　　其次，涉入程度也會對產品態度造成顯著差異（Pillai's Trace = 0.924；Wilks' Lambda = 0.076；Hotelling's Trace = 12.193；Roy's Largest Root = 12.193），F（2，28）= 170.696，p < .001。高涉入產品（M =

5.106）比中涉入產品（M = 4.24）更能喚起正面廣告態度，而中涉入產品也比低涉入產品（M = 3.475）更能喚起正面態度。這說明廣告訴求方式與產品涉入程度分別會明顯影響受訪者對產品的態度。最後，分析結果也顯示，這兩個自變項對產品態度的影響並無明顯交錯效果（Pillai's Trace = 0.039；Wilks' Lambda = 0.961；Hotelling's Trace = 0.041；Roy's Largest Root = 0.041），F（2，28）= 0.569，p > .05。換言之，訴求方式與涉入程度各自都對產品態度造成影響，但各自的效果並不受另一變項所影響。

第三節　多因子混合設計

一、統計原理

　　當研究中部分的自變項是採組間設計，而部分的自變項是採組內設計時，就構成多因子的混合設計（mixed factorial design）。如果是採用混合設計，表示所分析的資料有一部分是取自不同的樣本，而一部分則取自相同的樣本。以**表11-10**的資料為例，這裡有20位樣本，隨機被均分成二組。其中10位被分配去觀看「動態情色影片」，另外10位樣本則被分配去觀看「靜態情色圖片」。兩組樣本都必須接連三天每天觀看一遍同樣的實驗刺激物（分別是動態情色影片或靜態情色圖片）。每次看完實驗刺激物，受訪者都會被詢問主觀感受的害羞指數（0-9分）。研究者想藉此探討，觀看不同媒介型態的情色內容是否會影響受訪者的害羞程度？重複觀看同樣的情色內容是否會影響受訪者的害羞程度？

　　這是一個雙因子的混合設計。其中，第一個自變項「媒介型態」屬於組間因子（between factor），有二種型態（包含動態及靜態）；不同媒介型態下的樣本屬於不同個體。第二個自變項「接觸頻次」屬於組內

表11-10　雙因子混合設計之案例資料

樣本	動態情色影片			樣本	靜態情色圖片		
	首度觀看	二度觀看	三度觀看		首度觀看	二度觀看	三度觀看
1	8	6	3	11	5	3	2
2	7	5	3	12	4	3	1
3	7	6	4	13	3	2	0
4	6	5	2	14	4	2	1
5	8	7	3	15	5	4	1
6	9	7	5	16	4	3	2
7	5	4	3	17	3	1	0
8	6	4	2	18	3	2	0
9	7	4	1	19	5	2	0
10	8	3	1	20	6	3	1

因子（within factor），有三個層次（包含首度、二度及三度觀看）。每位樣本都看過實驗刺激物三次。依變項則是受訪者在不同媒介類型與接觸頻次下所測得的害羞指數。

　　要將表11-10的資料輸入到SPSS資料表單時，須注意組間及組內設計的資料在格式上的差異。組間設計的變項資料（即媒介型態）會單獨以類目尺度的方式出現在一個欄位上，而組內設計的變項（即接觸頻次）則必須依實驗組別數量開闢出等量的欄位，然後在各欄位空格中直接輸入每位樣本依變項的答案。例如，這裡有三種接觸頻次，因此必須開闢三個欄位。完成輸入後的資料儲存在雙因子混合設計.sav的檔案中，其格式如圖11-4所示。

二、案例示範

　　要分析雙因子混合設計.sav這筆資料，其操作方式與上述重複量數變異數分析有些不同（請參考表11-11）。首先，開啟檔案後，在資料編輯程式中選擇分析、一般線性模式與重複量數（Repeated Measures）。

社會統計與資料分析

	媒介型態	首度觀看	二度觀看	三度觀看	var
1	1	8	6	3	
2	1	7	5	3	
3	1	7	6	4	
4	1	6	5	2	
5	1	8	7	3	
6	1	9	7	5	
7	1	5	4	3	
8	1	6	4	2	
9	1	7	4	1	
10	1	8	3	1	
11	2	5	3	2	
12	2	4	3	1	

圖11-4　混合設計之資料輸入格式

表11-11　雙因子混合設計操作步驟

步驟一：在SPSS資料編輯程式中開啟資料檔案。

步驟二：點選**分析** → **比較平均數法** → **重複量數**。

步驟三：在**重複量數定義因子**對話視窗中，將組內自變項名稱輸入**受試者內因子的名稱**處，並在**水準個數**處輸入組別數量，按**新增**及**定義**鍵。

步驟四：在**重複量數**對話視窗中，將組內變項組別選入**受試者內變數**，將組間變項選到**受試者間變數**，再按**選項**鍵。

步驟五：在**重複量數：選項**對話視窗中，將**因子與因子交互作用**中的變項名稱選入**顯示平均數**，勾選**比較主效應**與**敘述統計**。

步驟六：按**繼續**與**確定**。

進入**重複量數定義因子**（Repeated Measures Define Factors）的視窗後，在**受試者內因子的名稱**（Within-Subject Factor Name）處輸入組內設計自變項的名稱「接觸頻次」，在**水準個數**處輸入3，然後按**新增**與**定義**。等畫面出現**重複量數**的視窗後，將首度觀看、二度觀看、三度觀看等組別名稱依序選至右方**受試者內變數**（Within-Subjects Variables）中_?_(1)、_?_(2)、_?_(3)的位置。接著將組間變項「媒介型態」選到**受試者間變數**

（Between-Subjects Variables）的空格內，點選選項（Options），並將因子與因子交互作用方框內的「媒介型態」、「接觸頻次」、「媒介型態*接觸頻次」選至顯示平均數的空格內，並勾選比較主效應及敘述統計。最後，按繼續及確定。

　　雙因子混合設計在呈現分析結果時，其格式與組間設計或組內設計不同。它不是將所有變項的分析結果呈現在一個表格上，而是將組內變項與組間變項分開呈現。在組間自變項「媒介型態」的部分，分析結果（如表11-12）顯示，動態影片所引發的害羞程度爲4.756，而靜態圖片所引發的害羞程度則爲2.622。兩者的差異已達到統計上顯著的水準，F（1，28）= 45.592，p < .001。這說明了媒介型態確實明顯影響受訪者觀看情色內容時的害羞程度。動態影片對受訪者所喚起的害羞程度明顯比靜態圖片來得高。

　　就組內變項而言，根據敘述統計表格顯示（見表11-13），受訪者首度觀看情色內容時的害羞程度爲5.67（SD = 1.749），二度觀看時爲3.67

表11-12　雙因子混合設計之分析結果（一）

估計值

測量：MEASURE_1

媒介類型	平均數	標準誤	95%信賴區間	
			下限	上限
1	4.756	.223	4.298	5.213
2	2.622	.223	2.165	3.080

受試者間效應項的檢定

測量：MEASURE_1
轉換的變數：均數

來源	型 III 平方和	自由度	平均平方和	F 檢定	顯著性
截距	1,224.711	1	1,224.711	545.278	.000
媒介類型	102.400	1	102.400	45.592	.000
誤差	62.889	28	2.246		

表11-13 雙因子混合設計之分析結果（二）

敘述統計

媒介類型		平均數	標準差	個數
首次觀看	1	7.00	1.195	15
	2	4.33	1.047	15
	總和	5.67	1.749	30
二度觀看	1	4.73	1.280	15
	2	2.60	.828	15
	總和	3.67	1.516	30
三度觀看	1	2.53	1.125	15
	2	.93	.799	15
	總和	1.73	1.258	30

多變量檢定[b]

效應項		數值	F 檢定	假設自由度	誤差自由度	顯著性
接觸頻次	Pillai's Trace	.921	157.939[a]	2.000	27.000	.000
	Wilks' Lambda 變數選擇法	.079	157.939[a]	2.000	27.000	.000
	多變量顯著性檢定	11.699	157.939[a]	2.000	27.000	.000
	Roy 的最大平方根	11.699	157.939[a]	2.000	27.000	.000
接觸頻次*媒介類	Pillai's Trace	.179	2.937[a]	2.000	27.000	.070
	Wilks' Lambda 變數選擇法	.821	2.937[a]	2.000	27.000	.070
	多變量顯著性檢定	.218	2.937[a]	2.000	27.000	.070
	Roy 的最大平方根	.218	2.937[a]	2.000	27.000	.070

a.精確的統計量。

b.設計：Intercept ＋媒介類型；受試者內設計：接觸頻次。

（SD = 1.516），而三度觀看時則為1.73（SD = 1.258）。多變量檢定的結果顯示，不同接觸頻次所引發的害羞程度存有顯著差異（Pillai's Trace= 0.921；Wilks' Lambda= 0.079；Hotelling's Trace= 11.699；Roy's Largest Root= 11.699），F（2，27）= 157.939，p < .001。這顯示接觸頻次會明顯影響受訪者的害羞程度。具體而言，受訪者的害羞程度會隨觀看次數的

增加而有遞減的趨勢。

其次，多變量分析也顯示接觸頻次與媒介型態對受訪者害羞程度的影響並未出現明顯的交錯效果（Pillai's Trace= 0.179；Wilks' Lambda= 0.821；Hotelling's Trace= 0.218；Roy's Largest Root= 0.218），F（2，27）= 2.937，p > .05。這說明接觸頻次對害羞程度的影響幅度並不會因媒介型態的不同而有明顯差異。例如，在動態影片的情境下，三種接觸頻次所喚起的害羞程度分別是7、4.73與2.53；在靜態圖片的情境下，三種接觸頻次所喚起的害羞程度分別是4.33、2.6與0.93。各組之間害羞程度的差距並未因觀看動態內容或靜態內容而出現太大差異。

Chapter 12

共變數分析與多變量變異數分析

第一節　共變數分析

第二節　多變量變異數分析

在實驗法的研究中，研究者為確定自變項與依變項之間的因果關係並非虛假，通常在實驗時會盡力做好樣本隨機分組，以確保各組樣本在實驗之前各種特質都會相等，包括該實驗所要檢測的依變項特質。理論上，只要樣本人數規模夠大，透過隨機分組之後各組樣本間特質的均等化（equalization）應能確保。只是在實際執行實驗時，樣本的來源多屬自願性樣本，數量也較少；因此有可能在隨機分組之後，各組樣本的特質仍存有先天條件上的差異。這些先天的差異如果不能在研究前予以排除，就會對整個實驗的結果造成影響，進而誤導了研究結論的方向。縱使實驗後發現樣本群之間有顯著差異，研究者仍無法確定差異是因樣本先天條件的差異所造成，還是受自變項的影響所造成。

例如，如果老師想了解教學方式是否會影響學生的學習成果，於是進行一項實驗。他先將學生平均分成兩組。一組學生接受「A式教學法」，另一組學生接受「B式教學法」。上課時，兩組學生在教室環境、師資、內容及進度上都維持一致，只有教學方式不同。經過一段期間後，老師針對這兩群學生進行測驗。假如測驗的結果顯示，接受「B式教學法」的學生在成績上明顯優於接受「A式教學法」的學生，老師能不能就此判定「B式教學法」較有利於學習？要做出這種結論之前，老師必須先確定實驗之前兩組學生的條件都相同。萬一被分配到「B式教學法」的學生原本課業表現就比另一組學生優異呢？或被分配到B組的學生原本就有較高的智商或學習能力呢？B組學生的測驗結果較佳，會不會是因為他們原先的智商或學習能力較佳所致，跟教學方式一點關係都沒有呢？

要消除此類的疑慮，最好的方式當然是將任何可能影響到測驗結果的因素納入實驗當中來進行控制，同時嚴格執行樣本的隨機分組。但是在實際操作時，有許多變項並不易藉由實驗設計來進行操控，例如年齡、智商、信仰虔誠程度、預存立場、暴力傾向、媒介使用習慣與歷史。當樣本的某些特質難以透過實驗設計來予以控制，而隨機分組又無法發揮功能時，研究者該怎麼辦呢？在這種狀況下，還有一種可行的方

案供研究者參考：那就是，運用統計方法來將各組樣本先天的差異予以均等化，而共變數分析就是處理此類問題時極佳的一種選擇。

第一節　共變數分析

一、統計原理

　　共變數分析（Analysis of Covariance，簡稱ANCOVA），是變異數分析的延伸，適用於排除任何自變項以外因素的影響，進而確保自變項對依變項的效果並非虛假。為了確認自、依變項間的因果關係並非虛假，共變數分析會將自變項以外的影響源視為共變數來進行統計控制。所謂**共變數**（covariates），指的是任何會影響到依變項變化，可是卻無法或難以透過實驗設計來進行操控的變項。例如，在探討教學方式對學童課業成績的影響時，學童的智商或昔日成績就有可能扮演共變數的角色。因為這些變項可能影響學童課業成績，可是卻難以透過實驗設計來排除其影響，因此才需要藉助共變數分析來進行統計控制。雖然共變數與自變項都屬於依變項的影響源，但兩者在本質上有些不同。自變項通常屬實驗設計可操控的影響源，呈類目尺度；而共變數通常是未經實驗操控的影響源，呈等距尺度。了解共變數與自變項的差別，就能看出變異數分析與共變數分析的不同。如果分析模式中所納入的影響源全屬實驗可操控的自變項，則該模式屬於變異數分析；如果模式中包含有自變項及共變數，則該模式屬於共變數分析。

　　控制共變數，目的在對變異數分析的結果進行修正（adjustment）。在未使用共變數分析之前，變異數分析會將所有依變項的變化都歸諸於自變項的影響與實驗誤差。但是在共變數分析當中，它在計算自變項對依變項的影響時，會先將源自於共變數的影響獨立出來並予以排除。假

如共變數與依變項無密切相關，排除共變數的影響，對於原本自變項與依變項之間的關係並不會造成太大改變。可是當依變項的變化完全源自共變數的影響時，排除共變數的影響之後，自變項對依變項的影響就會完全消失。原則上，只要依變項的變化源自共變數影響的比重越大，則剩下屬於自變項的影響比重就會相對越小（Wildt & Ahtola, 1978）。

　　利用共變數分析來對結果進行修正，所得結果會比變異數分析更精確。假如不考慮共變數而將所有對依變項的影響都歸功於自變項，則自變項的影響力就會被過度高估或低估。例如，班上有一半的學生參加課後輔導，另一半的學生未參加輔導。假設某次考試結果發現，參加輔導的學生成績比未參加輔導者平均要高出10分。倘若未考慮其他因素的影響，只根據考試結果來判斷，則很可能會做出「課後輔導有利於考試成績」的結論。但是如果這兩群學生的成績在輔導之前已經有顯著差異存在（例如參加輔導的學生原比未參加的學生成績高出10分），這時扣掉兩群學生原先的差距之後，真正因參加輔導所帶來的成效幾乎為零。在這個例子中，如果未考慮兩群學生原先成績（即共變數）的差異，只看該次考試的結果，則課後輔導的成效就會發生被高估的結果。

　　同一個例子，假設發生另一種狀況。如果某次考試結果發現，參加課後輔導的學生與未參加輔導者的成績相同。在尚未考慮其他因素的影響之前，只根據考試結果來判斷，則很可能會做出「課後輔導無助於考試成績」的結論。但是如果在參加輔導之前，輔導組的學生原本比未參加輔導的學生成績低10分，這時扣掉兩群學生原先的差距之後，會發現參加課後輔導所帶來的成效其實是很大的（即進步了10分）。在這個例子中，如果未考慮兩群學生原先成績（即共變數）的差異，只看該次考試的結果，則課後輔導的成效就會發生被低估的結果。

二、案例示範

在SPSS的環境中執行共變數分析，與執行雙因子變異數分析的步驟雷同。首先在資料編輯程式的視窗上選擇**分析**、**一般線性模式**（General Linear Model）與**單變量**（Univariate）。等畫面出現**單變量分析**的對話視窗後，將自變項（即組別變項）選入**固定因子**（Fixed Factors）或**亂數因子**（Random Factors）的空格，將依變項（即目標變項）選入**依變數**（Dependent Variable）的空格，將共變數選入**共變量**（Covariates）的空格，並點選**選項**（Options）。等畫面出現**單變量：選項**的對話視窗後，將**因子與因子交互作用**（Factors and Factor Interactions）中的變項名稱選到**顯示平均數**（Display Means for）的方框內，並勾選**比較主效應**（Compare Main Effects）。接著，勾選**顯示**下方的**敘述統計**（Descriptive），再按**繼續**與**確定**。具體操作步驟請參考**表12-1**。

(一)共變數具顯著影響

以一個具體的例子來說明。假設有老師想知道教學方式是否會影響學習成果，因此將104位學生隨機平均分成兩組。其中，一半的學生接受「A式教學法」，另一半學生接受「B式教學法」。經過一段期間後，老師針對這兩群學生進行測驗。為了避免測驗成果受到學生昔日成績的影響，研究中也蒐集每位學生的昔日成績來進行控制。全部的資料儲存

表12-1 共變數分析操作步驟

步驟一：在SPSS資料編輯程式中開啟資料檔案。
步驟二：點選**分析** →**一般線性模式** →**單變量**。
步驟三：在**單變量分析**對話視窗中，將自變項選入**固定因子**或**亂數因子**，將依變項選入**依變數**，將共變數選入**共變量**，並按**選項**鍵。
步驟四：在**單變量：選項**對話視窗中，將**因子與因子交互作用**中的變項名稱選入**顯示平均數**，勾選**比較主效應**，再勾選**顯示**下方的**敘述統計**。
步驟五：按**繼續**與**確定**。

在共變數分析1.sav的檔案中。在這個資料中,「教學方式」是自變項,「測驗成果」是依變項,而「昔日成績」是共變數。

■未控制共變數的分析結果

　　為讓讀者了解共變數的影響,這裡將以對照的方式來分析共變數分析1.sav的資料,藉以呈現有無控制共變數的差異。首先,不考慮共變數的影響,只以「教學方式」為自變項,「測驗成果」為依變項來執行一次單因子變異數分析。分析的結果呈現於**表12-2**。如表所示,接受A式教學法的學生測驗成果平均得分是85.19（SD = 7.396）,而接受B式教學法的學生測驗成果得分為67.63（SD = 8.451）。兩者之間呈現明顯差異,F（1,102）= 127.102,p < .001。根據變異數分析的結果顯示,接受A式教學法的學生測驗成果明顯優於B式教學法的學生。

■控制共變數的分析結果

　　其次,將「教學方式」當自變項,「測驗成果」當依變項,並將

表12-2　未控制共變數影響之分析結果（一）

描述性統計量

測驗成果

	個數	平均數	標準差	標準誤	平均數的 95% 信賴區間		最小值	最大值
					下界	上界		
A式教學法	52	85.19	7.396	1.026	83.13	87.25	70	100
B式教學法	52	67.63	8.451	1.172	65.28	69.99	40	82
總和	104	76.41	11.843	1.161	74.11	78.72	40	100

ANOVA

測驗成果

	平方和	自由度	平均平方和	F 檢定	顯著性
組間	8,015.087	1	8,015.087	127.102	.000
組內	6,432.135	102	63.060		
總和	14,447.221	103			

「昔日成績」視為共變數來執行一次共變數分析。分析的結果呈現於**表12-3**。如表所示，昔日成績對測驗成果有顯著影響，F（1，101）=787.381，p<.001。當昔日成績的影響被控制之後，A組學生的測驗成果（M=76.677）與B組學生的測驗成果（M=76.15）並無明顯差異，F（1，101）= 0.428，p = .514。共變數分析的結果發現教學方式並不會影響學生的測驗成果，這與變異數分析的結果不同。為何在未考慮昔日成績的影響之前，教學方式對測驗成果有顯著影響；但是在控制昔日成績的影響之後，教學方式對測驗成果卻不構成顯著影響？

為了解造成這種差異的原因，可以先透過變異數分析來檢視兩組教學法學生的昔日成績。分析的結果顯示，接受A式教學法這組學生的昔

表12-3　控制共變數影響之分析結果（一）

受試者間效應項的檢定

依變數：測驗成果

來源	型 III 平方和	自由度	平均平方和	F 檢定	顯著性
校正後的模式	13,715.952[a]	2	6,857.976	947.196	.000
截距	24.477	1	24.477	3.381	.069
昔日成績	5,700.865	1	5,700.865	787.381	.000
教學方式	3.099	1	3.099	.428	.514
誤差	731.269	101	7.240		
總和	621,705.000	104			
校正後的總數	14,447.221	119			

a.R 平方 = .949（調過後的 R 平方 = .948）。

估計值

依變數：測驗成果

教學方式	平均數	標準誤	95% 信賴區間	
			下限	上限
A式教學法	76.677[a]	.481	75.722	77.631
B式教學法	76.150[a]	.481	75.196	77.105

a.使用下列的值評估模型中的共變量：昔日成績 = 76.58。

日成績為85.67（SD = 7.651），而接受B式教學法這組學生的昔日成績為67.48（SD = 8.307）。相較之下，前者明顯高於後者，F（1，102）= 134.94，p < .001。由於在接觸不同教學法之前，A組學生的成績已經明顯優於B組學生達18.19分（85.67 vs. 67.48），而在接觸不同教學法之後，A組學生的成績優於B組學生的幅度仍維持在17.56分（85.19 vs. 67.63）。這表示，無論在接觸教學法之前或之後，兩組學生的成績並無太大幅度的改變，且兩組的成績差距也未明顯改變。這說明為何共變數分析的結果會顯示「教學方式」對測驗成果並無影響，也證明原先變異數分析所發現的影響是虛假的。真正造成A式教學法的學生測驗成果較佳的原因是他們昔日的成績也較佳。一旦將昔日成績納入作為比較的基準點後，就發現接受A式教學法的學生在這次測驗的表現並不會比B式教學法的學生出色。

　　當共變數與依變項的關係越密切時，共變數分析對於自變項與依變項之間虛假關係的排除效果也會越強。在上述的例子當中，共變數「昔日成績」與依變項「測驗成果」之間有極為顯著的正相關（r = .974，p < .001）。因此，當這兩者間的密切關係被移除之後，教學方式對測驗成果的影響程度便從顯著轉為不顯著，顯示共變數分析對於虛假關係有很強的排除效果。但如果共變數與依變項的關係不明顯，則分析中有無納入依變項來進行控制，對於自變項與依變項的關係影響不大。下面以另一個例子來進行說明。

(二)共變數無顯著影響

　　研究者想了解馬賽克是否會影響受訪者觀看情色影片時的生理反應，於是將100位受訪者隨機分成兩組。其中一組觀看有馬賽克之影片，另一組觀看無馬賽克之影片。每位受訪者在觀看的過程中，分別接受生理反應之測量。為了避免分析結果受其他因素影響，研究者也蒐集受訪者昔日接觸情色影片的頻率作為控制之用。所蒐集的資料儲存在**共變數**

分析2.sav的檔案中。在這個例子中，「馬賽克」是自變項，觀影時的「生理反應」是依變項，而昔日對情色影片的「接觸頻率」則是共變數。為了解控制共變數對分析結果的影響，再度將這筆資料分別執行變異數分析及共變數分析之後來進行比對。

■未控制共變數的分析結果

　　首先，不考慮共變數的影響，只以「馬賽克」為自變項，「生理反應」為依變項來執行一次單因子變異數分析。分析的結果呈現於**表12-4**。如表所示，觀看有馬賽克的影片時，受訪者的生理反應得分平均是3.62（SD = 1.557），而觀看無馬賽克的影片時，生理反應的平均得分是5.06（SD = 1.867）。兩者之間呈現明顯差異，F（1，98）= 17.543，p < .001。根據變異數分析的結果顯示，觀看無馬賽克影片的受訪者，其生理反應明顯比觀看有馬賽克影片者強烈。影片有無加上馬賽克會影響到受訪者觀影時的生理反應。

表12-4　未控制共變數影響之分析結果（二）

描述性統計量

生理反應

	個數	平均數	標準差	標準誤	平均數的 95% 信賴區間 下界	平均數的 95% 信賴區間 上界	最小值	最大值
無馬賽克	50	5.06	1.867	.264	4.53	5.59	1	9
有馬賽克	50	3.62	1.557	.220	3.18	4.06	1	7
總和	100	4.34	1.857	.186	3.97	4.71	1	9

ANOVA

生理反應

	平方和	自由度	平均平方和	F 檢定	顯著性
組間	51.840	1	51.840	17.543	.000
組內	289.600	98	2.955		
總和	341.440	99			

■控制共變數的分析結果

其次，將「馬賽克」當自變項，「生理反應」當依變項，並將「接觸頻率」視為共變數來執行一次共變數分析。有關共變數分析的執行步驟，可參考**圖12-1**。分析的結果呈現於**表12-5**。如表所示，共變數「接觸頻率」對受訪者觀影時生理反應的影響並未達統計顯著的水準，F（1，97）= 0.025，p = .875。當昔日接觸頻率的影響被控制之後，受訪者觀看無馬賽克影片時的生理反應是5.067分，觀看有馬賽克影片時的生理反應是3.613分。相較之下，兩者差距1.454分，前者反應仍明顯高於後者，F（1，97）= 16.615，p < .001。共變數分析的結果發現馬賽克仍會影響受訪者觀影時的生理反應，這與變異數分析的結果一致。不管有無控制昔日接觸經驗，馬賽克都會影響受訪者的生理反應。這說明在這個範例中，造成兩組受訪者生理反應明顯不同的主要因素是馬賽克。由於共變數「接觸頻率」與依變項「生理反應」之間無顯著關係，即使以共變數分析控制「接觸頻率」的影響，對分析結果並不會造成太大改變。

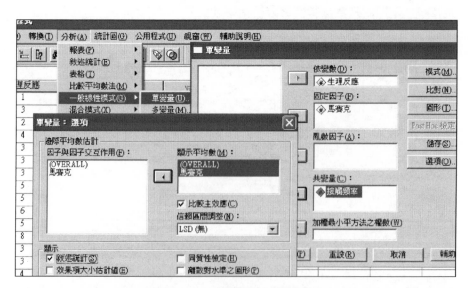

圖12-1　共變數分析之操作

(三)共變數分析與淨相關

就統計分析方法所扮演的功能來看，共變數分析與淨相關分析極為類似。兩者都屬多變量分析，適用於排除變項間出現虛假關係的可能性。如果說，共變數分析是變異數分析的延伸（即在變異數分析中加入共變數），那麼淨相關就是皮爾遜相關的延伸（即在皮爾遜相關中加入控制變項）。共變數分析對共變數的測量屬性要求，與淨相關對控制變項的測量屬性要求都相同，希望合乎等距或比例尺度。兩者不同之處在於，共變數分析要求主要變項之間必須有自變項與依變項之分別，而淨相關並不要求。共變數分析之結果會呈現共變數對依變項的影響，但淨相關並不會呈現控制變項與其他變項之關係。

表12-5　控制共變數影響之分析結果（二）

受試者間效應項的檢定

依變數：生理反應

來源	型 III 平方和	自由度	平均平方和	F 檢定	顯著性
校正後的模式	51.915[a]	2	25.957	8.697	.000
截距	233.300	1	233.300	78.163	.000
接觸頻率	.075	1	.075	.025	.875
馬賽克	49.592	1	49.592	16.615	.000
誤差	289.525	97	2.985		
總和	2,225.000	100			
校正後的總數	341.440	99			

a.R 平方 = .152（調過後的 R 平方 = .135）。

估計值

依變數：生理反應

馬賽克	平均數	標準誤	95% 信賴區間	
			下限	上限
無馬賽克	5.067[a]	.248	4.574	5.560
有馬賽克	3.613[a]	.248	3.120	4.106

a.使用下列的值評估模型中的共變量：接觸頻率 = 3.79。

雖然共變數分析以共變數為名，但在整個分析過程中共變數所扮演的角色仍非研究者最關注的焦點。共變數分析的主要目的在確認自變項對依變項的影響是否為虛假，而共變數的功能正是用來排除可能的虛假關係。最後分析的結果除了顯示自變項與共變數有無影響依變項外，並未對共變數與依變項的關係提出較明確的描述。讀者只能從結果中得知共變數會不會影響依變項，卻看不出這種影響究竟代表了何種意義？它是扮演調節變項的角色，或是中介變項的角色，還是前置變項的角色？為何共變數會影響了自變項對依變項的影響？這些疑問在共變數分析中都不會獲得解答。它只能告訴讀者，當共變數的影響被控制之後，自變項對依變項還有沒有顯著影響？如果有，就意味著這種影響可能不是虛假的。至於共變數本身所扮演的角色，分析的結果對此著墨甚為有限。

第二節　多變量變異數分析

一、統計原理

(一)應用時機

多變量變異數分析（Multivariate Analysis of Variance，簡稱MANOVA），是傳統單變量變異數分析的延伸，適用於以一個或多個類目自變項來預測多個等距依變項的變化。在傳統變異數分析（ANOVA）當中，自變項可以是一個或多個類目變項，而依變項只能是一個等距變項；其分析目的在了解，各個自變項之下的不同樣本群是否在這一個依變項的平均數有明顯不同。多變量變異數分析的目的與變異數分析相似，只是適用的問題情境更為複雜。在多變量變異數分析中，自變項可以是一個或多個類目變項，而依變項必須是多個等距尺度變項；其分析

目的在了解，不同樣本群在多個依變項的平均數是否出現明顯不同。

　　換言之，多變量變異數分析適用於以一個或多個類目自變項來預測多個等距尺度依變項的變化。這裡的依變項數量不僅要多於一個以上，彼此之間還必須具備某種程度的相關。如果多個依變項之間不具任何理論或實證上的相關，則每個依變項都可以單獨被分開來處理。這時，研究者只要執行幾次的變異數分析就可以回答問題。但如果依變項之間有密切的關係，則建議研究者以一次的多變量變異數分析來同步分析這些依變項，而非採多次的單變量變異數分析。之所以作出這樣的建議，主要的優點有二：(1)有助於降低觸犯第一型錯誤的機率，不至於因多次檢定而使得推翻虛無假設的機會偏高；(2)分析時會將各依變項之間的關係納入考量，其結果不僅能反映出自變項對個別依變項的影響，也能反映出自變項對全部依變項的整體影響（Weinfurt, 1995; Hair et al., 1998）。

(二)前提要求

　　採多變量變異數分析之前，資料必須合乎幾項統計前提。首先，所有依變項的資料必須合乎常態分布（normality）。這種方法不僅要求每個依變項的分布必須合乎常態，也要求依變項間的線性組合分布必須合乎常態。其次，所有依變項的變異程度必須具備同質性（equality of variance-covariance matrices）。自變項之下不同組別的受試者除了在各個依變項上的變異程度必須均等之外，這些依變項之間的共變矩陣也必須保持均等。第三，每位樣本的資料必須與其他樣本的資料保持相互獨立性（independence）。在資料施測及蒐集的過程中，研究者必須避免讓任何樣本的答案受到同組樣本或其他組樣本的答案所影響（Weinfurt, 1995; Hair et al., 1998）。

　　除了上述三種前提要求外，多變量變異數分析也要求依變項之間必須具備某種程度的線性關係。因為這類方法所要比較的是各樣本群在多個依變項的線性組合上是否有明顯差異，因此如果某些依變項之

間不具線性關係時（例如，無關或呈曲線相關），研究者宜考慮將這些依變項分開處理。再者，依變項之間必須避免發生高度多重共線性（multicollinearity）的現象（亦即不能出現高度相關）。假如依變項之間存在極高度相關，代表依變項的資料出現冗贅資訊（redundancy）的比例偏高，而這會降低統計檢定時的效力。最後，多變量變異數分析對資料中出現偏離值（outliers）的現象極為敏感。一旦資料中出現少數偏離值，就會扭曲整個資料分析的結果，因此宜在分析前就將這些偏離值移除（Hair et al., 1998）。

(三)假設檢定

多變量變異數分析在假設檢定的方式上與傳統變異數分析不同。變異數分析包含兩個階段的檢定工作。首先，先透過一個整體的差異檢定（F檢定）來檢視不同樣本群在某個依變項的平均數是否不同。其次，當差異檢定發現依變項有顯著差異時，再透過多重比較（multiple comparisons）來進一步找出真正存有差異的組別。至於多變量變異數分析會有三個階段的檢定。首先，它會先透過一個多變量檢定（multivariate test）來確認不同樣本群在多個依變項平均數的向量（vector）上有無差異。其次，當發現整體出現差異時，再透過多個單變量檢定（univariate tests）來找出真正存有差異的依變項。第三，等到確認某個自變項對某個依變項有顯著影響後，可再透過多重比較來找出真正存有差異的組別。換言之，多變量變異數分析會先檢定自變項是否對依變項整體有顯著影響，再進一步了解哪些自變項對哪些依變項有顯著影響。等確定哪個自變項對哪個依變項造成顯著差異之後，再進一步找出真正出現差異的樣本組別。

在多變量檢定的部分，多變量變異數分析提供了四種數據來判斷自變項是否對依變項造成集體的影響：(1)Pillai's Trace；(2)Wilks' Lambda；(3)Hotelling's Trace；(4)Roy's Largest Root。這四種數據的大小與自變

項效果大小的關聯並非採取一致的解釋方式。其中，Pillai's Trace、Hotelling's Trace與Roy's Largest Root的值會隨著自變項對依變項的影響變大而增高，Wilks' Lambda的值則是與自變項的效果大小呈反比。自變項效果越強，Wilks' Lambda的值越小。至於何者最能反映自變項與依變項的關係，並無絕對的標準答案。一般而言，當資料結構合乎所有統計前提，且依變項間呈單一線性組合時，Roy's Largest Root會是較佳的參考數據。但如果資料的樣本規模較小，或組別間樣本數不均等，或樣本間的變異量違反同質性的前提時，則建議改採用Wilks' Lambda或Pillai's Trace作為分析結果的判斷依據（Hair et al., 1995）。

　　無論採用何種數據，要判斷自變項是否造成依變項顯著差異則是看該數據所對應的F值與顯著性。一旦F值所對應的顯著性小於0.05的水準，意味自變項對依變項整體的影響已達顯著程度。讀者除了從顯著性的大小得知自變項有無顯著影響外，還可以從Partial Eta Squared的值來判斷自變項對依變項的影響幅度。Eta Squared的值介於0與1之間，其大小反映出自變項對依變項整體的解釋量。這個數值越接近於0，代表自變項對依變項的解釋能力越低，也越不具影響力；數值越接近於1，則代表自變項對依變項的解釋能力越高。

　　當多變量檢定的結果發現自變項會造成依變項顯著差異後，接下來的步驟就是：(1)以單變量檢定找出有顯著差異的個別依變項；(2)以多重比較的方式找出造成依變項差異的組別。在單變量分析中，每個自變項對每個依變項的影響都會分別被陳列出來。只要某自變項與依變項對應的F值與顯著性達到可推翻虛無假設的程度（即$p < 0.05$），即可判斷該自變項對該依變項有顯著影響。在進行事後比較的過程（Post Hoc Procedures）中，幾種較常被用來進行多重比較的方法包括：Scheffe、Tukey、Least Significant Difference（LSD）、Duncan、Bonferroni等。這些多重比較法都會將依變項上真正有差異的樣本組別標示出來。

二、案例示範

　　要執行多變量變異數分析，首先在資料編輯程式視窗上選擇 分析 、 一般線性模式 與 多變量 。等畫面出現 多變量 （Multivariate）的對話視窗後，將自變項（即組別變項）選入 固定因子 （Fixed Factors）或 隨機因子 （Random Factors）空格內，將依變項（即目標變項）選入 依變數 （Dependent Variable）空格內，然後點選 選項 （Options）。在進入 多變量：選項 （Multivariate: Options）的對話視窗後，將 因子與因子交互作用 （Factors and Factor Interactions）中的變項名稱選到 顯示平均數 （Display Means for）的方框內，並勾選 比較主效應 （Compare Main Effects）。最後，勾選 顯示 （Display）下方的 敘述統計 （Descriptive）、 效果項大小估計值 （Effect Size Estimates）、 觀察的檢定能力 （Power）等項目，再按 繼續 與 確定 。有關多變量變異數分析的操作步驟，請參考**表12-6**。

(一)單因子設計

　　假設研究者想了解不同媒介暴力類型是否會影響學生的暴力傾向，於是將240位樣本平均分成兩組，其中一組觀看眞實性暴力影片，另一組觀看虛構性暴力影片。看完影片之後，研究者針對每位樣本進行六種暴力指標的測量。全部蒐集的資料儲存在檔案 多變量變異數分析1.sav 中。

表12-6　多變量變異數分析操作步驟

步驟一：在SPSS資料編輯程式中開啓資料檔案。
步驟二：點選 分析 → 一般線性模式 → 多變量 。
步驟三：在 多變量 對話視窗中，將自變項選入 固定因子 或 亂數因子 ，將依變項選入 依變數 ，並按 選項 鍵。
步驟四：在 多變量：選項 對話視窗中，將 因子與因子交互作用 中的變項名稱選入 顯示平均數 ，勾選 比較主效應 ，再勾選 顯示 下方的 敘述統計 、 效果項大小估計值 、 觀察的檢定能力 。
步驟五：按 繼續 與 確定 。

在這筆資料當中，自變項是暴力類型，六個依變項是受訪者在六種暴力指標（含罵人、說髒話、恐嚇別人、動手打人、打架、破壞物品）的反應。如果研究者想藉由這筆資料來檢視媒介暴力類型對六種暴力指標的影響，可以選擇使用多變量變異數分析來回答。分析時，只要在SPSS資料編輯程式選擇 分析 、 一般線性模式 與 多變量 ，然後把自變項「暴力類型」選入 固定因子 的空格，再把「罵人」等六項暴力指標選入到 依變項 的空格中，其餘按照上述的程序來執行即可。

多變量變異數分析的結果顯示在**表12-7**。從多變量檢定的表格中可以看出，觀看不同媒介暴力型態的受訪者在整體六項暴力指標上呈現明顯的差異（Pillai's Trace= 0.251；Wilks' Lambda= 0.749；Hotelling's Trace= 0.335； Roy's Largest Root= 0.335），$F（6，223）= 12.991$，$p < .001$。這顯示媒介暴力型態會對受訪者整體的暴力傾向造成影響。為進一步確認媒介暴力型態對受訪者暴力傾向的真正影響所在，可以參考單變量檢定的結果。

根據單變量檢定的表格顯示，觀看不同媒介暴力型態的受訪者只在三項暴力指標上出現明顯的差異。這三項出現明顯差異的指標包括：動手打人、打架與破壞物品。以動手打人為例，看真實暴力的受訪者得分為1.63分，看虛構暴力的受訪者得分為0.53，兩者差異達統計顯著的程度，$F（1，238）= 48.847$，$p < .001$。以打架為例，看真實暴力的受訪者得分為1.6分，看虛構暴力的受訪者得分為0.57，兩者差異達統計顯著的程度，$F（1，238）= 43.532$，$p < .001$。以破壞物品為例，看真實暴力的受訪者得分為1.5分，看虛構暴力的受訪者得分為0.53，兩者差異達統計顯著的程度，$F（1，238）= 45.101$，$p < .001$。

(二)雙因子設計

假設研究者想了解「課後輔導」與「打電玩」是否會影響學生的成績表現，於是將160位樣本隨機分配在一個2×2的雙因子設計中，其中

社會統計與資料分析

表12-7 多變量變異數分析結果（一）

多變量檢定[b]

效應項		數值	F 檢定	假設自由度	誤差自由度	顯著性
截距	Pillai's Trace	.795	150.461[a]	6.000	233.000	.000
	Wilks' Lambda 變數選擇法	.205	150.461[a]	6.000	233.000	.000
	多變量顯著性檢定	3.875	150.461[a]	6.000	233.000	.000
	Roy 的最大平方根	3.875	150.461[a]	6.000	233.000	.000
暴力類型	Pillai's Trace	.251	12.991[a]	6.000	233.000	.000
	Wilks' Lambda 變數選擇法	.749	12.991[a]	6.000	233.000	.000
	多變量顯著性檢定	.335	12.991[a]	6.000	233.000	.000
	Roy 的最大平方根	.335	12.991[a]	6.000	233.000	.000

a.精確的統計量。

b.設計：Intercept＋暴力類型。

單變量檢定

依變數		平方和	自由度	平均平方和	F 檢定	顯著性
罵人	對比	7.350	1	7.350	1.450	.230
	誤差	1206.050	238	5.067		
說髒話	對比	10.004	1	10.004	2.958	.087
	誤差	804.992	238	3.382		
恐嚇他人	對比	.038	1	.038	.114	.736
	誤差	78.458	238	.330		
動手打人	對比	72.600	1	72.600	48.847	.000
	誤差	353.733	238	1.486		
打架	對比	64.067	1	64.067	43.532	.000
	誤差	350.267	238	1.472		
破壞物品	對比	56.067	1	56.067	45.101	.000
	誤差	295.867	238	1.243		

註：F 檢定暴力類型的效果。此檢定是以估計的邊際平均數中的線性自變數成對比較為基礎。

第一組學生每天參加課後輔導且打電玩，第二組學生每天參加課後輔導但不打電玩，第三組學生未參加課後輔導卻打電玩，第四組學生未參加課後輔導也不打電玩。經過一段時間後，研究者蒐集這些學生的國語、英文及數學成績。所蒐集的資料儲存在 多變量變異數分析2.sav 中。在

這筆資料當中，自變項是「課後輔導」與「打電玩」，依變項是國語、英文及數學成績。如果研究者想檢視這兩個自變項是否影響三個科目的成績，可以選擇使用多變量變異數分析來回答。分析時，只要在SPSS資料編輯程式選擇 分析 、 一般線性模式 與 多變量 ，然後把「課後輔導」與「打電玩」這兩個自變項選入 固定因子 的空格，再把國語、英文及數學等三科成績選入到 依變項 的空格中，其餘按照前述的程序來執行即可。

多變量變異數分析的結果顯示在**表12-8**。從多變量檢定的表格中可以看出，課後輔導對受訪者整體成績已造成顯著的影響（Pillai's Trace= 0.172；Wilks' Lambda= 0.828；Hotelling's Trace= 0.208； Roy's Largest Root= 0.208），F（3，154）= 10.667，p < .001。這顯示有無參加課後

表12-8　多變量變異數分析結果（二）

多變量檢定[b]

效應項		數值	F 檢定	假設自由度	誤差自由度	顯著性
截距	Pillai's Trace	.994	8,835.067[a]	3.000	154.000	.000
	Wilks' Lambda 變數選擇法	.006	8,835.067[a]	3.000	154.000	.000
	多變量顯著性檢定	172.112	8,835.067[a]	3.000	154.000	.000
	Roy 的最大平方根	172.112	8,835.067[a]	3.000	154.000	.000
課後輔導	Pillai's Trace	.172	10.667[a]	3.000	154.000	.000
	Wilks' Lambda 變數選擇法	.828	10.667[a]	3.000	154.000	.000
	多變量顯著性檢定	.208	10.667[a]	3.000	154.000	.000
	Roy 的最大平方根	.208	10.667[a]	3.000	154.000	.000
打電玩	Pillai's Trace	.140	8.345[a]	3.000	154.000	.000
	Wilks' Lambda 變數選擇法	.860	8.345[a]	3.000	154.000	.000
	多變量顯著性檢定	.163	8.345[a]	3.000	154.000	.000
	Roy 的最大平方根	.163	8.345[a]	3.000	154.000	.000
課後輔導*打電玩	Pillai's Trace	.022	1.162[a]	3.000	154.000	.326
	Wilks' Lambda 變數選擇法	.978	1.162[a]	3.000	154.000	.326
	多變量顯著性檢定	.023	1.162[a]	3.000	154.000	.326
	Roy 的最大平方根	.023	1.162[a]	3.000	154.000	.326

a.精確的統計量。

b.設計：Intercept＋課後輔導＋打電玩＋課後輔導＊打電玩。

輔導會造成學生在成績上出現明顯差異。其次，打電玩也對受訪者整體成績造成顯著的影響（Pillai's Trace= 0.140；Wilks' Lambda= 0.860；Hotelling's Trace= 0.163； Roy's Largest Root= 0.163），F（3，154）= 8.345，p < .001。這顯示有無打電玩會造成學生在成績上出現明顯差異。至於兩個自變項對依變項的影響並無顯著交錯效果，F（3，154）= 1.162，p > .05。

為進一步確認這兩個自變項對受訪者成績的真正影響所在，可以參考單變量檢定的結果。根據受試者間效應項的檢定結果顯示（見**表 12-9**），有無參加課後輔導在國語、英文及數學三個科目都出現顯著差異。以國語成績為例，參加課後輔導的學生得分為86.113，未參加輔導的學生得分為82.638，兩者差異已達顯著程度，F（1，156）= 11.205，p < .01。以英文成績為例，參加課後輔導的學生得分為83.95，未參加輔導的學生得分為76.1，兩者差異已達顯著程度，F（1，156）= 20.806，p < .001。以數學成績為例，參加課後輔導的學生得分為83.55，未參加輔導的學生得分為74.625，兩者差異已達顯著程度，F（1，156）= 31.675，p < .001。

其次，打不打電玩在國語、英文及數學三個科目也都出現顯著差異。以國語成績為例，打電玩的學生得分為81.775，未打電玩的學生得分為86.975，兩者差異已達顯著程度，F（1，156）= 25.09，p < .001。以英文成績為例，打電玩的學生得分為77.013，未打電玩的學生得分為83.038，兩者差異已達顯著程度，F（1，156）= 12.256，p < .01。以數學成績為例，打電玩的學生得分為76.25，未打電玩的學生得分為81.925，兩者差異已達顯著程度，F（1，156）= 12.806，p < .001。

表12-9　多變量變異數分析結果（三）

受試者間效應項的檢定

來源	依變數	型 III 平方和	自由度	平均平方和	F 檢定	顯著性
校正後的模式	國語	1,602.650[a]	3	534.217	12.393	.000
	英文	3,932.550[b]	3	1,310.850	11.065	.000
	數學	4,498.475[c]	3	1,499.492	14.907	.000
截距	國語	1,139,062.500	1	1,139,062.500	26,423.452	.000
	英文	1,024,640.100	1	1,024,640.100	8,648.927	.000
	數學	1,000,773.225	1	1,000,773.225	9,948.868	.000
課後輔導	國語	483.025	1	483.025	11.205	.001
	英文	2,464.900	1	2,464.900	20.806	.000
	數學	3,186.225	1	1,288.225	31.675	.000
打電玩	國語	1,081.600	1	1,081.600	25.090	.000
	英文	1,452.025	1	1,452.025	12.256	.001
	數學	1,288.225	1	1,288.225	12.806	.000
課後輔導*打電玩	國語	38.025	1	38.025	.882	.349
	英文	15.625	1	15.625	.132	.717
	數學	24.025	1	24.025	.239	.626
誤差	國語	6,724.850	156	43.108		
	英文	18,481.350	156	118.470		
	數學	15,692.300	156	100.592		
總和	國語	1,147,390.000	160			
	英文	1,047,054.000	160			
	數學	1,020,964.000	160			
校正後的總數	國語	8,327.500	159			
	英文	22,413.900	159			
	數學	20,190.775	159			

a.R 平方 = .192（調過後的 R 平方 = .177）。
b.R 平方 = .175（調過後的 R 平方 = .160）。
c.R 平方 = .223（調過後的 R 平方 = .208）。

Chapter 13

相關分析

相關分析泛指一系列用來了解變項間關係或關聯的統計方法。這些
方法有別於前面章節所介紹的變異數分析及t檢定。變異數分析與t檢定屬
於比較群體差異的方法，適用於回答樣本群內部或樣本群之間有無明顯
差異的問題。**相關分析**則是專門用來了解某個變項與其他變項之間是否
有明顯的共變關係存在。所謂**共變關係**，指的是某個變項在質或量上的
狀態，是否與另一個變項的質量狀態呈現某種同步變化的關係。例如，
當樣本學歷較高時，其收入較高，當樣本學歷較低時，其收入也相對較
低；或打工時數較多的學生，翹課情形較嚴重，反之則反；或是泛綠政
治立場的觀眾較傾向於看三立的「大話新聞」，而泛藍政治立場的觀眾
傾向於看TVBS的「2100全民開講」，都顯示了這些變項間有某種的共變
關係存在。如果當某變項的質或量出現變化時，另一個變項的質與量仍
然維持不變，那就代表這兩個變項之間不具任何的共變關係。

第一節　統計原理與基本概念

一、線性與非線性相關

(一)線性相關

變項間的共變關係型態有很多種，但大致上可歸類為線性及非線性
兩大類。**線性關係**又稱為**直線關係**，是一般人最常見，也最熟悉的共變
關係型態。線性模式適合於描述等距或比例尺度變項間的關係。當變項X
的數值變大或變小時，變項Y的數值也以固定比例同步跟著變大或變小，
則變項X與Y之間便存在某種線性關係。通常當讀者聽到「都市化程度與
快樂指數呈反比」、「教育程度與收入呈正比」，或「看電視時間與成
績呈反比」的說辭時，這些描述的背後都隱含有線性關係的思考。本節

所介紹的幾種相關分析（如皮爾遜積差相關、史皮爾曼等級相關、淨相關等）都是用來描述變項間的線性關係。

其中，**皮爾遜積差相關**（Pearson's product moment correlation）專用於描述兩個等距或比例尺度變項間之線性關聯。即使當這兩個變項之中，有一個是屬於二項式變項（即只有二種特質，如性別），皮爾遜相關分析也適用。但使用這種方法所取得的相關係數屬於**零階相關係數**（zero-order coefficient），即未排除其他第三因影響之前的相關係數。因為尚未控制其他第三因的影響，因此這類的相關係數隱含著虛假關係存在的可能。即使皮爾遜相關係數顯示某兩個變項之間有很密切的關係，這項關係也有可能是假的，有可能是源自其他第三因的影響。

史皮爾曼等級相關（Spearman rank order correlation）則適用於描述兩個順序尺度變項間之線性關聯。這類方法在計算變項間的關聯時，所用的資料並非採輸入的數據本身，而是採該數據排列的順序等第。因此這種方法的特性是，即使樣本的資料在數據上有些許誤差，但只要不影響到樣本間的排列順序，這些誤差並不會影響到分析的結果。與皮爾遜相關分析相同的是，史皮爾曼等級相關所取得的相關係數也沒有控制其他第三因的影響，有可能隱含著虛假關係。

淨相關（partial correlation）與前兩種方法不同的是，它在分析任何兩變項間的關聯時，會同時考慮其他第三因的影響，並將這類影響予以排除。因此淨相關係數反映的是兩個等距或比例尺度變項間的純淨關係，亦即非虛假的關係。以具體的案例來說，如果家長的影響扮演著第三因的角色，則淨相關在計算學童看電視與成績的關聯時，會分別先控制了家長對學童看電視的影響，以及家長對學童成績的影響。控制了一個第三因的影響之後，所取得的淨相關係數屬於**一階相關係數**（first-order coefficient）。控制了兩個第三因的影響之後，所取得的淨相關係數屬於**二階相關係數**（second-order coefficient），以此類推。

(二)非線性相關

非線性關係有很多種型態，包括如拋物線般的指數型關聯，或如U字形或倒U字形的二次曲線關聯，或是如S形的三次曲線關聯等都算。以月份與電影票房為例，如果前半年的電影票房是呈現逐月遞減，而在後半年則呈逐月遞增的趨勢時，月份與票房的關係就是一種U字形的曲線關係。以年級與看電視時數為例，如果看電視時數從小一開始逐年遞增，到了國一之後就逐年遞減，則年級與看電視時數的關係所呈現的就是倒U字形的關係。變項間的非線性關係必須藉由特定的統計方法來描述，而不是透過一般適合線性關係的相關分析。如果以線性模式的相關分析來處理非線性關係，其分析結果所代表的意義並不正確。例如，若兩變項間的關係呈現U字或倒U字形時，線性相關分析的相關係數為0。以這樣的結果就判定兩變項毫無關係，與事實並不相符。

二、相關向度與強度

在描述兩變項間的線性關聯時，必須關注這個概念在兩個面向上的特質：(1)是關聯的向度；(2)是關聯的強度。所謂**關聯的向度**，指的是兩個變項間的關係方向是正向，還是負向的。正向的關係所代表的是某變項的值會隨另一個變項的值變大而變大，或隨另一變項的值變小而變小；負向的關係則代表某個變項的值會隨另一個變項的值變大而變小，或隨另一變項的值變小而變大。所謂**關聯的強度**，指的是兩變項間的關係趨近於直線分布的程度。當兩變項在數值的分布上越貼近於直線的趨勢時，代表這兩個變項的關係越密切或越強。當兩變項在數值分布上呈現不出任何直線的趨勢，代表這兩個變項的關係越疏遠或越弱。

(一)相關係數

在相關分析當中，**相關係數**（correlation coefficient）是用來判斷兩

變項間相關向度與強度的指標。相關係數的正負號代表著變項關聯的向度，而相關係數的絕對值大小代表著關係的強度。無論是皮爾遜積差相關、史皮爾曼等級相關，或是淨相關分析，所提供的相關係數都會介於＋1跟－1之間。大於0的相關係數代表兩變項間呈現正向的關聯，而小於0的相關係數則代表兩變項間呈現負向的關聯。其次，相關係數的絕對值越大，代表變項間的線性關係越明顯，反之則反。其中，＋1或－1的相關係數代表兩變項間有絕對的線性關係；當相關係數為0時，代表兩變項間絲毫沒有任何線性的關係。

(二)散佈圖

除了參考相關係數之外，兩變項間的關係向度與強度也可以藉由**散佈圖**（scatterplot）的走向來獲得了解。在散佈圖中，每位樣本在兩個變項上的得分，都可以透過座標上的某個點來表示。其中，樣本在第一個變項的得分若以橫向的X軸來表示，第二個變項的分數以縱向的Y軸來表示。當所有樣本的分數都以X軸跟Y軸交集的點來呈現時，就可以從所有點的散佈情形看出兩變項間的相關向度與強度。當這些點的散佈情形呈左上右下的趨勢，代表兩變項間具負相關。如果這些點的分布是呈現左下右上的趨勢，代表兩變項間具正相關。如果所有的點都集中在一條細長的線上時，則顯示兩變項間的關係越密切（相關係數也會越接近正負1）。但如果散佈圖呈現不規則形、圓形或曲線狀態時，則代表兩變項間的線性關係越弱（相關係數也會接近於0）。

相關係數雖然比散佈圖更具體明確，可是卻也可能誤導讀者。相關係數相同，只代表樣本在兩變項的散佈**趨勢**是一致的，未必表示變項的散佈情形完全一樣。例如，同樣是＋1的相關係數，它有可能代表**圖13-1**中的第一種散佈狀態，也可能代表第二種狀態，而同樣是－1的相關係數，它有可能代表下圖第三種散佈情形，也可能代表第四種散佈情形。當相關係數為0時，它可能代表一種曲線關係或是圓形分布的關係。

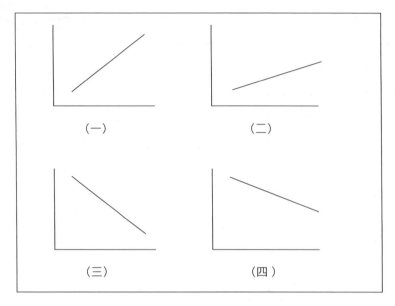

圖13-1　幾種完全線性相關散佈圖

三、相關與因果

　　雖然相關分析是確認變項間因果關係時很重要的一環，但相關絕不等同於因果。相關係數只說明兩變項間是否有顯著線性關係存在，卻無法直接證明何者影響何者。當變項A與變項B被發現有顯著相關時，它代表幾種可能的意義。首先，它可能代表變項A影響了變項B；其次，它也可能代表變項B影響了變項A；但也有可能以上皆非，而是由於第三因（指其他變項）的影響而使變項A與B之間出現顯著關係。一個著名的例子是紐約市的凶殺案件數量竟然被發現與當地冰淇淋的消費量有顯著的正向關係。難道是吃冰淇淋讓人們變得更加暴力嗎？還是比較暴力的人喜歡吃冰淇淋呢？當然都不是。真正造成凶殺案數量與冰淇淋消費量成正向關係的原因是氣溫。當天氣變熱時，犯罪率與冰淇淋消費量都同時增加，而當天氣變冷時，兩者的數量也同步下降，因此造成兩者間出現

了虛假的正向關係（Pallant, 2001）。

這個例子提醒讀者，當發現兩個變項間有顯著相關時，先別急著做出因果的推論。要正確判定兩變項間確實有因果關係存在，至少必須滿足以下三個條件：第一，兩個變項間有顯著相關；第二，兩變項間的顯著相關並非虛假（not spurious），亦即它並非源自第三因的影響；第三，這兩個變項發生的時間有先後順序的差別。先發生者為因，而後發生者為果（Babbie, 1995）。想知道變項間的關係有沒有滿足第一個條件，讀者可以透過皮爾遜相關分析或史皮爾曼相關來檢視。如果想確認資料是否滿足第二個條件，則必須透過淨相關或其他多變量分析（如複迴歸分析）來檢視。至於第三個條件的滿足，則必須仰賴好的研究設計來達成。總之，相關分析是探求變項間因果的基礎。如果兩變項之間無顯著相關存在，則彼此不會有因果存在的可能。即使兩變項間有顯著相關，只要在其他因素（即第三因）的影響尚未排除以前，此種相關都不能代表有因果存在。由於本章所介紹的幾種相關分析方法只能呈現兩變項間的對稱關係（亦即不具因果的方向性），因此在分析資料時並不要求變項間要有自變項或依變項之分別。

 ## 第二節　皮爾遜相關分析

一、統計原理

(一)應用時機

皮爾遜相關分析屬於一種**雙變量**（bivariate）的統計方法。這種方法只能針對兩個變項間有無顯著線性關係的問題來回答，無法一次處理多個變項間的複雜關係。假如資料中有X、Y、Z等三個變項，皮爾遜相關

分析可以分別處理變項X與Y、變項Y與Z，還有變項X與Z的相關情形，可是它卻無法同步處理三個變項間的關係（例如，當控制了變項X的影響之後，Y與Z的關係將會如何）。換言之，無論是處理哪兩個變項間的關係，皮爾遜相關分析都不會將其他變項的影響納入考慮。

皮爾遜相關除了只能處理兩個變項間的線性關聯問題外，它在處理資料時對於變項資料的測量方式也有尺度上的要求。除了少數只有兩種答案的二項式變項外（如性別、已婚未婚、生或死），皮爾遜相關分析要求所有變項資料都應合乎等距或比例尺度的要求。換言之，相關分析適用於處理具有數量意義的資料。合乎這樣條件的資料較多是從自然情境或非實驗情境（如問卷調查）下所取得，而且資料所涉及的樣本及變項數量也會較多。

(二)統計檢定

想知道兩個變項間有無顯著的線性關係，主要的判斷標準是看相關係數的數值大小。一旦計算出兩變項間的相關係數，研究者便可以透過正常統計檢定的程序來判定這樣的係數能否代表變項間有顯著關係。在統計檢定中，研究者擬定的虛無假設（null hypothesis）會主張兩變項間的相關係數為0，而對立假設（alternative hypothesis）則是主張兩變項間的相關係數不為0。在特定的樣本數及信心水準下，只要相關係數能超過某個臨界值，研究者就可據此推翻虛無假設，承認兩變項間的線性關係不等於0（亦即具有顯著關係）。如果相關係數未能超過臨界值的門檻，研究者就必須接受虛無假設，承認兩變項間的關係為0（亦即無顯著關係）。

(三)計算原理

就變異量的角度來理解的話，相關係數是取兩個變項間的實際共變量與其最大共變量之比值計算而來（Williams, 1992: 135-136）。不管兩

個變項的散佈情形爲何,只要當兩者的數值各以固定的比例同方向發生變化時(如兩者的值一模一樣或散佈趨勢一致),兩者的實際共變量就會達到最大化。這時候,這兩個變項間的實際共變量也會等同於最大共變量。於是,兩變項間的相關係數就會等於1。如果兩變項的數值並未完全同步變化,則兩者間的實際共變量就會小於其最大共變量,因此相關係數也會小於1。

以具體的例子來說明,**表13-1**當中的變項X及變項Y的資料分別來自七位樣本。從表中資料的分布可以看出,X與Y的值呈現一種絕對正向的共變關係。例如,當X值爲3時,Y值爲2;當X值爲6時,Y值爲4,以此類推。根據相關係數的公式計算出,兩變項的實際共變量(如公式中的分子部分)是168。這部分的值是由兩個變項與各自平均數的差相乘之後加總而來(即54+24+6+0+6+24+54)。至於兩變項的最大共變量(如公式中的分母部分)也是168。要算出這部分的值,必須先求出兩個變項與各自平均數的差之平方和,再將兩個平方和相乘之數予以開根號。最後將兩變項之實際共變量除以最大共變量,得到的相關係數是1。

表13-1　以變異量方式計算皮爾遜相關係數

樣本	X	Y	X-M	Y-M	(X-M)(Y-M)	$(X-M)^2$	$(Y-M)^2$
1	3	2	-9	-6	54	81	36
2	6	4	-6	-4	24	36	16
3	9	6	-3	-2	6	9	4
4	12	8	0	0	0	0	0
5	15	10	3	2	6	9	4
6	18	12	6	4	24	36	16
7	21	14	9	6	54	81	36
Sum	84	56			168	252	112
Mean	12	8					

相關係數 $r = \sum (X-M)(Y-M) / \sqrt{\sum (X-M)^2 \sum (Y-M)^2}$

$$= 168 / \sqrt{(252)(112)}$$

$$= 168 / 168$$

$$= 1$$

如果讀者嘗試將變項Y的七個數值以不同順序重新排列（如順序對調），使其與變項X的數值之間不再呈現絕對的共變關係時，以相同的公式計算之後，一定會發現這兩變項間的最大共變量仍然不變，但實際共變量變小了。也就是說，順序重新調整後的Y與變項X的相關係數會小於1。

由於這個公式的分母部分包含了兩個變項的標準差，因此當這兩個變項的共變量除以標準差之後，所獲得的相關係數就成了一個標準化的關聯係數。所謂的標準化，指的是這個係數的單位意義及分布區間並不會受變項屬性與測量單位所影響。無論變項原先測量的單位為何，或是變項分散的情形如何，任何兩個變項間的相關係數都會分布在0與正負1之間。相關係數的大小並沒有絕對的意義。大小相差0.01或0.02個單位的相關係數，在統計上也只有相對比較上的價值而已。也就是說，即使在相同樣本數的前提下，標準化的相關係數雖然有利於跨變項間或跨群體之間的比較，但這種比較也只是相對性的。例如，在同一群樣本當中，研究者可以從相關係數中看出哪些變項跟樣本成績的關係較強，又哪些變項跟成績的關係較弱，但卻不能誤以為0.06的相關係數所代表的關係強度要比0.03的係數關係強度高出一倍。

二、案例示範

在SPSS的操作環境中，要執行皮爾遜相關分析，可以從資料編輯視窗上的分析，選擇相關（Correlate）與雙變數（Bivariate）。等畫面進入雙變數相關分析（Bivariate Correlations）的對話視窗後，將所要檢定的變項選入變數（Variables）的方框內，然後在相關係數（Correlation Coefficients）的區塊內勾選Pearson相關係數（Pearson）的項目。如果讀者希望在輸出結果時能將顯著的相關係數標註星號，可勾選相關顯著性訊號（Flag Significant Correlations）。最後按確定。詳細操作步驟可參考表13-2。

表13-2　皮爾遜相關分析之操作步驟

步驟一：在SPSS資料編輯程式中開啟資料檔案。
步驟二：點選分析 → 相關 → 雙變數。
步驟三：在雙變數相關分析對話視窗中，將所有要檢定的變項選入變數，勾選Pearson
　　　　相關係數與相關顯著性訊號。
步驟四：按確定。

(一)電視與暴力傾向之相關

　　以一個具體的例子來說明。假設研究者蒐集了60位國小學童每週看電視的時數及其暴力傾向的資料，並儲存在檔案相關分析1.sav中。如果研究者想了解這些學童看電視的時數與其暴力傾向是否有明顯相關，可以使用皮爾遜相關分析來回答。要分析這筆資料，首先將相關分析1.sav的檔案開啟。從資料編輯視窗上的分析，選擇相關與雙變數。等畫面進入雙變數相關分析的對話視窗後，將電視時數與暴力傾向這兩個變項一起選入變數的方框內，然後勾選Pearson相關係數的項目，再按確定。具體操作方式可參考圖13-2。

　　相關分析的結果會呈現在一個相關矩陣的表格中（如表13-3）。在這個表格中，除了135度角斜角線上的空格是呈現變項與自身的相關外，其餘空格都呈現不同變項間的相關。每個空格裡有三個數字。最上端顯示的是相關係數，其次是顯著水準，再者是樣本人數。以相關分析1.sav的資料分析結果顯示，學童看電視的時數與暴力傾向的相關係數是-0.841、顯著水準是0.000、樣本有60位。此相關係數代表學童收看電視的時數與暴力傾向之間呈現負向關聯，也就是看較多電視的學童暴力傾向較低，而看較少電視的學童暴力傾向較高。由於這裡的顯著水準已經達到小於0.001的程度，因此可以據此推翻虛無假設，判定-0.841的相關係數明顯不等於0。換言之，這個結果顯示學童收看電視的時數與暴力傾向之間具顯著的負相關。

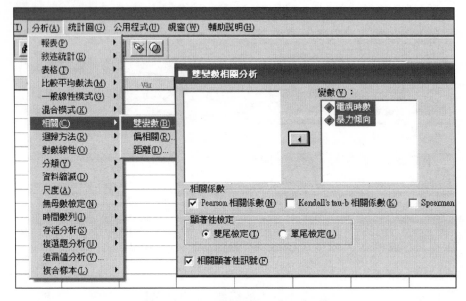

圖13-2　皮爾遜相關分析之操作

表13-3　皮爾遜相關分析結果（一）

相關

		電視時數	暴力傾向
電視時數	Pearson相關	1	-.814[a]
	顯著性（雙尾）		.000
	個數	60	60
暴力傾向	Pearson相關	-.814[a]	1
	顯著性（雙尾）	.000	
	個數	60	60

a.在顯著水準為0.01時（雙尾），相關顯著。

(二)打工與成績之相關

　　再舉另一個例子來說明相關係數的意義。研究者蒐集了108位大學生的資料，其中包含有性別、打工時數、翹課節數、學期成績與年級別等

變項。所有資料儲存在 相關分析2.sav 的檔案中。想了解哪些變項與學生成績有密切關係，可以透過相關分析來處理這筆資料。分析時只要照著前面介紹的操作步驟來執行，並將這五個變項全部選入到 變數 清單中即可。

皮爾遜相關分析的結果如表13-4。如表所示，除了性別與成績的相關係數為顯著正向之外（r = 0.533，p < .001），其餘變項與成績都呈現負向相關。由於性別是二項式變項（男性編碼1，女性編碼2），因此0.533的相關係數可以解讀成女學生有較高的成績，而男學生的成績較低。此外，年級別與成績的相關係數為-0.562（p < 0.001），顯示年級越高的學生，其成績越差，反之則反。同樣地，打工時數與成績的關係為

表13-4　皮爾遜相關分析結果（二）

相關

		性別	打工時數	翹課節數	成績	年級別
性別	Pearson相關	1	-.242[a]	-.248[b]	.533[b]	-.152
	顯著性（雙尾）	.	.012	.010	.000	.117
	個數	108	108	108	108	108
打工時數	Pearson相關	-.242[a]	1	.540[a]	-.523[b]	.741[b]
	顯著性（雙尾）	.012	.	.000	.000	.000
	個數	108	108	108	108	108
翹課節數	Pearson相關	-.248[b]	.540[b]	1	-.591[b]	.492[b]
	顯著性（雙尾）	.010	.000	.	.000	.000
	個數	108	108	108	108	108
成績	Pearson相關	.533[b]	-.523[b]	-.591[b]	1	-.562[b]
	顯著性（雙尾）	.000	.000	.000	.	.000
	個數	108	108	108	108	108
年級別	Pearson相關	-.152	.741[b]	.492[b]	-.562[b]	1
	顯著性（雙尾）	.117	.000	.000	.000	.
	個數	108	108	108	108	108

a. 在顯著水準為0.05時（雙尾），相關顯著。

b. 在顯著水準為0.01時（雙尾），相關顯著。

顯著負相關（r =-0.523，p < 0.001），顯示打工時數越多的學生，其成績越差，反之則反。翹課節數與成績的相關係數為-0.591（p < 0.001），顯示翹課節數越多的學生，其成績越差，反之則反。

　　從表格中也可看出，學生的年級別分別與打工時數（r = 0.741，p < 0.001）及翹課節數（r = 0.492，p < 0.001）呈現顯著的正相關，顯示高年級的學生打工及翹課的情形都比低年級學生來得嚴重。在全部學生當中，打工時數與翹課節數兩者也呈現顯著的正相關（r = 0.540，p < 0.001），顯示越常打工的學生也越常翹課。

三、相關係數的解讀

(一)相關係數低不表示無關

　　為了避免做出錯誤的解讀，在詮釋相關係數的意義時必須留意幾個原則。首先，皮爾遜相關係數只適用於描述變項間的線性關係。如果變項間的關係不是線性關係（例如曲線關係），以皮爾遜相關係數來描述的話，有可能會低估了變項間原有的關係強度。也就是說，面對一些非線性的關係時，相關分析所取得的皮爾遜相關係數會非常低，甚至會趨近於0。如果研究者未曾事先檢視散佈圖的分布情形，光憑相關係數的大小就做出變項間有無顯著關係的結論，可能會被數字的表象所誤導。因此，解讀相關係數的第一個原則是：當相關係數很低時，它只代表兩變項間不具顯著的直線關係，卻不代表這兩個變項沒有關係（因為有可能是曲線或其他非線性的關係）。

　　解讀相關係數時有學生會把「顯不顯著」視為是很重要的目標。只要看到結果是顯著的，就覺得研究是成功的。但如果發現結果不顯著，就覺得研究好像不具參考價值。這種看重結果顯不顯著的心態很容易讓學生陷入一種數字迷思。其實，相關係數的意義除參考顯著水準外，相關係數的高低也是很重要的標準。當相關係數很高，又達到顯著水準

時，學生在解讀係數的意義時比較不會出現困惑；但如果遇到相關係數很高，可是卻未達顯著水準，或相關係數較低，可是卻達顯著水準時，又該如何解釋這樣的結果呢？

(二)係數高低與顯著水準同樣重要

當樣本數很小的時候（例如低於10個），比較容易遇見相關係數很高，可是卻未達到顯著水準的情況。當樣本數很大的時候（如高於1,000個），比較容易發生相關係數很低，可是卻達到顯著水準的情形。無論是遇到何種情況，研究者都不應輕忽任一數據所散發的意義。相關係數較高，代表變項之間相互預測及解釋的能力較高（例如將相關係數 r 平方之數可用來說明變項間相互解釋的變異量）。達到顯著水準，代表該相關係數的出現並非出於偶然。因此，解讀相關係數時的第二個原則是：相關分析結果的參考價值，不能光看相關係數是否達顯著水準，還須看相關係數的高低。

至於何種相關係數才算高？何種相關係數又算低呢？根據過去學者提出的標準，當相關係數為1時屬於「完全相關」，介於0.70至0.99時屬於「高度相關」，介於0.40至0.69時屬於「中度相關」，介於0.10至0.39時屬於「低度相關」，而相關係數在0.10以下時則屬微弱或無相關（邱皓政，2002：12-6）。當然並非所有人都必須採用同一套標準來詮釋相關係數。讀者可以根據研究樣本的規模大小來自行設定相關係數高低的標準。例如，在50個人的樣本規模下，要發現0.7或0.8的相關係數才可以算是高度相關，但是在1,000個人的樣本規模下，0.3或0.4的相關係數已經足可稱為高度相關了。統計檢定對於相關係數的敏感度會因樣本數量大小而有不同。在小樣本時，統計檢定對相關係數的變化並不敏感。可是在大樣本時，即使少許的係數變化就會導致檢定結果出現不同（Hair et al., 1998）。這也是為何當相關係數明顯偏低時（如低於0.1以下），還會發現該相關係數具統計上顯著的意義（因為樣本的數量極大）。

　　樣本規模的大小除了影響到相關係數所代表的意義外，也會影響到相關係數的穩定性。在樣本規模較小的資料裡，相關係數容易因樣本中少數偏離值（outlier）的存在而產生明顯變化。所謂**偏離值**，指的是那些與集體平均值有極大懸殊的答案。這些偏離值的出現，有時會導致相關係數過度高估變項間真正的關係，有時卻過度低估了原本的關係強度。

　　以**圖13-3**為例，該散佈圖所呈現的是22位樣本在變項X與Y的分佈情形。其中20位樣本的資料集中在左下角，而兩位樣本的資料則散佈在右上角。右上角的這兩位樣本因為資料明顯與其他多數樣本不同，因此屬於偏離值。如果排除右上角的兩位樣本資料，左下角的20位樣本在變項X與Y上的分布呈現出一種長方形，而非直線的趨勢。皮爾遜相關分析也顯示這20位樣本的變項X與Y的相關係數為0，顯示兩者間不具任何直線關係。但是如果將右上角的兩位樣本納入分析，則變項X與Y的相關係數變為0.443（p < .05），顯示兩變項具顯著正相關。這兩個相關係數的差異就是受到右上角兩位樣本的影響。這個例子說明當樣本規模不大時，

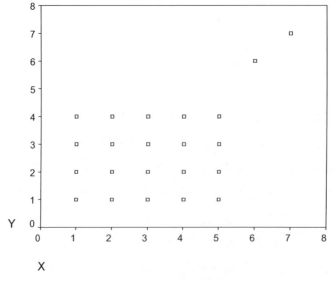

圖13-3　偏離值對相關係數之影響（一）

變項間的相關係數有可能因爲少數樣本的極端答案而被嚴重錯估。原本在大多數樣本中不具任何線性關聯的兩個變項，在加入兩位樣本的資料後，相關係數卻瞬間從無關（r = 0）躍升爲顯著的正相關（r = 0.443）。這樣的顯著相關未必正確反映出兩變項間的真實關係。

如果這兩位樣本的資料是散佈在右下角（如圖13-4），則整個分析的結果會完全相反過來。皮爾遜相關分析顯示，如果將右下角的兩位樣本納入分析，則變項X與Y的相關係數會由原先20位樣本時的0變爲-0.555（p < .01），顯示兩變項的關係由原先的無關變爲顯著負相關。這個例子再度說明當樣本規模不大時，變項間的相關係數有可能因爲少數樣本的極端答案而被嚴重扭曲。只因爲兩位極端樣本的加入，原本在大多數樣本中無任何線性關聯的兩個變項，相關係數卻瞬間從0轉變爲顯著的負相關。如果把這個結果與圖13-3的結果相互印證，更可以看出相關係數在小樣本中極不穩定的特性。

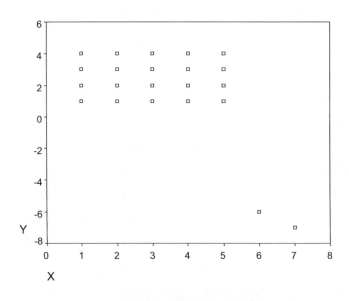

圖13-4　偏離值對相關係數之影響（二）

(三)樣本規模會影響結果穩定性

從上述兩個例子中可以學到解讀相關係數時的第三個原則：當樣本規模越小時，相關係數的穩定性越低，因此對係數的詮釋必須持更保守的態度。爲了讓相關係數更具參考價值，最好的做法是增加樣本人數。一旦樣本的人數越多，所取得的相關係數就不容易因少數人的影響而劇烈變動。究竟多少樣本才算適當呢？如果想要有較佳的統計檢定能力，有學者建議研究的樣本數量至少不要少於100（Hair et al., 1998: 12）。當然確切的數量必須視研究設計及所使用的統計方法而定。在多變量分析當中，爲了因應更複雜的統計運算需要，Hair等人（1998: 98-99）建議樣本的數量至少維持在變項數量的20倍左右。也就是說，如果研究中有10個變項，樣本數量至少要達到200位。如果變項數量有15個，則至少需要300個樣本。

第三節 史皮爾曼等級相關

上一節所介紹的皮爾遜相關適用於描述兩個等距或比例尺度變項的線性關係。但是在許多情況下，研究者所處理的變項並非全屬等距或比例尺度性質。例如，當老師想知道班上學生交卷的順序與其考試成績的名次有沒有關係；或教練想知道運動場上選手的高矮順序與跳高比賽的排名有無關聯，這些問題所牽涉的變項都是順序尺度性質。其他許多採用李克特（Likert）五個等級量表（如非常同意至非常不同意）來測量的題目也都屬於順序尺度性質。當變項是以順序尺度所測量，或資料不合乎常態分布時，史皮爾曼等級相關會是較佳的選擇。史皮爾曼等級相關（Spearman rank-order correlation）屬於無母數統計的一種。這種方法在計算時雖然不如皮爾遜相關精確，但在樣本數量較小的情況下，使用這種方法所得的結果卻較穩定可靠（Williams, 1992: 144）。

一、統計原理

　　要判斷兩個變項是否呈現顯著相關，皮爾遜相關分析取決的是這兩個變項數值的分布是否集中在一條直線上。如果兩個變項的數值分布越接近於一條直線的趨勢，代表兩者越依某固定的比例進行共變，因此其相關係數會越接近於正負1。當兩變項的數值分布越偏離直線趨勢，代表兩者間共變步調越不一致，其相關係數也就越接近於0。可是在史皮爾曼等級相關當中，要判斷兩變項是否呈顯著相關，取決的並不是這兩個變項實際數值的共變情形，而是這些數值所對應的等級順序有無呈現直線分布的趨勢。縱使兩變項的數值並未呈絕對直線分布，只要這些數值在等級順序上呈現直線分布，則史皮爾曼相關係數就會等於正負1。總之，如果兩變項的實際數值呈現直線分布（亦即皮爾遜相關係數為正負1），其等級分布也會呈現直線趨勢（亦即史皮爾曼相關係數為正負1）。但是當兩變項的等級分布呈現直線趨勢時，其實際數值未必會呈直線分布。

(一)史皮爾曼與皮爾遜相關之異同

　　以具體的例子來說明史皮爾曼相關與皮爾遜相關的差別。**表13-5**所顯示的是10位樣本在幾個變項上的資料分布。從表中X_1與Y_1的數值分布來看，當X_1的數值是10時，Y_1的數值也是10，X_1是20時，Y_1也是20，X_1是100時，Y_1也是100。這兩個變項實際數值的變化呈現一種固定的正向共變關係。換言之，當X_1每增加10個單位時，Y_1也同步增加10個單位，因此在皮爾遜相關分析當中，X_1與Y_1的相關係數會等於1。但是X_1與Y_2、Y_3、Y_4、Y_5的數值分布並不是呈現等幅的共變關係，因此在皮爾遜相關分析當中，彼此間的相關係數都不會等於1。例如，X_1與Y_2在前九位樣本的數值都呈等幅正向共變，但在第十位樣本的數值上出現差異（X_1是100，Y_2是500），因此兩者間的相關係數是0.666（p = 0.035）。其次，當X_1是10時，Y_3也是10，當X_1是20時，Y_3卻是25，兩者的數值大多並非呈等幅共

變，因此兩者間的相關係數是0.595（p = 0.035）。有關這些變項間的皮爾遜相關係數，請參考**表13-6**。除非這兩個變項的數值仍維持等幅共變關係，否則只要其中任何一筆數值產生改變，縱使改變的幅度極小，皮爾遜相關係數都會因此而產生變化。

如果把**表13-5**上的這些數值轉換成等級順序的話，就會發現變項間的關係與前面分析的結果不同。例如，從X_1與Y_1的等級順序分布來看，當X_1的數值是最低分時（即10分），Y_1的數值也是最低分（10分）；當X_1是次低分時（20分），Y_1也是次低分（20分）；X_1是最高分時（100分），Y_1也是最高分（100分）。這兩個變項分數的等級順序呈現一種固定的正向共變關係。因此，在史皮爾曼相關分析當中，X_1與Y_1的相關係數會等於1。

如果從等級順序的角度來看其他變項的關係，X_1與Y_2、Y_3、Y_4、Y_5的資料等級順序也同樣呈等幅的共變關係。因此，在史皮爾曼相關分析當中，這些變項間的相關係數也都等於1。例如，X_1與Y_2在前九位樣本的數值都維持等幅正向共變，即使在第十位樣本的數值上出現差異（X_1是100，Y_2是500），但其等級順序並未因此而改變（都還是最高分），因

表13-5　闡釋兩種相關分析異同之資料

樣本	X_1	Y_1	Y_2	Y_3	Y_4	Y_5
1	10	10	10	10	15	5
2	20	20	20	25	20	15
3	30	30	30	30	25	30
4	40	40	40	35	40	35
5	50	50	50	45	50	50
6	60	60	60	50	65	60
7	70	70	70	70	70	100
8	80	80	80	80	75	300
9	90	90	90	100	200	1,000
10	100	100	500	1,000	2,000	2,000

此兩者間的相關係數仍是1。以X_1及Y_3的關係為例，亦然。當X_1是最低分（10分），Y_3也是最低分（10分）；當X_1是次低分（20分），Y_3也是次低分（25分）；當X_1是最高分（100分），Y_3也是最高分（1,000分）。由於兩者數值的等級順序呈等幅共變，因此兩者的相關係數是1。有關這些變項間的史皮爾曼相關分析結果，請參考**表13-7**。換言之，雖然Y_1、Y_2、Y_3、Y_4、Y_5各自的數值並不完全一樣，但因樣本在這些變項上的等級順序都相同，因此這些變項資料的結構在史皮爾曼相關分析中具備相同的意義。

表13-6　皮爾遜相關分析結果

相關

		X1	Y1	Y2	Y3	Y4	Y5
X1	Pearson相關	1	1.000[b]	.666[a]	.595	.581	.744[a]
	顯著性（雙尾）		.000	.035	.069	.078	.014
	個數	10	10	10	10	10	10
Y1	Pearson相關	1.000[b]	1	.666[a]	.595	.581	.744[a]
	顯著性（雙尾）	.000		.035	.069	.078	.014
	個數	10	10	10	10	10	10
Y2	Pearson相關	.666[a]	.666[a]	1	.996[b]	.993[b]	.930[b]
	顯著性（雙尾）	.035	.035		.000	.000	.000
	個數	10	10	10	10	10	10
Y3	Pearson相關	.595	.595	.996[b]	1	.999[b]	.915[b]
	顯著性（雙尾）	.069	.069	.000		.000	.000
	個數	10	10	10	10	10	10
Y4	Pearson相關	.581	.581	.993[b]	.999[b]	1	.921[b]
	顯著性（雙尾）	.078	.078	.000	.000		.000
	個數	10	10	10	10	10	10
Y5	Pearson相關	.744[a]	.744[a]	.930[b]	.915[b]	.921[b]	1
	顯著性（雙尾）	.014	.014	.000	.000	.000	
	個數	10	10	10	10	10	10

a.在顯著水準為0.05 時（雙尾），相關顯著。

b.在顯著水準為0.01時（雙尾），相關顯著。

表13-7　史皮爾曼相關分析結果

相關

			X1	Y1	Y2	Y3	Y4	Y5
Spearman's rho係數	X1	相關係數	1.000	1.000[a]	1.000[a]	1.000[a]	1.000[a]	1.000[a]
		顯著性(雙尾)	.	.	.	.	.	.
		個數	10	10	10	10	10	10
	Y1	相關係數	1.000[a]	1.000	1.000[a]	1.000[a]	1.000[a]	1.000[a]
		顯著性(雙尾)	.		.	.	.	.
		個數	10	10	10	10	10	10
	Y2	相關係數	1.000[a]	1.000[a]	1.000	1.000[a]	1.000[a]	1.000[a]
		顯著性(雙尾)	.	.		.	.	.
		個數	10	10	10	10	10	10
	Y3	相關係數	1.000[a]	1.000[a]	1.000[a]	1.000	1.000[a]	1.000[a]
		顯著性(雙尾)	.	.	.		.	.
		個數	10	10	10	10	10	10
	Y4	相關係數	1.000[a]	1.000[a]	1.000[a]	1.000[a]	1.000	1.000[a]
		顯著性(雙尾)	.	.	.	.		.
		個數	10	10	10	10	10	10
	Y5	相關係數	1.000[a]	1.000[a]	1.000[a]	1.000[a]	1.000[a]	1.000
		顯著性(雙尾)	.	.	.	.	.	
		個數	10	10	10	10	10	10

a.相關的顯著水準為 0.01（雙尾）。

　　從上面範例的對照中，更能看出史皮爾曼相關分析不同於皮爾遜相關的地方。在史皮爾曼相關分析當中，只要兩變項的資料在等級（先後順序）的結構上不變，縱使這些資料在數值上並不完全相同，其相關分析的結果仍會相同。相較於皮爾遜相關分析對變項數值的變化較敏感，史皮爾曼相關分析的結果只會因資料出現等級順序上的變化時才會改變。

(二)史皮爾曼係數計算原理

　　等級相關的計算過程較簡單。其公式所運用的資料只有兩變項間等級的差距（即$X_Y - Y_Y$）及組別數（即n）。以**表13-8**的資料為例，要計

表13-8　史皮爾曼相關係數之計算（一）

樣本	X	Y	X_Y	Y_Y	$X_Y - Y_Y$	$(X_Y - Y_Y)^2$
1	3	2	1	1	0	0
2	6	4	2	2	0	0
3	9	6	3	3	0	0
4	12	8	4	4	0	0
5	15	10	5	5	0	0
6	18	12	6	6	0	0
7	21	14	7	7	0	0
					Sum	0

算兩變項的等級差距，必須先將變項X與Y的原始數值依其大小順序轉換成等級分。如表所示，當表中兩變項數值（即X與Y）的大小先後順序結構相同時，轉換成等級分後（即X_Y與Y_Y）的排序也會相同。因此，兩組排序相減後的等級差距為0，兩組等級差距的平方和也是0。如果把等級差距的平方和0與組別數7代入下列公式後，所得的史皮爾曼相關係數（rho）為1，顯示變項X與Y的等級排序呈正向直線相關。

　　如果將上表中變項Y的數值順序試著逆轉一下（如**表13-9**），看所計算出的相關係數產生何種改變？如**表13-9**所示，當這兩個變項的等級順序完全相反時，兩者間的等級差距（即$X_Y - Y_Y$）則分別會是-6、-4、-2、0、2、4、6；而據此所得的等級差距平方和$(X_Y - Y_Y)^2$則為112。將等級差距的平方和112與組別數7代入下列公式後，所得的史皮爾曼相關係數（rho）為-1，顯示變項X與Y的等級排序呈完全反向直線相關。

$$史皮爾曼rho的計算公式 = 1 - \frac{6\sum(X_Y - Y_Y)^2}{n(n^2 - 1)}$$

表13-9　史皮爾曼相關係數之計算（二）

樣本	X	Y	X_Y	Y_Y	$X_Y - Y_Y$	$(X_Y - Y_Y)^2$
1	3	14	1	7	-6	36
2	6	12	2	6	-4	16
3	9	10	3	5	-2	4
4	12	8	4	4	0	0
5	15	6	5	3	2	4
6	18	4	6	2	4	16
7	21	2	7	1	6	36
					Sum	112

二、案例示範

在SPSS的操作環境中執行史皮爾曼相關分析，其步驟與皮爾遜相關分析相同。首先，開啟檔案資料後，從資料編輯視窗上的分析，選擇相關與雙變數。等畫面進入雙變數相關分析的對話視窗後，將所要檢定相關的變項選入變數的方框內，然後在相關係數（Correlation Coefficients）的區塊內勾選Spearman相關係數（Spearman）的選項，再按確定。

以具體的例子來說明。假設老師想知道班上學生期中考成績與其交卷順序有無關係，因此蒐集某一門課73位學生的資料，並儲存於史皮爾曼相關.sav的檔案中。在這個檔案中有兩個變項：交卷順序與成績。要使用史皮爾曼相關來分析這兩個變項的關係，可以參考圖13-5的操作方式。首先，從資料編輯視窗上選擇分析、相關與雙變數。在雙變數相關分析的對話視窗中，將交卷順序與成績這兩個變項一起選入變數的方框內，勾選Spearman相關係數，再按確定。

分析的結果顯示，兩變項間的相關係數為0.512（p < 0.001），代表這群學生期中考的成績級分與其交卷順序之間呈顯著正相關。換言之，越早交卷的學生，其成績的等級分也越低（即成績越差），而越晚交卷的學生，其成績的等級分也越高（即成績越佳）。史皮爾曼相關係數的

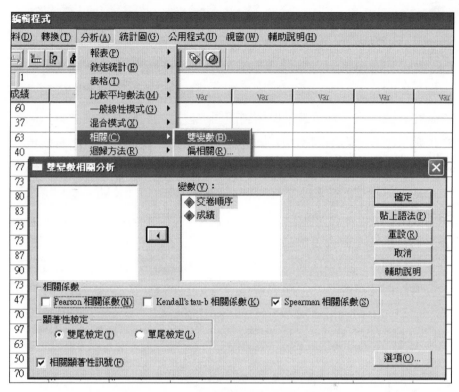

圖13-5　史皮爾曼相關分析之操作

解讀規則與皮爾遜相關係數相同。相關係數越接近正負1，代表兩變項的
分布越貼近線性趨勢。相關係數越接近0，代表兩變項的分布越不具線性
趨勢。唯獨不同的是，史皮爾曼相關係數的意義必須從等級的概念（而
非數量）來理解。以上述例子而言，0.512這個顯著正相關的係數反映的
是學生「交卷順序的等級」與「成績高低的等級」之間的關係。

 第四節　淨相關

當研究問題只涉及兩個變項的關係時，採用雙變量分析方法就已足

夠回答問題。前面兩節所介紹的皮爾遜相關與史皮爾曼相關分析都屬於雙變量分析方法。但是當研究問題中牽涉到三個或更多變項時，變項間的關係就比雙變量的情況要更複雜。例如，當變項數量只有兩個時，變項間的相關係數只有一個；當變項數量增加到三個時，變項間的相關係數就有三個；如果變項數量增加到四個，彼此間的相關係數就有六個；變項數量越多，變項間的相互關係就顯得越錯綜複雜。一旦所有變項之間都互有關聯時，任何兩變項之間的關係就有可能受其他變項所影響。

當兩個變項的相關未考慮其他變項的影響，這種相關又稱為**零階相關**（zero- order correlation）。零階相關因為尚未排除其他第三因素的影響，通常相關係數會有被高估的可能。換言之，零階相關係數的值通常會比變項間真正的關係強度還要高。如果發生這種情形，意味著變項間參雜有虛假關係的存在。想要避免受這類虛假關係的誤導，就必須將所有可能造成影響的第三因予以控制。淨相關分析正是針對這類目的所發展出來的一種統計分析方法。

一、統計原理

淨相關是一種用來控制第三因的影響，藉以了解兩個變項間真正關係的統計方法。假設這裡有X、Y與Z等三個變項，又三者之間都互有關聯。如果研究者想要知道變項Y與Z的真正關係，就必須想辦法控制變項X（即第三因）的影響。要控制變項X的影響，淨相關分析的做法是將變項X與Y有關的部分，以及變項X與Z有關的部分，雙雙排除在變項Y與Z的關係之外。換言之，淨相關是從變項Y與Z兩者相互交集的面積當中，將任何與變項X有重疊的地方予以移除，使留下來的區域純粹屬於變項Y與Z的交集。

淨相關分析能否發揮其排除虛假關係的能力，取決於第三因與主要變項的關聯程度。如果第三因（變項X）分別與變項Y或Z的關係都為0

（即彼此間無交集），即使將第三因納入控制，淨相關分析的結果仍會跟未控制第三因前的零階係數相同。但是如果第三因與變項Y或Z的關係都不為0（即彼此有交集），則在控制了第三因的影響之後，淨相關係數通常會不同於零階係數。第三因與變項Y或Z的關係若越密切，則淨相關係數與零階係數的差距也會越明顯。

以具體的例子來說明。這裡有變項1、2、3等三個變項。假設變項1與2的零階相關係數（r_{12}）為0.8、變項2與3的相關係數（r_{23}）為0、變項1與3的相關係數（r_{13}）也是0。把這三個相關係數分別代入下列淨相關的公式後，可以發現在控制了變項3這個第三因之後，變項1與2之間的淨相關係數（$r_{12.3}$）與零階係數（r_{12}）相同，仍然是0.8。可見當第三因與其他兩個變項毫無交集的情況下，使用淨相關分析與使用皮爾遜相關分析的結果並無不同。

$$\text{淨相關公式} = r_{12.3} = \frac{r_{12} - r_{13}r_{23}}{\sqrt{(1 - r_{13}^2)(1 - r_{23}^2)}} \quad \text{(Schumacker \& Lomax, 1996: 22)}$$

但是當第三因與其他兩個變項的關係較密切時，淨相關就能有效將來自第三因的虛假關係排除。假設變項1與2的零階相關係數（r_{12}）仍為0.8、而變項2與3的相關係數（r_{23}）為0.7、變項1與3的相關係數（r_{13}）也是0.7。把這三個相關係數分別代入淨相關的公式中，可以發現在控制第三因之後，變項1與2之間的淨相關係數（$r_{12.3}$）已經從原先零階係數的0.8降為0.61。這中間的差異就是由第三因所導致的虛假關係。在這個例子中，如果不利用淨相關來排除虛假關係，而直接以零階係數來代表變項1與2的關係，則結果明顯高估了真正的關係強度。

所謂的**虛假關係**，除了代表零階係數高估了變項間的關係外，也可能代表零階係數低估了變項的關係強度。假如真正的關係是被低估了，則控制了第三因之後，兩變項間的淨相關係數會變得比其零階係數要高。例如，變項1與2的零階相關係數（r_{12}）為0.129，而變項2與3的相關

係數（r_{23}）爲0.718，變項1與3的相關係數（r_{13}）是-0.244。照相同的程序把這三個相關係數分別代入淨相關的公式中，可以發現在控制第三因之後，變項1與2之間的淨相關係數（$r_{12.3}$）已經從原先零階係數的0.129變爲0.451。這個情況反映出這個第三因有可能扮演著抑制變項（suppressor variable）的角色（Schumacker & Lomax, 1996: 22）。由於這個第三因的存在，主要變項的關係明顯被壓抑隱藏了。有關第三因的抑制效果部分，本節會在後面單元中進一步舉例說明。

二、案例示範

在SPSS的操作環境中，要執行淨相關分析，可以從資料編輯視窗上的**分析**，選擇**相關**，再選擇**偏相關**（Partial）。等畫面進入**偏相關**的對話視窗後，將所要檢定相關的變項選入**變數**的方框內，然後將擔任控制變項的第三因全部選入**控制的變數**（Controlling for）空格內，最後按**確定**。有關淨相關分析的操作步驟，可參考**表13-10**。

(一)電視與暴力傾向

以一個具體的例子來說明。在**淨相關分析**.sav檔案中是60位國小學童每週看電視時數及其暴力傾向的資料。當這群學童的性別未被視爲第三因控制前，先透過皮爾遜相關來分析這兩個變項關係的結果發現（如**表13-11**），學童看電視時數與暴力傾向之間的零階相關係數爲-0.814（p

表13-10　淨相關分析之操作步驟

步驟一：在SPSS資料編輯程式中開啓資料檔案。
步驟二：點選**分析** → **相關** → **偏相關**。
步驟三：在**偏相關**對話視窗中，將所要檢定相關的變項選入**變數**，並將控制變項選入**控制的變數**空格。
步驟四：按**確定**。

表13-11　電視時數與暴力傾向之相關分析

相關

		性別	電視時數	暴力傾向
性別	Pearson相關	1	.941[a]	-.865[a]
	顯著性（雙尾）	.	.000	.000
	個數	60	60	60
電視時數	Pearson相關	.941[a]	1	-.814[a]
	顯著性（雙尾）	.000		.000
	個數	60	60	60
暴力傾向	Pearson相關	-.865[a]	-.814[a]	1
	顯著性（雙尾）	.000	.000	.
	個數	60	60	60

a. 在顯著水準爲0.01時（雙尾），相關顯著。

< 0.001），呈現顯著負相關。但是皮爾遜分析也同時顯示，性別與看電視時數之間呈顯著正相關（r = 0.941，p < 0.001），而性別與暴力傾向之間則呈顯著負相關（r = -0.865，p < 0.001）。這個結果顯示，學童的性別分別與看電視時數及暴力傾向有高度的關聯，因此原先發現看電視時數與暴力傾向之間的顯著負相關有可能是因性別的影響所造成。爲了確認電視時數與暴力傾向之關係是否爲虛假，有必要使用淨相關分析來控制性別因素的影響。

　　要控制性別變項的影響，可透過淨相關來分析這筆資料。具體操作步驟，可參考圖13-6。經淨相關分析控制性別的影響之後，發現電視時數與暴力傾向之間的相關係數已由原先的-0.814（p < 0.001）變爲-0.001（p = 0.994）。這種轉變證實原本極高的零階相關係數只是一種由性別所造成的虛假相關。一旦性別的影響被排除之後，電視時數與暴力傾向的關係幾乎爲0。

　　爲讓讀者更清楚了解控制性別所代表的意義，本節再以散佈圖來補充說明。圖13-7是淨相關分析.sav這個檔案中60位學生在兩個變項上的散

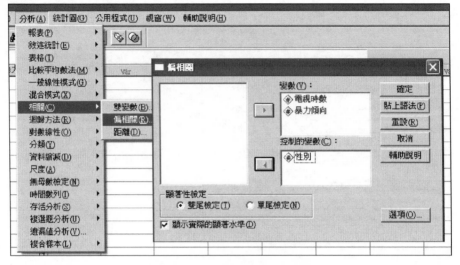

圖13-6　淨相關分析之操作

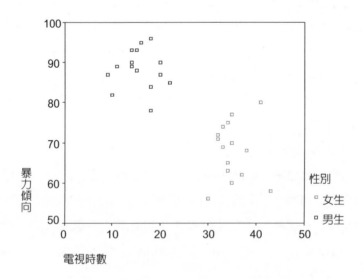

圖13-7　電視時數與暴力傾向之散佈圖

佈圖，其中X軸代表電視時數，Y軸代表暴力傾向。當尚未考慮性別因素之前（即先不管圖中點的顏色），可以看出整體樣本的分布是呈現一種135度角的直線趨勢（即從左上到右下）。這種角度的直線趨勢正代表兩個變項呈負相關（即看越多電視者，暴力傾向越低）。當分析將性別因素納入考慮後，會發現原來造成這種負相關的原因是：女生（分散在右下角的一群）看較多電視但較不暴力、男生（分散在左上角的一群）看較少電視但較暴力。一旦將男女生的資料分開處理後，就會發現不論在男生或女生當中，電視時數與暴力傾向的分布都不具明顯的直線趨勢。

上面的例子說明了控制第三因的影響。當性別這個第三因的影響未被考量前，電視時數與暴力傾向呈現顯著的相關。一旦將性別因素列入考量後，原本表面上看起來具有高度相關的兩個變項，頓時變成毫不相干的兩個變項。這個例子說明第三因造成了這種虛假關係。如果第三因的影響被忽略了，就會造成變項的相關程度被過度高估的結果。

(二)收入與捐款金額

有時忽略第三因的影響，也會造成相關程度被低估的情形。以另一個具體的例子來說明。淨相關分析2.sav是70位樣本捐款頻率、捐款金額與收入水平的資料。以皮爾遜相關來分析這三個變項的關係，結果呈現於表13-12。從表中數據得知，樣本的捐款頻率與捐款金額之間並無顯著的相關（r = 0.076，p = 0.533）。如果讀者只根據這個零階係數作為判斷結果的依據，未考慮樣本收入水平的影響，則可能相信兩者之間並無關聯存在。

雖然表面上捐款頻率與捐款金額之間看似無明顯關聯，但是這兩個變項卻同時與另一個變項「收入水平」有顯著的關係。樣本的收入水平與捐款頻率之間呈顯著負相關（r = -0.72，p < 0.001），顯示收入較多者越不常捐款；相反地，收入水平與捐款金額之間具顯著正相關（r = 0.293，p < 0.05），代表收入越多者捐款金額越高。因此，捐款頻率與金

表13-12 捐款頻率與捐款金額之相關分析

相關

		捐款頻率	捐款金額	收入水平
捐款頻率	Pearson相關	1	.076	-.720[a]
	顯著性（雙尾）	.	.533	.000
	個數	70	70	70
捐款金額	Pearson相關	.076	1	.293[b]
	顯著性（雙尾）	.533	.	.014
	個數	70	70	70
收入水平	Pearson相關	-.720[a]	.293[b]	1
	顯著性（雙尾）	.000	.014	.
	個數	70	70	70

a. 在顯著水準為0.01時（雙尾），相關顯著。

b. 在顯著水準為0.05時（雙尾），相關顯著。

額之間的無關有可能只是一種假象。

為了印證此種假設的可能性，本節再將這兩個變項的關係以散佈圖來呈現。圖13-8是淨相關分析2.sav中70位樣本在這兩個變項上的分布，其中X軸代表捐款頻率、Y軸代表捐款金額。當未考慮樣本的收入水平之前（即先不管圖中點的顏色），可以明顯看出整體樣本的分布是接近一種圓形或四方形趨勢。這種分布的趨勢完全看不出任何直線的關係，因此相關係數接近於0。但是當讀者將收入水平因素納入考慮後，會發現不同的意義：高收入水平者（分散在左上角的一群）捐款頻率較低但捐款金額較高、中收入水平者（分散在中間的一群）捐款頻率與金額都居中、低收入水平者（分散在右下角的一群）捐款頻率較高但捐款金額較低。因此，只要將樣本的資料依其收入水平的不同分開處理，就更能看出捐款頻率與捐款金額之間的真正關係。

要控制收入水平的影響，可以在淨相關分析中將收入水平視為控制變項。經淨相關分析控制了樣本收入水平的影響之後，會發現捐款頻率與捐款金額之間的相關係數由原先的0.076（p = 0.533）變成為 0.4319（p

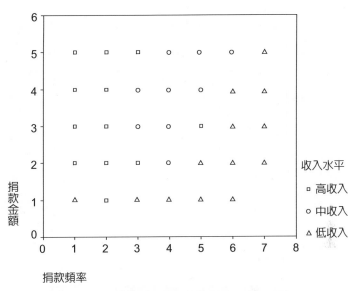

圖13-8　捐款頻率與捐款金額之散佈圖

< 0.001）。這樣的轉變證實這兩個變項的關係的確受收入水平的影響而有被抑制的現象。原本極低的零階相關係數只是一種被壓抑下的假象。一旦將收入水平的影響排除之後，捐款頻率與捐款金額之間反而呈現出顯著的正相關。換言之，越常捐款的樣本，捐款金額也明顯較多，反之則反。

　　為了進一步釐清淨相關係數的意義，本節特別將不同收入水平的樣本資料分開處理。當樣本屬於低收入水平時，其捐款頻率較高（M = 5.54，SD = 1.744），但捐款金額較低（M = 2.42，SD = 1.349）。從散佈圖上看，兩變項呈45度角（即從左下往右上）直線分布的趨勢（如圖 13-9）。皮爾遜相關係數為0.621（p < 0.01），也顯示兩變項間具顯著的正相關。所以在低收入水平的樣本中，捐款頻率越高者，捐款金額也相對越高；反之則反。

　　當樣本屬於中度收入水平時，其捐款頻率（M = 4.09，SD = 0.921）及捐款金額（M = 3.36，SD = 1.465）在三組當中都屬中等。從散佈圖

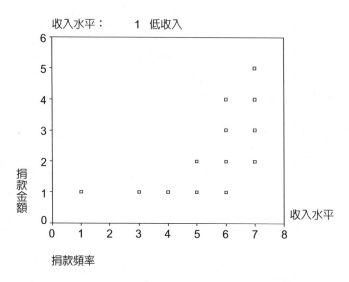

圖13-9 低收入者捐款頻率與捐款金額之散佈圖

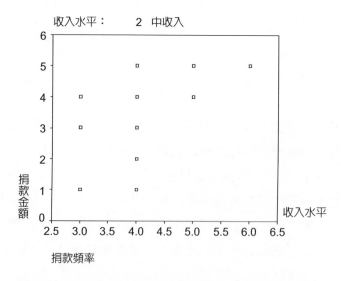

圖13-10 中收入者捐款頻率與捐款金額之散佈圖

上看，兩變項也是呈45度角（即從左下往右上）直線分布的趨勢（見**圖 13-10**）。皮爾遜相關係數爲0.539（$p < 0.05$），顯示兩變項間也具顯著正相關。換言之，在中度收入水平的樣本中，捐款頻率越高者，捐款金額也相對越高；反之則反。

當樣本屬於高收入水平時，其捐款頻率較低（$M = 2.25$，$SD = 1.189$），但捐款金額卻較高（$M = 3.42$，$SD = 1.283$）。從散佈圖上看，兩變項間的直線趨勢並不明顯（如**圖13-11**），皮爾遜相關係數（$r = 0.1$，$p = 0.643$）也顯示兩變項間不具顯著關係。雖然在高收入水平的樣本中，捐款頻率與金額之間並無顯著關係，但兩變項之間的關係仍屬正向關聯。

總之，在不同收入水平的樣本中都發現捐款頻率與捐款金額之間具正向關係。這種正向的關係在中、低收入水平的樣本中更達到統計上顯著的程度。因此，這兩個變項的眞正關係應該比較接近於淨相關所顯示的0.4319（$p < 0.001$），而非皮爾遜相關所顯示的0.076（$p = 0.533$）。這

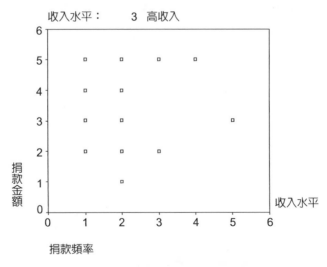

圖13-11　高收入者捐款頻率與捐款金額之散佈圖

個例子說明，淨相關係數比皮爾遜相關係數更能準確描述變項間的眞實關係。

三、控制變項的選擇

　　既然淨相關的目的是協助排除變項關係中的虛假關係，如何愼選第三因來進行統計控制就成爲研究者使用淨相關時極爲重要的事項。如果研究者納入太少的控制變項而遺漏掉重要的第三因，則淨相關分析的結果仍然會出現虛假關係。如果研究者納入太多的控制變項，則有可能造成過度的控制而低估了變項間眞實的關係。究竟在淨相關分析當中要控制多少的第三因才屬適當，答案恐怕見仁見智。控制變項的數量會因研究問題及研究設計的不同而不同。最重要的原則是，每個被列入控制的變項是否都有明確充分的理由。

　　所謂明確充分的理由，指的是研究者在納入每一個控制變項時，心中是否清楚知道選擇這些控制變項的學理基礎或應用價值爲何？除非確信所選的第三因與主要變項有某種關聯，否則隨意選擇不相干的變項來當做控制變項，這種做法都會對分析的結果造成衝擊。在淨相關分析當中，研究者需要思考的不是該納入多少個控制變項，而是納入這些變項之後有沒有意義？

Chapter 14

迴歸分析

　　迴歸分析與相關分析相同，都是屬於用來了解變項間線性關係的方法。所不同的是，相關分析在勾勒兩變項間的線性關係時，並未清楚界定兩變項間的因果方向。換言之，在相關分析中任何兩個變項間的關係都屬對稱性的關係，分不清何者是因，何者是果。因此，當兩個變項間被發現有顯著關係時，它可能代表著變項X影響了變項Y，也可能代表變項Y影響了變項X，或可能代表變項X及Y同時受到第三變項的影響。相反地，在迴歸分析中變項關係屬於非對稱的關係，彼此間有特定的因果方向性。也就是說，在呈現變項間的線性關係時，迴歸分析會清楚交代何者屬於自變項，又何者屬於依變項。因此從迴歸分析的結果，研究者可以看出哪些變項是造成影響的來源，又哪些變項是被影響的對象，其中不會有模糊的空間。

第一節　統計原理與基本概念

一、應用時機

　　由於迴歸分析有能力處理變項間的因果關係，因此經常被應用在三類用途上。首先，它可用來幫研究者找出具有顯著影響力的自變項。在真實生活中，幾乎所有現象都是多因所造成，而找出這些現象的主要影響源也一直是研究者及家長關注的焦點。例如，關心學童成績的家長，一定很想知道造成學童成績退步的原因是什麼？在大學任課的老師，一定也很想知道大學生作弊或翹課的原因為何？只要將所有可能的影響源納入迴歸分析來預測依變項，研究者就可以從結果看出哪些自變項會顯著影響依變項，而哪些自變項不會影響依變項。這些具顯著影響的自變項就是造成依變項變化的主要原因。只要能找出原因之所在，許多問題便能對症下藥。

　　其次，迴歸分析還可用來幫研究者看出個別自變項對依變項的影響幅度。迴歸分析除了能找出具有顯著影響力的自變項外，藉由變異量的概念，它還能計算出全部自變項對依變項的集體解釋能力，以及單一自變項對依變項的個別解釋能力。從解釋的變異量大小，研究者便可以準確比較出哪些自變項的影響力較強，又哪些自變項的影響力較弱。從整個迴歸模式的解釋能力高低，研究者也可以研判研究架構中是否還遺漏掉某些重要的因素。

　　再者，迴歸分析還可用來幫研究者找出自、依變項間關係的線性規則。一旦能找出這個線性規則，就可以針對其他樣本來進行變項間的預測。預測時，只要知道某個樣本在自變項上的狀態，便可根據這個規則推估出該樣本在依變項上可能的狀態。要用迴歸分析來進行變項間的預測，研究者必須從現有樣本的資料先找出自、依變項間的線性關係；再根據這個線性關係，將任何新樣本的自變項狀態代入該線性公式中，便可以推論出其依變項的狀態。例如，高中老師若想針對班上應屆考生模擬考成績來進行聯考的落點分析，必須先根據過去畢業生的模擬考成績與聯考成績找出兩者的線性關係。一旦取得這種線性關係後，再將每位應屆考生的模擬考成績代入公式後算出各自的聯考成績。

二、統計前提

　　使用迴歸分析時，研究者必須確保資料合乎幾項統計前提，以避免分析結果發生偏誤（Berry, 1993；邱浩政，2002）。首先，在迴歸模式中，自變項的測量性質可以是二項式（dichotomous）或連續數量（continuous & quantitative）的形式，而依變項則必須是連續數量的形式。換言之，如果一筆資料想要採用迴歸分析來處理，其自變項或依變項最好都是採用等距或比例尺度所測量。如果自變項是以類目尺度所測量，那也應該要合乎二分的特質（例如，性別只分男女）。這樣的形式

要求，主要在確保迴歸分析的結果能被有意義的解讀。當自變項或依變項不具數量的形式時，線性迴歸模式便無法有效說明自、依變項間的關係及其意義。這時研究者可以考慮將自變項轉換成虛擬變項的形式後再行分析，或改採其他模式（如邏輯迴歸）來分析資料。

其次，在迴歸模式中，研究者必須確定所分析的自、依變項之間具有線性關係存在。此項前提要求與迴歸分析採線性模式來描述變項關係有關。如果自、依變項間的關係在本質上並非線性趨勢（例如，S型、U字型或倒U字型），採用線性迴歸模式所分析的結果不僅會出現較大的誤差外，還可能嚴重低估了變項間原有的關係。因此，當變項間的分布狀態不具直線趨勢時，要描述變項間的關係，較正確的做法是先將原變項數據予以轉換成線性關係之後再進行迴歸分析，否則應改採曲線迴歸模式來處理。

第三，在迴歸模式中，所有自變項都必須具備某種程度的變異，不能在特質上毫無變化。換言之，如果全部樣本在某個自變項上都回答相同答案（如在性別上全部是男生，在態度上全都表贊成），則這樣的自變項不應再納入迴歸模式來分析。這樣的前提要求，主要是為了避免迴歸模式中出現冗贅或與依變項毫不相干的變數。假如某個自變項的答案沒有任何變異，則它與依變項之間必然不會有任何關聯。這時如果還將該自變項納入分析，不僅無助於整個模式對依變項的解釋能力，還會讓模式顯得冗長笨重。

第四，在迴歸模式中，自變項之間必須避免出現高度相關。所謂高度相關，指的是兩自變項之間的相關程度高於0.8或0.9以上。當兩個自變項有高度相關時，代表這兩個自變項對於同一個依變項的解釋能力出現高度重疊。相關程度越高，重疊的程度也會越高。在這種情形下，加入多個自變項來預測依變項並無助於提升整個模式對依變項的解釋能力。相反地，自變項間的高度相關有時還會引發多重共線性（multicollinearity）的問題。一旦自變項間有多重共線性的問題時，就很

容易造成迴歸分析的結果出現嚴重異常的現象（例如，出現某些不具意義的數字，或是變項的關係向度與預期相反）。

第五，在迴歸模式中，每個自變項在預測依變項時所產生的誤差值應呈常態分布的型態，而且該誤差值的平均數應為零。這樣的要求，主要在確保迴歸分析中的自、依變項的觀察值都能呈常態分布。當資料分布合乎常態時，迴歸分析結果的統計推論能力也就越精確。而根據中央極限定律（central limit theorem）所示，只要觀察樣本的數量越大，變項資料的分布就會越趨近於常態。因此，對於想要使用迴歸分析的人而言，宜針對較大規模的樣本來蒐集資料。

第六，在迴歸模式中，每個自變項在預測依變項時所產生的誤差值必須具備等分散性（homoscedasticity）的特質。也就是說，自變項在不同水準下來預測依變項時，其誤差值應是相同的，不應隨自變項的水準不同而有不同。這樣的前提要求，主要在確保迴歸分析能保有較佳的統計檢定能力。通常當變項資料中出現有極端值，或變項間的關係為非線性時，預測時的誤差值就有可能發生分散性不均等（heteroscedasticity）的現象。要減少發生此類分散性不均等的問題，研究者應在抽樣時謹守隨機的原則，並確保資料結構合乎常態分布。

第七，在迴歸模式中，不同自變項在預測依變項時所產生的誤差值之間必須是相互獨立的，不能有密切相關。換言之，任何兩自變項的誤差值必須不具自我相關（lack of autocorrelation）的特質。一旦誤差值出現高度自我相關時，迴歸分析的統計檢定力會較低，因而不易得到顯著的檢定結果。想要減少誤差值自我相關的程度，研究者在執行施測的過程中必須努力達成「獨立作答」的原則，讓受訪者在回答每一題時都不受其他人或其他題目的影響。

社會統計與資料分析

三、簡單迴歸與複迴歸

　　如果依迴歸模式所涉及的自變項數量來分，可將迴歸分析劃分成簡單迴歸（simple regression）及複迴歸（multiple regression）兩大類。**簡單迴歸**適用於以一個自變項來預測一個依變項的問題。例如，以學童每週看電視的時數來預測其課業成績高低，或是以一個人的體重來預測其食量大小，都是屬於簡單迴歸所能回答的問題。如果問題涉及到多個自變項預測一個依變項時，就必須使用複迴歸（亦稱多元迴歸）來處理。例如，以學童智商、每日讀書時數、每週看電視時數等來預測學童課業成績的高低，或是以一個人的性別、體重、身體意象等來預測其食量大小，就屬於複迴歸所能回答的問題。

　　複迴歸分析所不同於簡單迴歸的地方在於，它在檢定任何一個自變項的影響時，會同時考慮到其他自變項的影響。迴歸模式中有沒有納入其他自變項來進行控制，對於分析結果會有某種程度的影響。當模式中只有一個自變項X1來預測依變項Y時，所有可以解釋依變項變異的來源只有自變項X1。但是如果原模式中再加入另一自變項X2來同步預測Y時，這時可以解釋依變項變異的來源就有兩個。除非這兩個自變項之間毫無關係，否則加入自變項X2之後，它會瓜分掉一部分原屬於自變項X1的解釋力。當加入的其他自變項數量越多，所可能瓜分走的解釋力也會越多。這也是為什麼任何一個自變項的解釋能力，在複迴歸模式下所顯示的結果會比在簡單迴歸模式中更為保守（即迴歸係數較低）。因為出現虛假關係的可能性降低了，採複迴歸分析所得的結果，自然更貼近於自、依變項間的真實關係。

　　無論是簡單迴歸或是複迴歸，迴歸分析都會以某種線性方程式來表現自變項與依變項之間的關係。例如，當迴歸模式中只有一個自變項X，一個依變項Y，則用來代表這兩個變項關係的線性方程式將會是：$Y = a + bX$。如果模式中有n個自變項（X1、X2……Xn），以及一個依變項Y，

則用來代表這些自、依變項關係的線性方程式將會是：$Y = a + b1X1 + b2X2 + \cdots + bnXn$。其中，a稱爲**截距**（intercept），指的是當所有X的值爲0時，全部樣本在Y的平均值；換言之，如果將這個方程式以一條迴歸線來表示的話，這條迴歸線與Y軸交集的地方就是截距。至於b1、b2……bn等則稱爲**斜率**（slope），指的是變項Y與變項X的值共變的幅度。換句話說，如果斜率爲2，那就表示每當自變項X的值增加或減少一個單位時，依變項Y的值也會隨之增加或減少2個單位。

四、最小平方和原則

如果以圖像來呈現，$Y = a + bX$的線性方程式所代表的是一條能充分反映自、依變項關係的直線。既然迴歸分析用這條迴歸線來代表自、依變項的關係，那這條迴歸線是如何找出來的？又讀者如何相信這條迴歸線比其他直線更具代表性呢？如果讀者想嘗試從所有資料點中找出一條具代表性的迴歸線時，可能會發現有無限多條直線會穿過這些點，而每一條的截距與斜率卻都不同。究竟哪一條直線才是讀者該採用來代表這些資料點的呢？針對這個問題，迴歸分析所採用的標準就是依照最小平方和的原則（least squares criterion）來選擇迴歸線。所謂**最小平方和原則**，指的是只要哪一條直線與所有資料點的差距平方和爲最小，該線即爲代表這些點的迴歸線。

以最小平方和的原則來選擇迴歸線，可以讓自變項在對依變項進行預測時，所產生的誤差總量最小。這裡的誤差，指的是以這條迴歸線來預測依變項時所得的值與依變項實際上觀察到的值之間的差距。任何預測都會有誤差存在，但誤差越小，代表自變項對依變項的預測能力越佳，也說明這條迴歸線足以精確描述出自、依變項間的關係。

第二節　迴歸之執行與解讀

一、迴歸分析流程

(一)探索資料流程

要透過迴歸分析來處理資料，完整的流程包含四個階段：(1)探索資料結構；(2)建立迴歸模式；(3)模式的診斷與修正；(4)模式的確認與解釋。在探索資料結構的階段中，研究者首要的任務是判斷該資料是否適用迴歸分析。如果自變項及依變項都不具數量的性質，而是類目尺度性質，或是自、依變項之間明顯不具線性關係，可以在這個階段選擇放棄使用迴歸分析。

(二)建立迴歸模式

如果資料結構適合採用迴歸分析，那接下來就要嘗試建立適當的分析模式。在這個階段中，研究者必須先思考要將哪些變項選入所要檢測的模式中，同時也要決定這些變項的因果方向（即哪些變項屬自變項，又哪些變項屬依變項）。選擇自變項時，研究者應避免漏掉任何與依變項可能有關的因素，同時也要避免納入無關的因素。一旦決定好想納入分析的變項之後，研究者可以選擇用同步輸入（如強制進入法）或非同步輸入（如逐步分析法）的方式來將所有自變項納入到模式中，並據此取得各項迴歸係數。

(三)模式診斷與修正

根據上述模式分析所得的結果只是初步概況的推估，最後的結論還須仰賴研究者針對模式進行診斷及修正後才算完成。在模式診斷及修正的階段中，研究者必須考慮的是：選用的迴歸模式是否具有令人滿意的

解釋力？模式中的個別自變項是否具有令人滿意的解釋力？分析的結果是否顯示資料結構可能違反統計檢定時部分前提的要求？一旦出現上述的問題，研究者可以選擇對原有模式進行修正（如加入或移除部分自變項，或對原變項數據進行數學轉換），直到整個狀況有明顯改善。

(四)模式解釋與確認

等研究者找出最佳的模式後，便可根據該模式的分析結果來進行解釋。在解釋分析結果的階段中，研究者首先應注意兩個部分的數據：(1)是用來描述整個迴歸模式預測能力的檢定值（即R^2及其對應的F Ratio）；(2)是用來描述模式中個別自變項預測能力的檢定值（即迴歸係數B或Beta及其對應的t Ratio）。前者可用來判斷整個迴歸模式對依變項所解釋的變異量是否明顯不等於0；而後者則用來判斷個別自變項對依變項所解釋的變異量是否明顯不等於0。這裡的F檢定與變異數分析類似，屬於一種對整體模式的檢定。當結果發現整體模式不具顯著預測能力時，研究者無須再進一步執行個別變項預測能力的檢定（因為個別變項也同樣不具顯著的預測能力）。

在解釋個別自變項的預測能力時，還需釐清未標準化係數（B）與標準化係數（Beta）的意義。B又稱為**原始迴歸係數**，是由變項原始分數所計算出的斜率，其大小會受原始分數測量單位的大小所影響。也因為如此，從B值的大小並無法比較出不同自變項的影響力大小。**Beta**又稱為**標準化迴歸係數**，是由X與Y所化成的Z分數所計算出的斜率，其大小會介於正負1之間。由於這個係數在各自變項上所呈現的單位是一樣的，故可從其大小看出各變項間的相對影響力。

二、簡單迴歸分析

(一)操作步驟

所謂簡單迴歸（simple regression），指的是迴歸模式中只有一個自變項與一個依變項。要執行簡單迴歸分析，可以從資料編輯視窗上選擇**分析**、**迴歸方法**（Regression）與**線性**（Linear）。等畫面進入到**線性迴歸**（Linear Regression）的對話視窗後，將自變項選入**自變數**（Independents）方框內，將依變項選入**依變數**（Dependent）方框內，然後在**方法**（Methods）處選擇**強迫進入變數法**（Enter），接著點選下端的**統計量**（Statistics），並勾選其中迴歸係數的**估計值**、**R平方改變量**、**模式適合度**及**描述性統計量**。最後按**確定**。

(二)案例示範

以檔案**簡單迴歸1.sav**為例，其中有80位學生的年齡與零用金的資料。如果想了解這些學生的年齡大小是否影響其零用金多寡，就可以使用簡單迴歸來回答。根據上述操作步驟來執行（如**圖14-1**）即獲得**表14-2**的結果。從表中的模式摘要（model summary）可看出，樣本年齡與零用金之間的相關（R）為0.867，決定係數（R Square）為0.751，顯示自變項（年齡）可以解釋依變項（零用金）75.1%的變異量。變異數分析的結果也發現自變項的解釋能力已明顯不等於0，$F_{(1, 78)} = 235.228$，

表14-1　簡單迴歸分析之操作步驟

步驟一：在SPSS資料編輯程式中開啟資料檔案。
步驟二：點選**分析**→**迴歸方法**→**線性**。
步驟三：在**線性迴歸**對話視窗中，將自變項選入**自變數**空格，將依變項選入**依變數**，並在**方法**處選擇**強迫進入變數法**。
步驟四：點選**統計量**，並勾選其中迴歸係數下的**估計值**、**R平方改變量**、**模式適合度**、**描述性統計量**，再按**確定**。

圖14-1　簡單迴歸之操作

p < .001。換言之，學生年齡對其零用金的解釋能力已經達到統計上不可忽視的程度。如果一個自變項能解釋依變項100%的變異，那表示從自變項的變化就可以完全準確預測出依變項的變化。決定係數越高，代表自變項對依變項的預測能力越高，也代表這兩變項間的線性關係越緊密。

其次，在係數（coefficients）的表格中，可以看到常數（constant）所對應的B之估計值是-1735.106，而年齡所對應的B之估計值是175.115。這兩個數據都屬於非標準化的迴歸係數（unstandardized coefficient），其大小受制於各變項原測量單位的大小。前者（常數的估計值）代表的是迴歸模式中的截距，而後者（年齡的估計值）則代表模式中的斜率。根據這兩個數據便可得出年齡與零用金的線性關係如下：

零用金＝ -1,735.106＋175.115（年齡）

在這個公式中，截距（-1,735.106）代表當全部樣本年齡為0時的平

表14-2　簡單迴歸分析之結果

模式摘要

模式	R	R平方	調過後的R平方	估計的標準誤
1	.867[a]	.751	.748	466.976

a.預測變數：（常數）、年齡。

變異數分析[b]

模式		平方和	自由度	平均平方和	F 檢定	顯著性
1	迴歸	51295366	1	51295365.9	235.228	.000[a]
	殘差	17009183	78	218066.447		
	總和	68304549	79			

a.預測變數：（常數）、年齡。
b.依變數：零用金。

係數[a]

模式		未標準化係數		標準化係數	t	顯著性
		B之估計值	標準誤	Beta分配		
1	（常數）	-1735.106	191.370		-9.067	.000
	年齡	175.115	11.418	.867	15.337	.000

a.依變數：零用金。

均零用金數量；而斜率175.115則代表當學生的年齡每增加一歲時，其零用金平均就會增加175.115元。因此運用這個公式，讀者只要知道某個學生的年齡後，就可以估算出其零用金有多少。

　　表中的Beta係數屬於標準化迴歸係數（standardized coefficient），其大小會介於正負1之間。Beta係數若是正向，代表自變項與依變項的關係是正相關；Beta係數若是負向，則代表變項間的關係是負相關。係數的絕對值越大，表示變項間的線性關係越密切。這裡年齡所對應的Beta值是0.867，說明年齡與零用錢的關係是正相關。換言之，樣本的零用金會隨其年齡的增加而變多。針對該Beta值進行t檢定的結果發現，t = 15.337，p < .001，顯示年齡與零用錢之間的正相關已達統計上顯著的程度。在簡單迴歸的模式中，因為未考慮與其他自變項的關係，因此其分

析結果與皮爾遜相關分析相同。亦即，簡單迴歸模式中的R值或Beta值會等於相關分析中的 r 值。

三、複迴歸分析

複迴歸（multiple regression）又稱為多元迴歸，其模式中會包含兩個或更多個自變項與一個依變項。因為模式中要處理兩個以上的自變項，因此分析之前研究者必須思考如何選入這些自變項。根據迴歸模式處理自變項的時序與數量不同，複迴歸的分析方法可分為兩大類：(1)同步分析模式；(2)非同步分析模式。採同步分析模式來執行複迴歸時，研究者所指定的所有自變項都會在同一時間內被納入模式來分析。採非同步分析模式來執行複迴歸時，研究者則會根據某些標準將自變項分批逐次納入模式中來分析。

(一)同步分析模式

同步分析模式允許研究者在一個分析步驟中處理多個自變項；因此，採用這種模式時，只要透過一個迴歸模式就可分析所有自變項對依變項的影響。只要研究者有充分理由相信研究架構中的各個自變項都有可能影響依變項，而且這些影響並無時間先後之分，就可採同步分析模式來處理資料。在同步分析模式下，有兩種方法可以用來執行複迴歸：(1)強迫進入變數法；(2)刪除法。

■強迫進入變數法

所謂強迫進入變數法（enter），指的是迴歸分析在選取自變項時，會將研究者所指定的所有自變項同步選入到一個模式中來分析。不管這些自變項是否與依變項有顯著關係，每個自變項的迴歸係數都會出現在這個模式中。採用這種模式的優點是，研究者可以全面掌握每個自變項與依變項的關係，不僅知道何者對依變項有顯著影響，也知道何者不具

影響。

　　在SPSS的操作環境中，要執行強迫進入變數法的複迴歸分析，其操作程序大致與簡單迴歸分析相似（如**表14-3**）。唯一不同之處在於選擇`自變數`（Independents）時，複迴歸模式應選的自變項數量不只一個，而是多個。研究者除了將全部自變項及依變項分別選入`自變數`及`依變數`的方框內，還要在`方法`（Methods）處選擇`強迫進入變數法`（Enter）。然後點選下端的`統計量`（Statistics），並勾選其中迴歸係數的`估計值`、`模式適合度`、`共線性診斷`及`描述性統計量`。最後，按`確定`。

　　以檔案`複迴歸1.sav`為例，這裡有80位學生的年齡、性別、家長收入與零用金的資料。如果研究者想知道學生的零用金多寡是否受其他三個變項所影響，就可以採用強迫進入變數法的複迴歸。根據上述操作步驟來執行，可以獲得下列的統計報表（如**表14-4**）。模式摘要表格上的結果顯示，這三個自變項與零用金之間的多重相關（R）為0.899，決定係數（R Square）為0.808，顯示這三個自變項可共同解釋零用金80.8%的變異量。變異數分析的F檢定也發現這個迴歸模式的解釋能力已達統計不可忽視的程度（即明顯不等於0），$F_{(3, 76)} = 106.414$，$p < .001$。相較於前面的簡單迴歸模式，複迴歸模式對依變項的解釋能力相對變高。當模式中只有年齡一個自變項來預測零用金時，其決定係數為0.751。可是當模式中再加入性別與家長收入等自變項後，其決定係數便由原先的0.751升為0.808。這增加出來的解釋能力正是來自性別與家長收入對零用金的影響。

表14-3　採強迫進入變數法之複迴歸分析操作步驟

步驟一：在SPSS資料編輯程式中開啓資料檔案。
步驟二：點選`分析`→`迴歸方法`→`線性`。
步驟三：在`線性迴歸`對話視窗中，將全部自變項選入`自變數`空格，將依變項選入`依變數`，並在`方法`處選擇`強迫進入變數法`。
步驟四：點選`統計量`，並勾選其中迴歸係數下的`估計值`、`模式適合度`、`共線性診斷`、`描述性統計量`，再按`確定`。

表14-4　採強迫進入變數法之複迴歸分析結果

模式摘要

模式	R	R平方	調過後的R平方	估計的標準誤
1	.899[a]	.808	.800	415.712

a.預測變數：（常數）、家長收入、性別、年齡。

變異數分析[b]

模式		平方和	自由度	平均平方和	F 檢定	顯著性
1	迴歸	55170504	3	18390167.8	106.414	.000[a]
	殘差	13134045	76	172816.384		
	總和	68304549	79			

a.預測變數：（常數）、家長收入、性別、年齡。
b.依變數：零用金。

係數[a]

模式		未標準化係數		標準化係數	t	顯著性
		B之估計值	標準誤	Beta分配		
1	（常數）	-1993.249	247.713		-8.047	.000
	年齡	172.584	10.179	.854	16.955	.000
	性別	-143.633	93.027	-.078	-1.544	.127
	家長收入	254.716	57.177	.224	4.455	.000

a.依變數：零用金。

　　從係數的表格中得知，常數（constant）對應的B值是-1,993.249、年齡的B值是172.584、性別的B值是-143.633、家長收入的B值是254.716。因此，自、依變項間的關係可用下列的線性方程式來表示：

$$零用金＝-1,993.249＋172.584（年齡）－143.633（性別）＋254.716（家長收入）$$

　　從這個公式的常數B之估計值可推知，當各自變項的值皆為0時，樣本的平均零用金為-1,993.249；當其他自變項維持不變的情況下，樣本年齡每增加一歲時，其零用金平均就會增加172.584元；女生比男生的零用

金平均少143.633元；家長收入每增加一個測量單位時，學生零用金隨之增加254.716元。運用這個公式，讀者只要知道某個學生的年齡、性別及家長收入後，就可以估算出其零用金會有多少。

■ 刪除法

　　刪除法（remove）是將研究者所指定的自變項從原迴歸模式中強制移除的方法。這種方法可作爲強迫進入變數法的輔助延伸模式。對於採強迫進入變數法來分析資料的研究者而言，可能會發現最後的迴歸模式中，並非全部的自變項都與依變項有顯著關係。這時，如果研究者想要將部分無顯著關係的自變項從模式中移除，就可以採用刪除法。在刪除法中，被指定的自變項會被強制移除，而其餘未被指定的自變項會被保留在原模式中。採用這種模式的優點是，研究者可以針對先前模式分析的結果來自行重新調整迴歸模式，然後再將前後兩種模式的分析結果進行比對。

　　在SPSS的操作環境中，要執行刪除法之前，必須確定迴歸模式中已經有若干自變項存在。因此，本段接續前面強迫進入變數法的例子來練習刪除法的操作。在前面複迴歸1.sav的例子當中，整個迴歸模式顯示年齡與家長收入對零用金有顯著影響，而性別的影響卻不明顯。這時如果將性別從原模式中移除，整個迴歸模式會產生何種改變呢？爲了回答這個問題，分析時可先使用強迫進入變數法之後，再輔以移除法。首先，

表14-5　採刪除法之複迴歸分析操作步驟

步驟一：在SPSS資料編輯程式中開啓資料檔案。
步驟二：點選分析 →迴歸方法 →線性。
步驟三：在線性迴歸對話視窗中，將全部自變項選入自變數空格，將依變項選入依變數，並在方法處選擇強迫進入變數法，然後在區塊1/1處點選下一個。
步驟四：將想要移除的自變項選入自變數空格，並在方法處選擇刪除法。
步驟五：點選統計量，並勾選其中迴歸係數下的估計值、模式適合度、R平方改變量、共線性診斷、描述性統計量，再按確定。

將該檔案中全部三個自變項及依變項分別選入**自變數**及**依變數**的方框內，並在**方法**（Methods）處選擇**強迫進入變數法**（Enter），然後在**區塊1/1**（Block 1/1）處點選**下一個**（Next）。其次，再將性別選入到**自變數**的空格內，並在**方法**（Methods）處選擇**刪除法**（Remove）。其次，點選下端的**統計量**（Statistics），並勾選其中迴歸係數的**估計值**、**模式適合度**、**R平方改變量**、**共線性診斷**及**描述性統計量**。最後按**確定**。

採刪除法的分析結果（如**表14-6**）顯示，當性別從原模式（即模式摘要中的模式1）被移除之後，新模式（即模式摘要中的模式2）的多重相關（R）由原先的0.899降為0.895，決定係數（R Square）則由原先的0.808降為0.802。這種數字上的變化說明，當不考慮性別因素的影響之後，年齡及家長收入這兩個自變項仍可解釋零用金80.2%的變異。雖然新模式的決定係數不如舊模式高，但新模式的整體解釋能力卻相對較舊模式為佳，F（2，77）= 155.633，p < .001。從個別變項的解釋能力而言，新模式也較舊模式為佳。例如，年齡的Beta值由原先的0.854變為0.856，而家長收入的Beta值也由原先的0.224變為0.225。

無論是採強迫進入變數法，或是刪除法，同步分析模式的複迴歸可以在每一個分析步驟中同時處理（包括選入或移除）多個自變項。正因為它具備了同步處理多個自變項的特性，研究者只要結合數個同步分析模式便可以構成一次的階層迴歸分析（hierarchical regression）。所謂的**階層迴歸**，指的是將所有自變項區分成不同層次的區塊（block）後，再將不同區塊的自變項依序逐一納入模式中來分析的一種方法。這種方法可以讓研究者了解，不同區塊的自變項是否具備不同程度的影響力。

要執行階層迴歸之前，研究者必須將所有自變項依性質分成不同區塊。分類後的各區塊所包含的自變項數量可以不等，但屬性卻要相同。例如，性別、年齡、收入或教育程度等人口學變項可以歸為一個區塊，而與媒體使用相關的變項可歸為另一個區塊。分析前，研究者必須依據理論基礎或文獻來將不同區塊排定輸入的時序。一旦排定順序，研究者

表14-6　採刪除法之複迴歸分析結果

模式摘要

模式	R	R平方	調過後的R平方	估計的標準誤
1	.899[a]	.808	.800	415.712
2	.895[b]	.802	.797	419.431

a.預測變數：（常數）、家長收入、性別、年齡。
b.預測變數：（常數）、家長收入、年齡。

變異數分析[c]

模式		平方和	自由度	平均平方和	F 檢定	顯著性
1	迴歸	55170504	3	18390167.8	106.414	.000[a]
	殘差	13134045	76	172816.384		
	總和	68304549	79			
2	迴歸	54758526	2	27379263.2	155.633	.000[b]
	殘差	13546022	77	175922.369		
	總和	68304549	79			

a.預測變數：（常數）、家長收入、性別、年齡。
b.預測變數：（常數）、家長收入、年齡。
c.依變數：零用金。

係數[a]

模式		未標準化係數		標準化係數	t	顯著性
		B之估計值	標準誤	Beta分配		
1	（常數）	-1993.249	247.713		-8.047	.000
	年齡	172.584	10.179	.854	16.955	.000
	性別	-143.633	93.027	-.078	-1.544	.127
	家長收入	254.716	57.177	.224	4.455	.000
2	（常數）	-2215.934	203.197		-10.905	.000
	年齡	172.992	10.266	.856	16.850	.000
	家長收入	255.930	57.683	.225	4.437	.000

a.依變數：零用金。

就可以透過強迫進入變數法的方式來分批將各區塊的自變項選入到模式中來分析。假如全部自變項被分成三個區塊，則完整的階層迴歸會包含三個同步分析模式。在第一個模式中，只選入第一個區塊的自變項來預

測依變項;在第二個模式中,則選入第一及第二區塊的自變項來預測依變項;在第三個模式中,則將全部三個區塊的自變項都選入。

(二)非同步分析模式

在**非同步分析模式**中,所有自變項並非一次全部被選入模式中來分析,而是依照各自變項解釋能力的大小逐一被分析。由於這類模式每步只能檢視一個自變項,因此採用這種模式時,必須透過數個迴歸模式才能得知每個自變項對依變項的影響。藉由不同模式結果的比對,研究者可以得知各自變項對依變項的相對解釋能力。如果研究者沒有足夠的理論基礎來判斷模式中應該選入哪些自變項,或是無法決定這些自變項該用何種順序來輸入時,就可以選擇以非同步分析模式來處理資料。在非同步分析模式下,有三種方法可以用來執行複迴歸:(1)向前選擇法;(2)向後消去法;(3)逐步迴歸分析法。

■向前選擇法

在**向前選擇法**(Forward)中,所有自變項必須逐一分批被選入模式,而選入的先後順序則取決於其解釋能力的大小。對依變項有最大解釋能力,且達統計顯著水準的自變項會最優先被選入模式。其次,再選入具第二大解釋能力,且達統計顯著水準的自變項。這種選入方式會持續到所有具顯著解釋能力的自變項都被選入模式為止。選擇此類模式來分析資料的優點是,任何不具顯著解釋能力的自變項,在變項選擇過程中會自動被過濾掉。最後留在迴歸模式中的自變項都對依變項有顯著的解釋能力。要在SPSS的環境中執行向前選擇法,其操作步驟可參考**表14-7**。

同樣以**複迴歸1.sav**的資料為例,採向前選擇法的迴歸分析結果如**表14-8**。在三個自變項中,年齡優先被選入模式(如模式1),顯示它對零用金具有顯著且最強的影響(Beta = .867,p < .001)。家長收入接著被選入模式(如模式2),代表它對零用金具有顯著且次強的影響(Beta =

表14-7 採向前選擇法之迴歸分析操作步驟

步驟一：在SPSS資料編輯程式中開啓資料檔案。
步驟二：點選 分析 → 迴歸方法 → 線性 。
步驟三：在 線性迴歸 對話視窗中，將全部自變項選入 自變數 空格，將依變項選入 依變數 ，並在 方法 處選擇 向前選擇法 。
步驟四：點選 統計量 ，並勾選迴歸係數下的 估計值 、 模式適合度 、 R平方改變量 、 共線性診斷 、 描述性統計量 ，再按 確定 。

表14-8 採向前選擇法之複迴歸分析結果

係數[a]

模式		未標準化係數		標準化係數	t	顯著性
		B之估計值	標準誤	Beta分配		
1	（常數）	-1735.106	191.370		-9.067	.000
	年齡	175.115	11.418	.867	15.337	.000
2	（常數）	-2215.934	203.197		-10.905	.000
	年齡	172.992	10.266	.856	16.850	.000
	家長收入	255.930	57.683	.225	4.437	.000

a.依變數：零用金。

排除的變數[c]

模式		Beta 進	t	顯著性	偏相關	共線性統計量
						允差
1	性別	-.081[a]	-1.439	.154	-.162	.999
	家長收入	.225[a]	4.437	.000	.451	.998
2	性別	-.078[b]	-1.544	.127	-.174	.999

a.模式中的預測變數：（常數）、年齡。
b.模式中的預測變數：（常數）、年齡、家長收入。
c.依變數：零用金。

.225，p < .001）。整個迴歸分析選擇變項的過程至此結束，顯示全部三個自變項（性別、年齡、家長收入）當中，只有年齡及家長收入對於零用金有顯著影響。至於性別，因為對零用金的影響未達顯著程度而被排除在迴歸模式之外。

■向後消去法

　　向後消去法（backward）的原理恰好與向前選擇法相反。在向後消去法中，全部自變項必須先被選入模式，然後逐一分批從模式中被移除，而移除的先後順序則取決於其解釋能力的大小。對依變項最不具解釋能力，且未達統計顯著水準的自變項會最優先從模式中被移除。其次再移除解釋能力次弱，且未達統計顯著水準的自變項。這樣的步驟會持續到所有不具顯著解釋能力的自變項都被移除為止。使用此類模式來分析資料的優點與向前選擇法相同，那就是：最後的迴歸模式只保留住對依變項有顯著解釋能力的自變項。要在SPSS環境中執行向後消去法，其操作步驟可參考**表14-9**。

　　同樣以複迴歸1.sav的資料為例，採向後消去法的迴歸分析結果如**表14-10**。從結果可看出，向後消去法的分析順序與向前選擇法恰恰相反。在向後消去法中，模式中的自變項數量是逐次遞減，而在向前選擇法中，模式中的自變項數量則是逐次遞增。在**表14-8**的模式1當中，不管三個自變項與依變項的關係為何，分析的第一步會將全部自變項都選入。這個模式所要顯示的是尚未執行消去功能之前的模式狀態。當所有自變項被選入模式後，分析結果發現性別對零用金並不具有顯著的影響（Beta = -.078，p = .127）。因此，在第二個步驟中（如模式2），性別優先從模式中被移除，只留下年齡及家長收入這兩個自變項。整個迴歸分析至此停止，意味著全部三個自變項（性別、年齡、家長收入）當中，

表14-9　採向後消去法之迴歸操作步驟

步驟一：在SPSS資料編輯程式中開啟資料檔案。
步驟二：點選**分析** →**迴歸方法** →**線性**。
步驟三：在**線性迴歸**對話視窗中，將全部自變項選入**自變數**空格，將依變項選入**依變數**，並在**方法**處選擇**向後消去法**。
步驟四：點選**統計量**，並勾選迴歸係數下的**估計值**、**模式適合度**、**R平方改變量**、**共線性診斷**、**描述性統計量**，再按**確定**。

社會統計與資料分析

表14-10　採向後消去法之複迴歸分析結果

係數[a]

模式		未標準化係數		標準化係數	t	顯著性
		B之估計值	標準誤	Beta分配		
1	（常數）	-1993.249	247.713		-8.047	.000
	年齡	172.584	10.179	.854	16.955	.000
	性別	-143.633	93.027	-.078	-1.544	.127
	家長收入	254.716	57.177	.224	4.455	.000
2	（常數）	-2215.934	203.197		-10.905	.000
	年齡	172.992	10.266	.856	16.850	.000
	家長收入	255.930	57.683	.225	4.437	.000

a.依變數：零用金。

排除的變數[b]

模式		Beta 進	t	顯著性	偏相關	共線性統計量
						允差
2	性別	-.078[a]	-1.544	.127	-.174	.999

a.模式中的預測變數：（常數）、家長收入、年齡。
b.依變數：零用金。

只有性別對零用金不具顯著影響。至於年齡（Beta = .856，p < .001）及家長收入（Beta = .225，p < .001），因其影響達統計顯著程度而被保留在迴歸模式中。

■逐步迴歸分析法

　　逐步迴歸分析法（stepwise）在決定模式中的自變項時，結合了向前選擇法及向後消去法的特性。這種分析法會先採取向前選擇法的標準，從所有自變項中優先選入最具顯著解釋能力者。當模式中選入任一自變項時，逐步迴歸法就會採取向後消去法的原則再次檢視每個變項。一旦發現有任何自變項未達統計顯著水準，就會將它從模式中移除。根據這樣的原則反覆的檢視，直到模式中所有的自變項都達統計顯著水準為止。此類模式的優點是，當研究者欠缺明確的理論指引時，它能幫研究

者迅速找出一個最佳的迴歸模式組合。要在SPSS的環境中執行逐步迴歸分析法，研究者可參考**表14-11**的操作步驟。

同樣以 複迴歸1.sav 的資料為例，採逐步回歸分析法的結果列於**表14-12**。這個結果與採向前選擇法的迴歸分析相同（見**表14-8**）。在三

表14-11　逐步迴歸分析法之操作步驟

步驟一：在SPSS資料編輯程式中開啟資料檔案。
步驟二：點選 分析 → 迴歸方法 → 線性 。
步驟三：在 線性迴歸 對話視窗中，將全部自變項選入 自變數 空格，將依變項選入 依變 數 ，並在 方法 處選擇 逐步迴歸分析法 。
步驟四：點選 統計量 ，並勾選迴歸係數下的 估計值 、 模式適合度 、 R平方改變量 、 共線 性診斷 、 描述性統計量 ，再按 確定 。

表14-12　逐步迴歸分析法之結果

係數[a]

模式		未標準化係數		標準化係數	t	顯著性
		B之估計值	標準誤	Beta分配		
1	（常數）	-1735.106	191.370		-9.067	.000
	年齡	175.115	11.418	.867	15.337	.000
2	（常數）	-2215.934	203.197		-10.905	.000
	年齡	172.992	10.266	.856	16.850	.000
	家長收入	255.930	57.683	.225	4.437	.000

a.依變數：零用金。

排除的變數[c]

模式		Beta 進	t	顯著性	偏相關	共線性統計量
						允差
1	性別	-.081[a]	-1.439	.154	-.162	.999
	家長收入	.225[a]	4.437	.000	.451	.998
2	性別	-.078[b]	-1.544	.127	-.174	.999

a.模式中的預測變數：（常數）、年齡。
b.模式中的預測變數：（常數）、年齡、家長收入。
c.依變數：零用金。

個自變項中，年齡優先被選入模式（如模式1），顯示它對零用金具有顯著且最強的影響（Beta = .867，p < .001）。家長收入接著被選入模式（如模式2），代表它對零用金具有顯著且次強的影響（Beta = .225，p < .001）。整個迴歸分析選擇變項的過程至此結束，顯示全部三個自變項（性別、年齡、家長收入）當中，只有年齡及家長收入對於零用金有顯著影響。至於性別，則因無顯著影響而被排除在迴歸模式之外。

第三節　迴歸分析之注意事項

一、類目自變項之處理

在迴歸分析當中，如果自變項屬於二項式（dichotomous）的類目變項或以等距及比例尺度所測量（即資料具備數量屬性時），研究者在分析結果的解讀上並不會發生困難。但是當自變項非屬二項式的類目變項時（例如，籍貫、居住地區、職業、政黨傾向、宗教信仰等），迴歸分析的結果經常不易解讀。主要的原因是，迴歸分析是採線性模式來描述自、依變項的關係。在線性模式下，研究者可以清楚從報表中的未標準化迴歸係數（即斜率B）得知，當自變項每變化一個測量單位時，依變項會隨之變化多少個測量單位。可是，這樣的線性解讀方式在自變項的測量不具數量意義時便不適用。為了讓類目尺度的自變項也能納入迴歸模式來分析，同時確保分析結果具有意義，研究者可以考慮在分析前先將這些類目變項轉換成虛擬變項。

(一)虛擬變項的意義

既然稱之為**虛擬變項**（dummy variable），代表本質上它並不是真正的變項。它其實只是原始變項底下某個選項類別的替身。虛擬變項之所

以被創造出來，完全是因應統計分析上的需要。透過某種形式的資料轉換（recode），研究者可以針對變項的各個選項創造出對應的虛擬變項，並以狀態的有無來反映每位樣本的特質。原本在迴歸模式中無法分析的類目性質資料，經過這樣的虛擬變項轉換之後已經可以克服資料解讀上的問題。在迴歸模式中，這些虛擬變項會被視爲變異數分析中的組別變項（因子）一樣，用來進行樣本間的差異性比較。雖然都是採差異性的分析，迴歸分析與變異數分析仍有本質上的不同。例如，變異數分析所比較的是各組別兩兩之間的差異，而採虛擬變項的迴歸分析所比較的是某個基準組別跟其他各組之間的差異。兩種方法的差異之處，可參考**表14-13**。

(二)虛擬變項的設定

　　要設定虛擬變項，可遵循幾個原則。首先，虛擬變項的數量必須比原始變項的答案選項數量少1。如果原始變項中有三種選項，則需要創造出的虛擬變項數量爲二個；如果原始變項中有四種選項，則應創造出的虛擬變項數量爲三個，以此類推。其次，設定虛擬變項時，必須先確定每個虛擬變項所要代表的原始變項組別，並據以命名。由於虛擬變項的數量會比原始變項的選項數量少1，因此在設定的過程中會有一組選項會被遺漏掉。被遺漏掉的這組選項在分析時會自動成爲其他組選項比較的基準點。

表14-13　變異數分析與虛擬變項迴歸分析之差異

統計方法	比較組別之方式	範例（自變項有三組樣本）
1.變異數分析 （ANOVA）	各組間逐一相互比較	第1組 比 第2組 第1組 比 第3組 第2組 比 第3組
2.虛擬編碼之迴歸分析 （dummy coding）	可從各組中選出一組為基準來跟其他各組逐一比較	第1組 比 2，3組 第2組 比 1，3組 第3組 比 1，2組

　　以宗教信仰這個類目變項為例，假如它原始答案的選項包含三種不同的宗教信仰：(1)外來信仰；(2)本土信仰；(3)無信仰。根據上述「虛擬變項數量必須比原始變項選項少1」的原則，宗教信仰這個變項只需設定成兩個虛擬變項。至於哪兩種信仰應被設定為虛擬變項，又哪種信仰應被設為比較基準，則應該以設定後結果最能顯現出組別差異為首要考量。例如，當研究者有足夠的理由相信，比較有、無信仰組別更能看出樣本間的差異時，就可以把「無信仰」這組視為比較的基準，而將「外來信仰」及「本土信仰」設定成虛擬變項。

　　編碼時，研究者必須根據樣本是否具備虛擬變項的特質來將全部樣本分成兩類：(1)具虛擬變項特質者；(2)不具虛擬變項特質者。只要樣本具虛擬變項的特質，他們在虛擬變項上的編碼就會是1；如果不具虛擬變項特質，則編碼將會是0。以「外來信仰」這個虛擬變項為例，如果樣本信奉外來信仰（即原始編碼為1者），在虛擬變項上的編碼仍會是1，而其他樣本（包括本土信仰者及無信仰者）的編碼是0。同理，在「本土信仰」這個虛擬變項上，具本土信仰者（即原始編碼為2者）的編碼是1，而其他樣本（包括外來信仰及無信仰者）的編碼則是0。

　　以下以一個具體的例子來說明虛擬變項之設定。檔案虛擬變項.sav中為在宗教信仰及墮胎態度上的資料，樣本數18。其中，樣本的宗教信仰有三類：(1)本土信仰；(2)外來信仰；(3)無信仰。針對這樣的資料，如果研究者想透過迴歸模式來分析宗教信仰對墮胎態度的影響，就必須先將屬於類目尺度的宗教信仰轉換成虛擬變項的格式。由於宗教信仰變項

表14-14　原始變項與虛擬變項之編碼方式

原始變項名稱	虛擬變項名稱		
宗教信仰（編碼）	外來信仰（編碼）	本土信仰（編碼）	無信仰（編碼）
外來信仰（1）	是（1）	否（0）	否（0）
本土信仰（2）	否（0）	是（1）	否（0）
無信仰　　（3）	否（0）	否（0）	是（1）

包含三種特質的樣本（即本土信仰、外來信仰、無信仰），因此設定虛擬變項時只需設定兩個變項。假設研究者希望將無信仰者視為比較的基準組別，這時只需針對其他兩組樣本來進行設定即可。在本土信仰的虛擬變項中，本土信仰的樣本編碼是1，其餘都為0；在外來信仰的虛擬變項中，外來信仰的樣本編碼是1，其餘都為0。有關這筆資料的宗教信仰變項，其原始變項及虛擬變項之編碼方式，請參考圖14-2。

(三)虛擬變項的結果解讀

為了讓讀者了解虛擬變項編碼對分析結果的影響，本節將以原始變項及虛擬變項的方式各執行一次迴歸分析，並比較兩者結果的差異。讀者可以使用檔案虛擬變項.sav的資料來作為練習。首先，如果迴歸模式的自變項是採原始變項的型態，在選入變項時，研究者必須在自變數的

	宗教信仰	墮胎態度	本土信仰	外來信仰	var	var	var
1	1	2	1	0			
2	1	6	1	0			
3	1	7	1	0			
4	1	1	1	0			
5	1	5	1	0			
6	1	3	1	0			
7	2	0	0	1			
8	2	4	0	1			
9	2	1	0	1			
10	2	3	0	1			
11	2	2	0	1			
12	2	2	0	1			
13	3	6	0	0			
14	3	8	0	0			
15	3	9	0	0			
16	3	5	0	0			
17	3	4	0	0			
18	3	10	0	0			

圖14-2　虛擬變項之設定

方框內選入「宗教信仰」，而在**依變數**的方框內選入「墮胎態度」。其次，在**方法**（Methods）處選擇**強迫進入變數法**（Enter）。然後點選**統計量**（Statistics），並勾選其中迴歸係數的**估計值**、**模式適合度**及**描述性統計量**。最後按**確定**。

■原始變項的分析結果

當自變項採原始編碼的形式納入分析時，分析的結果顯示在**表14-15**。如表所示，宗教信仰的標準化係數Beta為0.436，t = 1.938，p = 0.07，顯示宗教信仰與墮胎態度之間並無顯著關係存在。以宗教信仰來預測墮胎態度時，決定係數（R Square）為0.19，代表宗教信仰能解釋墮胎態度19%的變異量。整個迴歸模式的解釋能力並未達統計顯著的水準，F

表14-15　採原始變項之迴歸分析結果

模式摘要

模式	R	R平方	調過後的R平方	估計的標準誤
1	.436[a]	.190	.140	2.681

a.預測變數：（常數）、宗教信仰。

變異數分析[b]

模式		平方和	自由度	平均平方和	F 檢定	顯著性
1	迴歸	27.000	1	27.000	3.757	.070[a]
	殘差	115.000	16	7.188		
	總和	142.000	17			

a.預測變數：（常數）、宗教信仰。
b.依變數：墮胎態度。

係數[a]

模式		未標準化係數		標準化係數	t	顯著性
		B之估計值	標準誤	Beta分配		
1	（常數）	1.333	1.672		.798	.437
	宗教信仰	1.500	.774	.436	1.938	.070

a.依變數：墮胎態度。

（1，16）= 3.757，p = 0.07。這樣的結果顯示，樣本的宗教信仰並不會對墮胎態度造成顯著影響。整體觀之，以原始編碼的形式來分析類目自變項的資料時，其結果除了發現整體模式的預測能力不佳外，更大的問題是無法對迴歸係數做出有意義的解讀。

■虛擬變項的分析結果

如果自變項是採虛擬變項的型態，則研究者在選入變項時必須在自變數的方框內選入「本土信仰」與「外來信仰」等兩個虛擬變項，而在依變數的方框內選入「墮胎態度」。其次，讀者可在方法處選擇強迫進入變數法。然後點選下端統計量，並勾選其中迴歸係數的估計值、模式適合度及描述性統計量。最後按確定。

當自變項改採虛擬編碼的形式後，整個模式的分析結果與前面模式有極大的差別（見表14-16）。首先，整個虛擬變項模式的解釋能力已達統計顯著的水準，F（2，15）= 8.636，p = 0.003；顯示這兩個虛擬變項對墮胎態度有顯著影響。決定係數為0.535，顯示兩虛擬變項能解釋墮胎態度53.5%的變異量，比前面模式所能解釋的變異量多出34.5%。針對個別迴歸係數的檢定也發現，本土信仰者贊成墮胎的程度明顯低於無宗教信仰者（Beta = -0.504，t = 2.477，p < .05）；外來宗教信仰者贊成墮胎的程度也明顯低於無宗教信仰者（Beta = -0.839，t = 4.129，p < .01）。這樣的結果說明，樣本的宗教信仰對墮胎態度有顯著的影響。

要進一步了解這整個分析結果的意義，可以從迴歸方程式中的未標準化迴歸係數得到更清楚的答案。從分析報表中得知，常數的B值是7，本土信仰的B值是-3，而外來信仰的B值是-5。據此，可知整個迴歸方程式為：墮胎態度 = 7 – 3×（本土信仰）– 5×（外來信仰）。這裡的常數7所代表的是比較基準組（即無信仰者）的墮胎態度平均數。本土信仰的B值-3 則代表本土信仰者比無信仰者的墮胎態度平均低了3個測量單位。外來信仰的B值-5 則代表外來信仰者比無信仰者的墮胎態度平均低了5個

表14-16　採虛擬變項之迴歸分析結果

模式摘要

模式	R	R平方	調過後的R平方	估計的標準誤
1	.732[a]	.535	.473	2.098

a.預測變數：（常數）、外來信仰、本土信仰。

變異數分析[b]

模式		平方和	自由度	平均平方和	F 檢定	顯著性
1	迴歸	76.000	2	38.000	8.636	.003[a]
	殘差	66.000	15	4.400		
	總和	142.000	17			

a.預測變數：（常數）、外來信仰、本土信仰。
b.依變數：墮胎態度。

係數[a]

模式		未標準化係數		標準化係數	t	顯著性
		B之估計值	標準誤	Beta分配		
1	（常數）	7.000	.856		8.174	.000
	本土信仰	-3.000	1.211	-.504	-2.477	.026
	外來信仰	-5.000	1.211	-.839	-4.129	.001

a.依變數：墮胎態度。

測量單位。因此，如果無信仰者的墮胎態度平均是7分，則本土信仰者的平均是4分，而外來信仰者平均是2分。從這樣的數字背後，讀者可以體會出所謂「宗教信仰會明顯影響墮胎態度」的真實意義。它說明了在全部樣本當中，無宗教信仰者贊成墮胎的程度最高，其次才分別是本土信仰及外來信仰者，而且前者與後兩者之間有顯著的差異存在。

二、曲線關係之預測

(一)應用時機

　　迴歸分析最主要的功用在於以線性模式來描述自、依變項的關係。因此,要使用迴歸分析之前,研究者必須確定所分析的資料是否合乎線性的前提。假如變項之間的關係本質上是線性趨勢的(例如,工作時數越久,身體疲憊的程度越高),使用迴歸模式來描述變項間的關係將是恰當的。可是,如果變項間的關係在本質上就不是屬於直線的趨勢,硬是使用線性迴歸模式來分析的結果,除了會造成極大的預測誤差外,還可能形成錯誤的結論。對於想要使用迴歸模式來分析資料的人,必須防範資料中出現非線性關係的可能。

　　儘管迴歸模式適用於處理線性的關係,但日常生活中並非所有變項間的關係都是線性的。例如,一個人的生理亢奮(arousal)程度與其行為表現或測驗成績就可能不是呈現直線的關係,而是呈現倒U字型的關係。當人們感到極度疲憊或懶洋洋的時候,各種行為表現或測驗成績都會較差。可是,當人們感受到某種程度的興奮與緊張時,其各種表現會漸入佳境。當這種興奮程度超過某個程度時,人們的行為表現又會再度變差(Miles & Shevlin, 2001)。另外,年齡與學童收看電視時數的關係也有可能會呈現這樣的型態。當年紀較小的時候,還不懂看電視的樂趣,故收看電視的時間較少。隨著年紀增長,逐漸看懂電視,看電視的時間就變多了。但過了一定年紀後,因為課業壓力,收看電視的時數又再度降低。

　　遇到上述非線性的關係時,如果透過線性迴歸模型來處理資料,結果會顯示變項之間並不具顯著關係。如果研究者據此就判定變項間毫無關聯,就很可能會低估了變項間原有的關係。換言之,當線性迴歸分析顯示變項間無顯著關聯時,它只能說明變項間不具線性關係,但不代表

變項間不具任何關係。接近於零的迴歸係數背後，有可能隱含著非線性關係存在的可能。變項間的非線性關係，也並不僅止於上述的倒U字型的關係而已。它還可能是U字型曲線、J曲線，或是S型曲線等等。遇到這類的資料時，該如何處理呢？

(二)範例示範

為確定變項間是否有非線性關係的可能，最直接的方式是看兩變項間的散佈圖（scatter plot）。如果從散佈圖上看出明顯的非線性趨勢，則應該採曲線迴歸的方式來分析資料。在SPSS的環境中執行曲線估計，研究者可在資料編輯程式上選擇分析、迴歸方法（Regression）與曲線估計（Curve Estimation）。等畫面進入自動曲線估計的視窗後，將自變項及依變項分別選入自變數及依變數的方框內，並在模式（Models）處勾選選擇適當的模式來進行估算。如果變項間呈現U或倒U字型的關係，適合以二次曲線模式（Quadratic）來分析；如果變項間呈現S字型曲線的關係，則適合以三次曲線模式（Cubic）來分析。等選定適當的模式後，勾選顯示ANOVA摘要表，然後按確定。具體操作步驟，請參考表14-17。

以檔案曲線迴歸.sav中的資料為例，其中月份與電影票房的散佈圖呈現出U字型的趨勢，因此適合以曲線估計的方式來分析。要採曲線迴歸來分析月份對電影票房的影響，可參考圖14-3的操作步驟。在曲線估計的對話視窗中，除了將月份選入自變數，將票房選入依變數後，並在模式勾選線性、二次曲線模式與三次曲線模式。

表14-17　曲線迴歸之操作步驟

步驟一：在SPSS資料編輯程式中開啓資料檔案。
步驟二：點選分析 →迴歸方法 →曲線估計。
步驟三：在自動曲線估計對話視窗中，將自變項選入自變數空格，將依變項選入依變數，並在模式處選擇適當模式。
步驟四：勾選顯示ANOVA摘要表，再按確定。

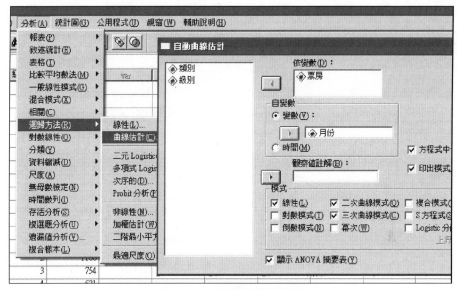

圖14-3　曲線迴歸之操作

■線性模式

　　探線性模式分析這筆資料的結果顯示於**表14-18**。如表所示，以線性模式來預測月份與票房的關係，所得的決定係數（R Square）爲 .10647，顯示月份可以解釋票房10.6%的變異量。整個線性模式的解釋能力已經達到統計顯著的程度，$F_{(1, 166)} = 19.77972$，$p < .001$，但是仍有89.4%的票房變異情形無法獲得解釋。有關個別變項的迴歸係數，分析的結果也發現，月份與票房之間呈現顯著的負相關（$B = -39.5759$，$t = -4.447$，$p < .001$），顯示票房會隨著月份的增加而明顯遞減。若與散佈圖（見圖14-4）所呈現出的分布趨勢相對照，可以發現以線性模式來預測這兩個變項間的關係，其造成的預測誤差顯然極爲明顯。

■二次曲線模式

　　如果以二次曲線模式來預測月份與票房的關係，分析結果顯示於**表14-19**。如表所示，以月份預測票房的決定係數（R Square）爲 .692，代

表14-18 採線性模式之分析結果

```
Dependent variable.. 票房              Method.. LINEAR

Listwise Deletion of Missing Data

Multiple R           .32630
R Square             .10647
Adjusted R Square    .10109
Standard Error     398.15583

            Analysis of Variance:

              DF    Sum of Squares      Mean Square

Regression     1       3135640.0         3135640.0
Residuals    166      26315659.1          158528.1

F =     19.77972     Signif F =  .0000

----------------- Variables in the Equation --------------------

Variable              B         SE B        Beta       T    Sig T

月份           -39.575924    8.898587   -.326295    -4.447   .0000
(Constant)    908.172078   65.491826               13.867   .0000
```

表14-19 採二次曲線模式之分析結果

```
Dependent variable.. 票房              Method.. QUADRATI

Listwise Deletion of Missing Data

Multiple R           .83200
R Square             .69223
Adjusted R Square    .68850
Standard Error     234.38128

            Analysis of Variance:

              DF    Sum of Squares      Mean Square

Regression     2      20387092.9        10193546.4
Residuals    165       9064206.3           54934.6

F =    185.55791     Signif F =  .0000

----------------- Variables in the Equation --------------------

Variable              B         SE B        Beta       T    Sig T

月份          -434.583809   22.897536  -3.583054   -18.980   .0000
月份**2         30.385222    1.714638   3.345480    17.721   .0000
(Constant)   1829.857143   64.741311               28.264   .0000
```

表從月份的變化可以解釋票房69.2%的變異量。整個模式的解釋能力已達統計顯著的程度，F（2，165）= 185.55791，p < .001，而且也將上一個線性模式中所無法解釋的變異量比例從89.4%降低到30.8%。這種差異說明了二次曲線模式比線性模式更能精確地描述月份與票房間的關係。有關個別變項的迴歸係數推估，二次曲線模式中包含兩個自變項（月份與月份平方），代表月份的影響可劃分成兩個階段。其中，在第一個階段中，月份與票房之間呈現顯著負相關（B = -434.58，t = -18.98，p < .001），代表在年初的月份當中票房會隨著月份的增加而遞減；在第二個階段中，月份平方與票房之間呈現顯著的正相關（B = 30.385，t = 17.721，p < .001），代表在歲末的幾個月份當中票房會隨著月份的增加而遞增。這樣的解釋似乎與散佈圖上所顯示的變項關係較為貼近。

■三次曲線模式

　　如果以三次曲線模式來預測票房，決定係數（R Square）為 .712，代表從月份的變異可以解釋票房71.2%的變異量。這個模式除了解釋能力已達統計顯著的程度外，F（3，164）= 135.26349，p < .001，還將尚未能被解釋的票房變異比例降低到28.8%。這說明了三次曲線模式比線性模式或二次曲線模式更能精確地描述月份與票房間的關係。在個別變項的迴歸係數部分，三次曲線模式中包含三個自變項（月份、月份平方、月份三次方），代表所有月份被切割成三個階段。其中，月份與票房之間呈現顯著的負相關（B = -635.37，t = -9.995，p < .001），代表在第一個階段中，票房會隨著月份的增加而明顯遞減；而月份平方與票房之間呈現顯著的正相關（B = 67.498，t = 6.062，p < .001），代表在第二個階段中，票房會隨著月份的增加而明顯遞增；月份三次方與票房之間呈現顯著的負相關（B = 1.903，t = -3.371，p < .001），代表在第三個階段中，票房會隨著月份的增加而明顯遞減。三個階段的迴歸係數中，以第一階段的係數絕對值最大，代表在這個階段中票房隨月份遞減的幅度最大

社會統計與資料分析

表14-20 採三次曲線模式之分析結果

```
Dependent variable.. 票房            Method.. CUBIC

Listwise Deletion of Missing Data

Multiple R            .84390
R Square              .71217
Adjusted R Square     .70691
Standard Error     227.34983

              Analysis of Variance:

              DF    Sum of Squares       Mean Square

Regression      3       20974476.1         6991492.0
Residuals     164        8476823.0           51687.9

F =     135.26349      Signif F =   .0000

------------------- Variables in the Equation -------------------

Variable             B         SE B        Beta         T   Sig T

月份          -635.372243   63.568833   -5.238513    -9.995   .0000
月份**2         67.497776   11.134097    7.431655     6.062   .0000
月份**3         -1.903208     .564573   -2.507411    -3.371   .0009
(Constant)   2089.645022   99.411346               21.020   .0000
```

（每月遞減635.37個單位的票房）；第三階段的數值最小，代表在這階段中票房隨月份遞減的幅度最小（每月遞減1.903個單位的票房）。

　　將三個模式相比，讀者可以輕易發現三次曲線或二次曲線迴歸模式的解釋能力遠比線性模式要理想。三次曲線模式所解釋的變異量（R Square = 0.712），或是二次曲線所解釋的變異量（R Square = 0.692），都遠比線性模式所解釋的變異量（R Square = 0.106）高出很多。從三種模式的迴歸線預測圖（見圖14-4）也可看出，三次曲線或二次曲線的迴歸線跟資料的契合度也較高。因此，若要找出一個較適合描述月份與票房關係的迴歸模式，三次曲線或二次曲線將是較佳的選擇。

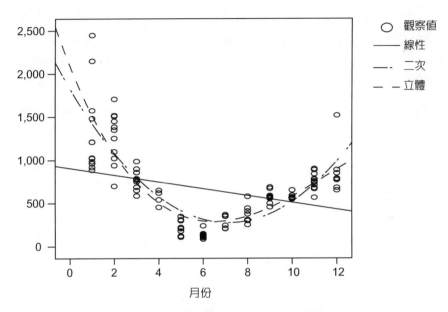

圖14-4　幾種迴歸模式之預測趨勢圖

三、多重共線性問題

(一)多重共線性之診斷

　　所謂**多重共線性**（multicollinearity），指的是在複迴歸模式中部分或全部自變項之間具有高度線性相關的情形。通常當自變項之間的相關係數高於0.8或0.9以上時，多重共線性的問題就很容易出現。如果自變項之間有高度相關，代表這些自變項在對同一個依變項進行解釋時，各自的解釋力會有高度重疊的現象；重疊程度越高，自變項的解釋力所能累加的效率就會越低。在這種情形下，整個迴歸模式的解釋能力並不會隨著自變項的數量增加而明顯提升。相反地，自變項間的高度相關會引發多重共線性的問題，導致分析結果嚴重異常或難以解讀（例如，出現某些

不具意義的數字，或是變項的關係向度與預期相反）。

　　要判斷迴歸模式中是否有多重共線性的問題，研究者通常會採用變異數膨脹因素（VIF）或容忍值（tolerance）作為判斷的標準。當變異數膨脹因素的值越大，或是容忍值越小時，代表自變項間多重共線性的現象越嚴重。假設迴歸模式中有X_1、X_2…X_n等自變項。當自變項X_1被其他自變項當作依變項來預測時，如果R_1^2是X_1可以被其他自變項解釋的變異量比例（即決定係數），則容忍值將會等於$1-R_1^2$。就這個公式來看，容忍值正代表了自變項X_1尚未被其他自變項解釋的比例。當這項比例越低，就表示X_1越受其他自變項影響，而共線性的問題也會越嚴重；反之則反。至於變異數膨脹因素則與容忍值呈現一種倒轉（inverse）的關係，即$VIF = 1/(1-R_1^2)$。當容忍值越小，VIF值就會越大，代表共線性問題越嚴重；反之則反。通常當VIF值大於100，或容忍值小於0.01時，資料中就很可能有共線性的問題。

　　除了上述兩個指標之外，想了解迴歸模式是否出現共線性問題，還可以藉由共線性診斷（collinearity diagnostics）中的特徵值（eigenvalue）與條件指數（condition index）來判斷。當自變項當中出現有嚴重的共線性問題時，部分線性組合的**特徵值**就會出現偏低的現象（例如低於0.001或0.0001）。**條件指數**則是以最大的特徵值除以特定的特徵值之後，再予以開方而來。條件指數越大，代表共線性越嚴重。通常當條件指數大於100以上時，表示共線性的問題相當嚴重。如果條件指數介於30至100之間時，代表迴歸模式中具有中度至高度的共線性問題。一旦特徵值或條件指數顯示迴歸模式中有嚴重共線性的問題，讀者可以進一步從變異數比例（variance proportions）上來判定發生共線性的自變項。只要任何兩個自變項在同一個特徵值上的變異數比例接近於1時，就表示它們之間有共線性的問題（邱浩政，2002）。

(二)案例示範

以檔案 多重共線性.sav 為例，其中有樣本的性別、年齡、年級與零用金的資料。由於年齡與年級這兩個變項有極高的重疊性（r = .998，p < .001），如果不慎被同時置入到一個迴歸模式中來預測零用金，極有可能出現共線性的問題。為了診斷出自變項之間是否存在共線性的問題，讀者可以從資料編輯程式中的 分析 與 迴歸方法 之下，選擇 線性 模式。在 線性迴歸 的視窗下選入自、依變項之後，點選 統計量，並勾選其中的 共線性診斷。最後按 繼續 與 確定。具體操作步驟，可參考 圖14-5。

分析結果顯示於 表14-21。如表所示，年齡與年級這二個自變項的允差（即容忍值）都是 .004，而變異數膨脹因素（VIF）則分別是232.138 與232.083。這兩項指標都暗示迴歸模式可能有共線性的問題。進一步檢視共線性診斷的數據後，也發現有一個線性組合的特徵值極低（即 0.000），且條件指數高達136.606。在變異數比例的部分，年齡與年級這兩個變項的比例都高達1。種種證據都顯示，這個迴歸模式中年齡與年級

圖14-5　迴歸分析共線性診斷之操作

社會統計與資料分析

表14-21 共線性診斷之分析結果

係數[a]

模式	未標準化係數		標準化係數	t	顯著性	共線性統計量	
	B之估計值	標準誤	Beta分配			允差	VIF
1 (常數)	-4947.668	914.788		-5.409	.000		
年齡	794.960	151.709	3.934	5.240	.000	.004	232.138
性別	-245.994	91.688	-.133	-2.683	.009	.989	1.011
年級	-639.561	156.037	-3.077	-4.099	.000	.004	232.083

a.依變數：零用金。

共線性診斷[a]

模式	維度	特徵值	條件指標	變異數比例			
				（常數）	年齡	性別	年級
1	1	3.794	1.000	.00	.00	.01	.00
	2	.162	4.836	.00	.00	.29	.00
	3	.043	9.373	.03	.00	.69	.00
	4	.000	136.606	.96	1.00	.01	1.00

a.依變數：零用金。

之間確實存有共線性的問題。因為受到這種共線性的影響，這兩個變項的標準化迴歸係數的估計值（Beta分別是3.934及-3.077）都出現異常且難以合理解釋的數據。在正常狀態下，Beta值都會介於0與正負1之間，不應超過1以上。

多重共線性的最大影響是造成迴歸模式中個別自變項的迴歸係數估算失常。要避免發生多重共線性的問題，可以將有共線性疑問的自變項（如年齡及年級）局部剔除，只保留其中較為重要的變項納入分析。以多重共線性.sav的資料為例，原本性別、年級與年齡等三個變項當中，無論選擇以年齡及性別作為自變項，或選擇以年級及性別作為自變項，所發現的結果都不會出現多重共線性的問題。如表14-22顯示，原本出現在表14-21中Beta值異常的現象已經消失，不管是年齡或年級各自對零用金的影響都是正向的，而且兩者的Beta值都在正常數值的範圍內。年齡

的未標準化迴歸係數（B=174.476）代表每增加一歲，樣本的零用金會隨之增加174.476元；而年級的未標準化迴歸係數（B=176.310）代表每增加一個年級，零用金會隨之增加176.310元。相較之下，當模式發生共線性問題時，這兩個變項的迴歸係數都出現嚴重扭曲的情形（如**表14-21**所示，年齡的B值是794.960，而年級的B值是-639.561）。如果根據有多重共線性問題的數據來做出結論，其結論將會出現錯誤。

表14-22　無多重共線性問題之迴歸模式

係數ª

模式		未標準化係數		標準化係數	t	顯著性	共線性統計量	
		B之估計值	標準誤	Beta分配			允差	VIF
1	（常數）	-1304.601	237.607		-5.491	.000		
	性別	-284.885	100.116	-.154	-2.846	.006	1.000	1.000
	年齡	174.476	10.934	.863	15.958	.000	1.000	1.000

a.依變數：零用金。

係數ª

模式		未標準化係數		標準化係數	t	顯著性	共線性統計量	
		B之估計值	標準誤	Beta分配			允差	VIF
1	（常數）	-244.113	204.457		-1.194	.236		
	性別	-296.251	105.697	-.160	-2.803	.006	1.000	1.000
	年級	176.310	11.874	.848	14.849	.000	1.000	1.000

a.依變數：零用金。

Chapter

15

步徑分析

　　步徑分析（path analysis），也稱為**路徑**或**因徑分析**，是由一系列迴歸分析所組合而成的統計分析方法。它與迴歸分析相同，都是用來回答自、依變項間有無線性因果關係的問題。所不同的是，迴歸分析每次只針對一個依變項來進行預測，而步徑分析卻能針對多個依變項進行預測。其次，迴歸分析只能處理單一階層的自變項與依變項關係，而步徑分析則可以處理多個階層的自、依變項關係。換言之，在迴歸分析中所有變項只會分成自變項與依變項兩類，而在步徑分析中，所涉及的變項除了分成自變項、依變項外，還多了中介變項。在步徑分析的模式中，這些中介變項同時具備自、依變項的雙重身分。它一方面受到自變項所影響，另一方面也對依變項造成影響。

　　由於模式中多了中介變項，步徑分析所要處理的變項關係會比迴歸分析所面對的更加複雜。在迴歸分析中，研究者只需回答自、依變項之間有無「直接」的因果關係；但在步徑分析中研究者除了關心自、依變項間有無「直接」的因果關係外，還需注意兩者間有無「間接」的因果關係。換言之，迴歸分析法所關切的是自變項對於依變項是否有直接效果存在，而步徑分析所關切的則是自變項對依變項是否有直接及間接效果存在。

第一節　統計原理與基本概念

一、直接效果與間接效果

　　所謂**直接效果**（direct effect），指的是當自變項對依變項造成影響時，無須透過其他變項的中介。效果發生時，所有自變項的影響力都會直接到達依變項，過程中不會夾雜其他變項的存在。例如，學生若因看太多電視而導致晚睡，或因打工時間太多而導致經常翹課，前者對於後

者所造成的影響就屬於一種直接效果。所謂**間接效果**（indirect effect），指的是自變項對依變項的影響必須借助於其他變項才能產生，一旦少了其他變項的中介，自變項本身並不會對依變項造成影響。例如，學生若因看太多電視而導致晚睡，而睡眠不足導致上課精神不好。在這個例子中，看電視並未直接對上課精神造成影響，而是間接透過睡眠不足來產生影響。同樣地，學生若因打工過度而經常翹課，再因翹課過多而導致成績退步時，打工對於成績的影響也屬於間接效果。

　　圖15-1當中的三個圖例可以說明直接效果與間接效果的不同。如果以直線的連結來代表效果的存在，則**圖例1**中的直線直接由X指向Y，兩者間並無其他變項存在，顯示變項X對Y有直接效果。**圖例2**中的直線先由X指向Z，再由Z指向Y，顯示變項X對Z有直接效果，變項Z對Y也有直接效果。至於變項X與Y之間無直線相連，因此前者對後者並無直接效果，只有間接效果。換言之，在**圖例2**中變項X要對Y產生影響，必須先影響Z，再藉由Z來影響Y。整個過程若少了變項Z作為中介，變項X並不會對Y產生任何影響。**圖例3**所顯示的則是變項X對Y同時具有間接及直接效果。在間接效果部分，圖中有一條直線從變項X連結到Z，也有一條直線從變項Z連結到Y，顯示變項X要對Y產生影響，必須經歷變項Z的中介

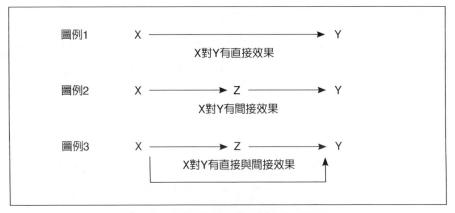

圖15-1　直接效果與間接效果之圖例

過程；在直接效果部分，從變項X也有一條線直接連結Y，顯示X也可以不經由Z的中介就直接影響Y。

二、外生變項與內生變項

上述的三個圖形所呈現的是變項之間相互影響的步徑流程圖（path diagrams）。在這些流程圖中，變項間有無線條連結，所代表的是彼此間有無直接因果關係存在。每個線條箭頭所指的方向都是由左至右，象徵變項的影響方向。位於線條左側的是影響源，而位於線條右側的則是被影響的對象。根據步徑流程圖上變項的因果關係來分，所有變項可分為外生變項與內生變項兩類。所謂**外生變項**（exogenous variables），指的是模式中不被其他任何變項所影響或解釋的變項，如上圖中的X。所謂**內生變項**（endogenous variables），指的是會受到模式中其他變項所影響或解釋的變項，如上圖中的Z與Y。

凡是研究者認為屬於與生俱來就存在的現象，或是不受其它現象所影響的因素，在步徑流程圖中都會被視為外生變項來處理。外生變項具有自變項的性質，在模式中的作用是用來預測及解釋其他變項，因此步徑分析並不會嘗試對模式中的外生變項進行解釋。內生變項因具有中介變項或依變項的特質，在步徑流程圖中會受到外生變項或其他內生變項的影響，反而成為研究者關注的焦點。為能了解內生變項的成因與形成過程，研究者必須審慎選擇外生與內生變項，並妥善建構這些變項間的步徑順序。

藉由建構出外生與內生變項間的步徑順序，步徑分析允許研究者得以探究許多現象發生的過程。針對特定步徑順序進行驗證的結果，研究者不僅可以得知自變項是否影響了依變項，還能進一步了解自變項是如何影響依變項的。究竟自變項直接影響了依變項呢？還是對依變項只有間接的影響？還是兩者皆有？如果有間接的影響，那自變項總共會透過

哪些中介變項來對依變項造成影響？如果這些問題能獲得釐清，這對於了解變項間因果關係的本質將有莫大助益。總之，步徑分析允許研究者針對變項間的因果順序進行驗證。這樣的功能讓研究者有能力去進行更具深度的研究，將研究重心著眼於各種現象的成因與過程的解釋，而非只注重現象現況的描述。

第二節　步徑分析之步驟

要進行步徑分析，完整的流程包含以下幾個步驟：(1)準備分析所需要的資料；(2)根據理論，建構出一套假設性的模式；(3)針對該假設性模式進行步徑係數之推估，並檢定模式之契合度；(4)修正契合度較低之模式，並重新推估係數與檢定模式契合度；(5)從多種檢定的模式中選出最佳模式（Klem, 1995）。

一、準備資料

在步徑分析的資料準備過程中，研究者有幾個事項需要注意。首先，研究者必須完整蒐集到所要檢定模式的每一個變項資料。遺漏掉重要的變項，不僅限制了研究者在模式修正時的空間，更可能危及模式在係數推估時的正確性。為了避免遺漏掉重要變項，研究者在蒐集資料之前最好也能參考所要檢定的模式架構。其次，步徑分析所蒐集的資料應該以等距或比例尺度所測量，如果無法合乎上述尺度的要求，至少也要合乎順序尺度的條件。由於步徑分析乃建立在迴歸分析的基礎上，因此它對資料測量尺度的要求也與迴歸分析相同。再者，迴歸分析對於自變項不能出現高度多重共線性的要求，同樣適用於步徑分析。也就是說，在步徑分析中要避免自變項之間有高度相關。

對於樣本規模的要求，步徑分析原則上需要較大的樣本數。一般而言，採步徑分析的研究至少需要200-300個以上的樣本。至於每個研究確切所需的樣本數，則視檢定模式的複雜程度而異。通常模式中所需推估的步徑係數（含誤差項）每增加一個，樣本數應以5-10個的倍率同步增加（Klem, 1995）。當模式中涉及的變項與步徑數量越多時，需要的樣本數也越大。最後，步徑分析所需要的資料格式，依照不同統計分析軟體的要求，可以是採原始資料的方式來輸入，也可以採相關矩陣或共變數矩陣的方式來輸入。

二、建構假設性模式

步徑分析屬於理論導向極為濃厚的一種統計方法。它要求研究者在建構所要檢驗的模式之前，必須具備足夠的理論基礎；亦即要有某種理論作為後盾，研究者才能針對變項間的因果順序作出合理的預測。在步徑分析中，這類假設性的模式通常是透過步徑流程圖的形式來呈現。步徑流程圖中有兩個基本要素：(1)不同性質的變項；(2)用來連結變項與變項的步徑。要畫出一個步徑流程圖，研究者必須先根據理論選出有高度相關的變項，再針對這些變項的因果關係排定順序。所有自變項都會被置於流程圖的左端，依變項則置於流程圖的右端，而中介變項則置於前兩者之間。等所有變項的位置排定之後，再決定變項間的步徑。如果變項間有直接因果關係存在，則以步徑（含線條及箭頭）連結兩變項。若變項間無直接關係，則兩者間毋需有步徑連結。

在建構假設性的步徑模式時，除了要有堅強的理論依據外，如何確保模式的簡潔有力也是研究者努力的目標。所謂**簡潔**，指的是模式中變項間的因果關係應盡量維持精簡。一個能夠以最簡單的結構獲取最大解釋力的模式，就是最好的模式。如果模式中的變項關係過於複雜，以致不易做出有意義的解讀，那就違背了簡潔的原則。所謂**有力**，指的是模

式中所納入的變項彼此間都應具明顯的因果關係。研究者應避免將無關的變項納入模式，或是將重要的變項排除在模式之外。假設性模式中的變項數量與因果關係一旦確定之後，研究者便可以進而決定變項間的步徑數量與步徑流向。

(一)完全模式與不完全模式

如果依照步徑流程圖上所呈現步徑的完整性來區分，步徑分析的模式包括完全模式及不完全模式兩種。所謂完全模式（fully or saturated model），指的是模式中會列出所有變項間的步徑係數，不會刻意遺漏掉任何連結二個變項間的步徑。圖15-2當中的圖例1所顯示的就是一種完全模式的步徑圖，圖中涵蓋所有變項間的步徑，包括X對Z、X對W、X對Y、Z對W、Z對Y，以及W對Y等六個步徑。由於這個模式所獲得的步徑係數完全反映了原始資料相關矩陣的結構，對於資料具有最佳的解釋能力，因此在分析時習慣被視為是檢定其他不完全模式契合度高低的指標。如果某個不完全模式的解釋能力與完全模式並無明顯不同，代表該不完全模式亦與資料結構吻合。

所謂不完全模式（not fully or unsaturated model），指的是比完全模式較為精簡的模式。在這類模式中，某些變項間的步徑會因某種原因而被遺漏。例如圖例2、圖例3、圖例4、圖例5所呈現的就是某種形式的不完全模式；其中，圖例2的模式中遺漏掉X到Y與Z到Y的步徑；圖例3的模式中遺漏掉X到W與Z到Y的步徑；圖例4的模式中遺漏掉X到W與X到Y的步徑；而圖例5的模式中遺漏掉X到Y的步徑。在相同的變項規模底下，衍生出的不完全模式有多種可能的型態。不同的步徑模式則隱含變項間存有不同的影響流程。要決定何者才是研究要驗證的假設型態，研究者必須參考適當的理論基礎。

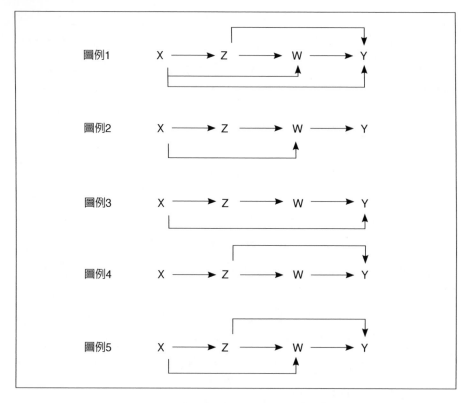

圖15-2　完全模式與不完全模式之圖例

(二)單向模式與雙向模式

　　如果依照流程圖上的步徑流向來區分，步徑分析的模式包括單向模式及雙向模式兩種。所謂**單向模式**（recursive model），指的是模式中變項間的因果方向全是單一指向（unidirectional）、不可回溯的。**圖15-3**當中的**圖例1**所顯示的就是一種單向的步徑流程圖。其中，所有連結變項間關係的線條箭頭方向都是由左方指向右方。這類模式無論在模式建構及修正上，或是在數據的運算解讀上都較容易執行，因此廣受研究者採用。所謂**雙向模式**（nonrecursive model），指的是模式中變項的因果方

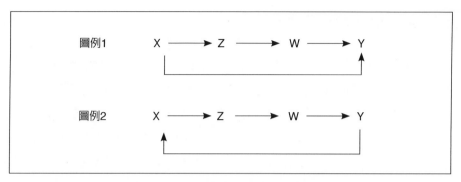

圖15-3　單向模式與雙向模式之圖例

向具可回溯性，連結變項間的線條箭頭除了由左至右分布外，亦可以由右至左。下列**圖例2**所顯示的就是一種雙向的步徑流程圖。其中，連結變項間關係的線條箭頭方向除了由左至右外，也包括由右至左，因而形成一個循環。這類模式在執行及解讀上較為困難，因此鮮少被研究者採用。

　　研究者在建立步徑時，有幾點原則可以參考。首先，變項間的因果關係宜以單箭頭直線來表示。以單向模式為例，整個步徑圖的流程方向習慣採取由左至右陳列的方式，左方為自變項，右方為依變項；其次，如果自變項之間無法確定彼此的因果方向時，宜以雙箭頭來連結；自變項與依變項之間如果無直接因果關係，則兩者間不需要任何箭頭來連結。

　　總之，在建構步徑模式時，整個模式中的變項數量與變項間的因果順序會隨理論基礎之不同而有變化。同樣地，不同的理論基礎也會導致模式中變項間的步徑數量與步徑流向產生差異。當研究者所建構的模式不同，其步徑係數的推估過程與檢定結果也會受到影響。原則上，模式的結構越精簡，推估與檢定過程相對上則較為單純。

三、步徑推估與模式檢定

在模式檢定階段，研究者關切的重點有二：(1)個別步徑係數的推估與檢定；(2)整體模式的契合度檢定。前者的目的在確定變項間是否存在某種直接或間接的因果關係，以及了解這些因果關係的向度與強度。後者的目的在於了解研究者所假設的步徑模式是否與資料結構吻合。經過個別步徑係數的檢定，研究者可以分辨出模式中哪些自變項真正對依變項有顯著的直接影響，而哪些只有間接影響，又哪些不具影響。透過模式的檢定，研究者可以嘗試找出最能反映資料結構的模式，並且合理建構出變項間產生影響的流程。

由於步徑模式是由多個迴歸模式所組合而成，因此模式中所有個別步徑係數的推估，都是在執行一連串迴歸模式時完成。至於究竟要執行幾個迴歸模式才能完成所有步徑係數的推估，則要視步徑模式中的變項數量與排序方式而定。原則上，一個模式所需要執行的迴歸模式數量會受到依變項數量的影響。只要算出模式中依變項的數量有幾個，所需執行的迴歸模式就有幾個。為確定執行的方式無誤，研究者也可以比對分析後求得的步徑係數數目是否與步徑圖上的步徑數目相符。

以**圖15-4**的**步徑模式**為例，整個流程圖所涉及到的依變項數量有兩個（即Y與Z），因此需要執行的迴歸模式也有兩個：(1)X→Y；(2)X，Y→Z。在**迴歸模式1**當中，X是自變項，Y是依變項。在**迴歸模式2**當中，X與Y都是自變項，而Z則是依變項。只要執行完這兩個迴歸模式，該步徑模式上的三個步徑係數（包括X→Y、X→Z、Y→Z）都可順利完成推估。

再以**圖15-5**的**步徑模式**為例，整個流程圖所涉及到的依變項數量有兩個（即Z與W），因此需要執行的迴歸模式也有兩個：(1)X，Y→Z；(2)X，Y，Z→W。在**迴歸模式1**當中，X與Y是自變項，Z是依變項；在**迴歸模式2**當中，X、Y與Z都是自變項，而W則是依變項。只要執行完這兩

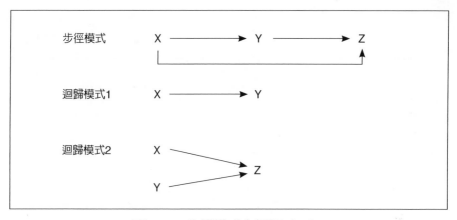

圖15-4　步徑模式之拆解（一）

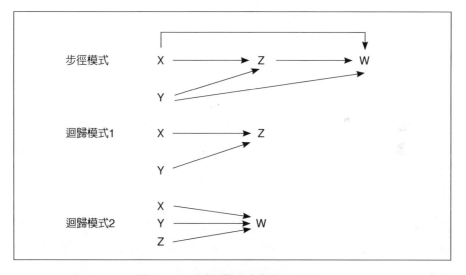

圖15-5　步徑模式之拆解（二）

個迴歸模式，該步徑模式上的五個步徑係數（即X→Z、Y→Z、X→W、
Y→W、Z→W）都可完成推估。

　　若以**圖15-6**的**步徑模式**為例，整個流程圖所涉及到的依變項數量有
三個（即Y、Z與W），因此需要執行的迴歸模式也有三個：(1)X→Y；

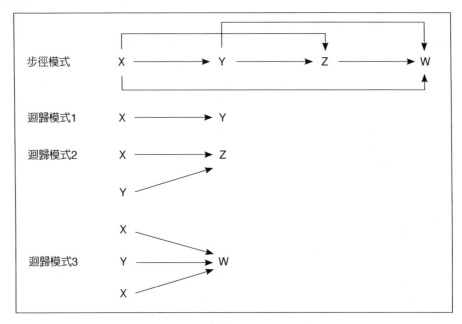

圖15-6　步徑模式之拆解（三）

(2)X，Y→Z；(3)X，Y，Z→W。在**迴歸模式1**當中，X是自變項，Y是依變項；在**迴歸模式2**當中，X與Y都是自變項，而Z則是依變項；在**迴歸模式3**當中，X、Y與Z都是自變項，而W則是依變項。只要執行完這三個迴歸模式，該**步徑模式**上的六個步徑係數（即X→Y、X→Z、Y→Z、X→W、Y→W、Z→W）都可順利完成推估。推估出的步徑係數，其解讀方式與相關係數或標準化迴歸係數（Beta）相同。正常的步徑係數會介於0與正負1之間。正向的步徑係數代表變項間有正向的因果關係，反之則反。係數的絕對值越大，代表變項間的因果關係越強。一旦某個步徑係數的值被檢定為明顯不等於0時，代表該步徑的影響力不容忽視，這時研究者應該選擇將這個步徑保留在模式之中。如果檢定的結果發現這個步徑係數的值與0並無明顯不同，則研究者可以選擇將之從模式中刪除，並重新以較精簡的模式來進行步徑係數的推估。

其次，步徑係數的值與相關係數有極密切的關係。具體而言，在一個完全模式中，任何兩變項間直接與間接效果的總和會等同於這兩個變項間的相關係數。以**步徑係數拆解.sav**檔案中的資料為例，其中三個變項X、Y、Z之間的相關情形如**表15-1**的相關矩陣所示。其中，X與Y的相關係數是0.791、X與Z的相關係數是0.819，而Y與Z的相關係數則是0.873。

如果將這三個變項以**圖15-7**當中的**步徑模式**1來進行分析，所得的三個步徑係數將會是：(1)X→Y是0.791；(2)Y→Z是0.602；(3)X→Z是0.343。其中，第一個步徑係數（即0.791）與第二個步徑係數（即0.602）相乘的結果（等於0.476）代表X對Z的間接效果，而第三個步徑係數（即0.343）則代表X對Z的直接效果。如果把X對Z的直接與間接效果的這兩個值相加，其所得的值剛好就等於這兩個變項的相關係數0.819。

如果將這三個變項以圖中的**步徑模式**2來進行分析，所得的三個步徑係數將會是：(1)Y→Z是0.873；(2)Z→X是0.539；(3)Y→X是0.321。其中，第一個步徑係數（即0.873）與第二個步徑係數（即0.539）相乘的結果（等於0.47）代表Y對X的間接效果，而第三個步徑係數（即0.321）則

表15-1 變項X、Y與Z之相關矩陣

		X	Y	Z
			相關	
X	Pearson相關	1	.791[a]	.819[a]
	顯著性（雙尾）		.000	.000
	個數	108	108	108
Y	Pearson相關	.791[a]	1	.837[a]
	顯著性（雙尾）	.000		.000
	個數	108	108	108
Z	Pearson相關	.819[a]	.873[a]	1
	顯著性（雙尾）	.000	.000	
	個數	108	108	108

a. 在顯著水準為.001時（雙尾），相關顯著。

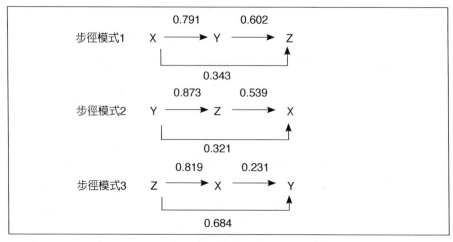

圖15-7　步徑係數與相關係數之關係

代表Y對X的直接效果。把Y對X的直接與間接效果的值相加，所得就等於這兩個變項的相關係數0.791。

　　如果將這三個變項以圖中的**步徑模式3**來進行分析，所得的三個步徑係數將會是：(1)Z→X是0.819；(2)X→Y是0.231；(3)Z→Y是0.684。其中，第一個步徑係數（即0.819）與第二個步徑係數（即0.231）相乘的結果（等於0.189）代表Z對Y的間接效果，而第三個步徑係數（即0.684）則代表Z對Y的直接效果。把Z對Y的直接與間接效果的值相加，剛好就等於這兩個變項的相關係數0.873。

　　有關整個模式的檢定，主要目的在於檢視研究者所提出的假設模式是否與實證資料結構相吻合。如果檢定結果顯示步徑模式與資料結構間無明顯差異，那代表該假設模式受到資料支持，因此以這個模式來代表變項間的關係是適宜的。但是模式與資料結構相符，並不能證明它就是唯一且正確能代表變項關係的模式。在步徑分析中，與特定資料結構相吻合的步徑模式不會只有一個。研究者可能發現不同模式都跟資料結構吻合。這時，研究者必須設法從其中選出一個最具代表性的模式。選擇

最佳模式的標準包括：(1)模式是否與理論契合；(2)模式是否與資料結構契合；(3)模式結構是否精簡。原則上，與資料契合度越高的模式，越具有代表性，而在相同的契合度之下，結構越簡潔的模式越佳。

四、模式的修正

萬一假設的模式並未獲得資料的支持，研究者應該針對原模式提出修正，並重新進行係數的推估與檢定，直到模式與資料結構一致為止。進行模式修正時，有幾項原則值得參考。首先，修正模式時仍然需要具有理論基礎。研究者應避免在毫無理論根據下隨興修正模式，更忌諱漫無目標地全面檢定所有可能的模式。其次，修正時嘗試先將原模式中最不顯著的步徑係數或最不重要的變項移除，再移除次不顯著的步徑或變項；再者，如果移除部分步徑之後，模式的契合度並無明顯改善，可以試著調整部分變項間的因果順序。

 第三節　步徑分析之執行與解釋

一、案例示範：二階段步徑分析

(一)步徑係數之推估

以檔案二階段步徑分析.sav為例，其中有性別、學歷、收入與消費水平等四個變項。假如研究者想知道性別與學歷究竟是否直接影響收入及消費水平，又是否透過收入來影響消費水平，因此提出以下的步徑流程圖（見圖15-8）。這個步徑圖中總共包含五個步徑，其中三個分別代表性別、學歷與收入對消費水平的直接影響，而另外兩個則分別代表性別與學歷對收入的直接影響。由於模式中有兩個依變項（收入與消費水

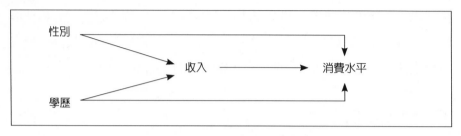

圖15-8　二階段步徑流程圖

平），因此要完整推估這五個步徑係數，必須透過兩個迴歸模式才能完成。第一個迴歸模式以性別與學歷來預測收入，而第二個迴歸模式則以性別、學歷與收入來預測消費水平。

　　上述兩個迴歸模式都屬於複迴歸模式。有關複迴歸分析的操作步驟，可參考本書第十四章。首先，開啓二階段步徑分析.sav，從資料編輯視窗上選擇分析、迴歸方法（Regression）與線性（Linear）。等畫面進入線性迴歸（Linear Regression）的對話視窗後，將自變項選入自變數（Independents）方框，將依變項選入依變數（Dependent）方框，並在方法（Methods）處選擇強迫進入變數法（Enter）。接著按統計量（Statistics），並勾選其中迴歸係數的估計值、模式適合度及描述性統計量。最後按確定。

　　第一個迴歸模式以性別與學歷來預測收入，其分析結果見表15-2。如表所示，以性別來預測收入的標準化迴歸係數Beta為-.073（p = .252），顯示性別對收入並無顯著影響；而學歷對收入預測的標準化迴歸係數Beta為.698（p < .001），顯示學歷對收入有顯著的正向影響。整個模式分析的結果發現只有學歷對收入造成影響。學歷越高者，其收入也明顯越高。這兩個變項總共解釋了收入51.6%的變異量，$F(2, 127) = 67.788$，$p < .001$。

　　第二個迴歸模式以性別、學歷與收入來預測消費水平，其分析結果見表15-3。如表所示，以性別預測消費水平的標準化迴歸係數Beta為

表15-2　範例一迴歸模式（一）之分析結果

模式摘要

模式	R	R平方	調過後的R平方	估計的標準誤
1	.719[a]	.516	.509	10985.665

a. 預測變數：（常數）、學歷、性別。

變異數分析[b]

模式		平方和	自由度	平均平方和	F檢定	顯著性
1	迴歸	16362072821.7	2	8181036411	67.788	.000[a]
	殘差	15326975178.3	127	120684843.9		
	總和	31689048000.0	129			

a. 預測變數：（常數）、學歷、性別。
b. 依變數：收入。

係數[a]

模式		未標準化係數		標準化係數	t	顯著性
		B之估計值	標準誤	Beta分配		
1	（常數）	10525.161	4296.922		2.449	.016
	性別	-2279.445	1980.704	-.073	-1.151	.252
	學歷	9144.938	830.294	.698	11.014	.000

a. 依變數：收入。

-.014（p = .750），顯示性別對消費水平並無顯著影響；以學歷預測消費水平的標準化迴歸係數Beta為 -.112（p = .068），顯示學歷雖然對消費水平有負向影響，但這個影響並未達統計顯著的程度。最後，以收入預測消費水平的標準化迴歸係數Beta為 .954（p < .001），顯示收入對消費水平有顯著的正向影響。收入越高者，其消費水平也明顯越高。整個模式分析的結果發現，三個自變項當中只有收入對消費水平的影響達到統計顯著水準，學歷對消費水平的影響已接近顯著水準（p = .068），而性別對消費水平幾乎沒有影響。這三個變項共解釋消費水平77.5%的變異量，F（3，126）=144.737，p < .001。

表15-3 範例一迴歸模式（二）之分析結果

模式摘要

模式	R	R 平方	調過後的R平方	估計的標準誤
1	.880[a]	.775	.770	3243.504

a. 預測變數：（常數）、收入、性別、學歷。

變異數分析[b]

模式		平方和	自由度	平均平方和	F檢定	顯著性
1	迴歸	4568040987.288	3	1522680329	144.737	.000[a]
	殘差	1325560323.481	126	10520320.03		
	總和	5893601310.769	129			

a. 預測變數：（常數）、收入、性別、學歷。
b. 依變數：消費水平。

係數[a]

模式		未標準化係數		標準化係數	t	顯著性
		B之估計值	標準誤	Beta分配		
1	（常數）	-5699.650	1298.283		-4.390	.000
	性別	-188.097	587.842	-.014	-.320	.750
	學歷	-631.685	342.780	-.112	-1.843	.068
	收入	.411	.026	.954	15.698	.000

a. 依變數：消費水平。

　　如果整合上述兩個迴歸模式的分析結果，並將所得的標準化係數置入到步徑模式上，就會得出如**圖15-9**的步徑流程圖。從這個步徑圖中，可以清楚看出四個變項間的關係。從圖中可見，性別對收入或消費水平的影響都未達顯著程度，顯示性別對後兩者的影響非常有限。學歷對於收入有顯著的正向影響，卻對消費水平有接近於顯著水準的負向影響。真正影響消費水平最深的是收入，兩者間有顯著的正向關係。所以，就整個模式看來，資料所顯示的意義是學歷對於消費水平具有間接的影響。一個人的學歷，藉由影響收入之後，再來影響其消費水平。一個人

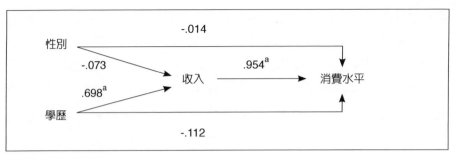

a. 代表統計顯著水準p < .001。

圖15-9　二階段步徑模式初步分析結果

的學歷較高，除非他因此有較高的收入，否則他的消費水平並不會因此
而變多。

(二)模式的修正

　　上述所檢視的這個步徑模式屬於完全模式，模式中的五個步徑係數
都完全被推估且呈現出來。其中，與性別有關的兩個步徑係數都未達統
計顯著程度，且非常接近於0，因此可以考慮將此兩步徑刪除之後再重新
進行推估。當性別變項遭移除後，修正後的步徑模式會如圖15-10。在修
正後的模式中，所需推估的步徑係數只有三個：(1)學歷是否對收入具直
接影響？(2)收入是否對消費水平有直接影響？(3)學歷對消費水平是否具
直接影響？因為整個模式中涉及兩個依變項（收入與消費水平），故全

圖15-10　修正後之二階段步徑模式

部步徑係數的推估需使用兩個迴歸模式：(1)學歷→收入；(2)學歷，收入→消費水平。在第一個迴歸模式中，學歷是自變項，而收入是依變項；在第二個迴歸模式中，學歷與收入是自變項，而消費水平是依變項。

要執行這兩個迴歸模式，其步驟跟先前做法相似。在第一個迴歸模式中，學歷是自變項，而收入是依變項。分析的結果列於**表15-4**。如表所示，學歷對收入預測的標準化迴歸係數為 .715（p < .001），顯示學歷對收入有顯著的正向影響。學歷越高者，其收入也明顯越高。整個模式的R Square是.511，代表學歷共解釋收入51.1%的變異量，F（1，128）= 133.913，p < .001。

比較修正前模式（**表15-2**）與修正後模式（**表15-4**）的分析結果，

表15-4　範例一迴歸模式（一）修正後之分析結果

模式摘要

模式	R	R 平方	調過後的R平方	估計的標準誤
1	.715ᵃ	.511	.507	10999.577

a. 預測變數：（常數）、學歷。

變異數分析ᵇ

模式		平方和	自由度	平均平方和	F檢定	顯著性
1	迴歸	16202237908.0	1	1.620E+10	133.913	.000ᵃ
	殘差	15486810092.0	128	120990703.8		
	總和	31689048000.0	129			

a. 預測變數：（常數）、學歷。
b. 依變數：消費水平。

係數ᵃ

模式	未標準化係數		標準化係數	t	顯著性
	B之估計值	標準誤	Beta分配		
1（常數）	6512.385	2514.214		2.590	.011
學歷	9364.048	809.193	.715	11.572	.000

a. 依變數：收入。

可以看出兩次分析的發現極為接近。在修正前模式中，以學歷預測收入的步徑係數是 .698，整個模式對收入所能解釋的變異量為51.6%。在修正後的模式中，以學歷預測收入的步徑係數為 .715，而模式所解釋的變異量也修正為51.1%。要知道修正後模式的解釋能力是否與修正前的模式相同，可以執行階層迴歸來比較兩模式的R Square改變量。如果兩者R Square的改變量差距極小，顯示修正後模式與修正前模式的解釋能力並無明顯差異。要執行階層迴歸來算出R Square改變量，可參考**表15-5**的操作步驟。分析的結果發現，兩模式間的R Square 改變量差異只有0.5%，並未達統計顯著程度，F（1，129）= 1.324，p = .252，顯示這兩個模式的解釋能力並無明顯不同。

在第二個迴歸模式中，學歷與收入是自變項，而消費水平是依變項。這個模式的分析結果列於**表15-6**。如表所示，以學歷預測消費水平的標準化迴歸係數Beta為 -.110（p = .070），顯示學歷對消費水平的影響是負向的，且接近統計顯著的程度；以收入預測消費水平的標準化迴歸係數Beta為 .956（p < .001），顯示收入對消費水平有顯著正向影響。收入越高者，其消費水平也明顯越高。這兩個變項總共解釋了消費水平77.5%的變異量，F（2，127）= 218.599，p < .001。

比較修正前模式（**表15-3**）與修正後模式（**表15-6**）的分析結果，可以看出兩次分析的發現極為接近。在模式修正前，以學歷預測消費水平的步徑係數為 -.112，而模式修正後則變為 -.110。以收入來預測消費水

表15-5 階層迴歸之操作步驟

步驟一：在資料編輯程式選擇 分析 → 迴歸方法 → 線性。
步驟二：在 線性迴歸 對話視窗中，將性別、學歷選到 自變數 ，將收入選到 依變數 ，在 方法 處選擇 強迫進入變數法 ，並在 區塊1/1 處按 下一個 。
步驟三：將性別選到 自變數 ，並在 方法 處選擇 刪除法 ，並在 區塊2/2 處按 下一個 。
步驟四：按 統計量 ，勾選 估計值 、 模式適合度 、 R平方改變量 。
步驟五：繼續 → 確定 。

社會統計與資料分析

表15-6 範例一迴歸模式（二）修正後之分析結果

模式摘要

模式	R	R平方	調過後的R平方	估計的標準誤
1	.880[a]	.775	.771	3232.022

a. 預測變數：（常數）、收入、學歷。

變異數分析[b]

模式		平方和	自由度	平均平方和	F檢定	顯著性
1	迴歸	4566963843.748	2	2283481922	218.599	.000[a]
	殘差	1326637467.021	127	10445964.31		
	總和	5893601310.769	129			

a. 預測變數：（常數）、收入、學歷。
b. 依變數：消費水平。

係數[a]

模式		未標準化係數		標準化係數	t	顯著性
		B之估計值	標準誤	Beta分配		
1	（常數）	-6036.327	757.869		-7.965	.000
	學歷	-621.579	340.114	-.110	-1.828	.070
	收入	.412	.026	.956	15.868	.000

a. 依變數：消費水平。

平的步徑係數在模式修正前為 .954，模式修正後變為 .956。在剔除性別變項後，修正後模式所能解釋的變異量仍維持在77.5%，與修正前模式的解釋量77.5%差異為0%。階層迴歸檢定的結果亦發現，兩模式所解釋的變異量差異並未達統計顯著程度，$F(1，128) = 0.102$，$p = .75$，顯示兩者的解釋能力並無明顯不同。

整合上述兩個迴歸模式的分析結果後，整個步徑流程圖會如圖15-11。其中，學歷對收入有直接且顯著的正向影響（步徑係數 .715），收入對消費水平有直接且顯著的正向影響（步徑係數 .956）。連結這兩條步徑之後，讀者會發現學歷對消費水平具明顯的間接影響。當受訪者

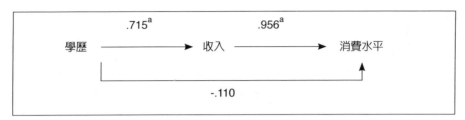

a. 顯著水準p < .001。

圖15-11　修正後步徑模式之分析結果

的學歷越高，其收入也會越高；而當受訪者的收入越高，其消費水平也
會越高。一旦在步徑圖中缺少收入變項的中介，讀者就無法做出「學歷
越高者，其消費水平也會越高」的結論。換言之，學歷必須先影響收
入，再藉由收入來影響消費水平。高學歷的人，只有在收入變多的情況
下才會導致消費水平升高。如果收入並未因學歷變高而增多，其消費水
平並不會跟著變高。

　　其次，步徑圖顯示學歷對消費水平的直接影響是負向的（Beta =
-.110，p = .07），但程度未達統計顯著水準。這個結果說明：(1)學歷對
消費水平的直接影響並不強；(2)在相同收入程度下，個人的消費水平反
而會隨學歷增高而降低。如果將學歷對消費水平的直接與間接影響一併
檢視，整個模式所呈現的意義是，學歷對於消費水平的間接影響是正向
且強烈的，但直接影響卻是負向且微弱的。

(三)模式再修正

　　因為在修正後的模式中（如圖15-11），學歷對消費水平的直接影響
並未達顯著程度，研究者也可以考慮將這條步徑從模式中予以刪除，然
後重新進行模式係數的推估。如果將學歷對消費水平的影響步徑刪除，
修正後的步徑模式就會如圖15-12。在這個簡化的步徑模式中，所要進行
推估與檢定的係數有二：(1)學歷對收入是否有直接影響；(2)收入對消費

學歷 ──────────→ 收入 ──────────→ 消費水平

圖15-12 再修正之步徑流程圖

水平是否有直接影響。要完成這兩個係數的推估，必須執行以下兩個迴歸模式：(1)學歷→收入；(2)收入→消費水平。

在第一個迴歸模式中，學歷是自變項，收入是依變項。由於這個模式的執行方式與分析結果在上一個階段已經介紹過，本節不再贅述。分析結果顯示，學歷對收入預測的標準化迴歸係數為 .715（p < .001），顯示學歷對收入有顯著的正向影響。這個變項總共解釋收入51.1%的變異量，F（1，128）= 133.913，p < .001。以階層迴歸檢定目前模式（即學歷→收入）與修正前模式（即性別，學歷→收入）的差異，發現兩者所解釋的變異量並無明顯差異，R Square Change為0.5%，F（1，129）= 1.324，p = .252，顯示兩模式的解釋能力並無不同。

在第二個迴歸模式中，收入是自變項，消費水平是依變項。整個迴歸模式的分析結果列於**表15-7**。如表所示，以收入對消費水平進行預測的標準化迴歸係數Beta為.877（p < .001），顯示收入對消費水平有直接且顯著的正向影響。這個變項總共解釋消費水平76.9%的變異量，F（1，128）= 426.070，p < .001。以階層迴歸檢定目前模式（即收入→消費水平）與修正前模式（即性別，學歷，收入→消費水平）的差異，發現兩者所解釋的變異量並無明顯差異，R Square Change為0.6%，F（2，130）= 1.709，p = .185，顯示兩模式的解釋能力並無不同。

由於這個修正後的精簡模式的解釋能力與修正前的完全模式並無顯著不同，代表修正後的模式與資料結構是契合的，因此最後選擇以這個模式來代表變項間的關係。將步徑係數置入模式後，得出的步徑流程圖如**圖15-13**。從流程圖的步徑係數來看，學歷對收入有直接正向的影響，

且收入對消費水平有直接正向的影響。至於學歷對消費水平並無直接影響，只有正向的間接影響。

表15-7　範例一迴歸模式（二）再修正後之分析結果

模式摘要

模式	R	R 平方	調過後的R平方	估計的標準誤
1	.877[a]	.769	.767	3261.430

a. 預測變數：（常數）、收入。

變異數分析[b]

模式		平方和	自由度	平均平方和	F檢定	顯著性
1	迴歸	4532074413.940	1	4532074414	426.070	.000[a]
	殘差	1361526896.829	128	10636928.88		
	總和	5893601310.769	129			

a. 預測變數：（常數）、收入。
b. 依變數：消費水平。

係數[a]

模式		未標準化係數		標準化係數	t	顯著性
		B之估計值	標準誤	Beta分配		
1	(Constant)	-6686.898	675.151		-9.904	.000
	收入	.378	.018	.877	20.641	.000

a. 依變數：消費水平。

a. 顯著水準p < .001。

圖15-13　再修正後之步徑模式分析結果

二、案例示範：三階段步徑分析

(一)步徑係數之推估

以檔案<mark>三階段步徑分析.sav</mark>為例，其中有產品涉入度、代言人可信度、廣告態度、產品態度與品牌態度等五個變項。假如研究者想回答三個問題：(1)產品涉入度與代言人可信度是否對廣告態度有直接影響？(2)產品涉入度與廣告態度是否對產品態度有直接影響？(3)代言人可信度與廣告態度是否對品牌態度有直接影響？針對這三個問題，研究者提出圖15-14的步徑流程圖。在這個步徑圖中，總共包含六個步徑。其中，兩個步徑代表產品涉入度與代言人可信度對廣告態度的直接影響，兩個代表產品涉入度與廣告態度對產品態度的直接影響，兩個代表代言人可信度與廣告態度對品牌態度的直接影響。要完整推估出這六個步徑係數，必須透過三個迴歸模式才能完成：(1)以產品涉入度及代言人可信度為自變項來預測廣告態度；(2)以產品涉入度及廣告態度為自變項來預測產品態度；(3)以代言人可信度及廣告態度來預測品牌態度。

上述步徑模式屬於非完全模式，其中缺少了兩個步徑：(1)產品涉入度對品牌態度的影響；(2)代言人可信度對產品態度的影響。要完全推估出模式中的六個步徑係數，必須執行三次的複迴歸分析。在第一個複迴歸模式中，產品涉入度與代言人可信度是自變項，廣告態度是依變項；

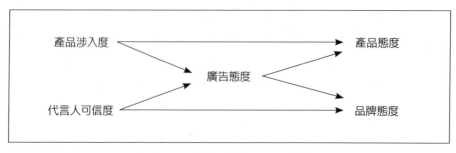

圖15-14　三階段步徑流程圖

在第二個複迴歸模式中，產品涉入度與廣告態度是自變項，產品態度是依變項；在第三個複迴歸模式中，代言人可信度與廣告態度是自變項，品牌態度是依變項。要執行這三次複迴歸分析，操作程序都與上一個範例相同。

第一個迴歸模式分析結果如**表15-8**。其中，產品涉入度對廣告態度預測的標準化迴歸係數Beta為 .610（p < .001），顯示產品涉入度對廣告態度有顯著正向的影響。涉入度越高，廣告態度也越佳。其次，代言人可信度對廣告態度預測的標準化迴歸係數Beta為 .284（p < .001），顯示可信度對廣告態度有顯著的正向影響。代言人的可信度越高，廣告態度

表15-8　範例二迴歸模式（一）之分析結果

模式摘要

模式	R	R平方	調過後的R平方	估計的標準誤
1	.746[a]	.556	.549	.999

a.預測變數：（常數）、可信度、涉入度。

變異數分析[b]

模式		平方和	自由度	平均平方和	F 檢定	顯著性
1	迴歸	161.314	2	80.657	80.801	.000[a]
	殘差	128.770	129	.998		
	總和	290.083	131			

a.預測變數：（常數）、可信度、涉入度。
b.依變數：廣告態度。

係數[a]

模式		未標準化係數		標準化係數	t	顯著性
		B之估計值	標準誤	Beta分配		
1	（常數）	-.562	.309		-1.817	.072
	涉入度	1.108	.112	.610	9.938	.000
	可信度	.841	.182	.284	4.620	.000

a.依變數：廣告態度。

也越佳。這兩個變項總共解釋了廣告態度55.6%的變異量，F（2，129）＝80.801，p＜.001。

第二個迴歸模式分析的結果，列於**表15-9**。其中，產品涉入度對產品態度所預測的標準化迴歸係數Beta為 .309（p＜.001），顯示涉入度對產品態度有顯著正向影響。涉入度越高，對產品態度越佳。其次，廣告態度對產品態度預測的標準化迴歸係數Beta為 .603（p＜.001），顯示廣告態度對產品態度有顯著正向影響。廣告態度越佳，對產品態度也越佳。這兩個變項共解釋產品態度71.8%的變異量，F（2，129）＝164.465，p＜.001。

表15-9 範例二迴歸模式（二）之分析結果

模式摘要

模式	R	R平方	調過後的R平方	估計的標準誤
1	.848[a]	.718	.714	.814

a.預測變數：（常數）、廣告態度、涉入度。

變異數分析[b]

模式		平方和	自由度	平均平方和	F 檢定	顯著性
1	迴歸	218.014	2	109.007	164.465	.000[a]
	殘差	85.501	129	.663		
	總和	303.515	131			

a.預測變數：（常數）、廣告態度、涉入度。
b.依變數：產品態度。

係數[a]

模式		未標準化係數		標準化係數	t	顯著性
		B之估計值	標準誤	Beta分配		
1	（常數）	.113	.189		.597	.551
	涉入度	.574	.121	.309	4.759	.000
	廣告態度	.617	.066	.603	9.281	.000

a.依變數：產品態度。

　　第三個迴歸模式分析的結果，列於**表15-10**。其中，代言人可信度對品牌態度預測的標準化迴歸係數Beta為 .044（p = .204），顯示可信度對品牌態度並無顯著影響。其次，廣告態度對品牌態度預測的標準化迴歸係數Beta為 .917（p < .001），顯示廣告態度對品牌態度有顯著正向影響。廣告態度越佳，對品牌態度也越佳。這兩個變項共解釋品牌態度88.1%的變異量，F（2，129）= 477.693，p < .001。整個模式分析的結果顯示，兩個自變項之中只有廣告態度對品牌態度都有顯著且直接的影響。

　　綜合上述三個迴歸模式分析的結果，將所得的標準化係數Beta置入

表15-10　範例二迴歸模式（三）之分析結果

模式摘要

模式	R	R平方	調過後的R平方	估計的標準誤
1	.939[a]	.881	.879	.534

a.預測變數：（常數）、廣告態度、可信度。

變異數分析[b]

模式		平方和	自由度	平均平方和	F 檢定	顯著性
1	迴歸	272.181	2	136.090	477.693	.000[a]
	殘差	36.751	129	.285		
	總和	308.932	131			

a.預測變數：（常數）、廣告態度、可信度。
b.依變數：品牌態度。

係數[a]

模式		未標準化係數		標準化係數	t	顯著性
		B之估計值	標準誤	Beta分配		
1	（常數）	.015	.150		.099	.921
	可信度	.134	.105	.044	1.276	.204
	廣告態度	.947	.035	.917	26.747	.000

a.依變數：品牌態度。

到各個步徑上，會得到**圖15-15**的步徑流程圖。從圖中可見，產品涉入度與代言人可信度對於廣告態度都有直接且顯著的正向影響；產品涉入度與廣告態度對產品態度也有直接且顯著的正向影響；在代言人可信度與廣告態度之間，只有廣告態度對品牌態度有直接顯著的正向影響。因此，就整個模式看來，資料所顯示的意義是產品涉入度對於產品態度既有直接的影響，也能透過廣告態度來對產品態度產生間接的影響；至於代言人可信度對品牌態度的影響，只存在間接的影響而已。代言人的可信度要影響品牌態度，必須透過廣告態度的中介。

(二)模式的修正

從上述步徑模式中可看出，全部六個步徑係數當中有一個係數未達統計顯著程度，因此可以考慮將此步徑刪除之後再重新進行推估。當代言人可信度直接連結品牌態度的步徑從模式中被移除後，修正後的模式如**圖15-16**所示。針對這個模式中的五個步徑進行推估，總共需要執行三個迴歸模式：(1)以產品涉入度及代言人可信度為自變項，以廣告態度為依變項；(2)以產品涉入度及廣告態度為自變項，以產品態度為依變項；(3)以廣告態度為自變項，以品牌態度為依變項。由於修正後的這三個迴歸模式與修正前相比，真正有差異的地方只在第三個模式。因此，只需針對第三個迴歸模式來重新推估步徑係數。

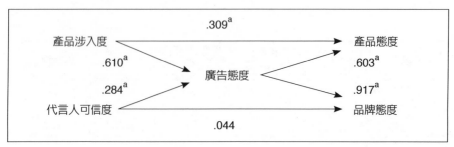

a. 顯著水準p < .001。

圖15-15　三階段步徑模式初步分析之結果

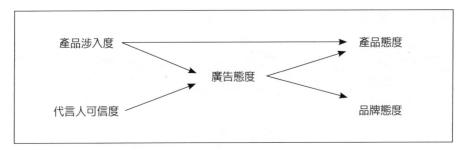

圖15-16　修正後之三階段步徑模式

　　第三個迴歸模式是以廣告態度爲自變項，以品牌態度爲依變項。分析的結果列於表15-11。如表所示，廣告態度對品牌態度預測的標準化迴歸係數爲 .938（p < .001），顯示廣告態度對品牌態度有直接顯著的正向影響。這個變項可解釋品牌態度88%的變異量，F（1，130）= 949.170，p < .001，顯示整個模式有極佳的預測能力。以階層迴歸來檢定目前模式（即廣告態度→品牌態度）與修正前模式（即代言人可信度，廣告態度→品牌態度）的差異，發現兩者所解釋的變異量並無明顯差異，R Square Change爲0.2%，F（1，129）= 1.628，p = .204，顯示兩模式的解釋能力並無明顯不同。由於修正後的模式與資料結構吻合，因此選擇它來描述變項間關係是合適的。

　　將修正後的第三個迴歸模式與前兩個模式整合，可以得出圖15-17的步徑圖。這也是最後確定的模式。圖中，產品涉入度與代言人可信度對於廣告態度有直接且顯著的正向影響；產品涉入度與廣告態度對產品態度也有直接且顯著的正向影響；廣告態度對品牌態度有直接顯著的正向影響，而代言人可信度對品牌態度卻不具直接的影響。因此，就整個模式看來，產品涉入度對於產品態度既有直接的影響，也能透過廣告態度來對產品態度產生間接的影響。至於代言人可信度對品牌態度的影響，只存在間接的影響而已。代言人的可信度要影響品牌態度，必須透過廣告態度的中介。

表15-11 範例二迴歸模式（三）修正後之分析結果

模式摘要

模式	R	R平方	調過後的R平方	估計的標準誤
1	.938[a]	.880	.879	.535

a.預測變數：（常數）、廣告態度。

變異數分析[b]

模式		平方和	自由度	平均平方和	F 檢定	顯著性
1	迴歸	271.717	1	271.717	949.170	.000[a]
	殘差	37.215	130	.286		
	總和	308.932	131			

a.預測變數：（常數）、廣告態度。
b.依變數：品牌態度。

係數[a]

模式		未標準化係數		標準化係數	t	顯著性
		B之估計值	標準誤	Beta分配		
1	（常數）	.154	.103		1.503	.135
	廣告態度	.968	.031	.938	30.809	.000

a.依變數：品牌態度。

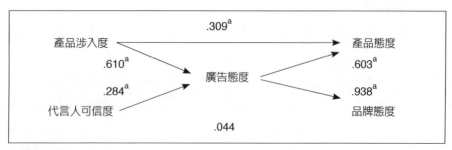

a. 顯著水準p＜.001。

圖15-17 三階段步徑模式最後分析結果

Chapter 16

因素分析

在過去二、三十年裡，**因素分析**（factor analysis）一直是傳播研究中極為常見的多變量分析方法。這種方法適用於簡化資料結構，使原本關係複雜的資料得以較精簡的結構來呈現。以「使用與滿足」理論為例，倘若研究者想探討觀眾收看電視政論節目的動機，可能很輕易就從受訪者口中獲得數十種不同的原因。這些數量眾多且結構複雜的收視動機，如果未經歸類及合併，研究者並不易從表面資料分析的結果看出一致性的輪廓。但經過因素分析之後，所有收視動機就會依其結構的相似性而被歸類成較少數的動機來代表。藉由將變項分組歸類的過程，因素分析達到幫資料結構簡化的目的。假如原先有二十種收視動機，經過因素分析後歸類成四大類動機，這中間的資料簡化功能不言可喻。簡化之後的資料，不僅能讓後續資料分析的過程更具效率，也有助於正確解讀分析結果。如果說集群分析（cluster analysis）是用來幫樣本（samples）分組歸類的方法，那因素分析就是用來幫變項（variables）分組歸類的方法。

第一節　統計原理與基本概念

一、觀察變項與潛在變項

在正式介紹因素分析之前，必須先認識兩個概念：觀察變項與潛在變項。所謂**觀察變項**（observed variable），又稱為**表面變項**（manifest variable），指的是研究者實際透過測量工具蒐集到的變項資料。例如，當研究者在問卷調查中實際以題目蒐集受訪者的「性別」、「年齡」、「教育程度」、「收入水平」、「職業」及「職務別」等資料，這些資料就屬於觀察變項。但是如果研究者分析的資料並非直接透過測量取得，而是透過其他觀察變項間接合併、轉換或衍生而來，這類的資料就稱為**潛在變項**（latent variable）。常見的一個例子是社會科學研究中的

「社會經濟地位」（social economic status）。大多數研究在探討「社會經濟地位」的影響時，並沒有實際直接去測量這個變項，而是由樣本的「教育程度」、「收入水平」及「職務階級」等觀察變項間接推估而來。當有人被描述成其社會經濟地位很高時，它所代表的意義是這個人的教育程度很高、收入很高或工作職務很高。

另一個潛在變項的例子是經常被用來判斷一個人是否過度肥胖的「**身體質量指數**」（Body Mass Index，簡稱BMI）。使用BMI來了解一個人有無過度肥胖的時候，研究者並未直接去觀察測量樣本身體肥胖的狀態，而是間接透過樣本的「身高」與「體重」來推論。BMI = 體重（公斤）÷身高（公尺）平方。當BMI數值超過某個理想的區間時，就能宣稱某人有過度肥胖的現象。這裡的「身高」與「體重」都屬於直接測量所取得的觀察變項，而「身體質量指數」則是由觀察變項衍生而來的潛在變項。整體而言，觀察變項大多屬於可直接、具體觀察測量的現象，而潛在變項則多屬較抽象、難以直接測量觀察的現象。

觀察變項屬於任何現象中看得到的部分，如同一棟建築物的外表長相；而潛在變項屬於任何現象中看不見的部分，如同一棟建築物的鋼架骨幹。知道兩者間的差別，有助於了解因素分析的原理。簡而言之，因素分析就是一種從眾多觀察變項中找出少數潛在變項的統計方法。假如在全部的觀察變項當中，有一半的變項呈現某種類似的結構，而另外一半則呈現另一種類似的結構，則這些觀察變項在因素分析之後會被歸類成兩堆。每一堆觀察變項的背後都可以找出一個潛在變項，各自代表所對應的觀察變項。受同一個潛在變項所統轄的觀察變項，彼此間的答案反應會較接近。相同地，如果在全部的觀察變項當中，其答案反應呈現出三種不同的結構變化，則這些觀察變項在因素分析時就會被歸類成三堆。亦即，有三個潛在變項會從所有觀察變項中被抽取出來代表這些觀察變項。

二、共同因素與獨特因素

　　因素分析的基本邏輯是，任何觀察變項之間的共變關係都是受到某些潛在變項之影響。依其對觀察變項影響性質的不同，這些潛在變項可分成兩大類：(1)共同因素；(2)獨特因素。當任何兩個觀察變項有較密切的共變關係時，意味著這兩個變項受到某個潛在變項的共同影響，而這個潛在變項就稱之為共同因素（common factor）。由於這個共同因素的影響，這兩個觀察變項在分布上會出現某種程度的相似性。但只要這兩個觀察變項的分布並非完全雷同，就仍會存有某種程度的歧異，而這些差異性就是源自於獨特因素（unique factor）的影響。換言之，共同因素決定了觀察變項之間出現分布雷同的部分，而獨特因素則決定了變項間出現分布歧異的部分。如果觀察變項之間受到共同因素的影響越大，那也代表它們受獨特因素的影響越小，此時變項間會呈現較高度相關；相反地，如果變項間受共同因素的影響越小，而受獨特因素的影響越大，則變項間所呈現的相關程度會越低（Kim & Mueller, 1978）。

　　以一個例子來說明觀察變項與潛在變項（含共同因素與獨特因素）的關係。假如這裡有兩個觀察變項（分別是變項X1與X2），如果要以一個步徑模式來呈現觀察變項與潛在變項的關係，其關係就會如圖16-1所示。在這個步徑圖中，兩個觀察變項都分別受到一個共同因素及一個獨特因素的影響。其中，這個共同因素同時對兩個觀察變項造成影響（例如，CF對X1的影響程度為a1，對X2的影響程度為a2），但不同的獨特因素卻各自針對不同的觀察變項造成影響（例如，UF1對X1的影響為b1，UF2對X2的影響為b2）。共同因素與獨特因素各自對觀察變項的影響就如同拔河一般。當共同因素的影響多一點時，變項X1與X2被歸為同一個因素的可能性會較高；當獨特因素的影響多一點時，這兩個觀察變項被歸為同一個因素的可能性較低。

　　整個圖中觀察與潛在變項間的關係，如果要以線性方程式來表達，

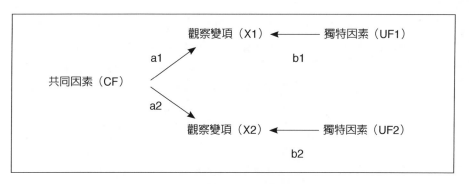

圖16-1　觀察變項與潛在變項之關係（一）

就會包含下列兩個方程式：

方程式1：觀察變項X1 ＝ a1*（CF）＋b1*（UF1）
方程式2：觀察變項X2 ＝ a2*（CF）＋b2*（UF2）

　　在這兩個方程式中可以看出，每個觀察變項的值都是共同因素及獨特因素影響的組合。例如，X1等於a1乘以共同因素加上b1乘以獨特因素1之總合。X2等於a2乘以共同因素加上b2乘以獨特因素2之總合。在因素分析中，a1與a2也代表了個別觀察變項在共同因素上的負荷量（factor loading）。如果兩個觀察變項在共同因素的負荷量都很高，代表兩觀察變項同屬一個共同因素。

　　當觀察變項的數量增多時，觀察與潛在變項的關係就會變得較為複雜。假設這裡有四個觀察變項（分別是變項X1、X2、X3、X4），同時受兩個共同變項（CF1與CF2）的影響，則觀察與潛在變項的關係，可以用**圖16-2**的步徑圖來表示。在這個步徑圖中，四個觀察變項受到兩個共同因素及四個獨特因素的影響。其中，共同因素1分別對四個觀察變項都造成影響（例如，對X1的影響程度為a1，對X2的影響程度為a2，對X3的影響程度為a3，對X4的影響程度為a4），而不同的獨特因素卻只會各自影響不同的觀察變項（例如，UF1對X1的影響為b1，UF2對X2的影響為

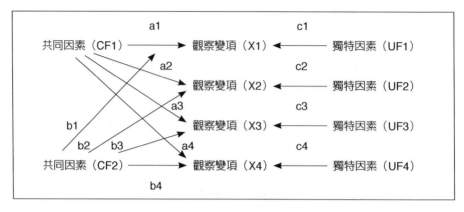

圖16-2　觀察變項與潛在變項之關係（二）

b2，UF3對X3的影響爲b3，UF4對X4的影響爲b4）。

整個圖中觀察與潛在變項間的關係，如果以線性方程式來表達，就會包含下列四個方程式：

方程式1：觀察變項X1＝a1*（CF1）＋b1*（CF2）＋c1*（UF1）
方程式2：觀察變項X2＝a2*（CF1）＋b2*（CF2）＋c2*（UF2）
方程式3：觀察變項X3＝a3*（CF1）＋b3*（CF2）＋c3*（UF3）
方程式4：觀察變項X4＝a4*（CF1）＋b4*（CF2）＋c4*（UF4）

在這些方程式中可以看出，每個觀察變項的值都是共同因素及獨特因素影響的組合。在因素分析中，a1、a2、a3、a4也代表了X1-X4這四個觀察變項在第一個共同因素上的負荷量；b1、b2、b3、b4則代表這四個觀察變項在第二個共同因素上的負荷量。因素負荷量越高，代表觀察變項與共同因素的關係越密切；如果因素分析的結果發現，a1-a4的值都很高，而b1-b4的值都很低，那代表這四個觀察變項同屬於第一個共同因素；如果因素分析的結果發現，a1-a4的值都很低，而b1-b4的值都很高，那代表這四個觀察變項同屬於第二個共同因素。如果因素分析的結果發現，a1-a2及b3-b4的值很高，而a3-a4及b1-b2的值很低，那代表變項X1與

X2同屬於第一個共同因素，變項X3與X4則同屬於第二個共同因素。

三、探索性與驗證性因素分析

以用途及目的來分，因素分析可分為兩大類：(1)探索性因素分析；(2)驗證性因素分析。**探索性因素分析**（exploratory factor analysis）適用於對各種現象未知的結構進行探索。假如研究者對觀察變項背後潛藏的結構一無所悉時，便可以透過探索性因素分析來找出這些結構。在進行探索性因素分析前，研究者對於觀察變項的潛在結構並無預設立場，更不確定分析的結果能找出多少因素。就現有採用因素分析的研究而言，大多數都屬於探索性因素分析。在SPSS for Windows軟體環境中，也只提供了探索性因素分析的功能。

驗證性因素分析（confirmatory factor analysis）適用於對現象各種已知結構進行驗證。當研究者參考過去的研究發現，或是根據現有理論的基礎，已經預知現象背後的潛在結構時，就可以透過驗證性因素分析來檢視此種結構與實證資料的吻合度。在進行驗證性因素分析前，研究者不僅對觀察變項的潛在結構已有預設立場，知道能找出多少因素，更知道預期的結構為何。採用這類因素分析時，研究者的目的是想知道所觀察的資料結構是否與預期結構相吻合。由於SPSS for Windows的軟體環境中並未提供這類因素分析的功能，因此被使用的機會也較探索性分析少。想要使用驗證性因素分析的人，可以選擇線性結構方程模式（如LISREL或EQS）來執行。

 ## 第二節　因素分析之步驟

在執行因素分析之前，研究者必須先確認資料結構是否滿足幾項統

計的前提。首先，要納入因素分析的變項，彼此在概念上或實際分布上必須呈現某種程度的關聯。如果所要分析的變項在概念上毫不相干（例如水果產量、課業成績與犯罪率），那麼這些變項並不適合進行因素分析。即使概念上相似，假如變項間的相關程度太低，使用因素分析也難以找出共同的結構。其次，因素分析的資料必須具備連續變項的性質，而且最好採用一致的測量格式。採類目尺度所測量的變項資料並不適合用來執行因素分析。再者，因素分析的資料所要求的樣本規模較大，尤其是當變項題數較多時，樣本數量也應隨之增加。通常在樣本數量小於100以下時，所取得的資料並不適合進行因素分析。

　　一旦資料結構合乎因素分析的前提要求，研究者便可以著手進行因素分析。完整的因素分析，包括幾個步驟：(1)蒐集資料，並取得變項間之相關或共變矩陣；(2)在確認變項間有顯著相關後，進行變項間之因素萃取；(3)針對已萃取出之因素進行結構上的轉軸，並對轉軸後的結果進行解釋；(4)針對萃取出的因素命名，並計算出各因素總分以利後續分析（Kim & Mueller, 1978）。

一、檢視項目間相關

　　因素分析的第一個步驟是檢視變項間之相關程度。如果變項間不具明顯相關，則這些變項就沒有執行因素分析的必要。當變項間不具明顯相關時，即使執行因素分析，也難找到有意義的共同因素。因此，為了確保所要分析的資料適合採用因素分析，必須先確定變項之間有某種程度的相關。要判斷變項間的相關是否已達適合執行因素分析的程度，常用的參考標準有Bartlett球型檢定與KMO取樣適切性量數。

　　所謂Bartlett球型檢定（Bartlett's test of sphericity），目的就在檢視相關矩陣中135度角對角線以外的相關係數是否明顯大於0。如果檢定的結果發現卡方值極大，顯著性小於0.05，就表示矩陣中的相關係數明顯大於

0。當球型檢定能推翻虛無假設，就代表部分變項之間存有高度相關，而且可能萃取出一個或更多個因素。因此，研究者可以繼續往下執行因素的萃取工作。但如果檢定的結果發現卡方值極小，而顯著性大於0.05時，就表示矩陣中的相關係數並未明顯大於0。這時，因素分析並不易從變項間找出任何有意義的共同因素。

KMO取樣適切性量數（Kaiser-Meyer-Olkin measure of sampling adequacy）則是透過反映像矩陣（anti-image matrices）中的淨相關係數來推論變項間是否有高度相關。這些淨相關係數陳列的位置在反映像矩陣的斜角線兩側。如果所有變項之間都有高度相關，則控制其他變項的影響之後，任何兩個變項間的淨相關係數理應很低；反之則反。因此，當斜角線外的係數多數偏低時，代表變項間關係較為密切，而這時KMO取樣適切性量數的值也會較大。KMO值是取反映像矩陣中斜角線上全部數值的平均而來。這些數值所代表的是各變項所對應的相關係數及其淨相關係數之間的比值。當KMO值越大時（通常在0.7以上），表示變項間的關係越密切，資料越適合採用因素分析。

二、因素萃取

當Bartlett球型檢定或KMO取樣適切性量數顯示變項間有高度相關時，因素分析就可以進入第二個階段：**因素萃取**（factor extraction）。因素萃取階段最主要的任務有三：(1)判定因素的數量；(2)了解各變項及因素之間的關係；(3)了解各因素所具備的解釋能力。在進行因素萃取之前，研究者必須先決定兩件事：(1)該採用何種方法來萃取因素？(2)該採用何種標準來判定因素的數量？研究者所選定的萃取方法不同，判定標準不同，因素分析的結果也會不同。

現有可用以萃取因素的方法有下列幾種：(1)主成份分析法（principle components）；(2)未加權最小平方法（unweighted least squares）；(3)概

化最小平方法（generalized least squares）；(4)最大概似值法（maximum likelihood）；(5)主軸因素法（principal axis factoring）；(6)Alpha因素萃取法（Alpha factoring）；(7)映像因素萃取法（image factoring）。其中以主成份分析法及主軸因素法最為常用。這兩者最大的差別在於，主成份分析法是分析變項間的全體變異量，而主軸因素法只分析變項間的共同變異量；換言之，後者在分析時將相關矩陣中的對角線係數，由前者採用的1.00改以共同性（communalities）來取代。

基於萃取因素的原理及計算方式的不同，不同萃取法所分析的結果也會有所差異。例如，不同萃取法所萃取出的因素可解釋的總變異量會不同。一般而言，採主成份分析法所萃取得的結果，能解釋的總變異量會最高，其次則為Alpha因素萃取法、未加權最小平方法及主軸因素法等。至於概化最小平方法、映像因素萃取法或最大概似值法，所萃取的因素可解釋的總變異量則較低。其次，不同萃取法所萃取出的因素所對應的變項數量也會有差異。一般而言，採主成份分析法、Alpha因素萃取法、未加權最小平方法及主軸因素法時，各因素所對應的變項數量會較平均；而採概化最小平方法、映像因素萃取法或最大概似值法時，各因素所對應的變項數量較為懸殊。但不論如何，不同萃取法最後所萃取出的因素數量會是一樣的。

要判定因素的數量，常用的標準有二：(1)特徵值的大小；(2)陡坡圖上較大幅度的轉折數量。**特徵值**（eigenvalues）的大小，反映了每個因素所能解釋的總變異量；當特徵值越大時，代表某個因素具備較強的解釋能力。一般而言，多數的研究都會以特徵值大於1作為判定因素的依據。只要分析的結果顯示幾個大於1的特徵值，就表示從資料中萃取到幾個因素。至於以特徵值1作為判定因素的門檻，主要是希望所萃取出的因素所具備的解釋能力能高於任何一個單獨的題項。假如某個因素的解釋能力未能勝過一個題項，這個因素就沒有存在的價值。

陡坡圖（scree plot）則是以圖形方式來呈現每個因素的特徵值。在

這個圖上，所有特徵值都會有各自對應的點。根據特徵值的高低，這些點會從左至右依序被排列起來。當所有的點以直線相互連結後，整個圖就看似一個由左上角往右下角滑落的斜坡。從這個斜坡上要判斷因素的個數，常用的標準就是看整個坡形中急遽轉折的數目。扣掉平坦無變化的點之後，只要在圖中出現了幾個大幅度轉折的地方，就表示萃取到幾個因素。

三、因素轉軸

所謂的**因素轉軸**（factor rotation），指的是透過某種數學轉換的過程，讓萃取出來的每個因素的結構能更明朗化，也讓不同因素的結構能形成最大的區隔。轉軸的目的，就是要讓原本結構相互混雜或重疊的多個因素能夠一一被區隔開來。當研究者在因素萃取階段萃取出兩個以上的因素時，有必要進行因素轉軸來釐清每個因素的結構。但假如萃取出的因素數量只有一個，則不須進行因素轉軸。

根據轉軸後因素間的關係不同，因素分析可採用的轉軸法有兩大類：(1)直交轉軸法；(2)斜交轉軸法。所謂**直交轉軸法**（orthogonal rotation），指的是在轉軸過程中因素與因素之間的軸線夾角會呈90度，而這會使得因素之間的結構出現最大的區隔，因此轉軸後因素之間的相關程度為0。屬於這類的轉軸法包括：最大變異法（varimax）、四方最大法（quartimax）、均等變異法（equimax）等。所謂**斜交轉軸法**（oblique rotation），指的是在轉軸過程中因素與因素之間的軸線夾角並非呈90度角，而轉軸後因素間的相關程度也不為0。屬於這類的轉軸法包括：最小斜交法（oblimin）、最大斜交法（oblimax）、四方最小法（quartimin）等。

經過轉軸之後，各因素之間的結構會趨於明朗。為了確認各因素所對應的變項，研究者可以從轉軸後成分矩陣（rotated component matrix）

或轉軸後因素矩陣（rotated factor matrix）上的因素負荷量（factor loading）來進行判斷。為了避免因素與變項間的關係出現混淆，研究者通常會將判斷的標準設定在因素負荷量大於0.5以上。只要發現變項在某個因素上的因素負荷量超過0.5以上時，就可以判定該變項歸屬於這個因素。如果發現某變項在所有因素上的因素負荷量都偏低，就代表該變項與所有因素的關係都很低，因此可以選擇將這個變項剔除。

四、因素命名

經過轉軸之後，所有的因素身分都已確認，且每個因素跟變項之間的關係也已明朗。這時研究者就可以根據每個因素所涵蓋的變項內涵來為因素命名。不同因素的名稱要以能反映所含變項的內涵為原則。命名之後，研究者就可以針對同一個因素底下的變項來進行資料合併的工作，或是由電腦計算出每一因素的分數，以供後續分析之用。

第三節　因素分析之操作與解讀

一、操作步驟

雖然執行因素分析的方式極為多樣化，但多數的研究者卻習慣採用以下四個步驟的分析模式：(1)在萃取因素時，選擇使用主成份分析法；(2)決定因素數量時，以特徵值大於1作為判斷標準；(3)因素轉軸時，選擇使用正交轉軸法，特別是最大變異法；(4)在解釋因素與變項的關係時，只將因素負荷量大於0.3或0.4的變項納入考慮（傅粹馨，2002）。由於此種分析模式最為常用，因此以下的操作練習優先以此模式為範例。當然在正式分析時，研究者仍應針對不同研究目的，選擇最適合的分析

表16-1　因素分析之操作步驟

步驟一：在SPSS資料編輯程式中開啟資料檔案。
步驟二：點選**分析**→**資料縮減**→**因子**。
步驟三：在**因子分析**對話視窗中，將所要分析的變項選入**變數**，點選**描述性統計量**，勾
　　　　選其中的**係數**、**顯著水準**、**KMO與Bartlett球型檢定**，按**繼續**。
步驟四：點選**萃取**，在**方法**處選擇**主成份**或其他方法，並在**顯示**處勾選**未旋轉因子解**、
　　　　陡坡圖，再按**繼續**。
步驟五：點選**轉軸法**，在**方法**處勾選**最大變異法**或其他方法，並在**顯示**處勾選**轉軸後的
　　　　解**、**因素負荷圖**，再按**繼續**。
步驟六：點選**分數**，勾選**因素儲存成變數**，再按**繼續**與**確定**。

方式及判斷標準。

　　要在SPSS的環境中執行因素分析，其操作步驟如**表16-1**。首先，從資料編輯視窗上選擇**分析**、**資料縮減**（Data Reduction）與**因子**（Factor）。等畫面進入到**因子分析**（Factor Analysis）的對話視窗後，將所要分析的變項選入到**變數**（Independents）的方框內。其次，為檢定相關矩陣是否適合執行因素分析，點選**描述性統計量**（Descriptives）鍵，勾選其中的**係數**、**顯著水準**、**KMO與Bartlett球型檢定**，按**繼續**。

　　再者，為進行因素的萃取，應點選**萃取**（Extraction）鍵，在**方法**（Method）處選擇**主成份**（Principle Components）或其他萃取方法，並在**顯示**（Display）處勾選**未旋轉因子解**、**陡坡圖**（Scree Plot），再按**繼續**。除非讀者有特殊的考量，否則在萃取**特徵值**的空格可將萃取標準設定在1。

　　最後，要進行因素的轉軸，應點選**轉軸法**（Rotation），在**方法**處勾選**最大變異法**（Varimax）或其他的轉軸法，並在**顯示**處勾選**轉軸後的解**（Rotated Solution）、**因素負荷圖**（Loading Plot），再按**繼續**。如果讀者想要將萃取出的因素儲存成變項的形式，則可以按**分數**（Scores）鍵，並勾選其中的**因素儲存成變數**。再按**繼續**及**確定**。

二、案例示範

(一)宗教虔誠程度之因素分析

以檔案因素分析1.sav的資料為例，其中有180位受訪者在七項宗教虔誠指標上的測量結果。這七項宗教虔誠指標包括：熟悉教義、團體聚會、禱告頻率、奉獻程度、入教歷史、奉行戒律及教友互動等。每位受訪者在接受訪問時分別陳述自己在這七個項目上的參與程度。在每個項目上，0分表示完全未參與，9分表示非常積極參與。如果研究者想要了解這群受訪者在這些項目的分布是否呈現某些共同結構，就可以依照上述步驟來執行因素分析。

■檢定相關矩陣

因素分析的第一個步驟是先計算出這七個項目的相關矩陣，並針對相關矩陣進行KMO與Bartlett球型檢定以確定這些變項適合採因素分析。這一階段的分析結果呈現於表16-2。從相關矩陣中，可以看到這七個變項之間的相關係數介於0.868至0.991，全部都達統計顯著程度（p < .001），顯示變項之間具有顯著關係。KMO取樣適切性量數為0.909，Bartlett球型檢定的卡方值是2,894.699，自由度21，p < .001。這些數值都顯示這個相關矩陣中的係數呈現高度相關，因此資料已合乎因素分析的前提要求。

■因素萃取

第二個步驟是進行因素的萃取。這裡選擇以主成份分析來進行這七個項目的因素萃取，其結果如表16-3之解說總變異量所示。從表格初始特徵值的總和處可見，特徵值超過1以上的成份只有一個，顯示從這七個變項之中可以萃取出一個因素。這個因素的特徵值是6.592，可以解釋變項94.171%的變異量。從因素陡坡圖上的圖形分布也獲得同樣的結論。在這個陡坡圖上，成份編號2至編號7所對應的點都處在一個相對平坦的

表16-2 宗教虔誠指標之相關矩陣

相關矩陣

		熟悉教義	團體聚會	禱告頻率	奉獻程度	入教歷史	奉行戒律	教友互動
相關	熟悉教義	1.000	.955	.961	.937	.931	.927	.991
	團體聚會	.955	1.000	.950	.888	.868	.894	.942
	禱告頻率	.961	.950	1.000	.932	.931	.905	.956
	奉獻程度	.937	.888	.932	1.000	.951	.915	.940
	入教歷史	.931	.868	.931	.951	1.000	.925	.938
	奉行戒律	.927	.894	.905	.915	.925	1.000	.930
	教友互動	.991	.942	.956	.940	.938	.930	1.000
顯著性（單尾）	熟悉教義		.000	.000	.000	.000	.000	.000
	團體聚會	.000		.000	.000	.000	.000	.000
	禱告頻率	.000	.000		.000	.000	.000	.000
	奉獻程度	.000	.000	.000		.000	.000	.000
	入教歷史	.000	.000	.000	.000		.000	.000
	奉行戒律	.000	.000	.000	.000	.000		.000
	教友互動	.000	.000	.000	.000	.000	.000	

KMO與Bartlett檢定

Kaiser-Meyer-Olkin取樣適性量數		.909
Bartlett 球形檢定	近似卡方分配	2,894.699
	自由度	21
	顯著性	.000

坡面上，而成份編號1的點則位在相對陡峻的坡面上。整個坡面可以看到有一個明顯遽升的轉折處，因此可以判定這七個變項可以萃取出一個因素。

因為從這七個變項只萃取出一個因素，代表變項間的共同結構非常明確，所以無需再進行因素的轉軸。整個因素分析到此就算完成。接下來只剩結果解釋與因素命名的工作。從成份矩陣中的因素負荷量可看出，這七個變項都與這一個因素具有高度的相關（因素負荷量介於0.957

表16-3　宗教虔誠指標之因素萃取結果

解說總變異量

成份	初始特徵值			平方和負荷量萃取		
	總和	變異數的%	累積%	總和	變異數的%	累積%
1	6.592	94.171	94.171	6.592	94.171	94.171
2	.168	2.399	96.570			
3	.098	1.397	97.967			
4	.055	.791	98.758			
5	.051	.729	99.487			
6	.028	.393	99.880			
7	.008	.120	100.000			

萃取法：主成份分析。

成份矩陣[a]

	成份
	1
熟悉教義	.987
團體聚會	.957
禱告頻率	.977
奉獻程度	.966
入教歷史	.963
奉行戒律	.956
教友互動	.986

萃取方法：主成份分析。

a.萃取了1個成份。

至0.987之間），顯示這些變項的變化只呈現出一種結構。若根據這些變項的共同特性來進行因素命名，則可將該因素稱之為宗教虔誠程度。

(二)暴力傾向之因素分析

　　以檔案因素分析2.sav的資料為例，其中是150位學生在六項暴力項目上的測量結果。這六個暴力項目包括：打架、搶人物品、破壞物品、

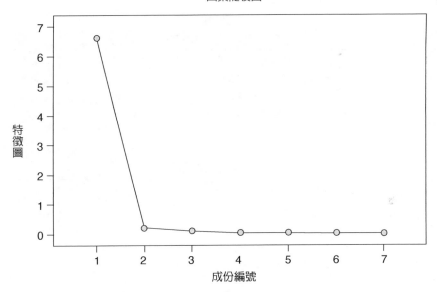

因素陡坡圖

圖16-3　宗教虔誠指標之因素陡坡圖

講髒話、吵架及說人壞話。檔案中所顯示的資料代表一週當中每位學生在各個項目上出現的次數。如果想了解學生在這六個項目上的分布是否呈現某種共同結構，就可以參考上述步驟來執行因素分析。

■檢定相關矩陣

　　相關分析的結果列於表16-4。根據相關矩陣的係數所顯示，這六個暴力項目之間均呈顯著相關；其中，打架、搶人物品、破壞物品三者之間的相關程度較強。例如，打架與搶人物品的相關是0.826（p < .001）、打架與破壞物品的相關是0.912（p < .001）、搶人物品與破壞物品的相關是0.810（p < .001）；至於吵架、講髒話、說人壞話三者之間也有高度相關。例如，吵架與說髒話的相關是0.731（p < .001）、吵架與說人壞話的相關是0.738（p < .001）、說髒話與說人壞話的相關是0.737（p < .001）。除此之外，相關矩陣中其他的相關係數至少都在0.3以上的強

表16-4 暴力傾向之相關矩陣

相關矩陣

		打架	搶人物品	破壞物品	講髒話	吵架	說人壞話
相關	打架	1.000	.826	.912	.464	.315	.406
	搶人物品	.826	1.000	.810	.473	.402	.453
	破壞物品	.912	.810	1.000	.445	.343	.395
	講髒話	.464	.473	.445	1.000	.731	.737
	吵架	.315	.402	.343	.731	1.000	.738
	說人壞話	.406	.453	.395	.737	.738	1.000
顯著性（單尾）	打架		.000	.000	.000	.000	.000
	搶人物品	.000		.000	.000	.000	.000
	破壞物品	.000	.000		.000	.000	.000
	講髒話	.000	.000	.000		.000	.000
	吵架	.000	.000	.000	.000		.000
	說人壞話	.000	.000	.000	.000	.000	

KMO 與 Bartlett 檢定

Kaiser-Meyer-Olkin取樣適性量數		.803
Bartlett 球形檢定	近似卡方分配	745.105
	自由度	15
	顯著性	.000

度。這樣的相關矩陣究竟適不適合進行因素分析呢？

經Bartlett球型檢定的結果顯示，這個相關矩陣中斜角線外的相關係數已經明顯不等於0，卡方值為745.108，自由度15，p < .001。這表示從六個變項中可以找到一些共同的結構；其次，KMO取樣適切度量數為0.803，也顯示變項間具有高度相關。這兩個數據都說明該相關矩陣已經符合執行因素分析的基本要求。

■因素萃取

透過主成份分析來萃取因素的結果發現，在解說總變異量的表格中有兩個成份的特徵值超過1以上，代表從這六個變項可以萃取出兩個因

表16-5 暴力傾向之因素萃取結果

解說總變異量

成份	初始特徵值			平方和負荷量萃取		
	總和	變異數的%	累積%	總和	變異數的%	累積%
1	3.825	63.750	63.750	3.825	63.750	63.750
2	1.361	22.680	86.430	1.361	22.680	86.430
3	.271	4.515	90.945			
4	.261	4.348	95.293			
5	.199	3.315	98.608			
6	.084	1.392	100.000			

萃取法：主成份分析。

成份矩陣[a]

	成份	
	1	2
打架	.834	-.487
搶人物品	.840	-.382
破壞物品	.830	-.480
講髒話	.795	.431
吵架	.719	.568
說人壞話	.766	.489

萃取方法：主成份分析。

a.萃取了2個成份。

素。第一個因素的特徵值是3.825，可以解釋變項63.75%的變異量；第二個因素的特徵值是1.361，可以解釋變項22.68%的變異量；兩個因素累計總共解釋了86.43%的變異量。從因素陡坡圖上的圖形分布也可以推論出同樣的結果。在這個圖上，成份編號3、4、5、6所對應的點都處在一個相對平坦的坡面上，而成份編號1與2的點則位在相對陡峻的坡面上。整個坡面上可以看到兩個明顯遽升的轉折處，因此可判定這六個變項可以萃取出兩個因素。

　　因素萃取的階段總共發現兩個共同因素。這兩個因素跟六個暴力

因素陡坡圖

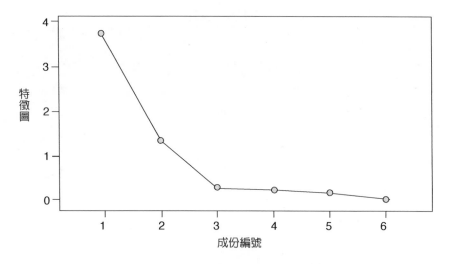

圖16-4　暴力傾向之因素陡坡圖

項目之間的關係如成份矩陣上的因素負荷量所示。第一個因素與全部六個項目之間都具高度相關。例如，打架的因素負荷量是.834、搶人物品是.840、破壞物品是.830、講髒話是.795、吵架是.719、說人壞話是.766。第二個因素則與前三個項目有中度負相關（例如，打架的因素負荷量是-.487、搶人物品是-.382、破壞物品是-.480），與後三個項目有中度正相關（例如，講髒話的因素負荷量是.431、吵架是.568、說人壞話是.489）。

　　從因素負荷量的分布來看，這兩個因素的結構呈現某種程度的重疊。例如，吵架在第一個因素的負荷量是.719、在第二個因素的負荷量是.568；說人壞話在第一個因素的負荷量是.766、在第二個因素的負荷量是.489。究竟這兩個項目應該屬於第一個因素，還是第二個因素，從成份矩陣上的因素負荷量並無法得到明確的答案，為了能明顯區隔這兩個因素的結構，必須還要執行因素轉軸。

■因素轉軸

　　經最大變異法將這兩個因素的結構予以轉軸之後，兩因素間的關係變得比轉軸之前更加明朗。在轉軸之前，這兩個因素與變項的關係並不清楚，不僅看不出各個因素結構的獨特性，更不易看懂各自所代表的意義。經過轉軸後，這兩個因素與變項間的關係已變得更容易辨識。

　　如表16-6所示，第一個因素與打架、搶人物品及破壞物品等三個變項有高度相關（因素負荷量介於0.878至0.944之間），卻與講髒話、吵架與說人壞話等變項的相關較低（因素負荷量介於0.147至0.295之間）。相反地，第二個因素與講髒話、吵架與說人壞話等變項有高度相關（因素負荷量介於0.854至0.904之間），卻與打架、搶人物品及破壞物品等變項的相關較低（因素負荷量介於0.204至0.285之間）。從轉軸後空間中的成份圖上也可以看出，打架、搶人物品與破壞物品等三個變項較為集中，表示彼此具有較相近的結構；而講髒話、吵架與說人壞話等三個項目也較集中，但是跟其他三個項目有明顯的距離，顯示這兩個因素的結構明顯不同。

表16-6　暴力傾向轉軸後之因素結構

轉軸後的成份矩陣[a]

	成份	
	1	2
打架	.944	.204
搶人物品	.878	.285
破壞物品	.936	.206
講髒話	.295	.854
吵架	.147	.904
說人壞話	.235	.878

萃取方法：主成份分析。
旋轉方法：含Kaiser常態化的Varimax法。
a.轉軸收斂於3個疊代。

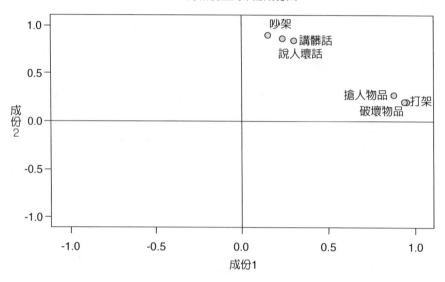

圖16-5　暴力傾向轉軸後之空間成份圖

■因素命名

　　轉軸之後，發現這六個變項背後潛藏有兩個因素。第一個因素與前
三個變項有密切相關，而第二個因素與後三個變項有密切相關。一旦所
萃取出的因素與變項的關係趨於明朗，研究者便可以根據轉軸後的因素
結構來替這兩個因素命名。替因素命名時，最好能讓因素名稱忠實反映
出相關變項的共同特性。例如，與第一個因素高度相關的三個項目（即
打架、搶人物品與破壞物品）都跟外顯暴力行為有關，因此可以將第一
個因素命名為「肢體暴力」；與第二個因素高度相關的三個項目（即講
髒話、吵架與說人壞話）都跟口語暴力活動有關，因此可以將它命名為
「言語暴力」。命名之後的因素，研究者可以將所屬的項目分數予以合
併成單一指標後再納入後續分析。

三、其他因素分析方式

(一)主軸因素萃取法

　　為了讓讀者能體會不同因素萃取法對分析結果的影響，本節特別再以**主軸因素萃取法**（principal axis factoring）來進行因素萃取，並將其結果與主成份分析法來相互比對。**表16-7**是採主軸因素萃取法後得出的解說總變異量表格及因子矩陣。從解說總變異量表格中可見，初始特徵值

表16-7　採主軸因子萃取法之分析結果

解說總變異量

成份	初始特徵值			平方和負荷量萃取		
	總和	變異數的%	累積%	總和	變異數的%	累積%
1	3.825	63.750	63.750	3.631	60.522	60.522
2	1.361	22.680	86.430	1.163	19.378	79.900
3	.271	4.515	90.945			
4	.261	4.348	95.293			
5	.199	3.315	98.608			
6	.084	1.392	100.000			

萃取法：主軸因子萃取法。

因子矩陣[a]

	成份	
	1	2
打架	.849	-.465
搶人物品	.810	-.300
破壞物品	.834	-.441
講髒話	.754	.409
吵架	.681	.532
說人壞話	.726	.461

萃取方法：主軸因子。
a.萃取了2個因子。需要8個疊代。

總和超過1以上的因素有兩個（第一個的特徵值是3.825，第二個的特徵值是1.361），代表主軸因素萃取法從這六個變項之中找到兩個因素。

　　就萃取出的因素數量而言，主成份分析與主軸因素萃取法的發現是一致的。但是如果就表中所萃取因素的平方和負荷量來比較，會發現這兩種萃取法的結果有些不同。在主成份分析當中（見**表16-5**），第一個因素的平方和負荷量是3.825，可以解釋變項63.75%的變異量；而第二個因素的平方和負荷量是1.361，可以解釋22.68%的變異量。這兩個因素累計總共解釋了86.43%的變異量。但是在主軸因素萃取法當中（見**表16-7**），第一個因素的平方和負荷量是3.631，可以解釋60.522%的變異量；第二個因素的平方和負荷量是1.163，可以解釋19.378%的變異量；兩個因素累計總共解釋了79.9%的變異量。兩相比較之下，採主成份分析所萃取出的因素所能解釋的變異量比採主軸因素萃取法時要高。

(二)直接斜交法（Oblimin）

　　在上述因子矩陣中，從因素負荷量的分布仍難以看出這兩個因素的結構，因此必須再進行因素的轉軸。前面所採用的最大變異法屬於一種直交的轉軸法。這類方法所取得的因素之間會呈現完全獨立的關係，即彼此的相關係數為0。但假若真實的狀況是因素間有某種程度的關聯存在時，採用最大變異法的結果就有可能會扭曲因素間原本的關係。這時，為了讓分析的結果能更忠實反映出因素間的關係，研究者必須改採斜交轉軸法來進行因素的轉軸。

　　表16-8所呈現的是以直接斜交法來進行因素轉軸後的結果。從樣式矩陣（pattern matrix）中可以看出，這兩個因素的結構已經比未轉軸前因子矩陣中的結構更明顯。從因素負荷量數值的高低分布，可以看出這兩個因素有何不同。第一個因素主要代表前三個變項的共同結構。例如，打架的因素負荷量是.990、搶人物品是.807、破壞物品是.957；第二個因素則代表後三個變項的共同結構，講髒話的因素負荷量是.809、吵架

表16-8　直接斜交法因素轉軸之結果

樣式矩陣[a]

	成份	
	1	2
打架	.990	-.045
搶人物品	.807	.105
破壞物品	.957	-.029
講髒話	.090	.809
吵架	-.074	.899
說人壞話	.022	.848

萃取方法：主軸因子。

旋轉方法：含Kaiser常態化的Oblimin法。

a.轉軸收斂於5個疊代。

結構矩陣

	成份	
	1	2
打架	.967	.449
搶人物品	.859	.507
破壞物品	.943	.449
講髒話	.494	.854
吵架	.374	.862
說人壞話	.446	.860

萃取方法：主軸因子。

旋轉方法：含Kaiser常態化的Oblimin法。

是.899、說人壞話是.848。

　　至於這兩個因素最後與每個變項的確切關係如何，則必須參考結構矩陣（structure matrix）中的數據。從結構矩陣中的因素負荷量得知，第一個因素不僅與前三個變項有高度相關（例如，打架的因素負荷量是.967、搶人物品是.859、破壞物品是.943），也與後三個變項有中度相關（例如，講髒話的因素負荷量是.494、吵架是.374、說人壞話

是.446）；而第二個因素不僅與後三個變項有高度相關（因素負荷量介於0.854至0.862之間），也與前三個變項有中度相關（因素負荷量介於0.449至0.507之間）。採直接斜交法來進行因素轉軸的主要特色是，兩個因素之間會有某種程度的共變關係。

參考書目

一、中文部分

王石番（1991）。《傳播內容分析法：理論與實證》。台北：幼獅。

朱浤源主編（1999）。《撰寫博碩士論文實戰手冊》。台北：正中書局。

邱皓政（2002）。《社會與行為科學的量化研究與統計分析》。台北：五南。

傅粹馨（2002）。〈主成份分析和共同因素分析相關議題之探究〉，《教育與社會研究》。第三期，頁107-132。

二、英文部分

Babbie, E. (1995). *The practice of social research*. New York: Wadsworth.

Berry, W. D. (1993). *Understanding regression assumptions*. Newbury Park, CA: Sage.

Bourque, L. B., & Clark, V. A. (1992). *Processing data: The survey example*. Newbury Park, CA: Sage.

Bryman, A. (1988). *Quantity and quality in social research*. London: Routledge.

Bryman, A., & Cramer, D. (1997). *Quantitative data analysis with SPSS for Windows: A guide for social scientists*. London: Routledge.

Cohen, J., & Cohen, P. (1983). *Applied multiple regression/ correlation analysis for t h e behavioral sciences*. (2nd Edition), Hillsdale, NJ: Lawrence Erlbaum.

Dooley, D. (1984). *Social research methods*. Englewood, NJ: Prentice-Hall.

George, D., & Mallery, P. (2003). *SPSS for Windows step by step*. (4th Edition), New York: Allyn and Bacon.

Grimm, L. G. (1993). *Statistical applications for the behavioral sciences*. New York: John Wiley & Sons.

Hair, J. F., Anderson, R. E., Tatham, R. L., & Black, W. C. (1998). *Multivariate data Analysis*. Upper Saddle River, NJ: Prentice-Hall.

Iverson, G. R., & Norpoth, H. (1976). *Analysis of variance*. Beverly Hills, CA: Sage.

Kachigan, S. K. (1991). *Multivariate statistical analysis*. (2nd Edition), New York: Radius

Press.

Kim, J.O., & Mueller, C. W. (1978). *Introduction to factor analysis: What it is and how to do it.* Newbury Park, CA: Sage.

Klem, L. (1995). Path analysis. In L. G. Grimm & P. R. Yarnold (Eds.), *Reading and understanding multivariate statistics.* Washington, DC: APA. Pp. 65-97.

Litwin, M. S. (1995). *How to measure survey reliability and validity.* Thousand Oaks, CA: Sage.

Miles, J., & Shevlin, M. (2001). *Applying regression & correlation: A guide for students and researchers.* Thousand Oaks, CA: Sage.

Newton, R. R., & Rudestam, K. E. (1999). Y*our statistical consultant: Answers to your data analysis questions.* Thousand Oaks, CA: Sage.

Norusis, N. J. (1992a). *SPSS/PC+ Base System User's Guide Version 5.0.* Chicago, IL: SPSS.

Norusis, N. J. (1992b). *SPSS/PC+ Professional statistics.* Chicago, IL: SPSS.

Pallant, J. (2001). *SPSS survival manual: A step by step guide to data analysis using SPSS for Windows* (version 10). Buckingham, Philadelphia: Open University.

Reid, S. (1987). *Working with statistics.* Cambridge, UK: Polity Press.

Schumacker, R. E., & Lomax, R. G. (1996). *A beginner's guide to structural equation modeling.* Mahwah, NJ: Erlbaum.

Siegel, S., & Castellan, N.J. (1988). *Nonparametric statistics for the behavioral sciences.* (2nd Edition). New York: McGraw-Hill.

Singleton, R.A., Straits, B., & Straits, M.M. (1993). *Approaches to social research.* (2nd Edition). New York: Oxford University Press.

Tabachnick, B., & Fidell, L. (1996). *Using multivariate statistics.* New York: Harper Collins.

Weinfurt, K. P. (1995). *Multivariate analysis of variance.* In L. G. Grimm & P. R. Yarnold (Eds.), *Reading and understanding multivariate statistics.* Washington, DC: APA. Pp. 245-276.

Wildt, A., & Ahtola, O. (1978). *Analysis of covariance.* Newbury Park, CA: Sage.

Williams, F. (1992). *Reasoning with statistics: How to read quantitative research.* Fort Wroth, Texas: Harcourt Brace Jovanovich.

Reid, S. (1987). *Working with statistics*. Cambridge, UK: Polity Press.

Schumacker, R. E., & Lomax, R. G. (1996). *A beginner's guide to structural equation modeling*. Mahwah, NJ: Erlbaum.

Williams, F. (1992). *Reasoning with statistics: How to read quantitative research*. San Diego, CA: Harcourt Brace Jovanovich.

國家圖書館出版品預行編目資料

社會統計與資料分析 / 謝旭洲著. -- 初版. -- 臺
北縣深坑鄉：威仕曼文化, 2008. 06
　　面；　　公分 --（研究方法叢書 ; 3）
參考書目：面

ISBN　978-986-84317-0-6 (精裝)

1.社會統計　2.統計分析

540.14　　　　　　　　　　　　　　97006938

研究方法叢書 3

社會統計與資料分析

著　　者／謝旭洲
出　版　者／威仕曼文化事業股份有限公司
發　行　人／葉忠賢
總　編　輯／閻富萍
執行編輯／范湘渝
地　　址／222 台北縣深坑鄉北深路三段 260 號 8 樓
電　　話／(02)8662-6826　8662-6810
傳　　真／(02)2664-7633
E-mail／service@ycrc.com.tw
印　　刷／興旺彩色印刷製版有限公司
I S B N／978-986-84317-0-6
初版一刷／2008 年 6 月
定　　價／新台幣 600 元